# শ্রাবণী

চৈতন্য দেব

notionpress.com

INDIA · SINGAPORE · MALAYSIA

ISBN 979-8-88849-628-2

# Contents

1

# দাবী

ন্যায় ও অন্যায়ের মাঝে দাঁড়াইয়া সব
তুলিতেছে কলরব।
আমি নিশিথের পাখির মত উড়ে
তন্দ্রাহীন নয়ন জুড়ে,
দেখিতেছি নিত্য দিনের রহস্যের ঘোর
বন্ধ করিয়া তোরণ দোর।
অহঙ্কারের দুষ্ট অগ্নিশিখা
আস্ফালনে উদ্ভ্রান্ত অন্ধ বিচার লিখা।
হাসিয়া লিখিয়া পয়ার লুব্ধ মানবের ছড়া
দুষ্ট জনের কুৎসীত ভাবনায় গড়া।
যাহার হৃদয় ক্ষমতার তৃপ্তি ভরা
উচিত মানবের মুখে ভাষার জরা।
যতটাই পাওয়া যায় আস্তাকুঁড়ের গন্ধ
গৃধগ্নু শকুনের ডানা শবের ভাঁগাড়ে বন্ধ।
অরণ্যের পথে পথে চলে মানবের খোঁজ
আসে শুধু তারা অমানুষ রোজ!
ভুল বানিয়ে দেয় বিচারের রসিকতা
দাবী, এ সব শুধু প্রতারকের বিলাসিতা।

# অন্নসুখ

যাহা দুঃখ বলিয়া জানি তাহাতেই খুঁজিতেছি সুখ
জীবন বলিয়া দিল যাহাতে সুখ নাই, তাহা হতে ফিরাবে না মুখ।
চিনিয়া লও জগৎটাকে যাহার মাঝে তোমার বাস সুখ বলে কিছু নাই
সকল আত্মা উঠিয়াছে জাগি আপনারে দিতে বলি কেবল সত্যের ঠাঁই।
সত্য যদি কহে কথা, নিরুক্ত সুখের বীর্য বলে, আঁধারে দুঃখরে দাও বাতি
উত্থিত চেতনার দাবি কাটাইয়াছি সুখের আশায় দুঃখের রাতি।
হে অনন্ত, শুনিতেছি অসীমের মহা আহ্বান
পাওয়া হয়ে গেছে ভীক্ষার মত অন্ন সুখ যাহা করেছ মোরে দান।

3

# জীবন ইতিহাস

স্ফুলিঙ্গ

সম লভিনু জনম যাত্রা তবে শুরু
সময় বলিল চলো মোর সাথে বুকে লয়ে দুরুদুরু
সোজা নয় পথ বন্ধুর বটে, হাসি আনন্দও আছে
দূরে ভাসে আলেয়ার আলো মনে হয় যেন কাছে।
পথ পাশে বাড়ে তরুলতার দল পাবে ফুল আশীবিষ
শিশিরের ভারে নুয়ে পড়ে আছে কচি ধানের শিষ।
কোথাও তপ্ত বালুকা ভূমি কোথাবা শৈত্য প্রান্তর
কোথাও কঠিন হৃদয় তাপিত কোথাবা প্রশান্ত অন্তর।
সিন্ধু বহে ইন্দু প্রাণে জীমূত হাসে ঘন আকাশে
আসে সন্তাপ আসে দুঃখ চিদানন্দ নীরবে সকাশে।
মিটাতে কত দেনা পাওনা কত ঋণ রহে বাকি
আমারও রহে কত না দাবী জীবন সব বোঝে নাকি?
ক্ষণিক সুখের করি বাহাদুরি করে ধরি ললনার
দেয় হাততালি কেহ দেয় গালি ছুটি চাই পালানর।
হঠাৎ একদা সময় চলে যায় আমি রহিলাম পড়ে
এমন করিয়া সময় সতত জীবন ইতিহাস গড়ে।

# অর্থ

অগাধ অর্থরাশি টানিছে, আমার এ বীপ্সা
নহে অর্থ পরিত্যাজ্য যেমতি যৌন লিপ্সা।
ভয়ানক আকর্ষণ ঢাকিতেছে বোধবুদ্ধি
কামনা এরই আর এক নাম নহে চিত্তশুদ্ধি।
আরও অর্থ চাহি তাই ভীক্ষাও মাঙিতে পারি
তেমনি মিটাইতে রতিতৃষ্ণা চাহি অগুণতি নারি।
অর্থেই দেখেছি মুক্তি সৃষ্টিরে করিতে পারি দাশ
প্রকট করিতে পারি লালস, কাচের ঘরে করে বাস।
পূর্ণ গৃধ্নু মোহে নির্বোধ নহি খুন করিতে পারি ভ্রূণ
রাগবর্জিত নহে ওহে বীর্জহীন মানব শুনো।
আমা হতে অর্থ শ্রেষ্ঠ তামশে ঢাকিতে পারি সূর্য
আমারে দেখিয়া ভয়ে থামিতে পারে বিদ্রোহীর তূর্য।
আসিয়া বনিতা হাসি ছড়াইবে রাশি রাশি অনাবৃত
নতমস্তকে রাজা যাচে অনুকম্পা জনতা অন্তহৃত।
ভগবান বলে পুঁজি অর্থেরে তাহাতেই খুঁজি মোক্ষ
লাজ ভয় মান সব দিতে পরি অর্থ হোক এক লক্ষ্য।

# ফেরা

তোমারে শুধাই আমি এমনি মনে মনে
কেন ফিরাও আমায় তুমি এমন ক্ষণে ক্ষণে।
নিত্য কালের আগমনে যেমন ছন্নছাড়া
বেখেয়ালি আপন ভোলা তবুও খাচ্ছি নাড়া।
অনেক রত্ন দেবে বলে দিয়েছিলে যুক্তি
দাবানলের অনল থেকে এনে দিতে মুক্তি।
বইয়ে দিতে খোলা হাওয়া ডাকলে সাগর কাছে
আকাশ দিতে আলোয় ভরে ত্বিষাম্পতি আছে।
দুঃশাসনের আড়াল হতে তুলিয়া ভীষণ মাথা
পরিকরে ধেঁয়ে আসে ভাঙতে স্বপন গাঁথা।
নিঃস্ব করার আনন্দ তোর তোমার আছে সবই
ভাবি কালের অট্টহাসি মেটাবে সব দাবি।
নিকৃষ্ট মানব যতই সাজুক মালায় মালায়
মালা হবে ভুজঙ্গ তার ফাঁস হবে ওই গলায়।
বারে বারে ডাকছো কাছে হাতে দিতে তালি
ঊর্ধ্বলোকে ইন্দিবরে আয়ুধাংশুমালি।
কে রুধিবে তাহারে যার চোখে আগুনজ্বলা
নির্বিরোধে তাইতো প্রভু আমার ফিরে চলা।

# দৃষ্টি

দৃষ্টি করিল সৃষ্টি লুটিবারে আলো
রহিয়াছো বুজে আঁখি চারিদিকে আঁধার কালো।
রবে কি শব হয়ে ওরে আপন ভোলা
আগামী চিনিবে তোরে হও হৃদয় খোলা।
সকলই চাহেরে বাঁচিতে আলোকের মাঝে
এ পথ হতে ফিরিবে না মৃত্যুর অলাজে।
ধৃত যত টুকু কাড়িয়া লয়েছো আমা হতে
আঁধারে লুকায়ে রাখো আমারি অচেনা পথে।
চাহি যদি খুলিতে আঁখি দেবে না কেহ দেবে না
চিনিয়া ফেলিতে পারি যা অচেনা চেনা রবেনা।
ঘন কুঁয়াশার চাদরে ঢাকা শোনা যায় গর্জন
দৃষ্টি মম ঘুচাবে কুঁয়াশার সকল আবর্জন।
এ মলিন শঠ বিশ্ব গড়িল কাহারা
রুদ্ধ করি রাখিয়াছে মানবের বিমল দৃষ্টি তাহারা।
নিক্ষিপ্ত দৃষ্টি মেলিবে আলোক সম্পাতে
ঘুচাবে সকল আঁধার বিধাতা নিজের হাতে।
বন্ধ করোনা দৃষ্টি তুমি মৃত কিম্বা অন্ধ নও
নতুন আলোয় ভাসিবে বিশ্ব যদি তুমি চাও।

7

# দেখা

বহু দিবস কাটিল জনারণ্যে
চাহিয়া প্রবল বিস্ময়ে
দেখিলাম অনন্ত অগণিত,
ধরি সময়ের সরণি সংশয়ে।
কিছুই ত পারিনি চিনিতে
যাহা দেখি সব অস্পষ্ট আবছা
অর্থ দুর্বোধ্য দূরনিরীক্ষ কপটতা
বিবর্জিত নহে কিছু, দাবী আচ্ছা।
মূঢ়তায় সমাচ্ছন্ন, নহে কিছু
যাহা কহে হৃদয়ের বাণী
গভীর ক্ষোভের মাঝে ছলনার
আষ্ফালন শুধু শুনি।
কাহারা কোথায় দাঁড়িয়ে, নগ্ন
মূর্তি শুধু দেখি
লক্ষ্যে অলক্ষ্যে অগুণতি সাজান
বহু রূপীর মূর্তি শুধু একি!
আছি আলোর ইশারার আশে
সুমুখে গভীর আঁধার
অচেনা আঁধার তবুও চিনিব
ফেলে যাব পশ্চাতে রহস্য দুর্নিবার।
ভাবি বীতস্পৃহ বেলা শেষে,
সত্য কেন এই দেখা
কাঞ্চনপর্বত তলে বসিয়া
বিবিক্ত মনে লেখে এই লেখা।

# চৈতালী

এমন এক খানি গ্রীষ্ম পেলাম বলে
আকাশ কিনারে সূর্য পড়িল ঢলে।
রৌদ্র সনে রুদ্র ঢাকে মহা তেজে
চকর চকরী অগ্নি শ্রোতেতে ভেজে।।
অসীমের পানে দৃষ্টি দিয়েছি মেলে
ধূসর মেঘের টুকরো ইশারা পেলে।
মন বিগলিত পুলকে উঠিবে গেয়ে
ঐ আসে দেবী মেঘের তরণী বেয়ে।
অরুণ তেজে পুড়িয়া ধরার মাঝে
সাহানার সুরে বাঁশিখানি তার বাজে।
নাচে দশ দিক মেঘের স্বপন মাখিয়া
আছে ধরিত্রী পত্রাবাসে তপ্ত শয্যা পাতিয়া।
তৃষ্ণা মিটাবে মিলন বাসরে বসিয়া
যবে, ঘন মেঘ হতে বৃষ্টি পড়িবে খসিয়া।
এখনও সময় রয়েছে বাকী আসিতে তার
অম্বর খানি রুদ্র তেজে পুড়ে ছারখার।
বিন্দু বিন্দু কহিছে সিন্ধু স্বপন আঁক
নিদাঘের মাঝে লুকায়ে আছে বাদলের ডাক।
আকাশ হতে আসি আমন্ত্রণ চুমিবে হাত
গাহিবে দাদুরি অসনী লাগি জাগিছে রাত।

9

# বাগদত্তা

এমন করে কেউ বলেনি মোরে
হাজার মালার বিনিময়ে বাঁধব আমি তোরে।
এমন করে ঝড়ের রাতে সঙ্গী হয়নি কেউ
যেদিন আমার সকল কিছু ভাসিয়ে নিল ঢেউ।
এমন দিনে আঁধার যদি ঘিরল চারি দিক
সূর্য জ্বেলে, বলতে পারি, কেউ আঁধার কেড়ে নিক।
প্রতিবিম্ব পড়ুক ঝরে ঝিনুক জলের পরে
তনুনপাতে তপ্তকাঞ্চন নিমজ্জিত করুক দিবাকরে।
নিবিষ্টতার পক্ষাঘাতে পদধ্বনি কানে
কোন্ বিরহী বক্ষ মাঝে নীরদবরণ স্বপ্ন বয়ে আনে ?
এমনি করে পাগল হাওয়ায় ভেসে
কেউ কখনও যায়নি বলে পাষাণ হৃদয় কে সে।
বিড়ম্বনায় পরপূর্বা ভাঙল সকল শর্ত
বিবিক্ত আজ দৃঢ় নিশ্চয় চরণ ছুঁলো অবিশ্বাসের মর্ত।

# তাহাকে খুঁজি

মেঘের সঙ্গী হতে চেয়েছি বুনো হাঁসের সাথে
ডানা পাই কোথায় আমি, ডাকে দিগ্বলয় হতে।
একা একা বসে দেখি নীলিমার ছবি
আলো আর ধূলি কণায় লেখে প্রসীদ কবি।
আঁকিয়াছে তুলি - রঙে আকাশের ক্যানভাসে
কেলি রত কুঞ্জর যেন নীল সাগরে ভাসে।
তারি পাশে নাচে প্রিয়া নীলাম্বরে সাজি
উথাল পাথাল হিয়ায় ওঠে সারেঙ্গী বাজি।
মালকোষ সাহানা বাজে, আলাপ হইলে শেষ
বনানী সাগর গিরি চমকিছে তাহাদের রেশ।
দিগন্তে উঠিল আওয়াজ সে গম্ভীর হাসি
উন্মত্ত প্রশস্য সুরে বাজায় দ্বৈপ বাঁশি।
সুর, ছবি আর পরিকীর্তিত কাব্য রস ধারা
ভূলোক, দ্যুলোক,নভলোকে ছোটে সীমাহারা।
আমিও বাধন হারা আমার আছে দৃষ্টি
কি ভাষায় বর্ণিব কেমন এ বিশ্ব সৃষ্টি।
চরণ ছুটিতে চাহে সুদূরের নীহারিকা বনে
কি দারুণ মাদকতা মিশে বিহব্বলতা সনে।
কেবলি দৃষ্টিপাতে চেনায় কে নিকট সুদূর বুঝি
মনের দৃষ্টি মেলি অনাদি কাল ধরে তাহাকেই খুঁজি।

# আমারে খুঁজি

আমারে খুঁজিছ কারা জগতের মাঝে
সান্ধ্য পাহাড়ে কিম্বা গাঢ় আরণ্যক সাঁঝে।
সাগরের ঢেউ নিয়ে জ্বলন্ত গোবি সাহারায়
আছি কিনা দেখো বেদুইনের তুরঙ্গ যাত্রায়।
আমারে খুঁজিতেছ কি হেথা জনতার ভীড়ে
খেলিতেছি কিনা শাবক সনে বিহঙ্গের নীড়ে।
প্রবাল দ্বীপের ধারে দাঁড়াইয়া শৈল শিখরে
সেথা হতে উলঙ্গ তপনের দীপ শিহরে।
অনিকেত এই আমি হেথা নয় সেথা নাহি পাবে
রিক্ত বেঁচে থাকায় ক্লান্ত ধরাতলে কোথা পালাবে।
আমি আছি আমি নাই নিষেধের আড়ালে নাকি
সব টুকু পাব বলে অর্ধ গলিত নেশায় ডুবে থাকি।
কোথা হতে এসেছিলাম কাহার দীন আমন্ত্রণে
বলিতে পারিবে কি বৈতালিক সুরের শিহরণে।
সর্বংসহার বক্ষ পরে লোভের বিস্তার ঘটাইনি ত
কঙ্কালের আচ্ছাদনে মানুষ আমি বলিনি ত।
তাই আমি যেথায় থাকি থাকিব না সেথায়
অন্তহীন অন্তরালে খুঁজিয়া বেড়াও আমায়।

# চিঠি

আসবে কবে আমার চিঠি প্রেমের কাব্য লেখা
চৌদ্দ দিন পর ডাক পিওনের আবার পাব দেখা।
চোখের পলক পড়েনা আর কানের দুয়ার খোলা
মনের মাঝে উথাল পাথাল, উদাস আপন ভোলা।
স্বপ্নে দেখি দাঁড়িয়ে দ্বারে হাতে রঙীন খাম
তোমার গায়ের গন্ধ মাখি লিখলে তোমার নাম।
ঘুম ছুটে যায় দৌড়ে দেখি দেউড়িতে দাঁড়িয়ে
পিওন কাকা হাঁক ছাড়িছে রঙীন খামটি নিয়ে
এক ছুটে যাই ছাতিম তলায় চিঠির গন্ধ শুঁকি
আদর করি শতেক ভাবে বুকের মধ্যে লুকি।
কানের গায়ে লাগিয়ে চিঠি শুনছি তাহার কথা
চুপ করে রয় বিশ্বভূবন শান্ত গাছের পাতা।
আনন্দে আর উত্তেজনায় হাড় হচ্ছে হিম
মনের মাঝে বাদল নাচে বৃষ্টি রিম ঝিম।
লুকিয়ে থাকি ঘরের কোণে দুরু দুরু বুকে
তোমার চিঠি দীপের আলোয় পড়তে বসি ঝুঁকে।
সোনার জলে সাদা খাতায় মুক্তো দিয়ে লেখা
হাজার হাজার কথার মালা নাহি লেখাজোখা।
ইচ্ছে করে ডাক ছাড়িয়া শুনাই চিঠির ভাষা
শুনুক পাখি শুনুক বৃক্ষ শুনুক আমার ভালবাসা।
ঘন ঘন চুমিয়া চিঠি চুমি তোমার ঠোঁটে
অবুঝ বোকা মেয়ের বুকে মোচড় দিয়ে ওঠে।

লিখেছে সে আমার নামে দিব্যি কেটে শত
ফুরায় না তার কথার ডালি লিখবে আরও কত।
আসছে আষাঢ় চড়বে নায়ে ভিড়বে এসে ঘাটে
আমায় নিয়ে চলবে ভেসে ঘুরবে বাটে বাটে।

13

# বর্ষার আগমনে

প্রথম বর্ষা নামিলো তবু মনের কোনে রোদ
এখনও জলে নামেনি ভেক এমনই নির্বোধ।
মনের আকাশে মেঘ জমেনি উদাস হলোনা দেয়া
ঘন ঘন ওই ফেলিছে শ্বাস ফুটিবে কেমনে কেয়া।
দখিনা বাতাসে দুলিছে বিটপী মধুর মিলন আশে
বুনো হাঁস দলে তড়াগ পুকুরে ভাসে না কমল পাশে।
বন ময়ূরী মেলেনা কলাপ লাজ রাখি বসে গাছে
কেমনে নাচিবে আকাশে নবীনা নীপ মান করে আছে।
থর থর কাঁপে হৃদয় খানি নামিবে অঝোর ধারা
নবীন বর্ষায় ভেজায় তটিনী শিহরি উঠিবে কারা?
কানায় কানায় ভরিবে নদী দুকূল ভাসাবে যবে
বিদারি দামিনী ঝরিবে বারি ধেনু গোয়ালেতে রবে।
মনের সাথে নাচিবে শ্রাবণী কবরী দুলিবে দুলিবেরে
আকাশ কোণে শাড়ীর আঁচল উড়িবে উড়িবে আহারে।
করি আবাহন এসো গো আষাঢ় উলঙ্গ করিয়া বাতাসে
ভাসায়ে অনুপ করো একাকার নিতম্ব দুলায়ে সাহসে।

14

## Thy preservation

Art thou twinkling in the far off
heaven refusing the hest
Thou didst promise to reare the
baby world wearing crests.
The worthy services of perishing
all vices and felonies
Dost torment thee the pains of men
didsturb the body harmonies.
Endure and speak by soul to weep
for love thy baby world e'er
I prithee, oh Lord! let the cunning
cheat thee ne'er.
Wilt thou promise gracious Lord, to
chalk out the way of shifting
Doubts and distrusts from life ahead
desparately drifting.
Your preservation I ne'er reckon to be
thy burden
Does'nt thy mind canker unless all evils harden.

# বিধর্মীর প্রেম

ক্লাশে লগারিদম শেখাচ্ছি। সাইদা ফেরদৌস একটা ইঁচড়ে পাকা মেয়ে কিছুতেই অ্যান্টি লগারিদম বুঝতে পারছে না। বার বার উঠে দাঁড়িয়ে উদ্দেশ্যপ্রণোদিত ভাবে ইররেলিভ্যান্ট কোশ্চেন করছে আমাকে উত্যক্ত করার জন্য। ক্লাশে পঞ্চাশ জন ছাত্রছাত্রী। কোএড।

আমাদের সময়কার মত ছেলে ও মেয়েদের আলাদা আলাদা বসার ব্যবস্থা নয়। ছেলেমেয়ে সকলে একসাথে বসে। অবাধ মেলামেশা আর ভাব বিনিময়ের সুযোগ আছে। স্কুলবাসে এক সাথে আসে

আর অনেক কিছুই হাতে কলমে শিখে ফেলে।

সবে এম এসসি শেষ করে এই স্কুলে পড়াচ্ছি। আমার চেহারা তেমন আকর্ষণীয় নয় তবে প্রেমের

প্রস্তাব একেবারে যে কখনও আসেনি অতটা ফেলনাও কিন্তু আমি নই। তবে এই মেয়েটি নেহাত বিনাকারণে যে আমাকে উত্যক্ত করছে না সেটা বেশ বুঝতে পারছি।

লাস্ট স্যাটার্ডে সকাল বেলায় রীতু আমার ছোট বোন আমায় ডেকে তুলে বলেছিল, 'তোর ছাত্রী। একটি

মুসলিম মেয়ে তোর কাছে পড়তে চায়।' আমি বললাম,' বল গিয়ে আমি পড়াই না।'

কিন্তু পরক্ষণে আমি ওকে থামিয়ে দিয়ে নিজেই উঠে গিয়ে দেখি দুতিনটি মেয়ে দাঁড়িয়ে আছে। আমি কিছু বলার আগেই একজন এগিয়ে এলো। বলল, 'আমরা ম্যাথস্ করতে চাই আপনার কাছে। আপনার ফোন নাম্বার দিলে আমাদের গার্জিয়ানরা আপনার সাথে কথা বলতে পারবে।' আমি পড়াই না বলে ওদের ফিরিয়ে দি।

সাইদা ফেরদৌস একজন কাস্টম অফিসারের মেয়ে। লাভ এট ফার্স্ট সাইট যাকে বলে। লগারিদম

এর ক্লাসেই তা বুঝতে পারলাম। সেদিন বাড়ি থেকে বিফল হয়ে ফিরে এসে আরও ডেসপারেট হয়ে পড়েছে। ডাস্টার দিয়ে ব্লাক বোর্ড মুছে ফিরে দেখি খাতা হাতে পেছনে মেয়েটি দাঁড়িয়ে। 'এই problemটি work out করতে পারছি না।' ডাস্টার থেকে কিছুটা ডাস্ট ওর বা হাতের কনুয়ে লেগে গেল। flout করতে গিয়ে থেমে গেলাম। খাতাটি হাতে নিয়ে বললাম,' সিটে বোস। বোর্ডে লিখে দেব।'

খাতাটা খুলে দেখি হিজিবিজি লেখা। খাতার নীচে লেখা,

"Write ur phone no. or I'll stab you from behind."

একবার কঠিন চাহনীতে ওর দিকে তাকিয়ে দেখি বেশ উপভোগ করছে। আমি আমার নাম ও ফোন নাম্বার লিখে দিলাম : অত্রী মাজী 9821----

শেষে ওকে উদ্দেশ্য করে লিখলাম 'imp' আরও দুটো কথা লিখলাম যা দিয়ে ও আমাকে blashfemy অপরাধে ফাসিয়ে দিতে পারে। রাতের বেলায় মোবাইলে মেসেজ চেক করতে গিয়ে একটা অদ্ভুত জিনিস লক্ষ্য করি। একটি sleazy picture ও তার গায়ে পেচিয়ে পেচিয়ে লেখা If do'nt love me, 'm going just to jump down the Howrh bridge. বিরক্তিতে চেঁচিয়ে উঠি-- gibberish.

পরদিন আমার গণিতের ক্লাশ অফ ছিল। লাইব্রেরিতে বসে আছি। অ্যালিয়েস্টার ম্যাকলিনের রহস্য উপন্যাস পড়ছি। পাশে কেউ নড়াচড়া করছে।

ঘাড় ঘুরিয়ে দেখি সেই বদমাশ মেয়েটা আমার চেয়ারের একটি চেয়ার পরে বসে। আমি তাকাতেই এক ধরনের দুষ্টু হাসি হেসে বলল,'আমাকে পড়াবেন স্যার?'

মুখ দিয়ে বেরিয়ে গেল, 'পড়াবো!' ওর মুখমন্ডল জুড়ে ছড়ানো grinning laughter হঠাৎ কেন যে দেখতে ভালো লাগল। হা, সুন্দরী বটে। বললাম, তুমি যে সব text messages করছ প্রিন্সিপাল ও তোমার ফাদার শিঘ্রই পড়বেন। ডায়ার কন্সিকোয়েন্সের জন্য prepared থেকো। 'ইউ ডোন্ট, ইউ কান্ট, বিকজ আই লাভ ইউ।' সরল সহজ ভঙ্গীতে এক নিশ্বাসে বলে ফেলল।

অদূরে কয়েকটি ছেলেমেয়ে বই ঘাটাঘাটি করছিল।

যত আস্তেই কথা বলি এরকম চলতে থাকলে ওরা কিছু ধরে নেবে। আমি উঠে পড়লাম।

ওর মুখ মনে পড়তে লাগল। এ কোন feeling of repulsion নাকি ! আমি কি ওকে ভালোবেসে ফেললাম? নানা। ওর ছেলেমানুষিকে প্রশ্রয় দিচ্ছি না! ও একটি মুসলিম মেয়ে। আমি একটা orthodox

Hindu familyতে belong করি। ফোন বাজে। হ্যালো। ওপাশ থেকে, 'আমি সাইদা। জানি, একজন

মুসলিম মেয়ে বলে প্রশ্রয় পেলাম না। আপনাকে বহু আগে থেকে জানি ও ভালবাসি। আব্বার মুখে আপনার অনেক কথা শুনেছি। তখন থেকে মনে মনে আপনার ছবি এঁকে ভাবতাম এই তো আমার জীবন দেবতাকে পেয়ে গেছি। বুঝতে পারিনি মাঝখানে একটি ধর্মের বেড়া। কিন্তু ভালোবাসা যে ধর্ম অধর্মের বাধা মানেনা। ভালোবাসার রঙ্ হিন্দু মুসলমান সকলের কাছে এক রকম। বুঝতে পারিনি এই উলব্ধি এত genuineযে এর ঘূর্ণি শ্রোত অতলান্ত গভীরে টেনে নিয়ে গেছে আমাকে। যাক এই সাইদা ফেরদৌস আর কোন দিন আপনার সাথে পাগলামী করবে না। বাবার কাল বদলী। ওর সাথে আবারও কোন এক অচেনা শহরে চলে যাবো।' ফোন কেটে দিলো। চারিদিকে থেকে এক গভীর melancholy আমাকে গ্রাস করলো।

16

# বৃক্ষ স্বাধীনতা

আমরা বাঁচিতে চাই অরণ্য মাঝে
জীবন বিলাবো বৃক্ষদের কাজে।
সবুজ শয্যা পাতি ঘুমাতে যদি চাই
দুহাতে ছড়ায়ে বীজ স্বপ্ন বুনে যাই।
মাথা তুলে চারাগাছ মেলিয়া শাখা
সূর্য ঢেকে দেবে বাতাসে দুলায় পাখা।
বৃক্ষ সাথে মোদের বাস করি জড়াজড়ি
বিষ বাষ্পে রুদ্ধশ্বাস প্রাণ কাড়াকাড়ি।
ডাকিবে মেঘেরে ঘরে হইবে অতিথি
হরিৎ অরণ্য শ্রেণী নাচিবে এইত প্রতিতী।
শীতল বায়ু সনে ধরা করিবে সহবাস
মেঘের পালক মাথায় নিয়ে অসবে জলোচ্ছ্বাস।
ফুল পাখি পতঙ্গ রাজি আর যত জলচর
শ্বাপদ শপচ যত ভূমিচারী, দৃষ্টিহীন তরু ও খেচর।
সকলে বাঁচুক সবাই মরুক আপন অধিকারে
দানব মানব আপন খুশিতে মারিতে না যেন পারে।
জল দেবে, বায়ু দেবে আহার দেবে মুক্ত হাতে
মরিতে দেবেনা মোদের বস্ত্রে কিম্বা মোটা ভাতে।
মুক্ত বৃক্ষ, উচ্চ শির, শক্ত শিরদাঁড়া
ধরণীরে ধরে রাখ উপেক্ষি মানবের খাঁড়া।

17

# চুপ, বিপ্লব, হা হা

অনিতা দেওয়ান কথা কয়না, কয় সেই বিপ্লবীরা
যাহারা বলিত 'এরকম তো কতই হয়' রাস্তায় চড়ায় গলা।
নারি নির্যাতনের বিরুদ্ধে বিপ্লব দেখিয়া হাসিতেছে বিরাটি, বানতলা, ধানতলা।
গরু মরিয়াছে দলে দলে উড়িয়া আসিতেছে শকুনের সারি
হা হা কি বিপ্লব! দখল পাইবে আবার মৃত গরুর শব
আকাশে বাতাসে ব্যাঙ্কে আদালতে বিপ্লব দেখিয়া
সিঁদুরে মেঘ দেখিতেছে মরিচ ঝাঁপী, বিজন সেতু, নেতাই।
শেয়ালের সাথে দল বাঁধিয়াছে কুমীর ও হনুমান আরও একজন বলা মানা
সে বলিয়া দিয়াছে রণে বনে জঙ্গলে বিপলবীর সাথে আছি ভাগ লইতে।
বিপ্লবের রঙ বদলাইয়া লাল সবুজ গেরুয়া নীল মিশ্রিত হইয়াছে
গলার জোর বাড়িল বলে মরা গরু আবার হা করিয়া হাসিতেছে।

18

# বিবেক

নিজেকে সংযত রাখিবার করি প্রয়াস
মনকে বলি ওরে সাবাস সাবাস।
দ্বিধাদ্বন্দ্ব ছাড়ি বিবেক বলেরে ডেকে
মানুষ তুই ভুলিলি তা কবে থেকে?
চেয়ে দেখ চতুর্দিকে চলে স্বেচ্ছাচার
মানবে মানিতেছে দানবের আচার।
শিশু কাঁদে দুগ্ধ বিনা আসেনা হাসি
জননীরে মারিতেছে পয়ধর চুষি।
প্রিয়া যেন আশীবিষ মারিছে ছোবল
প্রিয়তম ভয়ে বকে আবোল তাবোল।
শরশয্যা ছাড়ি ওঠো আগামীর ভীষ্ম
মূর্তি তব মুক্ত করুক বন্দী এ বিশ্ব।

19

# মদনাক্ষ প্রেম

তোমার কোমল তনু খানি
অনুরাগে শানিত তিলত্তমার
রোমাঞ্চের সন্নিবেশ।
পুলকে পরেছো কপালে বিন্দু
সিন্দুর টিপ জ্বলে আকাশের ইন্দু
সম প্রণয়ে যথা মনোনিবেশ।
রূপে রসে গন্ধে মজিছে আখি ও
কর্ণ নাসিকা আস্বাদিতে রসবৈচত্র
হবে প্রবিষ্ট দুশ্ছেদ্য গৃহশৃঙ্খল টুটি,
ওরে সুদূরের পিয়াসী, কাটাইছো
একা সঙ্গম ললিত মাধুর্য আশে কত
দূরে কোন বীজনে আসিব ছুটি ।
জ্বালিছে অগ্নি হরিতে তেজ শীঘ্র
বহিবে মন্দাকিনী সিঞ্চিতে বারি
গিরি কন্দর ভেদিয়া,
আসিবে সাথে পাখি কলধ্বনী, তন্দ্রাহীনা
ঝর্ণার গান ভ্রমর গুঞ্জন শোভিত পুষ্প
মিলনে রহিবে জাগিয়া।
দূরে দূরন্ত আবেগে উৎসাহে প্রনয় পিপাসু
আঘাতের রাগে জলদ সম হুঙ্কারে রতিদাতা,
নিসরিতে বলবেগ প্রেম সুধা,
তৃষিত মদন দেদীপ্যমান চূর্ণকুন্তলে আবৃত,
নয়ন করিছে অবলোকন অভয়প্রদ ভূজদ্বয়
বক্ষে করি আকর্ষণ মিটাবে ক্ষুধা।

20

## গানে কান্নায়

দক্ষিণ ঘরে কাঁদিতেছে মামী ঘনাইয়াছে দুর্যোগ
পশ্চিম ঘরে গাহিছে ঠুংরি মামার হলোরে সুযোগ।
চোখের নোনা জলে মামী ওষ্ঠ দিয়াছে ভিজাই
লগ্নী বাজাইয়া মুখড়ায় আসি তবলচী মারে তেহাই।
কান্নায় গানে এমনি লগনে বাতাস হইয়াছে ভারি
ভুলি দিনকাল গানে কান্নায় কাহাকে কে দেয় হারি।
গতে মীড় ধরে চলনে বলনে আরোহী ও অবরোহী
ফুঁপিয়ে কাঁদে চোখের জলে আগাম ভরসা নাহি।
রন্ধনশালায় জ্বালানী হাকিছে মূল্য বাড়িছে যত
ঠুংরি ছাড়িয়া গাহিছে দাদরা মামা মামারই মত।
সরষের তেলে ঝাঁজ বাড়িতেছে মামীর চোখেতে জল
হেঁসেলে মামার গমক শুনি দেয় বাহবা সব্জির দল।
এমনি করিয়া চলে কালোয়াতি ওঠে কান্নার রোল
তবলার ঠেকা দিতেছে খুন্তি দুধ হইতেছে ঘোল।

21

# মানবহীন পৃথিবী

বিস্তীর্ণ মরুভূমির উত্তপ্ত বালুকায় কখন জমবে বরফ
নিঃসীম সাগর কবে হবে চাষযোগ্য জমি
পর্বত মাথা নত করে বলবে আমি পাষাণ নইরে
তোমার হৃদয় যেমন। মহামারি আনা দূষিত বায়ু
জলের ঢেউয়ে হোকনা ছত্রখান তবেই তো
নীল আকাশ খানি অমন করে চির নিদ্রায় যাবেনা।
মেরু বক্ষ বিদারী উঠিবে বনানীর গভীর স্তব্ধতা
বনলতার শিরায় শিরায় ঝিঁঝিঁর আর্তনাদ
এমন করে চিনিব নতুন পৃথিবীকে মানব হীন।

22

# দ্য রিট্রিট

সেনা ছাউনি সংলগ্ন আমাদের বাড়ি। বেশ উঁচু পাঁচিল দিয়ে সেনানিবাসটি ঘেরা তাই একতলা থেকে ভেতরে কিছু প্রায় দেখাই যায় না। তবে ইভনিং রিট্রিটে বিউগলের সুর শোনা যায়। বিশেষ করে গোধূলির নিস্তব্ধতা ভেঙে বিউগলের উদাস সুর মনটাকে বিষণ্ণ করে তোলে। শোনা যায় সেনাদের ভারি বুটের রিদমিকাল শব্দ ও কমান্ডারের ভারি গলায় কমান্ড। কখনও ড্রামের আওয়াজে ঘুম ভাঙ্গে। মাঝে মাঝে গোলাগুলির শব্দ কিন্তু আদতে সে সব মহড়া বা মক ফাইট । দোতলা এবং তিন তলার জালনা বা ব্যাল্কনি থেকে প্রায় পুরোটাই দেখা যায়। সেনাদের কুচকাওয়াজ ও মার্চ পাস্টের মহড়া। সাজোয়া গাড়ি, উর্দিপরা আর্মড সোলজারদের আগমন ও নিষ্ক্রমণের দৃশ্য।

বিরাট বিরাট আর্সেনাল। বড় বড় ভিকেলে আসে যুদ্ধাস্ত্রের কনসাইনমেন্টস ও লজিস্টিক সাপলাইজ।

এ গুলো দেখা যায় না, আন্দাজ মাত্র। সর্বদা তৎপরতা চোখে পড়ে। ব্রিগেডিয়ার পদমর্যাদার কোন সেনা অফিসার এলে তৎপরতা দেখে বুঝা যায়।

গতকাল সন্ধ্যায় একটি কামানবাহী শকটে সামরিক কায়দায় সজ্জিত একটি বন্ধ কফিন এলো।

সকাল থেকেই একটা সাজো সাজো ভাব লক্ষ্য করা যাচ্ছিল। বন্ধ কফিন মাঝে মাঝেই আসে আবার অন্যত্র ডেলিভারি হয়ে যায়। শকটের পেছনে অফিসারদের গাড়ির সারি। একটি বড় গাড়ি থেকে কালো চশমা পরা এক জন সুদর্শন কমিশন্ড পদ মর্যাদার আধিকারিক নামলেন।

নানান সামরিক নিয়ম মানা হলো। তোপধ্বনী হলো।

জাতীয় পতাকায় মোড়া শবাধারে অনেকে মালা দিলেন। তাদের মধ্যে একজন মেজর জেনারেল ছিলেন পোশাক ও স্টার দেখেই তা বুঝা গেল। বিউগলে রিট্রিট ধ্বনিত হলো। আর বন্ধ কফিনটি সুদর্শন সেই অফিসারকে হস্তান্তর করা হলো। সন্ধ্যার যবনিকা পড়ল। সেনানিবাসে নিস্তব্ধতা ফিরে এলো। সেনা ছাউনিতে কি ঘটে সিভিলিয়ানরা জানতে পরে না। ঔৎসুক্য চেপে রাখতে পারি নি। এক জন অর্ধপরিচিত সেনা কর্মীর নিকট হতে কায়দা করে

জানা গেল কফিন বন্দী লাশ একজন মাউন্টেন রেজিমেন্টের মহিলা মেজরের। নিজের জীবন দিয়ে একটা পুরো গ্রামকে শত্রুদের হাত থেকে রক্ষা করেছেন । উনিশ জন হানাদারকে নিজের বিচক্ষণতা দ্বারা নিকেশ করেছেন। শহীদ মেজর নীহারিকা মজুমদার কফিন বন্দী অবস্থায় তার স্বামীর কাছেই ফিরে এলেন।

(কল্পিত)

23

# সাধের লাউ

বলে কি! গল্পের আবার এমন নাম হয় নাকি? হয়গো দাদা হয়। উঠোনের সামনে এক চিলতে ফাঁকা জমি। সেখানে মাচা বাঁধা। লাউয়ের মাচা। মাচার ওপর একটা লাউ গাছ সবে কৈশোর পেরিয়েছে। মাচার ওপর নবীন ডগা গুলো লক লক করে বেয়ে বেড়াতে শুরু করেছে। একটা দুটো সাদা ফুলের কড়ি ধরছে।

বাড়ির পাশের রাস্তার দিকে সবজে রঙের বাচ্চা আগায় ফুলের কুঁড়ি নিয়ে নিঃশব্দে বড় হওয়ার স্বপ্ন দেখে। মা বলে জালি পড়েছে। বাচ্চা লাউকে সবাই বলে জালি। রতন নিয়মিত লাউ গাছের পরিচর্যা করে। লাউয়ের জালি রোজ একটু একটু করে বড় হচ্ছে। দুচার দিনেই কচি সবুজ বর্ণের বাচ্চা লাউটি মাচার ফাঁক দিয়ে ঝুলে পড়েছে।

রতন ভুঁইয়ার প্রতিবেশীর বাড়িতে কলকাতার আত্মীয় এসেছে। তারা গাড়িতে করে এসেছে বটে কিন্তু অপরিসর মাটির রাস্তায় গাড়ি পার্ক করার জায়গা না থাকায় লাউ গাছের মাচা ঘেসে গাড়িটা রাখতে বাধ্য হয়েছে। খাটো প্যান্ট ও স্তনবিভাজিকা উন্মুক্ত জামা পরা একটা মেয়ে গাড়ি থেকে নেমে মোবাইলে কান্ট্রি সাইড ইম্প্রেশন লেন্সবন্দী করছে।

এ যেন এক নতুন দেশ। জীবনে যেন কখনো দেখেনি। বিভিন্ন ভঙ্গিতে ছবি তুলছে। কখনও মাথার চুল ঠিক করছে আর ছবি তুলতে গিয়ে ঘাড় বাঁকাচ্ছে। গাছ, ডাল, পাতা, ফুল স্পর্শ করে ছবি তুলছে। রতন ভুঁইয়া ঠিক যা আন্দাজ করেছিল তাই হলো।

হঠাৎ কচি শিশু লাউটি জড়িয়ে ধরে যেই ছবি তুলতে যাবে অমনি রতন চেঁচিয়ে বলে, 'দিদি, থুড়ি ম্যাডাম ম্যাডাম জালি লাউ ধরবেন না, আলকুশি ভেঙে গেলে নষ্ট হয়ে যাবে।' কে শোনে কার কথা। বলে, ' জাস্ট আ মিনিট আঙ্কেল। জাস্ট অ কাপল অফ শটস'।

রতন ছুটে এসে বাধা দেয়। মেয়েটি ইতিমধ্যে দুটো সেলফি ফটো তুলে ফেলেছে। রতন ওকে সরিয়ে দেয়। মেয়েটি লাউয়ের পাশে রতনের কাঁধে হাত রেখে আবার শট নেয়। অপ্রস্তুত রতন সরে গিয়ে লাউটা পরীক্ষা করে বলে, 'ইস, কচি লাউটা ধরলে এ যে আর বড় হবে না ' ।

প্রতিবেশীর আত্মীয় বিশেষ কঠিন কথা বলতে পারে না।

মেয়েটি বলে, ' এই তো সামান্য একটা লাউ। বাজারে অনেক ভালো ভালো লাউ পাবে, অনেক বড় বড় লাউ একটা কিনে দেবো। '

শহুরে বড়লোকের মাইয়া হে ক্যামনে বুঝবে এই নাউডার সাথে কত আবেগ আর ভালোবাসা জড়াইয়া আছে।' এটা রতনের মায়ের ডায়লগ। একটি ফুল ফোটাতে বা একটি ফল ফলাতে কত যত্ন, শ্রম, আকাঙ্ক্ষা ও আনন্দ জড়িয়ে থাকে যারা বাজার নির্ভর সভ্যলোক তারা বুঝতে পারে না।

কয়েক দিন পর কচি লাউটি সত্যিই শুকিয়ে গেলো।

একদিন রতন তার ফেসবুক একাউন্টে একটি ছোট্ট লাউয়ের ছবি পোস্ট দেখতে পেল যার নিচেয় ক্যাপসান ছিল 'সাধের লাউ '। ওর চোখ ঝাপসা হয়ে এলো।

24

# বুড়োর খেদ

আমি নাকি বুড়ো বলছে রাধার খুড়ো
পাড়ায় এবার রব উঠেছে সেটা
খাচ্ছি পাঠার হাড় সোজা রাখি ঘাড়
হেঁটে মারি হাজার মিটার এমনি বাপের বেটা।
বয়স তো চার কুড়ি চিবিয়ে খাই মুড়ি
এক ঘুসিতে ভাঙতে পারি থালা
চেনা লোকে জেঠু বলে দাদু বলে ছেলের দলে
পরতে পারি গলায় বর মালা।
মনে মনে ধরি যৌবন ভ্রমর হয়ে ঘুরি মৌবন
বয়স ভাবি হলো ঊনিশ কুড়ি
মহানন্দে আরশি দেখি কেঁপে উঠে বলি একি
সাদা মাথায় বসে টাকের ঝুঁড়ি।
আয়না দেখা ছবি তোলা দিলাম ছেড়ে আপন ভোলা
তাকাই না আর খালি গায়ের দিকে
ওরাই চোখে আঙ্গুল দিয়ে বুড়ো বলে দেয় দেখিয়ে
রঙিন চক্ষু করে দেয় যে ফিকে।

25

# ফল্গুধারা

ছুঁইতে পারিনা, না পারি দেখিতে, শুনিনি কলধ্বনি
তবুও সে বয়ে যায় পৃথিবীর বুকের মধ্যে জাত ধ্বনি।
তার নীরবতা কহে শত কথা সরস মাটির সনে
সিক্ত করে বালির কণা বিষ্ণু চরণ ধুয়ায় মনে মনে।
ব্যক্ত অব্যক্তর ধারায় বাদল কিম্বা রোদ ঝরে বুকে
কলস্বরা না হলেও সে প্রতিস্থাপিত স্রোতে রয় ঝুঁকে।
মনের কথা তুমিও বলিতে চাহ যেমন চাহে ফল্গুধারা
দেখা না যায় শোনা না যায় তবুও বাধন হারা।
মনে হয় বসে আছে হৃদয় পেতে তৃষিতেরে তুষিতে
ক্ষীণ তন্বী সম উঠিতেছে কাঁপিয়া অলক্ষ্যে প্রসিতে।
তুমি বহতা অন্তরালে তব বক্ষ পরে মৃত কিম্বা জীবিত
মরুর বালুকারাশি কিম্বা হরিৎ ক্ষেত্র হয় চির পালিত।
ফল্গুনদী নিঃশব্দে বয়ে বিগত বর্তমান আগামী চুপ
দেখিতে পাও নাকি মিথ্যা ও সত্যের ভয়ানক রূপ?
তুমি শুধু নও রূপকথা বয়ে যাও কালের যাত্রায় একা
খুঁজি আমি বিশ্ব মাঝে কোন দিন কোথায় হবে দেখা।

# জ্যোতিষ্ক

এমন করে ভাঙলো খুশির বাঁধ
মিটল যখন আজব মনের সাধ।
উঠল যেদিন শূন্যে হাওয়াই গাড়ি
শখের জোরে যাচ্ছি ছেড়ে বাড়ি।
মেঘের ক্ষেতের ওপর দিয়ে উড়ে
হারিয়ে গেলাম ঘন নীলের ভীড়ে।
আর কিছুটা উঠলে জাহাজ খানা
সূর্যটারে ছিঁড়ে নেব মানবো নাকো মানা
হঠাৎ শুনি বলছে আকাশ বাণী
তাকিয়ে দেখো আমার বাড়ি খানি।
উদার আকাশ মাঝে, একটি ছোট ঘর
সোনা আলোর ছটা সাজায় বিশ্ব চরাচর।
মনে প্রাণে চমক লাগে ছুঁয়ে দেখি যেই
সবটুকু রোদ মাখে হাতে গন্ধ শুঁকে নেই।
সূর্যটারে বাঁধি মাথায় হিরন্ময় জ্যোতিষ্ক যত
সকল কিছুই মনে হচ্ছে জোনাকপাখির মত।
ভাসিল সম্মুখে মহা অন্ধকার মাঝে
জ্যোতির্ময় তেজ রাশি চৈতন্যময় সাজে।
সকল আকাশবাসী মাঙে তেজ তার কাছে
তারই জ্যোতি নিয়ে জ্যোতিষ্ক হয়ে আছে।

27

## আমার অহং

দুহাত দিয়ে সরিয়ে ফেলে ধূলো ময়লা যত
ছড়িয়ে দিলে প্রেমের পাপড়ি তোমার মনের মত।
সব কিছুই তো ভুলতে পারি তোমায় পারি কই
তোমার বাণী শুনবো বলে কান পাতিয়া রই।
যেথায় তোমার কিরণরাশি প্রকাশ করে আলো
সেই তো আমার ভালো প্রভু সেই তো তোমার ভালো।
হৃদয় মাঝে তুমি আছো জেনেও মরি ভয়ে
আবার কোথাও হারিয়ে যাবে আঁধার রাতের নায়ে।
পরশ তোমার জ্বলে অংশু প্রকাশ করে বিশ্ব খানি
সরিয়ে নিলে পরশ তব আঁধার আবার আনবে টানি।
জমবে ধুলো মনের পথে ভাবনা সকল হবে অন্ধ
মলিনতায় গৃহ খানি আবার হবে হবেই বন্ধ।
দীপ্তি তোমার সর্ব ব্যাপী পারিজাতের গন্ধ ভরাও
ছড়িয়ে হাসি বিশ্ব জুড়ে আমার অহং তুমি সরাও।
জগৎ মাঝে পুঞ্জ পুঞ্জ, পড়ছে ঝরে করুণা তোর
সকল ত্যাগের মৃচ্ছকোটি ভরবে শুধা ভক্তি মোর।

28

# সুখ ও পূর্ণতা

সংসার শান্তি জানি না কি, জীবনের পূর্ণতা কাহাকে বলিব ?
ধনসম্পদ জনে ভরা নিরুপদ্রব সুখের খেলা খেলিব?
সুপ্রতিষ্ঠিত সন্তান গণ আছে নাহি অর্থের চিন্তা পদানত সার্বিক
বংশ বাড়িছে ক্রমে নানা জনে উজ্জ্বল করিতেছে নানা দিক ।
সম্মান আনিছে বাটি সুবাসিত সৌরভ বাতাস করিয়া ভারি
শান্তির আবাস খানি মাথা তুলিয়া উঠিছে দেখি গগন বিদারী।
তোষাখানা শোভিতেছে মহা কীর্তির স্বীকৃতি পদকের সারি
সংসার সাজিয়াছে নানা রঙে নানা গুণের অলংকার সুন্দর নর নারী।
ইহাই সুখের সংসার জানা আছে যত সুখ কিছু তার না আছে বাকি
রিক্ত পর্ণ কুটির মাঝে ধনহীন জনহীন পৃথিবীর এক কোণে থাকি।
কোলাহল হতে দূরে নিত্য অনিত্যের মাঝে সুখহীন পূর্ণতাহীন একা
কেহ কহেনা কেমন আছি বংশধর বিনা মিছা পরিবার নিয়ে থাকা।
বৃথাই জনম লাভ, ভাবিকালের পতাকা বহিবার কেহ নাহি
সার্থক করিছি চোখ সুখের ছবি দেখি বসে হেথা ঔ দূরে চাহি।
আমারে করে উপেক্ষা, পরিহার করে ধনে জনে যত সুখী জন
আমি অনাদৃত বলে খেদ নাহি সকলেরে ভালবাসিবার আছে মন।
বিলীন হয় চিন্তা মহাশূন্য পানে যতবার মেলেছি আখি
কাহার সুখ আছে কাহার পূর্ণতা আছে সকলেরেই মহাশুণ্য নেয় ডাকি।

29

# সনেট

বিতৃষ্ণায় ভরিছে জীবন যৌবন চিত্তচারণ
ক্রমনিম্নতা গ্রাস করিছে ক্ষীণচেতা ধর্মাচরণ।
দেশকালপাত্র উলঙ্গ, নামিয়াছে সংকীর্ণ পথে
নষ্টমতি নার্দিত ছোটে দিকে দিকে বায়ুরন্ধ্র রথে।
বিভাকর লজ্জায় ঢাকিছে মুখ পূর্ণ শশী আঁধারে
যাহাদের তেজে মানব মৃত্যুঞ্জয়ীর শক্তি ধরে।
উচ্চাকাঙ্খা পরধন পরপদ পরনারী লোভে মত্ত হয়ে
ভোগের মহা মিছিলে তস্করে বিকৃত মন টানিছে লয়ে।
ঔদার্য হারায় সত্তা কেবলই উচ্চকিত কুৎসিত দৃষ্টি
নিরন্তর বিধ্বস্ত সুকুমার চিন্তা সকল ভূলুন্ঠিত মানব কৃষ্টি।
ভালোবাসা নিক্ষিপ্ত পথপাশে আবর্জনায় খাচ্ছে গড়াগড়ি
কীটদষ্ট কঙ্কাল মানসিকতা ভালোরে নিতেছে কাড়ি।
এতদিন যাহা কিছু নান্দনিক বন্দি হইত মনের মনে
কুণ্ঠিত ছলনার জালে ছটফট করে মারিতেছে ক্ষণে ক্ষণে।

30

# টাইটানিক

সাগরের ডাক শুনি, যেন কিছু বলিতে চায়
টাইটানিক আবার ভাসিবে যাবি কি তোরা আয়।
সর্বনাশার অন্তিম বাণী কোলাহলে যবে হল শেষ
অতল জলধির মারণ বক্ষ বিদারিছে কান্নার রেশ।
অর্ণব মাঝে প্রাণ কাড়িয়াছে হাজার মানুষের পোত
দোদুল্যমান হিম শৈল স্তব্ধ করিয়া মহা শ্রোত।
প্রাণের সাথে ডুবিয়া মরিয়াছে প্রেম, বিরহ, অহঙ্কার
অবিশ্বাসী টাইটানিক হয়েছে এবার আরো ভয়ঙ্কর।
মানুষের সাথে দুলিবে সাগরে সলিল সমাধি আর না
অসহায় জাহাজ পারেনা বাঁচাতে আশ্রিতজন জানে না।
আবার ভাসিবে, হানিবে আঘাত বিদীর্ণ করিবে ভেলা
অট্টহাস্যে জীবন লইয়া করিবে জলে ছেলে খেলা।
তবুও বিশ্বাস করিবে মানব প্রমোদ তরীর খেয়ালে মাতে
তাইতো আস্ফালন ক্ষুব্ধ বিধাতার ডুবায় অহঙ্কারে মেতে।
নতুন জাহাজ ভাসিবে জলে পৃথিবী চড়িবে উপরে
ভাঙিবে জলরাশি বরফ কাটিয়া বাহির হইয়া বিহারে।

31

# বাঁশ

দ্বন্দ্ব জাগিছে মনে কেনরে মন্দ মন্দ করে
কেমনে পাইব শিক্ষা সমাজ যেথা দ্বন্দ্বে ভরে।
তিলে তিলে মিলিছে শক্তি মূর্খতার আনুগত্য
চেয়েআছে নতুন অন্ধকার জমাটবদ্ধ নব আধিপত্য।
তিমিরাচ্ছন্ন পেশিশক্তি বিলায় শিক্ষা ও শেবা
বুঝিবার পথ নাই খলনায়কের মাঝে আসল নায়ক কেবা?
রাজার লাঠিখানি দিয়াছে রাজা রাজ্য বিস্তারে
সেই লাঠিওয়ালা উদ্ধত শিক্ষক হীন রহে নিস্তারে।
রাজ্য করিতে সম্প্রসারণ লাঠিওয়ালা মারে দন্ড
তাহার আঘাতে মানুষ যারা, হইতেছে খন্ড খন্ড।
রাজার প্রাসাদ গড়ে দেশে দেশে, লাঠিধারির হয়
এক তলা যেথা ছিল আগে, দশ তলা মাথাতুলে রয়।
নতুন শিক্ষায় করে শিক্ষিত, পুরোণরে চাদরে ঢেকে দেবে
নেতার এক তলা হউক দোতলা এই সুশিক্ষাই নেবে।
বেশি যেন যেওনা বুঝিতে, আর সব জ্ঞান হলো ঝুটা
মহারাজার লাঠিয়াল আসল শিক্ষায় করে চক্ষু ফুটা।
কিবা কাজ, রোজ রোজ ইস্কুলেতে, যাওয়া আসা বৃথা
গাহিবে রাজার পদ্য শিখিবে রাজার অঙ্ক, ত্যাজিবে ভাগ্বদগীতা।
লাঙ্গুল ধরিতে শেখ, মাতৃদুগ্ধ মাতৃভাষা বৃথা করে পান
লেঠেলের কোঁপে পড়ে হারাবে জীবন ধন মান।
গাজোর ঝুলাইয়া নৃপ বলে নন্দন কাননেতে চাষ
লেঠেলের পোয়াবারো মানবের ঘরে দেবো বাঁশ।

32

# চুপ কথা

চুপি চুপি কথা আসে অব্যক্ত যন্ত্রণায়
কিছু তার রয় পড়ে কিছু তার আঁধারে মিলায়।
আমি আছি বোবা হয়ে ভাবনার নষ্টচেতনে
আদিম কালের নরমালিনীর বিশ্রস্ত বসনে।
কহি যদি কথা অর্থ তাদের পক্ষাঘাতগ্রস্ত প্রেমিকা
যেমন নিশ্চল শয্যায় শুয়ে করে মৃত্যুর আশঙ্কা।
পুঞ্জ মেঘের ছায়া ঢেকে দেয় পৃথিবীর পরিচয়
হাজার রুদ্র মুখ ঢেকে থাকে কহিনা কথা সবিনয়!
অলোকাপুরি হতে আসিত যদি সৈরিন্দ্রি কোন
দিবাকর মেলিয়া আঁখি আলোর বীণা বাজিত ঘন।
তবু থাকি নিশ্চুপ কথা থাকিলেও পারিনা বলিতে
কথা আসে ভাষা নেই আসেনা যে কেহ শুনিতে।।
কথার অনল জ্বালায় আগুন ফোঁটে হিংসার ফুল
অথবা ভালবাসার আবেগ মাথুর ভুলায় জাত কূল।
চাহিয়া অনন্তের পানে এই আশায় যদি অমরাবতীর
কোন সুবাস আসি ভেঙে দেয় বাক সমাধীর।

33

## সূর্য হেরো

সূর্য কেন মুখ লুকিয়েছে জান তোমরা কোথায়?
ফাঁকা মাঠে দিতেছে গোল বৃষ্টি মেঘের খাতায়।
প্রথম প্রথম মনে হতো এসব রবির চ্যাংড়ামী
এখন মেঘের দাপট দেখে ভাবছি এত ছ্যাবলামি।
নরখাদক বৃষ্টি রাক্ষস মেঘ অসুরের বেজন্মা
কেড়ে নিল সূর্য পত্নী পাপের ঘড়ায় হচ্ছে জমা।
দিবাকরের ফর্সা মুখে মাখিয়ে অসুর কাদা-কালি
ছিঁড়ছে দাঁড়ি গাড়ি গাড়ি খিস্তি করে দিচ্ছে গালি।
বাবু সাজি সূর্য দেবে ঘুরত লম্বা ঝুলিয়ে কোচা
সবই তাহার ফাঁকা আওয়াজ হুঙ্কারে মেঘ দিচ্ছে খোঁচা।
কোথায় তাহার এত আগুন কোথায় আলোর অহঙ্কার
ব্যাজার মুখে লুকিয়ে থাকে খুলে নিল সব অলঙ্কার।
মেঘ বৃষ্টি দস্যু দানব সূর্যের মুখে করছে হিসু
করছে ছি ছি কাপড় খুলে বাচ্চা থেকে বুড়ো শিশু।
বর্ষা ঝরে ঠাকুর ঘরে চারিদিকে তার স্বেচ্ছাচারী
ডুবিয়ে শ্মশান ভাসিয়ে মশান বাড়ছে যত মহামারি।
জানা গেল আলোর ঠাকুর দিন কাটাচ্ছে বেশ্যালয়ে
জলের রাজা বেজায় খুশি জাহাজ ভাসে জলাশয়ে।
ইন্দ্রলোকে বসল সভা সূর্য বসে মাটির পরে
অট্টহাস্য করে বরুণ আসন লভেন রাজার ঘরে।

34

# সম্মান

আমার সম্মান কেনা নয় কেউ করেনি দান
বিশ্ব হাসে বাজায় তালি বাড়ে আমার মান।
তোরা হাসিস ব্যাঙ্গের হাসি চোখে মুখে ভয়
তোদের হাজার প্রতিরোধেও করছি দিগ্বিজয়।
নোংরা মুখে নোংরা ভাষা তোদের মুখে ভাসে
বিশ্বকর্মে আছি মগ্ন আমার কি যায় আসে?
পূবে পশ্চিমে ওই শুনি কারা করিছে আহ্বান
তুমি ঘুচাও মানবের দুঃখ ওহে ঈশ্বরের মহাদান।
গাত্রদাহে জ্বলিয়া মরিবে ওরা মানুষের অভিশাপ
তুমি ত জননী মাতৃ রূপিনী পড়িবে পায়ে চাহি মাফ।
তোমার সম্মান গড়িছে হৃদয় দেবতা যক্ষ মানবে
তব জয়মালা গালায় পরাবে নরকে ডুবিবে ষড়যন্ত্রী যত দানবে।

# কাব্য করি না

কথা বলতে পারি না তাই কাব্য করিনা
কবিতা লিখিতে চাই কিন্তু কাব্য আসেনা।
মনের আকাশ ভরে নাম না জানা ভাবনা
কিছু তার চেনা লাগে অনেকটাই চিনি না।
যতটা ভাবি মনে হৃদয়ের ছবি থাকে আঁকা
অতিথি হয়ে আসে তিথির জন্য বসে থাকা।
মানুষের দুঃখ গাঁথা জমা থাকে কল্পলোকে
চিনে যদি নিতে পারি মুছাবো দুঃখ শোকে।
ভালোবাসায় পরে থাকা নীল কাজলের মত
অশ্রু হয়ে ধুয়ে যাবে পঙ্কিল কামনা যত।
আধখানা উপেক্ষা আধখানা অবহেলা মিলে
আমার মানস লোক একেবারে শূন্য করে দিলে।
বিধাতা ভাষা দিল কথা যত লইল কাড়িয়া
তাইত কবিতা লিখিতে বসিনা কাগজ ছিঁড়িয়া।

36

# নিশি বারিষ

এখনো নেভেনি প্রদীপ আতরের গন্ধ ভাসে বাতাসে
এখনো হুইসেল বাজিয়ে শেষ ট্রেন ছাড়েনি অভ্যাসে।
এখনো গীতিময় সান্ধ্য আসরে বাজে পায়েলের ধ্বনি
সুরার পেয়ালায় নিশি ভ্রমরের জ্বলছে চোখের মণি ।
রাত জাগা পাখিদের ডানামেলে চলছে আনাগোনা
তটিনীর ঘাটে ঘাটে এপার ওপারের হয় জানাশোনা।
নিশির খন্ড শশী কখনও লুকায় আর কখনও ভাসে
পিয়াসিরে হারিয়ে বুঝি এমনি খুঁজিতেছে যার আশে।
সহসা গগন বিদারী উঠিল ভয়াল সে ভারি আওয়াজ
ভুলিয়া পৃথিবীর সকল নিয়ম সকল বদ্ধ রেওয়াজ ।
নামিল আকাশ ভাঙিয়া অকালের বারিষ ধারা
দেখিতে দেখিতে সাগর ডুবাইল সৃষ্টিরে, আত্মহারা।
প্রকৃতির স্বেচ্ছাচারে কেমন অসহায় ছন্নছাড়া জীবে
মানুষ পারে মানুষে ডুবাইতে নহে ভগবান শিবে।

37

# মহল

গান ধরেছে পাগড়ি ধারি
আওয়াজ শুনে কানটা ভারি
তবলা আর পাখওয়াজের হচ্ছে যুগলবন্দী
বলিহারি বলছে শ্রোতা
তিলক কামোদ নয়তো যাতা
তানপুরাতে রাখতে সুর তানে মারার ফন্দি।
ইমন সুখে দিচ্ছে ঘুম
বসন্তে আলাপের ধুম
ভায়োলিনে শুনছি বাজায় কাফিরাগে ঝালা
কাহারবাতে দিচ্ছে তেহাই
লগ্নী বাজায় ঢুলি মশাই
কালোয়াত ওই পাগড়িধারি ধমকে বলে শালা।
ঢিমে তালে ঠেকা বাজা
আসরেতে আছেন রাজা
চক্ষু বুঁজে শুনছে নেশার ঘোরে
পাল্টা বাজে পাখওয়াজে
গদ বাজিয়ে থামছে কাজে
বীণাপাণি বীণা হাতে হাসছে জোরে জোরে।
সানাই বাজায় আশাবরী
ফাঁক তালে সুর করছে চুরি
লয় ঠেকাতে কায়দা বাজায় তিন তালে
শুনছে রাজা সুরের গমক
ফোয়ারাতে দিচ্ছে চমক
সাত সুরেতে উঠা নামা বোতল ভরা মালে।

দীপদানিটা ভরছে মোমে
মারছে চাটি গানের সোমে
ধূপের গন্ধে মাখছে সুরা আতর আর কস্তুরী
শেষ আসরে হয় ওস্তাদি
পন্ডিত বলে এর পাল্টা দি
কিয়াবাত আর ঝাঁকায় মাথা আসরে যে দস্তুরি।

# মাকে আমি শুধাই ডেকে

মাকে আমার শুধাই ডেকে
বলনা এলাম কোথা থেকে
কেমন করে চিনেছিলাম তোমায়?
কে শিখালো মা বলিতে
দুই পায়েতে পথ চলিতে
তুই ছাড়া বল কান্না কে মোর থামায় ?
গায়ে মাখি ধূলো মাটি
ছুটে এসে মার, কোলে উঠি
আদরেতে বুকে ধরে ধূলো ময়লা মুছায়
আমি ঘুমাই স্বপন দেখি
জাগে পাশে খুলে আঁখি
এমন শক্তি এমন মায়া কোথা হইতে পায়?
মা বলে যে বুকে ধরে
সোনার প্রদীপ এলি ঘরে
বুকের মাঝে হয়ে ছিলি, স্বপ্ন শিরায় শিরায়
ধরিত্রী মা আঁচল পেতে
চাইল তোমায় কোলে নিতে
স্খলিত আমা থেকে বিরল সুখে শঙ্খ ওরা বাজায়।
চোখের সামনে হাজার মানিক
উদ্ভাসিত দিগ্বিদিক
পান করিলি মায়ের বক্ষ সুধা
অহঙ্কারে ঘুম ভুলে যাই
কি করিব ভেবে না পাই
শপথ নিলাম ভুলাই দুঃখ ভুলাই সকল ক্ষুধা।

আমার চোখে তুই দেখিবি
হাতটি ধরে পথ চলিবি
ভবিষ্যতের আমি তোমার শিশু
তোমার গায়ের মলিন ধূলা
সব যে আমার স্বপ্ন গুলা
মুছিয়ে ভাবি তুই তো যীশুর যীশু।
আমার শক্তি আমার আশা
বক্ষ মাঝে আছে ঠাসা
তোমার মুখের আলোয় ভেসে ওঠে
মায়া আমার দিচ্ছে ছোয়া
অহঙ্কারে যায় না খোয়া
আশার ঘোড়া টগবগিয়ে ছোটে।

39

# পরাণ বধূ

কেনরে তুই মনের আগল খুলিলি।
আমার মোহের স্বপন সৌধ ভাঙিয়া
ধ্যানের দেবীরে দিতে চাহিলি রাঙিয়া
গাহি মহাপ্রাণ রাগিনী ও গানে
হৃদয়েতে ঝড় তুলিলি।
কেনরে তুই মনের আগল খুলিলি।।
পরাণে থাকিবে পরাণ বধূ
গুঞ্জরী দোহে পিয়বো মধু
মরণের স্রোতে হাসিয়া গাহিয়া কেন
আপনাকে ভুলিলি।
কেনরে তুই মনের আগল খুলিলি।।
উঠিবে কাননে মলয় হিল্লোল
ফুলের গন্ধে বহে কল্লোল
তাহারই ছন্দে বধূরে আমার পিরিতি সায়রে ডুবিলি।
কেনরে তুই মনের আগল খুলিলি।।
ওরে ওই শোন আসে আহ্বান
বুকের গভীরে খসে আবরণ
বহমান সময় করি নিগরণ দীপ্ত হুতাশন জ্বালিলি।
কেনরে তুই মনের আগল খুলিলি।।
তুষ্ণিভূত থাকি সারা দিন
তৃষিত ভ্রমর ভ্রমিছে বিপিন
মোর বধূরে বক্ষ ঝিনুকে মুক্তোর মত বাঁধিলি।
কেনরে তুই মনের আগল খুলিলি।।

দীর্ঘরাত্রির দীঘল সহবাসে ধ্বান্তারি
হইল উদয় ধ্রুবাক্ষের মত সান্তারি
নহে বিবিক্ত পরাণ বধূয়া পরাণে পরাণে মিলিলি।
কেনরে বিপুলা আপনার মাঝে এত যে নিরব রহিলি।।

# ঋণ

পৃথিবী কি আমাকে ঋণী করেছে জন্মেছি তার বুকে
আমার কাছে নাকি ঋণী পৃথিবী ধন্য করেছি তাকে?
পৃথিবী বুকে রচিয়া অনুপম আলো বায়ু সোঁদা মটি
হাতবাড়িয়ে করে আহ্বান তবে জননী আসিল হাটি।
মায়ের চরণ চুমিয়া পৃথিবী পুজিল মন্ত্রে গন্ধে
শিরায় শিরায় বহে শিহরণ শোণিত ঝরে ব্যথা বন্ধে।
পড়ি ভূতলে কাঁদিনু আমি মাতা বসুমতী নেয় কোলে
কানে কানে মোর করে আলাপন আদরে হিয়া দোলে।
মাঠ ভরে ওঠে সোনার ফসলে পয়ধরে জমে দুগ্ধ
মম মুখে চাহি গরবী বসুধা হাসিতে হাসিতে মুগ্ধ।
পাইয়া আস্কারা খেয়াল খুশিতে মাথায় চড়িয়া বসি
ফিরি পদ বিক্ষেপে ধরণী বক্ষে পদ চিহ্ন পড়ে রাশি।
গগন চুম্বি সভ্যতা নবীন মম পায়ে পায়ে ঘোরে
বনানী কত রিক্ত করিলাম নিষিক্ত পুষ্প ঝরে।
আপন পথহারা বহতা স্রোতী কহে বাতাসের কানে
দিগদিগন্তে ওঠে হাহাকার মরিতেছি বিষ পানে।
বাতাসে ভাসে বারুদের গন্ধ ভগবান অবতীর্ণ
তাঁহার নামে দাঁড়ি শয়তানে জীবন করে বিদীর্ণ।
মারিছে সৃষ্টি তাঁহারই নামে আয়ুধে আয়ুধে আস্ফালন
কাঁদে বসুধা দেখিয়া আমার নৃত্য আর উল্লম্ফন।
বুঝিল বিশ্ব আমাকে পালিয়া করিয়াছে মহা পাপ
দেখি অচিরে নগ্নতায় লোভে আমাকে করিবে সাফ।
পৃথিবী ভাবে ঋণ ভুলিয়াছে শিশুরে নিয়েছি বুকে
ক্রূর হাসি হেসে বলিছে শিশু বসুধা কাঁদিছে সুখে।

# চেনা অচেনা

দেখিনি কোন দিন তবু কেন এত চেনা লাগে?
বন্ধু নাকি সখা, নাকি শত্রু হয়ে মম পাশে জাগে?
যদি হও চেনা তবে আঁখি কেন মানে না
অচেনা ছিলে যদি হৃদয় কেন মুখ ফেরায় না।
দূরে দূরে থাকিলে বিরলে আসে কেবল চোখে জল
স্বপনে কাঙালপনা চুপচাপ জড়তায় হয় বিফল।
কাছে এলে মিলায় হাসি লাজে ভয়ে থামে গান
কখনও কখনও মনে হয় জমিতেছে অভিমান।
সন্ধ্যায় যবে সন্ধ্যাতারার ভাঙে দিবসের ঘুম
হানাদার ভালবাসা আখিপাতে হানে নিষ্ঠুর চুম।
কেশ তব উড়িতেছে বিহঙ্গ গুটিকয় ডানা ঝাপটায়
বিহ্বল অহঙ্কার ভুলে যায় বিধু ওই আকাশের গায়।
তবুও ভাবে মন কোথাও কি দেখেছি তাকে
ওরে অগোছালো চেতনা আবেগে স্মৃতিরে ডাকে।
রহে যদি সম্মুখে ইন্দ্রিয় করে বিদ্রোহ কেন
সম্মুখে না রহিলে বিষণ্ণতায় ভুবন ঢাকে যেন।
হারিয়ে ফিরে পাওয়া পেয়েও হারানো যায়
দ্বিধায় রহিব বসে চেনা না অচেনা ভাবিয়া হায়।

# ভালোবাসি

ভালোবাসিতাম, ভালোবাসি , ভালোবাসিব সদা বলি
কেন কাকে কবে থেকে বলিব কি নাবলেই যাব চলি।
সে আমার বসন্তের মাধুর্যে ভরা এক নিকট বিহঙ্গ
অযাচিত তাড়নায় পলাশের ডালে শিহরিত তরঙ্গ,
ছড়াইত নিবিড় অব্যক্ত চেতনার মানস সরবরে
সব ভাষা বুঝিনা সব সুখ ছিল অবাঙমানসগোচরে।
ডানা তার মেলিত ইশারায় দুর্বোধ্য শৃঙ্গার ভঙ্গিমায়
লাজ যত আড়াল করিত বিকচ কৃষ্ণচূড়ার শাখায়
ডাকিত আমার নাম ধরে মরি ভয়ে পাছে ভালোবাসি
কথা কহিতে বাধে যদি আনন্দ সাগরে প্রাণ নাশি।
ইচ্ছেরা মেলে ডানা ঝাঁকে ঝাঁকে নির্বাক পায়রার মত
বসন্ত বিহঙ্গ সনে অপাঙ্গ চোখে কহিতাম কথা কত।
আনত নয়ন দুটি কাঁপে নোনা জলের কব আস্কারায়
বলিতে চাহি নিরঙ্কুশ আমি সবটুকু ভালবাসি তোমায়
ভালবাসিতাম, আজও তন্দ্রার ছন্দে তোমারেই স্বপ্নে দেখি
তোমার রঙ নিয়ে গান বাঁধি আর ছবি গুলো আঁকি।
তবুও তো বুকের মাঝে জমাট বাঁধা বেদনা অব্যক্ত,
রয়ে যায় বলিতে নাপারার জ্বালা ভাষা হয় আরক্ত।
আজও ভালোবাসি তোমায় ঝর্ণা আর পাহাড়ের মত,
বর্ষা যেমন বাসে বিথানে বিতত ময়ূরের কলাপ যত।
আমি না রব যবে দিকচক্রবালে ঢলে পড়া পূষণ হয়ে
সেই অকাল ভবিষ্যতে বাঁধিব সুর তব ভালবাসা লয়ে
ভালোবাসিবো আত্মহারা ঝর্ণার তরলিত নৃত্য যেমন
বিরামহীন স্রোতস্বিনীর কলস্বর সৃজীবে হৃদয় তেমন।

43

# বিবরা

জীবনরে তুই কার কথা আজ শুনতে চাস
এমন করে মুখ লুকিয়ে কি সুখ পাস?
মাটির পরে বেঁধে বাসা ভালোবাসা নিলি
যাহার আশায় আসন পেতে দুয়ার খুলে ছিলি।
পুরবীতে বাজিয়ে বীণা ডেকেছিলে যাকে
চিনতে পেরে পুষ্প রাগে বক্ষে নিলি ডেকে।
ছিন্ন হলো বীণাখানি তাল কেটে যায় সুরে
বিশ্ব মাঝে গানের সাথী হারিয়ে গেলে দূরে।
সুদূরের এক সুখ পাখি উড়ত শাখে শাখে
অনাহূতে বাসল ভালো পরশ দিল মেখে।
পলাতকের ভালোবাসা বেদুইনের চরণ
জ্বলন্ত অগ্নিশিখায় মরুপথে তার মরণ।
ভালোবাসার কন্টক পথে দেশিক ঘুরি একা
রঙীন আলো ফিঁকে হতেই দেউড়ি হয়রে ফাঁকা।
দুর্ভর তিলোত্তমার প্রেমের পীযুষ পিয়ে
পিয়াস কেবল বেড়ে যাবে কোথায় যাবে নিয়ে।
বাজি রেখে বলতে পারি সব চাওয়া নয় ঠিক
বিপ্লুত হৃদয় শেষে বলবে তোমায় ধিক্।
বাধনহারা লোভী হৃদয় নির্বোধের এক সাথী
পথের মাঝে রইবে একা পোহাবে না রাতি।

44

# দশমী

মহা যজ্ঞের হলো অবসান বিষাদ তরঙ্গ উঠিলরে
রহিল পড়ে রিক্ত দেবালয় আনন্দ বাতি নিভিলরে।
শূণ্য বেদিখানি পর শুষ্ক পুষ্প হাসে উৎসন্নের হাসি
কোথায় গেলো সকল উল্লাস ধূপের গন্ধ হলো বাসি।
হারিয়ে গেল জনস্রোত কোলাহল মিলাইলো কোথা
অপসৃত রুদ্রতেজে উজ্জীবিত ঈশানীর যজ্ঞ হোতা।
মেলা শেষে ফিরে যাওয়া ক্লান্ত দর্শক পায়ে পায়
অস্থির স্মৃতির নিষ্ঠুর আঘাতে রক্তাক্ত হয়ে যায়।
নিঃসঙ্গ দশমীর চাঁদ আকাশের ঘাঁটে ঘাঁটে খোঁজে
চরণ চিহ্ন রেখে গেছে কিনা ধূলি কণার মাঝে ।
বিষন্নতায় সরে সরে যায় বহু লালিত স্বপ্ন গুলো
ম্রিয়মান পর্ণ থামাইয়া মর্মর ঢাকিল পথের ধুলো।
কেহ মারে বুকে করাঘাত কেহ করে ক্রন্দন ধ্বনি
হাসিবে না বিধু আর উঠিবেনা আমার চাঁদ খানি।
পৃথিবী ভুলে যাবে নিয়তির এই খেলা জীবন দামী
ভুলাইয়া সব কিছু জাগাইবে নতুন স্বপন নব দশমী।

45

# লড়াই

কাহার আগমনে বাজিছে ভেরি
কোন্ মহারণে সাজে রণতরী।
চারিদিকে দেখি কাশ ফুলে সাদা
নীপ বন তলে জমে আছে কাদা।
শিশিরে শিশিরে ভিজে তৃণদল
শিউলিতে ঢাকে দেবী পদতল।
কোটি কোটি সাজে সারদার চ্যালা
কাহার মন্ডপ লাইক পাবে ম্যালা।
দেখো মা অদ্রিজা বাধাও মহারণ
চ্যাংদোলা করে আনিছে শমন।
কাহার প্রতিমায় সেরার শিরোপা
কাহার লক্ষ্মী দেবী অপরূপা।
লড়াই চলিবে আকাশে পাতালে
আসিবে দেবতা নাগ শত দলে।
ভারি পদভারে নাচিয়া নটরাজ
খসাইয়া ফেলিবে আকাশের লাজ।
কাঁপিবে নটিনী দামিনী নিনাদে
বিজুরি চমকে জাগাবে কি বরদে।
লড়াই লড়াই  দেবতা মানবে
মূর্খরা বিজয় পতাকা আনবে।
বাজিয়ে তূর্য সাজ সাজ সবে
সেনানীরা ধায় যুদ্ধং রবে।
মহামায়া বসি সিংহাসন পরে
মুখ টিপে হাসি হাসায় নরে।

# মালপোয়া

আমার চারি দিকে এমন এক রুদ্ধশ্বাস পরিবেশ বিরাজ করছে, যেন মনে হচ্ছে জৈব জড় প্রকৃতির সকলেরই হার্ট এটাক করেছে। আঁধার কেবল জেগে আছে। ওর কোন কষ্ট নেই। বাতিস্তম্ভগুলোর নাকে অক্সিজেন নল লাগানো , সারা রাত জেগে থাকা সারমেয়কুল কংক্রিটের শয্যায় শুয়ে গোঙাচ্ছে। আকাশচুম্বী বাড়িরা মুখে মাস্ক পরে নিঃশব্দে কাতরাচ্ছে। আকাশে জমাটবদ্ধ আঁধারের ফাঁক গলে চাঁদ পালিয়েছে কিন্তু হৃদরোগে আক্রান্ত তারার আলো একটু একটু বেরিয়ে শ্বাস নেওয়ার আপ্রাণ চেষ্টা চালাচ্ছে। দিনের আলোয় যে সকল চতুষ্চক্র সড়কযান ধূলো উড়িয়ে চলেছিল এখন তারা কোম'য় আচ্ছন্ন। কোথায় যেন কোন এক গন্ধরাজ গাছে ফুল ফুটেছিল সন্ধ্যায়। এখন সেই গন্ধে তেজ নেই ঝাঁজ নেই। ওর হয়ত স্যালাইন চলছে।

মোবাইলে প্রথমে আলো জ্বলে উঠে পরে বাজতে লাগল। না, মোবাইলের করোনারি থ্রম্বোসিস কিম্বা মাইওকার্ডিয়াল ইনফার্সান কিছুই হয়নি। ওই তো নৈশ প্রহরীরা হুইসেল বাজিয়ে চলে গেল।

আমার ডিভানের ওপর আমাদের পোষা চারটি মার্জার ঘুমাচ্ছিল। রিংটোনের শব্দে একটু নড়ে চড়ে চোখ মেলে পিটপিট করে তাকাতে লাগল।

- 'হ্যালো, কে খোকা? ঘুমোচ্ছিস না বাবা?'

- ' হ্যা মা, বলো। তুমিও তো জেগে আছো।'

- 'ওল্ডেজ হোমে আজ জন্মাষ্টমী পালিত হচ্ছে তার

জন্য রাত হলো! তোর কথা খুব মনে পড়ছে। তুই মালপোয়া খেতে ভালোবাসতিস। জন্মাষ্টমীর রাতে

মালপোয়ার লোভে ঘুমাতে চাইতিস না। '

-'মা, এই তোমার দোষ। এই গভীর রাতে এই ধরনের ফালতু কথা বলার জন্য ঘুম কামাই--।'

-' আমি আশ্রমের আচার্যের পারমিশন নিয়ে তোর জন্য চারটি রেখেছি। কাল একবার আমার কাছে

আসবি বাবা?'

-'মা, যখন তখন এই ধরনের অদ্ভুত আব্দার একদম আমার পছন্দ না। তা ছাড়া আমার তো কাজ কর্ম আছে। চুমকি(আমার বউ) ঘুমোচ্ছে বেচারির কত কষ্ট করতে হয়। নটায় উঠে পড়তে হয়। না হলে অফিসে ওর লেট হয়ে যায়। ওর ঘুমের ডিস্টার্ব করো না।'

ফোনের লাইন কেটে দিলাম। সকাল ছটায় বেয়াদব ফোন আবার বেজে উঠল। বৃদ্ধাশ্রমের ফোন। বিরক্ত ও উত্তেজিত ভাবে ফোন ধরি।

-'হ্যালো মিস্টার ব্যানার্জি, ইওর মাদার এক্সপায়ারস আফটার আ ম্যাসিভ হার্ট এটাক। ওঁর ফিউনেরালে আপনাকে উপস্থিত হতে অনুরোধ করা হচ্ছে। ইয়েস মিঃ ব্যানার্জি আপনার মা আপনাকে দেবার জন্য একটি মালপোয়ার প্যাকেট রেখে গেছেন। '

আঁধারের জড়তা কেটে সূর্য উঠছে। সকালের সূর্যটাকে মালপোয়া বলে মনে হতে লাগল ।

47

# গোধূলি

গোধূলির ধূলায় আছে ঢেকে আকাশের নিচে
অস্তাচলগামী দেবাংশুমালী কহিবে দিবসের কথা নহে কিছু মিছে।
যেথা নহে কেহ বাঁচিয়া প্রহর গুনে দিবা রাত্রি শুনিতে সূর্যের কথা
শুভক্ষণ আসে না কেবল ভরা থাকে আগামীরা যথাতথা।
নিম তলায় ঝরে থাকা পাকা নিম ফল খায় মেঠো পাখিরা যত
বলিতে পারেনা কি স্বাদ আছে তার মৃত্যু ওপারের মত।
আমারে ডাকে এক ঝাঁক বুনো পায়রা শুধোতে
এই গোপন গোধূলির রঙ মেখে আছো কাহারে বাঁধিতে।
মনের কোণ হতে বাহিরে এসে দাঁড়ালো সে ফিরে চাহি পিছে
আমার যাওয়া হলোনা অনন্ত কাল রইব বসে আলোর নিচে।
সে হাসিয়া বলিল এক সাথে ডুবে যাবে অস্তরাগের সনে
নিশ্চল পাথরের মতো রহিব আমাদের দোহার মনে।

48

# নদী, ফুল ও রমণী

নদী, তোমার নাম কি? শুধাইল ফুল
রমণী কহিল হাসি বহতা কুল কুল।
আসিলাম পাষাণ গর্ভ চিরে সাগরের ডাকে
মিলিব সঙ্গম মোহে চূর্ণিত তরঙ্গ ঝাঁকে।
কুসুমের সৌরভে পিপাসিত অলি দল
শুষিবে সকল মধু বা রমণীর পরিমল।
রমনীর কেশ দাম যদি হয় প্লবগ নদী ধারা
পুষ্প মঞ্জরি মাঝে হবে তা সাগর হারা।
কৌমার্য পড়িল যথা পৌরুষ করিল হরণ
রমণীর কুঞ্চিত শিরায় ডাকিলে বাণ
সাগরের অভিঘাতে স্রোত হারা নদী শত খান।
জলধির উর্মিমালা বিকশিত ফুল বলে মানি
বৃষ্টি যদি চুমে তাহে নদী সাগর একাকার হয় জানি।
ফুল নদী আর রমণী নিয়ে লিখিতে কবিতা বসি
নারী বলে পুরুষের ছোঁয়ায় ফুল হয়ে ফুটিব রাশি।
ফুল বলে ঝুলনে দুলিব দুষ্টু রমণীর মত
নদী হাসে শুনি আহা রজনী কাটাই একা কত।
স্বর্গ হইতে আসিয়াছে ওরা নদী, ফুল ও রমণী
সৃজিতে ভাঙিতে গলায় দুলিতে সুরভিতে রজনী।

49

## পঁচাত্তর

আমি বলি আমার বয়স পঁচাত্তর
স্বাধীনতা বলে আমিও সঙ্গে আছি।
তাই ত এ বেটা ত আমার সাথে লেগে
আছে, ছাড়ে না আমায় যতই বাঁচি।
এত গুলো বছর চলছি এক সাথে
ফেবিকুইকের আঁঠা হয়ে লেগে
কিন্তু কোন মাথামুন্ডু বুঝিনা স্বাধীনতা
মানে কি? প্রশ্ন শুধু প্রশ্ন হয়ে আছে জেগে।
মরে যাওয়া, নাকি অর্ধমৃত না বেঁচে থাকা?
নগ্ন নাকি অর্ধ নগ্ন নাকি উলঙ্গ হয়ে বাঁচা?
পায়না মা মেয়ে সন্তান যত জবাব খাঁটি
এই পঁচাত্তর আর আমার পঁচাত্তর দুই কাচা।
দেখি চোখ মেলে দিগ্বিদিক হেসে
কার পঁচাত্তর রঙিন কার পঁচাত্তর ধূসর
আঁধারে আলোতে খুঁজিতেছি একা
কার পঁচাত্তর কালো, কারো ধবল তুষার।
রঙহীন, জৌলুস হীন পঁচাত্তর নিয়ে মরিনা
আবার বাঁচিতে বাঁচিতেও হাসিনা।
লাল কেল্লায় ফ্লাগ ওড়ে কোটি কোটি মানুষ
মাতঙ্গিনী আসামবাসী, ওড়ে না হাসির ফানুস।
এটাই অঙ্কের জটিল রহস্য পঁচাত্তর তুই কার?
মাতঙ্গিনী দিয়েছে উত্তর আসল পঁচাত্তর যার।

# অপরাজিত

জনকল্যাণ যাহার ব্রত
পঙ্কিল রাজনীতি তাহাকেই করে আহত।
যাহাকে দেখি আত্মহারা পর দুঃখ বিমোচনে
শত শত ছুরির ফলা আছে তাহার হননে।
হতভাগ্য এই দেশ মাঝে
দিকভ্রান্ত মানব ছোটে যত হীন কাজে।
কর্মযোগী যাহার যোগ্য নাহি ব্রতচারী
হানিতে আসে ব্যাঘাত কাজে কষাঘাত মারি ।
অভীষ্ট অসৎ লক্ষ্য, অর্জনে তৎপর
তাহার শেখানো ভাষায় করে জয়জয়কার।
অশিক্ষিত পশ্চাদ্গামী মূর্খ রবে যত সাথে
মসৃণ আধিপত্য হবে কীটদষ্ট পথে।
যাহার শানিত শক্তি দীনতা হীনতা করে ক্ষয়
দুরাচার শ্বপচ পায়ে তার বেড়ি পরাতে চায়।
তাহার অন্তরে জ্বলে যুগের আলোক জ্যোতি
পারেনা রুখিতে সংকীর্ণ মনা তাহার চিরন্তন গতি।
মানবের তরে বাঁধা আছে কল্যাণ মন দানি
নিন্দা স্তুতি কিছুই পারেনা থামাতে হাসি খানি।
ভয়ের ভালবাসা জয়ী হতে পোষাকী ঋষি সাজি
কপট মানবিক দুরাচারী দেখিয়া আজি।
চিনিতে পরেনা কে সেই অমলিন ব্যক্তিত্ব কোথা
আগুন চেনাবে কে অগ্নি আছে যেথা।

সাধারণ মানুষের মাঝে মূর্তিমান কর্মযোগী
চাহেনা মিডিয়া কৃপা আপন কর্ম প্রচার লাগি।
নিষ্ফল হবেনা কারো শাপে তার কাজ
আকাশ বিদারীবে গৌরবে তাহার ধ্রুবজ্যোতি আজ।

51

# ওরে অন্ধ

ওরে অন্ধ কাহারে তুই ডাকিস ইশারায়
বন্ধ চোখের খুলে দেবে দৃষ্টি অজানা কোন্ মহাশয়।
দেখিবি আপন আলোয় তিমিরে যা ছিল ঢাকা
তাহারে চিনিয়া লইবি যে ছিল আঁধারে একা একা।
নিশার স্বপন যদি দিবালোকে মুক্তি লয়
কেমনে রাখিবি ঢেকে তারে আঁধার যদি নাহি রয়।
যেতে যেতে পথে চিনিতে পারিবি অপরিচিতকে
আলোতে এসেছ বলে নয়ন দেখে না সব চেতনাকে।
আঁধারের মাঝে থাকে বিভেদহীন সকলই একাকার
আলো স্পষ্ট করে তুমি আমি এক নহে নয় সবাকার।
তুইরে অন্ধ অন্ধকারেই পারিবি বাসিতে ভাল মানবে
আলোক লইবে কেড়ে সমদৃষ্টি যেমনি করে দানবে।
ঊর্ধ্বলোকে চাহিবি যবে হেরিবি হাজার নক্ষত্রের বেড়া
মেঘেদের কারসাজিতে আকাশ হয় ছেঁড়া ছেঁড়া।
অন্ধ ছিলিরে যবে কোন ছবি আঁখি না হেরিত
কেবা ছোট কেবা বড় কেবা সাদা কালো নীল লোহিত।
আঁখি মেলি দেখ চেয়ে নিদারুণ সংশয় ভরা পৃথিবী
অন্ধই ভাল ছিলি দৃষ্টিহীন হতে আবার চাহিবি।

# ঝড়

আছে মেঘ আছে বজ্রবৃষ্টি
আসুক ঝড় ভাঙুক সৃষ্টি।
উঠুক ঢেউ জলোচ্ছ্বাসে
ভাসুক অরণ্য অট্টহাস্যে
লণ্ডভণ্ড হোক জনপদ
ধ্বস্ত আকাশ উত্তালনদ।
খেপি জটাধারী শিবশঙ্কর
অগ্নি নেত্রে ত্রাশে কিঙ্কর।
ভাসে কত লাশ গঙ্গাবক্ষে
সৃষ্টি কর্তা হাসে অলক্ষে।
তাহার সৃষ্টি মানব শ্রেষ্ঠ
তারি অপমানে স্রষ্টা রুষ্ট।
মানুষ মারিছিস শোনরে দানব
ফুঁসিছে ক্রোধে কুপিত অর্ণব।
মহা ঘূর্ণি তরঙ্গ ভয়াল
ভাসাইয়া পৃথ্বী দেবে রসাতল।
গ্রাস করিবে পাহাড় জঙ্গম
ভাঙিবে প্রাসাদ মারণ সঙ্গম।
মানুষ মারিয়া ক্ষমতা দম্ভ
উপাড়ি ফেলিতে স্মারকস্তম্ভ।
ঐ আসিছে অতি ভয়ানক
ভাঙিয়া গড়ার বিশ্ব নায়ক।

বাজায় তূর্য শিঙা পুকারে
নৃত্য করিতে দাঁতাল শূকরে।
পাপ করিয়া পালাবি কোথায়
সৃষ্টি শক্তি দাঁড়ায়ে আছয়।

53

# রাতের হাসপাতাল

নরক দেখেছ, দেখেছ আর্ত
সেবার একাল?
চক্ষু খুলিয়া দাঁড়াও এসে
রাতের হাসপাতাল।
মানুষ শুয়ে আছে যন্ত্রণা
দেহে, সেবক সেবিকা জাগে
চোখে মুখে হানে কুটিল
দৃষ্টি হিসেব দামে ও ভাগে।
মানুষের সেবার নামে
চলে পিশাচের কারবার
রোগীর জীবন কাহাদের হাতে
শিহরিবে বারবার।
কোথাও চলছে বেড বেচাকেনা
জাল ওষুধের ব্যবসা
কিডনি কিনিছে কাহাকে মারিয়া
দালালিতে রাখে ভরসা।
লুকাইয়া অক্সিজেন হাঁকিছে দর
সিলিন্ডার পিছু বিশ হাজার
রাতের আঁধারে করে ফিসফিস
চিকিৎসার ঐ কালোবাজার।
চলে টানাটানি দেশি বা বিদেশী
নারী মাংসের মহোৎসব
অন্ধকার হলেই আসল হাসপাতাল
রোগীরা কেবল পণ্য সব।

ডাক্তার বাবুর পকেট ভরিছে
এই পৃথিবীটাই অন্য
ওয়ার্ড বয় সব মহারাজ সাজে
নার্স করে সবে ধন্য।
অতি সস্তায় মৃত দেহ পাবে
দিনের আলোতে দামী
বদলে যাবে সদ্যজাত যত
বড় হোক নামী।
হাসপাতালে হাসপাতাল আছে
আসল মালিক যারা
নিশি জাগি ফাঁদ পাতিয়া রাখে
দেয়, পুলিশের মাসোহারা।

54

# বিশ্বমারী

কার মনে আছে আকিঞ্চন বাঁচিতে এ ধরায়
মৃত্যু পরিকীর্ণ শ্মশান ভূমি মাঝে আছি দাঁড়ায়।
চারিদিকে ঘিরে আছে নাগিনী শত তুলি ফণা
রক্ত গৃধগ্ন শ্বাপদকূলের বিরামহীন আনাগোনা।
শবের সারি পরে পক্ষ মেলিয়া মাছিদের খেলা
গলিত ক্লেদ রস পানে মাতে ওরা সারা বেলা।
আগের মত পৃথিবী জুড়ে বাঁচার আনন্দ নেই
আছে বিশ্ব জুড়ে মহামারীর মহাযজ্ঞ সেই।
আমার প্রাণের যেথা নেই আমার অধিকার
সেই তো পৃথিবী এখন নতুন করে আছে জানিবার।

55

# চরিত্র চুরি

কাহার মূর্তি খানি হৃদয়ে ভাসিল
দিন রজনী নিবিড় হইয়া হাসিল
মনের মাধুরী মনেতে মিশাইয়া রাখি
সুধীর ধেয়ানে তাহার মুরতি আঁকি।
পারিজাত ফুল যেমন করিয়া ফোঁটে
অকারণে মন নিরবে গাহিয়া ওঠে।
অতীত কালের একোন যাজ্ঞসেনি
উঠে এলো ধীরে সাজাইয়া কবরীখানি।
ইহার মূর্তি হৃদয়ে জাগিয়েছিল কি?
কহ রূপবতী কেন মনে হয় চেনা দুটো আঁখি।
লাজ রাখি সত্য কহি আমি তুমি অরিত্র
হীন নই, নহি ব্যভিচারী আমি তব লুণ্ঠিত চরিত্র।
কেমনে হয়েছি হৃত মনে কি পড়ে তব সে কথা
লাম্পট্য প্রতারণা ধ্বংস মিথ্যাচারে যথা।
নিয়মের রাজত্বের দ্বারে সহজে যা হয় বলি
মানুষের নীতি চরিত্র তোমারে দেখাইয়া চলি।
সংকটে পড়িবে যবে চিনিবে সত্য সহজে
বিশ্ব ভাঙিবে, পুড়াইবে সৃষ্টি আপনারে নিজে।

# পঁচিশে বৈশাখ

পঁচিশে বৈশাখ একটি দিন
কালের ডাকে এসেছিল দিতে ঋণ।
তপ্ত দগ্ধ খরতাপে করোজ্জ্বলে রবি
তেজে করি চমকিত দিয়েছিল সবই।
অম্লান মানসলোক সাজালো ছন্দে
গানে আর রাগিনীর পরিমল গন্ধে।
চুনি পান্না হীরে কনক রত্ন দিয়ে মোড়া
কল্লোলিত রত্নাকরের ঢেউ দিয়ে জোড়া
পঁচিশে ছিলো অব্যক্তের হাসিতে ভরা
অনন্তের পানে চাহি উজাড় করা
ভালোবাসার অঞ্জলি দিয়া নিল বাঁধি
মনে মন আঁকিল সুচিত্রিত ছবি তারাদি।
উঠিল পঁচিশে বৈশাখ স্নিগ্ধ প্রদীপে জ্বলে
হে মম চিত্ত ধরে রাখো চিরদিন হৃদয়স্থলে।

57

# মুক্তির হাসি

মেয়েটি হঠাৎ হাসিছে
প্রাণ খোলা হাসি হাসিছে।
আকাশে হাসিছে অরুণ রবির আলো
সুশান্ত মানবের মন বলে আছি ভালো।
দেবতা কাছে সবে লয় ডাকি
কন্যার কাছে কিছু নহে রহে ফাঁকি।
সে দেখেছে আকাশ সীমানা শেষে
কালো মেঘের পাথর, আলোয় গেছে ভেসে।
কেমন করে যে হলো
হাসির রাশি কোথা হতে এলো?
পদ্মপুকুর পরে পাখির সাথে উড়ছে প্রজাপতি
পদ্মপাতার উপর শঙ্খচূড়ের এমন গতাগতি।
ঘর বেঁধেছে বিহঙ্গরা যত
সুস্নাত ওই রবির আলোর মত।
সবাই দেখি হাসছে মেয়ের সাথে
রেলের বাঁশি যেমন বাজে রাতে।
পাহাড় চূড়ায় হিমেল হাওয়া ভাসে
হিমানীও রবির করে হাসে।
ডাক এসেছে মেঘের আলয় থেকে
কেটেছে মেঘ ভয়ের রোদ্দুর মেখে।
মুক্ত মেয়ে এলোকেশী এলো অভয়দাতা
বিশ্ব ভুবন ভরিয়ে হাসি হাসে জগৎ মাতা।

# প্রথম বৃষ্টি

সারা সকাল আকাশে ডাকিছে কারা
ঘরের বাহিরে ঝরিছে বাদল ধারা।
এত নয় শুধু বৃষ্টি
মেলিয়া দেখো দৃষ্টি
ওযে শান্তির বারি আকাশ ভাঙ্গিয়া ঝরা।
ঝরিছে বাদল ধারা।।
দামিনী নাচিছে চাতকের গান শুনে
কাল বোশেখি ভরিয়াছে বাণ তূণে
চমকে বিজুরী ঘন
বাঁধিয়াছে মহা রন
ক্ষরতাপ আজি পরাজয়ে হলো সারা।
ঝরিছে বাদল ধারা।।
এত দিন পাপী নিদাঘে পুড়াইয়া দেশ
স্বেচ্ছাচারী খুলিয়া ফেলিল বেশ
জীমূতে মিশিয়া দেবী
প্রকৃতি তুষিল সেবি
কলুষ মুক্ত করিল ভাসাইয়া ধরা
ঝরিছে বাদল ধারা।।
অকালে ময়ূর ভুলিয়া মেলিল কলাপ
কোথা দাদুরী লুকিয়ে করিছে বিলাপ
রসাল দুলিছে গাছে
আশা মরিয়াও বাঁচে
নতুন ধারায় হৃদয় বাঁধন হারা।
ঝরিছে বাদল ধারা।।

59

# দেখার আনন্দ

সকলের কোলাহলে গৃহখানি মুখরিত
আমি বিবিক্ত রয়েছি একা পুলকহীন জাগরিত।
কত ছবি ওঠে ফুটে তবু অবাঙমানসগোচর
বিপ্লুত হয়ে কেবল গুণে চলেছি মাস ও বছর।
মনের সিংহদ্বারে ছিল যে সময়ের রশি হাতে
ব্যকৃত রয়েছে সে বিশ্ব মাঝে দিবস ও রাতে।
প্রেম বিরহ ঘৃণা আছে হিংসা বিচিত্র ভালোবাসা
জ্যোৎস্না দিতেছে আলো, ঘিরে ঘোর অমানিশা।
ষোড়শী তন্বীর বক্ষ পরে পীনোন্নত পয়ধর একি
পাহাড়ি ঝর্ণার মত দোদুল্যমান টলমল দেখি?
আকাশের কোণে কোণে ছড়ানো শুচিস্মিতার হাসি
বাতাসের পাগলামিতে বিশ্ব বাজায় বাঁশি।
সব কিছু এক ঘেয়ে লাগে মনে আসে অসীমের ডাক
চলে যাই একেবারে বিশ্ব মম পিছে পড়ে থাক।
নানা সম্ভারে ভরা বিশ্বখানি অনাবিল আনন্দে দেখি
কেমনে পাইব সেই দেখার সুখ মুদিলে দুইটি আঁখি।

60

# আবাহন

মেঘের ভেরী বাজিলরে মন্দ গম্ভীর নাদে
পুলকে চকিতে হাসিছে বিজুরি জীমূত বাসর বাঁধে
কাঁদিল আকাশ মহা বিক্ষোভে দাদুরী সাধিছে গলা
ঝরিছে বাদল তির্যক হেসে খুলিয়া বেণীর ফলা।
বিচলিত আজি সৌদামিনী বিকচ কেতকী কহে
বাজাইয়া শঙ্খ সাগর প্রেয়স জলভরা বায়ু বহে।
আকাশ রমনী মুখ ঢাকিতেছে গভীর তিমির মাঝে
কলাপের মত করি বিস্তার জলদ বসনে সাজে।
পথ হারিয়ে মরাল মরালী নীপ বনে বাঁধে বাসা
খুলিয়া কাঁচুলি অঙ্গ দুলায় শ্যামলী সর্বনাশা।
উড়াইয়া বসন মানেনা শাসন তড়াগে কে ওই বালিকা
সাঁতার কাটিছে তরঙ্গে ভাসিছে গলে পদ্ম মালিকা।
ঝর্ ঝর্ ঝর্ ঝরিছে বাদল মাদল বাজিয়ে চারিদিক
ছলাৎ ছলাৎ জলের স্রোত পাতার নৌকা খুঁজে নিক।
বর্ষা এলো এই বাংলা জুড়ে জনপদ সবই ডুবিলরে
বাজায় শাম্ব পিনাক ডমরু মন কেমন করে উঠিলরে।
এসো হে বর্ষা নবীন প্রবীন ভিতরে বাহিরে এসো আজ
বাতায়ন খুলে দেখি প্রিয়া সনে নাহি শঙ্কা নাহি লাজ।

61

# ভেজা

কেমন করে কাটছে সকাল বিকেল আসার আগে
কেন ওরে ভিজিস তোরা আষাঢ় রাত্রি জাগে।
ভোরের ভেজায় সর্দি সর্দি দুপুর বেলায় মজা
বিকেল বেলায় ফুলের গন্ধে একাই কেবল ভেজা।
বর্ষা রাণীর আঁচল ভেজা কদম ফুলের গন্ধ
উড়িয়ে বেণী ভিজছে মেয়ে বাতাস মৃদুমন্দ।
ময়ূর ভেজে ফুলিয়ে ডানা ময়ূরী তার সাথে
ভিজছে মাঠে ভেকের দলে জল খেলে ঐ হাতে।
কাক ভিজিছে ডালে বসে শালিক খোটে ধান
আকাশ ভেজে সাগর ভেজে নদীতে বয় বাণ।
মেঘ বিজুরী ভিজে মরে কেয়া পাতা নাচে
আউশ ধানের গন্ধ মাখে তাল সুপারি গাছে।
বর্ষা এলেই পরাণ নাচে ভিজিয়ে নিতে কেশ
কবরিতে মালতী ফুল ছোঁয়ায় প্রেমের রেশ।

62

# দীনতা

আমার দীনতা যত তোমার পরে
দিতে চাই সবটুকু উজাড় করে।
মনের দীনতা, প্রাণের দীনতা যত
অহঙ্কারে মোড়া, নিষ্‌ঠুরতার মত
উপেক্ষার মোড়কে আছে নীচ প্রবৃত্‌তি
তোমার করুণা ধারা হতে হই নিবৃত্‌তি।
মূঢ় কীরাতের মত স্বার্থ সংঘাতের মাঝে
ভুলে থাকি সত্য ঔদার্য সকলের কাজে।
হীন ভাবনা মাঝে ফোঁটেনি তোমার চেতনা
বক্ষপাতি গরল নেব দেবে যত দাও যাতনা
হীমশৈলের মত যতটুকু দেখিছো মম
বাকিটুকু ঢাকা আছে লক্ষ পাহাড় সম।
চোখের আলো যদি আসে ক্ষীণ হয়ে
উচ্ছিষ্ট সম ফেলে দিও না ভয়ে।
পাছে তব স্পৃশ্যতা বিনাশে স্পর্শ মম
আছে কার্পণ্য কুঅভ্যাস বলা মিথ্যা, ক্ষম।
তৃণসম দুর্বলেরে পিষ্টি পদতলে যেমন
পিষ্ট মোরে পদতলে তব করিয়া তেমন।
পাষাণ হৃদয় হতে মুছিয়া পাপ রাশি
স্বচ্ছ সলিল মাঝে যদি রহিতাম ভাসি।
কৃপণ হয়েও বরিষ বিন্দু বিন্দু করুণা বারি
আমারে করিবে কি ধন্য জ্বলন্ত পাবকে মারি।

63

# বাঁধন

জীবনের কোলাহলে এক ধারে আছি পড়ে
আশ্বাসে নাহি ওঠে ভাবনা নড়ে।
এ কেমন বাঁধনে বাঁধা পড়েছি
মুক্তির পথ কোথা হারিয়ে ফেলেছি।
চাহিয়া চারি দিকে চোখে ঝরে জল
কাঁদিছে চিত্ত আমার কোথা আছে তল
বাঁধা পড়ি রজ্জুতে মায়ায় আর আশায়
বাঁধা পড়ি ছলনা আর উদ্যাম ভালবাসায়।
অহর্নিশি খুঁজি পথ মুক্তি আছে কোন্ দিকে
আপন ভোলা পোষা খাঁচার মনটিকে।
কে যেন শূন্য করে ছিনিয়ে নিল আলো
আঁধার কেবল সদা আর লাগেনা ভালো।
অবাক চোখে অসীম পানে আছি চেয়ে
আসিবে ঘাটে বুঝি মুক্তি দাতা নেয়ে।
ছিলাম জীবন ভরে মানবের মুক্তির সন্ধানী
এখন আমাকে ঘিরে আছে রেখার বন্ধনী।
ডাক শুনি কারা যেন বলিছে আমারে প্রিয়
মরিবার পরে না হয় মুক্তি নিও।
বাঁধনের মাঝে খোঁজ আনন্দ ধাম
ভালবেসে যাও সবে ললিত মধুর হবে নাম।

64

# বাদল প্রাতে

বাদল প্রাতে মেঘেরা পাঠালো চিঠি
কেতকী কুসুম বিরলে পড়িছে উঠি।
মৃদু মন্দ বাতাসের বাঁশি শুনে
ঘুম ভাঙিয়া কাটাই প্রহর গুণে।
চাহি চারি দিকে দেখি যে নয়ন ভরে
বসিয়াছে মেলা বৃষ্টি মাখার ঘরে।
রাশি রাশি আলো ঢাকিয়া আঁধারে মুখ
লুকাইয়াছে লাজে দেখিয়া বিহগ সুখ।
ঘরে ঘরে আজি গভীর ঘুমের বাস
নব বিবাহিতার খসিছে আঁচল একি সর্বনাশ।
রূপবতী এক থর থর কাঁপে শিথিল কলেবরে
বকুল ফুলের পরিয়া মালা দাঁড়িয়ে পথের পরে।
আসিবে খবর সাগরের নোনা ঢেউয়ে
যা কিছু দেবার দিতে চায় সব দিয়ে।
এখনো বসেনি হরবোলাদের আসর
মেঘের সকাল বন্ধু আজিকে ভেজাক শ্রাবণ বাসর।
মেঘ নাহি মানে সকাল দুপুর কারে কয়
হৃদয়ে হৃদয় ভাসাইয়া এই বাদল ঝরিয়া যায়!

65

# মাধুর্য

কাহাকে মাধুর্য বলে কেমনে বুঝিব
ভালোবাসায় মুগ্ধতাকে কি বলিব?
অহঙ্কার দীনতা ত্যাগী সবারে টানি বুকে
ছলনা ভুলি মায়া আঁখির দৃষ্টি ফেলা সুখে
উষ্ণ আলিঙ্গনে বাঁধা অতৃপ্ত বক্ষখানি
মুগ্ধতা হাজার হৃদয়ে দেয় যে আনি।
ধূলি পরে দীন মাতা শিশুকে দেয় সুধা
অনাবৃত স্তনে শিশু মিটায় জঠর ক্ষুধা।
যাহাকে মাধুর্য জানি কলাপ ধারী শ্যাম
মিলনে সাধিতে প্রেম বাজায় শ্রীমতী নাম।
পৃথিবীর বক্ষ পরে বহিতেছে প্রস্রবণ ধারা
পাহাড়ের মুগ্ধ চোখ খোঁজে মাধুর্য সৃজিল কারা।
প্রিয়া করে আলিঙ্গন বাঁধে বক্ষ মাঝে
তিলক কামোদে কাহার সরদ শুনি তাই বাজে।
হৃৎস্পন্দন প্রবল হয়ে চুম্বন মাধুর্য বিরাজে
সুখ দানিয়া মহা যজ্ঞে শৃন্বন্তু বিশ্ব সাজে।
যে অনাদি কালের আবর্তে আসেনা দ্বিধা
মাধুর্য তাহাকে জানি যাহাতে পাইব শান্তি সুধা।

# আদিম

গোপন যা মোর ছিল গোপন হয়ে
আঁখির আড়ালে আছে বিরহ সয়ে।
নানা ভাবে আঁকা থাক রেখায় রঙে
আপনার সাজিয়ে ছবি নানান ঢঙে।
আদিম বাসনা যবে ঘিরে দিত মন
কে যেন ছায়া শ্বাস ফেলিত সারাক্ষণ ।
কোথা হতে উঠি ঝড় রোদনে ছাইয়া আঁখি
কবিতার আনাগোনায় ফেলিত ঢাকি।
শত বর্ষ ধরে যাহা পড়ে আছে চাপা
ক্ষুধিত অবস ক্ষণে তার থর থর কাঁপা।
মোর তরে একই আছে একই সে আদিম
উত্তাল ভাঙিছে ঢেউ নিভাইতে পিদীম।
বামে, দক্ষিণে, পশ্চাতে, সুমুখে লাগে
তাহারই তরঙ্গ ছোঁয়া বিবশ তনুখানি জাগে।
কোথাও ছিলনা তো কাহারও উপচিত লাশ
ছুঁয়ে দেখি এখনো ছাড়েনি সে আদিম আশ।
বিলম্বিত বাসনা বারে বারে শুকনো তৃষা সম
জেগে ওঠে মোচড় দিয়ে ওরে জীবন মোরে ক্ষম।

67

# দেখা হইল না তারে

বর্ষা কেন হঠাৎ করে ঝরিলে
যা ছিল সাথে সকল কিছু লুঠিলে।
এ যেন এক বর্গী হানার মত
ভাঙিলে ঘর ডুবালে পাদপ যত।
ভাসিল সকল ছিল মোর আপন
যত ধান মাঠে করেছি বপন।
উলঙ্গ শিশু মার্জার যত ঘরে
ভয়ের ভারে ক্রন্দন করে মরে।
তুমি মহারাণী মেঘের শায়রী একা
যেন মহাকাল এমনি দিয়াছো দেখা।
কোথায় ফেলিয়া আসিলে চরণ নুপুর
কালো চুলে কেমন ঢাকিলে সারা দুপুর।
করিলে হরণ বস্ত্র পৃথিবীর, দুঃশাসনী
আবরিত হলো সামান্য এই সায়নী।
পরাণ ভরানো চক্ষু জুড়ানো নবীন তনু
হলোনা দেখা হলোনা শুনা রুনুঝুনু।

# বিদায় লওয়া

ইচ্ছে হলেই যায় না বিদায় লওয়া
শত কষ্টের মাঝে বাকি হিসেব দেওয়া।
কত হাসি হাসলে আর কত চোখের জল
বিদায় নিতে তবুও চোখে অশ্রু টলমল।
আপন সবাই ছিল ঘরে নয়ত চেনা জানা
সুখের হাসি হাসতে গিয়ে রিক্ত হতে মানা।
কালের ধ্বনি উঠলে বাজে নিত্য কালের রব
মলিন হবে মুখ মন্ডল কুড়িয়ে নেবে সব।
চৈত্র বেলার খরতাপে ঝলসানো দিন যত
ভরাভাদর আপন ধরায় ভাসিয়ে সকল নিত।
মূর্চ্ছিত প্রাণ শরৎ প্রাতে গাইত আগমনী
ধূসর হত ধূলির এপথ শীতের শাসন মানি।
দেওয়া নেওয়ার বসতো মেলায় জীবন মহাজন
মেলিয়ে দিয়ে পসরা সাজায় মহা আয়োজন।
এমন রসের মেলা ছেড়ে কোথায় যাবি মন
দেনাপাওনা রইলো বাকি জমা লাভের ধন।
পেছন থেকে ধরছে টেনে খেলার সাথী যারা
নাড়ির বাঁধন ছিঁড়বে কেমনে হৃদয় বাঁধন হারা।
পায়ে জড়ায় তৃণ লতা বাতাস বলে না
ক্ষুধা তৃষ্ণা মান অপমান ভালবাসায় মা।
অপবাদ নিয়ে চলে যেতে চাই সুনাম রোধে পথ
সত্যাসত্য পাপপুণ্য চালায় জীবন রথ।
কেহ বলে শক্তি কোথায় ছেড়ে যাবি মোরে
সোনার হরিণ যায়না ধরা মিছেই ছুটায় জোরে।

69

# সেই ত দুজনে

অস্পষ্ট মনে পড়ে তুমি আমি
স্বপন কুড়াতাম সবই দামী।
দুধারে বৃক্ষ রাজি করি জড়াজড়ি
পর্ণ পুষ্প ছড়াইয়া কাড়িকাড়ি
আমাদের পথখানি দিত ঢাকি
তোমার সাদরে মম আদরে থাকি
করিতাম খেলা আর ছুটোছুটি
আমার গানের তানে খাইতে লুটোপুটি।
গাছের ডালে ডালে বনলতার খেলা
তাহারা হইত মোদের ঝুলন দোলা
দুলিয়া দুলিয়া প্রহর কাটিত বেলা
বনবীথিরা বসাত হাসির মেলা।
তোমার বক্ষ হতে আশঙ্কা হলে দূর
আমার মাঝে বাজিত বীণার সুর।
দুজনের চোখে বিথারে সাজাই স্বপন
দুইটি হৃদয়ে করিয়াছিলাম বপন।
ঠোঁটে ঠোঁটে আর চারি চক্ষুতে মিলে
কত কথা দিলাম তোমায় তুমিও দিলে।
বাতাসের গান আর বিহগের কলস্বরে
মুখরিত হতো মোদের স্বপন ভারে।
নিখিলের পাতা শয্যা ধরিল মেলিয়া
তাহারই পরে বসিলে বেণী খুলিয়া।
আজি কাটাই সময় অখন্ড অবসরে
তুচ্ছ ভাবিয়া দূরে সরাই, যাহাদের অনাদরে।

তাহাদের মাঝে পড়িতে তুমি যদি আজ
অখিলের সাজা দন্ড দানে বিঁধিত প্রাণে বাজ।
স্রোত হারা নদী ঘেরে জানি শৈবাল দলে
ভুলাইতে পারে না সলিল কোন মহাবলে।
বাঁশি খানি বাজিত একা খেলিত নারী
যমুনা পুলিনে আজও শুনি সে বাঁশরি।

# পূর্ব রাগ

আঁখিতে আঁখি পড়িল যবে লাজ ভয় বাঁধে মোরে
কবরী খানি এলায়ে পড়িল সাধ নাহি বাঁধিবারে।
কোথা হতে আসি মাতাল বাতাস ফুলের সুবাস বয়ে
উড়াইয়া নিল কাঁচলি খানি বক্ষ আগলি রয়ে।
নীড় হতে এক নিলাজ বিহঙ্গ ডাকিয়া সবে কয়
দেখ দেখ নারী নিবিড় প্রয়াসে আকাশে চাহিয়া রয়।
কাহার তরে কাঁপিছে দেহ অবস ভাবনা যত
ওরে বিহঙ্গ কর পরিহাস স্বপন দেখার মত।
যাহার চক্ষে পড়িল চক্ষু কত কথা যেন বলি
মারিয়া হৃদয়ে তীক্ষ্ণ ফলা অলখে গিয়াছে চলি।
ক্ষুধা তৃষ্ণা হরিল কেবল উৎসারে উদ্বেগ যত
ঘুম হরি নিল তিয়াশা ভরিল যেন স্বপনের মত।
হৃদয় মাঝে ও চোখ ভাসে শয়নে বা জাগরণে
সম্বিত হারাই মুহুর্মুহু যবে আসে মুখ স্মরণে।
সকলের চোখে সে চোখ খুঁজি যে আমাকে ডাকে
সাগর জঙ্গম সব একাকার খুঁজি তারে বাকে বাকে।
জীবন আমার একি দেখালো ভাবিয়া ভাবিয়া মরি
কহে মরমিয়া ইহা পূর্বরাগ হাহুতাশ করে নারী।

# হৃদয় রাজা

শেষ কবে সে কথা বলতে বলতো
বৈঁচি তলায় আপন চলায় চলতো।
দিন দুপুরের আলোর ঝর্ণা তলে
উঠত হেসে সাঁওতালদের দলে।
মাথায় তারা বইত রসের ভাঁড়
বুকের ভেতর গোণা যেত হাঁড়।
পিঁছু পিঁছু ছুটতো কালো মেয়ে
কালো কেশ তার কালো মেঘের চেয়ে।
খোঁপায় গোঁজা সোনা রঙের ফুল
কানে ঝুলত বন ফুলের দুল।
কালো রূপে নয়ন উঠত মাতি
স্বপ্ন দেখে মুগ্ধ দিবা রাতি।
মৌরি ফুলের মালা ভারি বুকে
মাতাল হতাম মিঠে গন্ধ শুঁকে।
বনের ধারে পাহাড়ি এক নদী
কুলু কুলু বইত নিরবধি।
হাঁটু জলে কুড়াই শত নুড়ি
মহুয়া ফুল পড়ত ঝুড়ি ঝুড়ি।
শাল পিয়ালের বনের ধারে একা
বসন্তের এক উদাস সাঁঝে দেখা।
ঝাঁকড়া মাথায় একটা বৈঁচি গাছ
কোচর ভরা মিষ্টি ফলের নাচ।
কালো মেয়ের গায়ে দিলেম ছোঁয়া
কিংশুক ফুলে বসলো কাকাতুয়া।

কালোয় ধলোয় হইল একাকার
হৃদয় জুড়ে উঠল হাহাকার।
উথাল পাতাল হলো দেহ খানি
মত্ত হংসের জলে যে ছটফটানি।
কতদিন তো চলত সন্ধ্যা মেলা
ডাক এলো মোর সে এক দুপুর বেলা।
সাত সুমুদ্দুর তের নদীর পারে
হলাম রাজা অতুল অহঙ্কারে।
কালো মেয়ের প্রেমে দিলাম ছুটি
রঙিন খামে এলো তাহার চিঠি।
সমাজ তারে দিল প্রেমের সাজা
তবুও মোরে মানে হৃদয় রাজা।

# পর্বতের সম্মান

পর্বত জিনিবারে উঠি যবে
চড়াই উৎরাই পথে পাবে।
পতিত হইতে হবে খাঁদে
নিয়তিরে সঁপিতে মনে বাধে।
দৃঢ়তর ফেলি পদক্ষেপ
করিতে বলেনা আক্ষেপ।
চড়িতে চাহ যদি শিখর
বন্ধুর পথে দৃষ্টি ধর প্রখর।
বিষধর আছে কত ফণী
তুলি নিবে মাথার মণি।
বন্ধ হবে বায়ু রুদ্ধশ্বাস
কোণে কোণে শীতের রাশ।
উঠিবে দু এক পা
পৃথিবী যেতে দিবে না।
টানিবে আপনার পানে
সবারে বুক পানে টানে।
নাহি জানি কি এ আকর্ষণ
ভালোবাসা নাকি অকারণ।
তবুও লও আপনারে তুলি
নিষেধের বাধা সব ভুলি।
পর্বত শিখরে রাখি পা
পর্বতের অসম্মান কভূ না।

73

# জয়ের মালা

ভোরের পাখি খবর দিল আসি
কেন আছিস শয্যা পরে বসি।
আজকে আর নয়ত লেখা লেখি
ফুল ফুটাতে পারিস কিনা দেখি।
ঘাড়ের উপর সূর্য দিচ্ছে হামা
কৃষ্ণচূড়ার গায়ে চিত্তির জামা।
সবাই আমায় বলছে আঁখি তোলো
ঐ সুদূরের বিলের আঁচল খোলো।
শুকনো নাড়ার ফাঁকে ফাঁকে, হাসে কলমী ফুল
খুঁজে দেখো সেথায় কন্যা হারায় কানের দুল।
ছুটল হিয়া আমিও ছুটি হাওয়ার সাথে সাথে
নাড়ার ফাঁকে পড়ল দুল মোর হাতে।
মেঠো মেয়ে চক্ষু মুছে হাসে
ভাসে আলোর ঝর্ণা চারি পাশে।
ফুটল হাসি ফুলের বনে বনে
ফুল ফুটানো জয়ের মালা মাঠবালিকা আনে।

74

# কোথা হতে প্রাণ

কোথা হতে প্রাণ আসিল রে সুপ্তির আড়াল হতে
আকাশ হইতে বৃষ্টি ধারায় পড়িল কি প্রাতে।
একি অতিথি মহাকাল তরে সোম রূপে জমে কলসে
ডমরু বাজিয়ে দ্যুলোক ত্যাজি নামে নৃত্য হরসে।
অন্তরীক্ষ হতে আনিল কি বায়ু বিধৃত বসুধা বুকে
উৎপাদিত ব্রীহি যবাদি পৃথিবী পৃষ্ঠে সুখে।
আনিল কি প্রাণ চঞ্চুতে বাঁধি হংস মিথুন বলাকা
নাকি অগ্নি জাগালো প্রাণ স্পন্দন দাবানল জাত শিখাতে
আসিল কি প্রাণ ধাবিত প্লাবন শঙ্খ অম্বু স্রোতে।
মিলনে মিথুনে রাগে অনুরাগে ঘুমহারা দুই হিয়া
কাটায় যামিনী গর্ভে কামিনী কি নিল ওগো বাঁধিয়া?
কাহার তরে কোন্ পাষাণে চমকে উঠিল প্রাণরে
বাজাও শঙ্খ দেউটি আলোকে সৃষ্টির গান গাহরে।

75

# প্রিয়া দূতম

(প্রথম চিঠির ভাষ্য)

তোমার কাছে আমার চিঠি প্রথম প্রণয় মাখা
রাঙিন কথার অলঙ্কারে নবীন ছন্দে লেখা।
কোন্ সুদূরের বাতাস এসে কবরী দেয় খুলে
তোমার গন্ধ উতল হাওয়ায় হৃদয় ওঠে দুলে।
তেপান্তরের খবর নিতে আকুল হলো হিয়া
পুলক জাগে শিরায় শিরায় ওঠে মোচড় দিয়া।
আকাশ দিল দোয়াত কালি তপন দিল কলম
লজ্জা নিল আকাশ গঙ্গা লিখতে রাজি হলাম।
হাজার হাজার মৌমাছিরা বলল কানে কানে
গুণগুনিয়ে কথার মালা হঠাৎ এলো মনে।
ঝরে পড়ে সুধার ঝর্ণা চিঠির পাতায় পাতায়
মনের কোণে অহোরাত্র মিথুন তোমার চায়।
ঋতুকালে তোমার ছোঁয়ার প্রজাপতি ওড়ে
স্নাতকের ব্রত মাগি ব্রহ্মচর্য নড়ে।
আঁখি পাতে রুদ্র দীপ্তির পর্জন্য বরিষণে
পয়োধরে বিম্ব ওষ্ঠ সম্প্রতিষ্ঠা কারণে।
আমার চিঠি তোমায় যক্ষ শব্দ রস আর গন্ধ
হস্তে যদি হয় অধিষ্ঠান অমৃত, নিঃসরে মৃদু মন্দ।

# প্রিয়া দূতম্

(প্রথম চিঠি)

কাছে এলে লাজে মরি দূরে গেলে যায় চেনা
হৃদয় কাঁপে দুরু দুরু কেমন লেনা দেনা।
আমি কবি ফুলের গন্ধে বাতাস ভারী করি
মৌমাছিদের মধুর লোভে বসাই সারি সারি ।
মনের ভেতর উড়ে পাখি ভালো লাগার ডালে
আঁকছে বসে চুম্বনের দাগ অরুণ রাঙা ভালে।
ঐ আকাশের কোন্ সুদূরে নীল শাড়ীতে ঢাকি
তিরের ভয়ে লুকিয়ে আছে আমার গানের পাখি।
মেঘেরা সব জমাট বাঁধে স্বপন চুরি করি
ঝনক ঝনক বাজিয়ে কাঁকন ভাসায় কাহার তরী।
দুই নয়নে আমার কাঁপে আকাশ পানে চেয়ে
ভিড়াবে নাও আমার ঘাটে স্বপন পারের মেয়ে।
আনবে চিঠি কবির নামে লিখি আপন করে
কুজ্ঝটিকা মাখিয়ে বসি বাতায়নের পরে।
দুধের মত সাদা হাঁসে গড়ে তোরণ খানি
অলকে তিলক সিঁদুর ভালে পড়বে চিঠির বাণী।
যক্ষ পাঠায় প্রিয়ার চিঠি মেঘেরা দেয় দিঠি
উল্টো পুরাণ হচ্ছে প্রিয়া আনছে কবির চিঠি।
বক্ষ মাঝে সিরসিরানী শীতল হস্ত পা।
যে আমাকে লিখবে চিঠি আকাশ বলে না।
কি ভাষাতে কি কথা যে লিখেছে মোর কাছে
ভালোবাসার কথা আমায় লেখে যদি পাছে।
সোনায় মোড়া পত্রখানি আছে বুকের মাঝে

অবস হলো হাত দুখানি খুলতে পারি নাযে।
বুকের মধ্যে চিঠি খানি তুলছে ভীষণ ঝড়
প্রথম চিঠি ঝড় তুফান আর ভালবাসায় দড়।
দূর দিগন্তে চক্ষু মেলি খুঁজি প্রিয়ার মুখ
চেনা চেনা লাগছে তবু অচেনাতেই সুখ।

77

# আসল রাজা

কবি কাব্য করিয়া বলিল আমি হলাম সোনা
মানুষ হাতে তালি দিল নাদেখে সত্যি সোনা কিনা।
তুমি অন্ন দিলে, বস্ত্র দিলে আবাস আর শিক্ষা
অপমানিত করুণার মূর্তি দেবে কেবল পরীক্ষা।
বিশ্ব আসি চাহে তব পদরজ তুলিতে মাথায়
কল্যাণ রূপিণী হিরণ্ময়ী বক্ষ ভরা মমতায়।
মরি হিংসায় আমি দ্বেষ দুষ্ট কবির বানানো সোনা
শুভ্র বসনে দুলাইয়া কোচা দেখাই চিনিছো কিনা।
হাজার খানেক আমার রচনা করে তোকে তিরস্কার
নিক্ষেপ করে ক্লেদাকীর্ণ কাব্যকারের পুরস্কার ।
যতই কবি বলুক মোরে সোনা জানি তো আমি কে
নকল সুহৃদ সাজিয়া জনতার পুষি কবি যে।
উঠিল আওয়াজ আগামী দিনের ওগো জনতার রাজা
বিশ্ব মানব বরিবে তোমাকেই মিছে নয় রাজা সাজা।

# গৃহিণী চরিত

কিছুদিন যাবত গৃহিণী দাবি করিতেছেন, আমাকে সাধুভাষায় লিখিতে, বলিতে ও পড়িতে হইবে। আমি জানিতে চাহিলাম কেন। উনি বলিলেন চলিত ভাষায় কথা বলিলে বা লিখিলে কেমন অশিক্ষিত অশিক্ষিত লাগে। আমি বলিলাম, আমি তো অশিক্ষিতই। এমনিতে উনি না পোশাইলে এমনই ক্ষেপিয়া যান যে হাতের নিকট যাহাই মিলিবে তাহাই আমাকে লক্ষ্য করিয়া ছুড়িতে থাকিবেন আর ভূমিতে পদাঘাত করিতে করিতে রোদন করিতে থাকিবেন আর বলিবেন বাকি সকল রমণীদের কপাল কত ভালো উহাদের জীবনে আমার মত অপদার্থ লোক জুড়িয়া বসে নাই। ক্রোধের মাত্রা এতটাই প্রবল হয় যে, এই দুর্ভাগ্যের জন্য নিজের পিতৃদেবকে শাপ শাপান্ত করিতে থাকেন। আমি নিজেকে অশিক্ষিত বলায় উহার কোন অভিমানে আঘাত লাগিল যে হঠাত্ উল্টো সুর গাহিতে লাগিলেন।

বলিলেন, আমার মত ডবল মাস্টার্স ডিগ্রিধারী বর নাকি সকলের জোটে না। এই জীবন্ত আগ্নেয়গিরির

মুখে বসিয়া কাহার সাধ্য তর্ক করে, অতএব শান্তি ও সহাবস্থানের কথা ভাবিয়া বিনয়ের সহিত জানাইলাম,

সে না হয় সাধুভাষা লিখিলাম আর বলিলাম কিন্তু পড়িব কি প্রকারে, ও ভাষা ত কেহই লেখে না। এখন ত কম্পিউটারের ভাষা চলিতেছে।

অভিমান মিশ্রিত কন্ঠে গৃহিণী বলিলেন,জানিনা যাও তুমি লিখিবে বাস। কি হইল উহার? আমাকে কি ভালোবাসা শুরু করিল নাকি! প্রীত হইয়াছে ভাবিয়া খাতির দেখাইতে কহিলাম, আমার ত অত তত্সম অর্ধ তত্সম শব্দের স্টক নাই , আমি গণিতের লোক।

কন্ঠে ঝাঁঝ আসিল। বলিল, বঙ্কিম বাবু, ঈশ্বর বাবু, উহারা লিখিলেন কেমন করিয়া। আমার হৃতকম্প

শুরু হইল। বলিতে ইচ্ছা করিতেছিল, ওরে মূর্খ নারি কাহাদের সহিত কাহার তুলনা করিতেছ? ইঁহারা শুধু

প্রাতঃস্মরণীয় ব্যক্তিই নহেন ইহাদের বাঙলাভাষার স্রষ্টাও বলা হয়। এই সকল শালপ্রাংশুগণের নামের শেষে বাবু শব্দ যুক্ত করিয়া ওরে নির্বোধ নারি উহাদের সাধারণ স্তরের মানুষ বুঝাইবার প্রচেষ্টা করিতেছ সে বোধ তোমার নাই।

গৃহিণীর ক্রোধ প্রশমন করিতে অতঃপর সাধুভাষা কহিতে ও বলিতে আরম্ভ করিলাম। আপনারা শুনিয়া হাসি চাপিতে পারিবেন না কারণ সম্প্রতি তাহার একটি নতুন ফরমাস হইয়াছে। আমি সাধারণত পাজামা আর ফতুয়ায় স্বচ্ছন্দ বোধ করি কিন্তু গৃহিণীর ইচ্ছা, আমি প্যান্ট শার্ট কোট টাই পরিয়া বাহিরে যাইবো আর

বাড়িতে হাফ প্যান্ট কিম্বা বারমুডা পরিধান করিব ।তত্সম আর সমাপিকা-,অসমাপিকার হার্ডেল তো কোন প্রকার কাটাইলাম এইবার যে আমার পকেট ধরিয়া টানিতেছে। আমার মত প্রকাশের স্বাধীনতা নাই

ইহাই হইল স্ত্রীধন। ইহা থাকিলেও পস্তাইবে না থাকিলেও পস্তাইবে। ভাবিতেছি ইনি কি স্ত্রী না কি হিটলার-মুসোলিনি, না কি সিসিলি দ্বীপের মাফিয়া ডন। সেদিন বাজার হইতে ফিরিয়া দেখিলাম গৃহিণী পুরাতন বস্ত্রের বিনিময়ে বাসন কিনিতেছেন । ভাবিলাম সুমতি হইয়াছে । সুমতিই বটে যাহার বিষম পরিণতি গৃহিণী আমার পাজামা ফতুয়াগুলো বদল করিয়া বাসন লইবার কাজটি সারিয়া ফেলিয়াছেন । ধরিলাম আমিও ভদ্রলোক সাজিবো । তাহার জন্য তো পূর্ব প্রস্তুতি প্রয়োজন, বিকল্প ব্যবস্থা গ্রহণের দায়িত্ব নিতে হৈবে কিন্তু এই ত্রুটি ধরাইয়া দিবার সাহস আমার নাই। আমি দাঁত চিপিয়া অস্ফুট স্বরে বলিলাম, এবার আমি কি

পরিধান করিব? উত্তরে বলিলেন, কি পরিধান পরিধান করিতেছ ভালো 'করে কথা বলতে পারছ না?' বারে আমি তো সাধু ভাষা বলিতেছি, আমি বলিলাম । গৃহিণীর তাচ্ছিল্য ভরা উক্তি, ধ্যাত্তর! আমার একটা পুরোনো সাড়ি ভাজ করে পরে নাও । এই ত সেই চলিতে ফিরিলে, মনে মনে বলিলাম । আমার সে করুন অবস্থা যদি আপনারা দেখিতেন।

সাড়ি পরিলাম, প্যান্ট শার্ট কোট টাই কিনিলাম কিন্তু পরিলাম না। উনি বলিলেন, পরে ফেলো। বলিলাম, আমি ত টাই বাঁধিতে পারি না। উনি হাঁক দিয়া উঠিলেন, তুমি কেবল .,... করতে পারো। উনি কি যেন একটা ইঙ্গিত করিলেন । জানিতে চাহিলামন না কেবল কি করিতে পারি । আমার বাড়ির খবরের কাগজের ছেলেটিকে ডাকিয়া টাই বাঁধাইয়া লইলাম। এইবার বাবু সাজিলাম। গৃহিণী বলিলেন , তোমাকে সিম্পানজির মত দেখাচ্ছে । তোমাকে পাজামা-ফতুয়ায় মানায় ভালো । তুমি না ওটাই পরিও। আমি সাধুভাষায় কিছু বলিতে যাইতেছিলাম, আমার জোরে কাশি শুরু হইল।

নিজেই নিজ মস্তকে মৃদু হস্তাঘাত করিয়া সাট সাট বলিলাম। গৃহিণী বলিলেন, তুমি আর সাধুভাষা বলো না বড্ড খটমটে। তুমি চলিত ভাষা বলো। সেই পুনর্মুষিক ভব হৈল, মাঝখানে আমার হাজার চল্লিশ খরচ হইল। গৃহিণী বলিলেন, লোকে তাদের বউদের জন্য কত কিনা করে তুমি তো মোটে এই টুকু ।

79

# দেবতার হাসি

মন্দিরে মন্দিরে ঘুরে খোঁজে ভগবান
ভাবে এ কথা যে সে বেকুব প্রমাণ।
দেবালয়ে ভক্ত আসে ভক্তি না সাধিতে
সুখ শান্তি ধন সম্পদ সাফল্য চাহিতে।
কামনায় ভক্ত বলে শত্রুর নাও প্রাণ
গণ্ডা গণ্ডা ছাগ শিশু দিব বলিদান।
কেহ মাঙে মোর সন্তান রাখো দুধে ভাতে
যৌবনে সুন্দরী নারী, যেন পারি তুষিতে।
শ্রেষ্ঠী আসি ভেট দেয় কত উপাচারে
বাণিজ্যে বসতি লক্ষ্মী হয় যেন ঘরে।
চোর ভাবে দেবেন ঠাকুর সুযোগ, দাও মারিতে
ডাকাত কপালে সিঁদুর মেখে চাপে গাড়িতে।
সাধু সেজে নেতা আসে হাতে আনে ডালা
নিজ হাতে বিগ্রহের গলে পরায় মালা।
স্তাবক করে ভীড় দেখে নরনারী
এবারের নির্বাচন যেন জিনিবারে পারি।
দেশী দেবালয় পুরো ভরসা নাপায়
বিদেশী দেবালয় ছুটে ছুটে যায়।
দেবালয় ধর্মস্থান কারে করে কৃপা
পূজারীই লাভ করে হাজার শিরোপা।
কৃপণ কমল আঁখি দেবালয় পাশে
ধূলি মাঝে উপবিষ্ট দেবতা হাসে।

# মানব মুক্ত বিশ্ব

চোখের আলো আসে যদি নিভে
আঁধার তখন আমায় চিনে নিবে ।
বিশ্ব মাঝে আমার আসা যাওয়া
ফুরায় কি আর মিছে এ পথ চাওয়া।
যারা আছে আমায় ছুটি দিতে
তরাস তাদের কাটায় অশান্তিতে।
কেউ কখনো কান্না ভেজা চোখে
দেয় না বাসা আমার দেখা লোকে।
যাদের কাছে আমার আছে দেনা
অনেক দামে তাদের যাবে কেনা।
মুখ ফিরিয়ে রইবো ওদের থেকে
নিদ্রা থেকে উঠবে একে বেঁকে।
বলবে আমার শীতল শয্যা ছুঁয়ে
ফুল এনেছি সঙ্গে যাবে লয়ে।
দুষিত এই ধরার বুকে কুটিল আনাগোনা
ফুল ফুটাতে বসন্তের নেই মানা।
এই ধরণী মুক্ত হবে মানব যত দিনে
ফুলের গন্ধ বিশ্ব নেবে চিনে।.

81

# হাসি

কেউ করে মিউ মিউ কেউ থাকে চুপ চাপ
কেউ করে গলাবাজি কেউ বলে ওঠে বাপ
কাহারও জন্ম পথপাশে কারো বা আস্তাকুঁড়ে
সোনার চামচ মুখে নিয়ে কেউ বেড়ায় দেশজুড়ে।
কেউ চেঁচায় চাকরি চাই কেউ চায় কাজ
কেউ করে দলবদল কেউ পায় লাজ।
সকলের লক্ষ্য এক, কত বেশী পাবো মাল
তোঁতাপাখি আছে সাথে হাসিতে ভরে গাল।
কেউ যায় ডান পথে কারো পথ বাম
কারো আছে টুপি সাথে কেউ হাঁকে রাম।
সকলের লক্ষ্য এক সাধু কিম্বা সন্ন্যাসী
বুক কাঁপে দুরু দুরু ভয়ে মরে দেশবাসী।
কত কত নব ভাষা সুললিত কন্ঠেতে
উলঙ্গ শিশু হাসে বসি ভাঙা পৈঠাতে।

# চিত্ত ভৃত্য

মায়ের পরণে জীর্ণ বস্ত্র
পিচুটি জমা চোখে
ফ্যান ভাত মাঙে দুয়ারে
ঐ ছেলে চশমায় দেখে।
কৃতবিদ্য বেটা সাজে বহুরূপী
বেচিতেছে মার বেশ
হীনবল জননী ক্রূর হেসে
কহে আসিছে তব শেষ।
সমুখে কেবলি নেশায় টানে
পশ্চাতে নাহি চাও
গণদেবতার অট্টহাসি শুনিতে
নাহি পাও।
মানুষের চিত্ত পায়ের ভৃত্য
করে নাকো ভগবান
রাত্রি দিবস করিছ তুমি
তাহাকেই অপমান।

৪৩

# রুদ্র

বুদ্ধিতে মগ্ন জড়তা
দৃষ্টিতে নগ্ন নির্লজ্জতা
উদারতা মরে পাদপিষ্টে
দানব দলিছে শিষ্টে।
প্রেম চাহে নারে দুর্বৃত্ত
নারি দেহ বিক্ষেপে চিত্ত।
কীটদষ্ট জন্ম যাদের
উলঙ্গ করে মোর মায়েদের।
সূর্য সম তেজদীপ্তি
অলুপ্ত সত্তা ঢাকে সুসুপ্তি।
বিষাক্ত পিশাচ তটিনী পর
ধর্ষণ করে ওহে সুন্দর।
সাগর ডরিল উর্মি রোষে
ফুসিয়া লাভা অগ্নি শোষে।
জাগি আগ্নেয়গিরি ঘুমন্ত
ঢাকিয়া দিক দিগন্ত।
সমাধি রচি শ্বপচের
পথ করে দেবে রুদ্রের।

৪৪

# আজকের কবিতা

আজকের কথা নিয়ে কাব্য লিখতে বড় বাঁধে
থাকি নিরজনে তবু কেন হৃদয় শুধু কাঁদে।
ভয় হয় আঁখি দুটি মেলে তাকাই চারিদিকে
দ্বিধা ভয় বেঁধে রাখে মনের আগলটিকে।
বিষদৃশ্যে পরিব্যপ্ত এ মোর পৃথিবী খানা
হৃত সকল সুভাষ, ভগ্ন জীর্ণ হয়েছে ইচ্ছে ডানা।
নিসর্গ চারিদিক ঢেকে আছে ধূসর মেঘ-কুয়াশা
সকলই অচেনা বহির্মুখ কবিতা হয় দুরাশা।
দুর্গম ভাবনার অলিগলি মিশে গেছে নগ্নপাদে
সুকুমার মানব মন বিচ্যুত, অলিহীন কোকোনাদে।
তৃষ্ণা জাগেনা মনে বিকাইয়াছে মনীষার ধন
কেবল একা কবি বসে থাকে সাথে ফেরারী মন।
অলি বিনা ঝরাফুল যেমন পাঠকহীন কবিতা মোর
শ্রোতা টানিতে পারে না আর জীর্ণ সঙ্গীত ডোর।
সবাই ছুটিছে মত্ত ভৃঙ্গের মত আলেয়ার হাতছানিতে
পুড়িবে প্রলোভন আগুনে ডানা পারিবেনা জানিতে।

85

# লক্ষ্মী ছাড়া

ভন্ড ধরিয়া সাধুর বেশ ভ্রমিতেছে পথে পথে
ছোটে দলে দলে ভক্তেরা সব মাধুকরী লয়ে হাতে।
নিমীলিত চোখে সাধু আসি বসে নিকোন ঘরের দাওয়ায়
অস্‌ফুট বাণী নিঃসরে মুখে ভক্তরা মজে মায়ায়।
কহে ভণ্ড ওরে পাষণ্ড মুক্তি দাতা আমি
তোদের জীবন আমার আশীষ সোনার চেয়েও দামি।
ত্যাজ লক্ষ্মীরে বৃথা পূজ তারে হরণ করিছে সুখ
দেখ চারিদিকে অনাহারে মরে ঘরে ঘরে কত দুঃখ।
আমি আনিয়াছি বড়ই সুদিন ভাগ করে লহ সবে
সোনার ঘরে সোনার সংসার দেখে নাই কেউ ভবে।
ইহার চেয়েও আছে নাকি সুখ লক্ষ্মী দিতেছে যা সবে
কেবলই আনন্দে মজি নরনারী শ্রম আর নাহি রবে।
সাধু কহে সেব আমারে কেবল করিনু মন্ত্র দান
চলি গেলে সাধু, ভক্তরা বিদায়ে ব্রীহি করি অপমান।
আসিল চ্যালারা সাধুর কহিল ভক্তেরে সন্দেশ
সেবিবে নারীরা মোদের পাইতে স্বর্গের রেশ।
যাহা ধন আছে দেহ সাধুর চরণে
কিবা প্রয়োজন ধনে যাহার অধিকারী শুধু সাধু জনে।
অরাজকতা আসে নামি ভক্ত সব হারা
পূজিলেও আসেনা লক্ষ্মী বিদায় করিল তাকে যারা।

# ছলনা

এমন স্বচ্ছ প্রকৃতি মনের আকাশ সাজায়
সময় আসিয়া কানে কানে বাঁশি তব বাজায়।
পাখির গানে মাতালো গগন খানি
চারিদিক হতে আসে শুভেচ্ছা বাণী।
পরাণ ভরিল দৈন্যের অবদানে
শিশুর হাসি ঝরিছে মায়ের গানে।
চলেছে মানুষ বাধনহারা মুক্তির পথেপথে
নিবেদিয়া প্রেম মুক্তি সূর্যের হাতে।
সহসা দেখি মরু ঝড় ভেঙে পড়ে
অথবা মরীচিকা দূরে চলছে নড়ে।
লোভী মানব দলে দলে ভুলিয়া ছলনায়
আগুনে পড়িছে ঝাপায়।
হয়ে প্ররোচিত ভ্রাতৃ বধে যায় ধেয়ে
নগ্ন হলো সবাকার ঘরের মেয়ে।
দূরে যায় মরীচিকা আলেয়ার শিখা
উলঙ্গ পড়ে ঘরের মায়েরা ললাটে ভিন্ন লেখা।

87

# দুয়ারে বসন্ত

কোথা হতে আসিলিরে তুই কাহার নিমন্ত্রণে
হৃদয় মাঝে কাহার বেণু বাজিল মন্দ্রণে।
রঙে রূপে রসে গন্ধে সোহাগে ধরার ধূলি সাজিল
হৃদয় কাঁপিছে সর্বনাশার নেশায় বুঝি মজিল।
নব বিতরাগে অভিষেক হবে পরাণ প্রিয়ার আজি
খেলে বনবীথি মহা উচ্ছ্বাসে নব বসন্তে সাজি।
অতিথি বসন্ত দাঁড়িয়ে দুয়ারে বরিয়া নাও ঘরে
অভিসার লাগি ভাঙালো ঘুম দারুণ নেশার ঘোরে।
কোকিলের ডাকে উঠিল ঝড় মদির বক্ষ মাঝে
খবর আনিল দক্ষিণ হাওয়া মধু রূপে প্রিয়া সাজে।
দিক দিগন্তে উঠেছে রোল এখনি মিলন হবে
প্রাণের সাথে প্রাণের দোলন কে আর দূরে রবে।
উতলা হৃদয় বসে কামনায় কুসুমে কুসুমে অলি
বনে বনে ফোটে পলাশ বাহারি অতিথিরে অঞ্জলি।
কৃষ্ণচূড়া মহা সংকটে দুলিয়া উঠিল বন মাঝে
কেমনে বহিবে ফুলের ভার মালিনী আসিলনা যে।
উড়িছে কপত কপতির সনে চাঞ্চুতে কহে কথা
চঞ্চল মন ওঠে চমকিয়া বক্ষে মধুর ব্যথা।
চারিদিকে ঐ সোনালী পয়োধি সোনায় দিয়াছে মুড়ি
তাহার প্রাণে অজানা কষ্ট যাহার বসন্ত কুড়ি।
এক অজানা লুণ্ঠন ভীতি কি যেন হইল মনে
প্রণয়বন্ধনে বাঁধিতে রজ্জু আসিল বসন্ত সনে।
বসন্তবায়ু বসন্ত দূত পশিয়া হৃদয় ঘরে
খুলিয়া ফেলিয়া সকল ভূষণ চুমিয়া বাসিত করে।

কোথা মোর প্রিয়া মহা সমারোহের লগন আসিল যে
বাঁধিয়া কবরী মধুর মিলনে দূরে নাহি রহ লাগে।
বসন্ত বাহারে বীণা খানি বাজে ছুটিয়া এসো বক্ষে
শেষ হয় যদি এ মধুর দিন স্বপন ভাঙিবে যক্ষে।

৪৪

# অভিশাপ

বেহায়া সূর্য আলো ছড়ায় আঙিনায়
লজ্জা রাখিতে বড় দায়।
আঁধারের যবনিকা ঢাকিলে দিবস
ফুরালো রাতের ফুলের সুবাস।
প্রাচীন দেহখানি এমনি চতুর
কাহার তরে তাহা বিরহ বিধুর।
অনূঢ়া তনয়া হিংসুক পাখি যেন
সকল প্রেরণা সবিতায় কেন?
হেন অঙ্গীকার কিরণে রবির মাঝে
অনল পরশে প্রতি দিন বাজে লাজে।
কেবলি আলাপ আলোর দস্যু সনে
লুকিয়ে গোপন দেহ কাছে টানে
প্রান্তর ছাড়ি বনানীর পথে
বাসনা ছুটিছে আলোর পুষ্প রথে।
সমাসীন অতিথির দ্বিধা কেন লাগে
আকাশ হাসে চুপি নীল আবেগে।
লুকানো শশী বারে বারে কয়
উগ্র মদিরা দিবাকর খায়।
এমনি মাতাল হয় দিনমণি
ধরেছে নবীনার ভূষণ টানি।
হরণ করে মোর শরমেরি ধন
অভিশাপ তোরে দিনু করবান
পুড়িবি যত কাল রহিবি আকাশে
তাহারই নিশ্বাস ছড়াবে বাতাসে।

# ভোরের মহল

উপবিষ্ট বন্ধ ঘরে শয্যা পাশে চুপ মোবাইল খানা
বোকা বাক্সে ব্রেকিং নিউজের চপ্ সবারই জানা।
মুক্ত বাতাস মুক্ত আলো লাগি উন্মুক্ত করি জানালা
এক রাশ সোঁদা গন্ধমাখা বাতাস উড়ায় মেখলাবালা।
মধু গন্ধ হৃদয়ের মাঝে জ্বালা ধরায় বিষাদের গান
আহির ভৈরবে করিছে আলাপ আমাদের রসিদ খান।
মুসলমান এক গাহে বলে হিন্দুর শুনিতে আছে বারণ
মুগ্ধ তন্ময়তায় নাবলা কোন কথা হৃদয়ে ডাকে মরণ।
এই শাশ্বত সৌন্দর্যের ছোঁয়ায় শিহরিত করে যে গান
দীনতা ক্ষুদ্রতা খোঁজে গায়ক হিন্দু অথবা মুসলমান।
গবাক্ষ তরু রাজি ঝুঁকে পড়ে মুগ্ধতায় এ গান শোনে
ভোরের আকাশকে ডেকে বলে উদারতা দাও মনে।
ঝড় হয়ে উড়িয়ে নাও যত সঙ্কীর্ণতার আবদ্ধ জঞ্জাল
মুগ্ধ করো মানবেরে ছড়াইয়া ঔদার্যের পুষ্প পরিমল।
প্রিয়া আসি পা টিপে চোখ ধরে পশ্চাতে পশ্চিম হতে
জমে ওঠে প্রেম খেলা গায়কের আহির ভৈরব গতে।
সকালের কূজনে ও গানে সৃজিয়া মায়ার মহল
অবাক পৃথিবী শোনে আর খায় আনন্দেরই দোল।
সঙ্গীত চিরন্তন ধর্ম যাহার চিরায়ত সুর তার ভগবান
আনন্দধামে বাস কর, ভ্রান্ত ভেদাভেদ মানাপমান।

90

# ওরে বিহঙ্গ

এখনও বিহঙ্গ গুটিয়ে ডানা কখন পোহাবে রাতি
মেলিবে পাখা আকাশের ডাকে নিভিলে রাতের বাতি।
ওরা জাগিয়াছে রাতের প্রহর কালো শঙ্কা মনে
প্রাণের সাথে প্রাণের পরশ চাহিতেছে অভিমানে।
নয়ন ওদের অন্ধ হইল বিহগের প্রতীক্ষায়
হৃদয় গভীরে রচিয়া স্বপন পাখি ডানা ঝাপটায়।
কেনরে তোরা রাতের তারারা ভাঙিলি নিশিঘর
কুৎসীত নব ভালবাসায় ভরা বিশ্ব চরাচর।
ওরাও আসিছে উপহার নিয়ে অমর লোকের নারী
কুলায় বসিয়া মেদুর বসন্ত মধু রসে ভরে ঝারি।
জীর্ণ শয্যায় দাদুর নয়নে বিরহিনী বিহগী কাঁদে
প্রাণ স্পন্দনে শুনিতে গান আশায় বক্ষ বাঁধে।
তবুও বিহঙ্গ মেলেনা পাখা অভিমানে কিম্বা ভয়ে
হৃদয় মাঝে জ্বলে হুতাশন আসিবে অতিথি হয়ে।
সহচরী সনে উড়িয়া উড়িয়া দোহারে কহিতে ডাকি
আসেনি প্রভাত সেই শুভক্ষণ রজনীএখনও বাকি।
প্রাণের টানে চলিছে লড়াই ওরে আপন ভোলা
সময় আসিবে অতিথির লাগি বন্ধ দুয়ার খোলা ।
প্রিয়ারে আমার কেন থামালি নবীন প্রেমের গান
অন্ধ বিহঙ্গ অভিমানে রহে হৃদয় হলো খান খান।

# মানব মন

কাহারে খুঁজিছি আমি আঁধারে আলোতে
খুঁজিছি সম্মুখে দক্ষিণে বামে ও পশ্চাতে।
কাতারে কাতারে মানুষ চলেছে পথ ধরে
জনতার ভিড় মাঝে কোলাহল শেষ করে।
উঠিল আকাশ পথে যাহার ছায়া মূরতি
তাহাকে ধরিতে চাহি সকলের লই সম্মতি।
পরিধেয় বস্ত্রে দেখি নানা রঙ মাখানো
ধূসর, সবুজ, নীল, আকাশী কিম্বা রক্তিমে রাঙানো
বিরল এই মূর্তি খানির সদা হাস্য আননে
খরবেগে উঠি লাবণ্য হাসি হইল গগনে।
মুগ্ধ করিল মন ব্যক্ত হইয়া ছায়াপথে
উষ্ণীষ তুলি ধরি কহিছে চড়িবে কি দৈব রথে?
আমি হেসে বলি হে বহুরূপী শুধু আমার নয়
সকল মানবের মন তুমি আনিয়াছো সবাকার জয়।
রাজামহারাজা, সাধু, তস্কর, ধর্ষক, শিশু, প্রবীন
উদার, কুটিল, বুদ্ধ, যীশু আমার কৃষ্ণ কিশোর নবীন।
মানবের চরিত্র বিচিত্র এত জানি তুমি আছো তাই
তোমাকে ছাড়িবে বা ধরিবে এমন সাধ্য কারো নাই।

# পাখি হারা

এত দিন মোর গানের পাখি নীরব ছিল কেন্ জানিনা
বনে বনে উঠলো না তান মাতলো না মোর ভূবনখানা।
পাখির বুকে তীর মারে কোন্ পাষাণ প্রাণা
গান গাহিতে নিঠুর শবর করলো মানা
গানের পাখি প্রাণে রাখি সুরের সুধায় মেলত ডানা।।
কেউ জানেনা পিঞ্জরে কার পড়ল ধরা
উদ্বেলিত চঞ্চু দুটি এমন করে ভাঙলো কারা
অভিমানে গায়না নাকি ঘুম ভাঙানো গানের কলি
তার সাথে কি করল আঁড়ি ফুলের মধুর লোভে অলি
নীরব হলো কুঞ্জ বিতান তেমন করে মুখরিত আর হবে না।।

93

# প্রেমে পড়া বারণ

মন বলে ভালোবাসি তবে কেন প্রেমে পড়া বারণ
আঁখি বলে দেখিতে ভালো লাগে ওই মুখ কেন বুঝিনা কারণ।
পাখি বলে আকাশকে ভালোবেসে ডানা মেলে উড়ান
তৃণলতা আদরে ভালোবেসে জড়ায়ে ধরে লুটি চরণ।
কেন তবে প্রেমে পড়া বারণ।
কুসুমে কুসুমে অলি কানে কানে বলে ভালোবাসি
পাহাড়ের মেয়ে আমি নদী হয়ে সাগরেতে আসি
দুষ্টু অভিমানে খসে পড়া তারাদের আকাশ কি করেনা ধারণ?
মেখলা জড়িয়ে গায়ে ঢেকে রাখা যায় না কোন আভরণ।
কেন তবে প্রেমে পড়া বারণ।
রাগ আছে স্নেহ আছে মান আছে মোহ রূপে জ্বলে হুতাশন
ভয় পাই পশ্চাতে লোহিত নয়ন করিছে শাসন।
বাঁধা পড়ি নিয়মের কঠিনতায় , জড়ায় কৃরুদ্ধ নিষ্ঠুর অনুশাসন
যতই ত্রিবলি নাচুক তির্যক ক্ষীণ সহবাসে মগ্ন বিভীষণ
কেন তবে প্রেমে পড়া বারণ।
দিয়েছি মনোলোভা শরীর নিটোল বিকোইনি সতীত্ব মান্ধাতা
নীরবে রাখিতে চাহি আমার আমিরে কৌমার্য অক্ষত অজান্তা।
আঁখিতে আঁখি কহে শত কথা ঢাকিল কই তা সরমের আবরণ
বলিতে পারিনা কথা তারে বিরহের বিরলে থাকা হৃদয় হরণ।
কেন তবে প্রেমে পড়া বারণ।

94

# তুমি কে?

তুমি কে, কোথা হতে এসেছিলে?
আবার চলে যেতে যেতে বলেছিলে
চোখের ভাষায় মরু পথিকের মত
বালিয়াড়ির সবুজ তৃষ্ণায় অবিরত।
হৃদয়ে রক্তক্ষরণ আগ্নেয় লাভা যেন
পিঙ্গল বর্ণের অনুভব, উদ্গিরণ হেন
আমার তুন্দ্রার শীতলতা বয়ে গেলো
হৃদয়ের শুষ্ক তুষার প্রান্তর গলিত হলো।
উথাল পাতাল সাগরের ঢেউ হাত বাড়ায়
সকলই কুয়াশায় ঢাকা দীর্ঘশ্বাস হতাশায়।
তুমি কি জাদুকর নাকি পরশ পরাশর
বুকের মাঝে, ভীষণ পাহাড়ী খাদে নিশাচর।
আমায় টানিয়া নিয়ে ফেলে চলে গেলে
চোখের তারায় দিনের আলো না জ্বেলে।
ব্যথার মত কেমন করে মনের মধ্যে,
রসিকতা করে নিরক্ষীয় হাসির গন্ধে
মাখা তোমার নরম হিংস্রতা, স্নায়ুর মুগ্ধ
শিহরণে কালবৈশাখী ঝড়ের স্নিগ্ধ
অভিসার জলপ্রপাত হয়ে নামবে কিনা
আবার কখনও দেখা হলে কি জানাবে না।
ফুল বিছানো পথে আবার আসো যদি
জীবন সরণীর শেষে দাড়ি টানিবে না বিধি।
সেদিন মায়াবী দুঃসাহসী সময় যেন বলে
কে তুমি দাঁড়িয়ে বিটপীর বিলাল ছায়া তলে।

# ভগবানের বিপদ

ভগবান আজ পড়েছে ফ্যাসাদে
বিভ্রান্ত মানুষ চরণে পড়ে কাঁদে।
ভগবানের নামে পাড়িছে কেহ গালি
কেহ শুনি তাহা দিতেছে হাতে তালি ।
কেহবা গদগদ ভাবে তাহাকে ডাকে
মন্দির আর মসজিদে সে না থাকে।
তাহার নামে চলেছে মিথ্যার চাষ
বিপদে পড়িয়া ঈশ্বর ছাড়িছেন বাস।
একদল মানুষ ভগবানে করিতে দাস
জয়ধ্বনির ঠেলায় তাহার তুলে নাভিশ্বাস।
ভগবানের হাতে আছে ক্ষমতার চাবি
টুপিধারি আর মালাধারীদের সেটা দাবী
জয় ভগবান দাও স্লোগান তবে
টাকা পয়সা ক্ষমতা তোমার হবে।
যে ভন্ড করে না পূজা পড়েনা নামাজ
বড় ভক্ত বলিয়া মানাতে চাইছে সমাজ?
ছড়াতে হিংসা করিতে ছোট তাকে
অপমান করে ছোট করে ওরা মাকে।
শয়তানের দল ভন্ড পামর যারা
বসুন্ধরা দূষিত করে লক্ষ্য মানুষ মারা
ভগবান লাজে মুখ ঢাকিতেছে দূরে
দুর্বৃত্ত দুশমনেরা চেঁচায় বিষাক্ত সুরে।

কান পেতে শুনি কহিছে আকাশ বাণী
ক্ষমা নাই, মোর নামে, তোরা মানুষের খুনি।
অভয় মন্ত্র শুনায় ঈশ্বর তাদের
ভগবান কেবল কল্যাণ মূর্তিই যাদের।

96

# টাকা

বুদ্ধি বন্দী জড়তার কারাগারে
অনুভূতি মুখ লুকাইয়াছে আঁধারে
ভালোবাসা গুলি ঢাকিয়াছে হিমানী
যুক্তি ভাবনারা হয়েছে উদ্যমহানি।
শুনিলে গীত জাগেনা আবেগ কোনো
আঘাত করিলেও অশ্রু যায় না গলানো।
পুড়িলে দেহ চুপ প্রতিবর্ত কাজ
মানাপমানে দেখিনা ত কোন লাজ।
চোখের দৃষ্টির আড়ালে সকল ছবি
কাব্য লেখা বন্ধ করেছে কবি।
দুঃখ সুখের থামিয়াছে হাসিকান্না
কেন আর চোখে নামেনি অশ্রু বন্যা।
নিজ অজান্তেই মাথায় মারি ছুরি
তাজ্জব, আমার মাথাই গিয়াছে চুরি।
চুল রয়েছে খুলি রয়েছে মস্তিষ্ক কোথা গেলো
প্রিয়তমা বউ খুঁজিয়া নাহি পেলো।
চারিদিকে চাই বুঝিতে পারিনা কিছু
ভ্যাবাচ্যাকারাই ছুটিতেছে পিছু পিছু।
সন্তান, স্বজন কাউকে ত আর চিনিনা
দেবতা দানব মানব বলে কাকে মানিনা।
সুমুখে চক্ চক্ করিছে স্বর্ণ মুদ্রা
ঠিক্ চিনিলাম ওই তো আসল ভুমরা।

97

# গণ দেবতা

অর্ধ নগ্ন পায়		ঘুরিছে বিশ্ব ময়
মনে নাহি অভিমান
পরনে বস্ত্র খান		দেয়না কেহ মান
সহিছে অপমান।
মানবের সন্তাপে		মন বলে কার পাপে
মুছাতে অশ্রু নীর
জীবন বাজি রাখে		করুণায় আর্দ্র থাকে
নদী যেমন গড়ে তীর।
শীত গ্রীষ্ম বারোমাস		লোকের মধ্যে বাস
অন্যায় অবিচার নাহি সয়
শিশুর কান্না শুনি		মাতা প্রমাদ গুণি
দুগ্ধ যেমন মুখে দেয়।
জনতা কাঁদে যদি		সাহসে বুক বাঁধি
সব কান্না শুষে নেয় ।
সূর্য সম তেজে		জ্বলে দেবতা সাজে
শয়তানে দেয় দন্ড
জনতার সংশয়		আপনি হরিয়া লয়
সংযত হও ভন্ড।
ক্ষুধা তৃষ্ণা ভয়		করিতে সকল জয়
ঘুরিতেছে ঘরে ঘরে
যেথা হাহাকার ওঠে		বায়ুবেগে সেথা ছোটে
মাতৃস্নেহে কর ধরে।
অত্যাচারী বহুরূপী		মাথায় পরিয়া টুপী
ছদ্মনামে ঘোরে

সত্য শিবে মারে　　　　নখদাঁতে ছিঁড়ে ধারে
দুর্গারূপে ওরে।
মহাকাল ধরে ত্রিশূল　　　　ছদ্মবেশীর মাসুল
দেখ ঐ গণদেবতা
খাদ্য বস্ত্র শিক্ষা　　　　গনদেবতার দীক্ষা
নমি তব জনবেত্তা।

98

# ফুল ও শিশু

আমার অন্তেবাসে তোমায় প্রথম দেখি
বুড়ি গয়লানীর পাছে পাছে কলসী ছিল কাঁখে
দুপোয়া দুধ কিনত তখন আমার গুরু মাতা
দুয়ার পানে চেয়ে চেয়ে আকুতি তোর দেখে।
এক ছটাক আর বেশী নিয়ে গাল টিপে দেয় তোর
পায়ের নূপুর ঝনাক ঝনাক দুয়ার দিয়ে যায়
ডাগর চোখের পলক ফেলে মনে পরাস দড়ি
ঘুম ভেঙ্গে যেই শুনি নূপুর হৃদয় ডাকে আয়।
কোমর দোলে চলার ছন্দে দুষ্টু দুটি পায়
কোচর ভরে কুড়িয়ে গোলাপ আধফোঁটা নয় বাসি
ফোকলা দাঁতে বলতি ডেকে নদীর ধারে এসো
তোমার চরণ ঢেকে দেবো গন্ধ ফুলের রাশি।
নরম গালটি ধরব বলে যতই বাড়াই হাত
দুষ্টু হাসি মেখে মুখে গানের সুরে বলিসরে তুই টুসি
ফুল আছে আর আছে শিশু কোনটি বেশি প্রিয়
তুমি আমার অতি প্রিয় ফুলের চেয়েও বেশি
শিশুর মাঝে ফুলের হাসি সুবাস অতিন্দ্রীয়
মনের কোণে ক্ষণে ক্ষণে চপল দুষ্টু গান
অশ্রু মুছি হাতের চেটোয় জোনাক জ্বলা রাতে
মা এসে যেই মুছায় আঁখি মুছি অভিমান।
তোমার গায়ে দুধের গন্ধ মায়ের সেরা দান
অমৃত সে ফুলের মধুর চেয়েও
আমি ফুলের মঞ্চ পরে শিশুর কোমল মুখ খানি
তোর নানান রঙে সাজাই ঋণী হয়েও।

99

# অর্যমা

কাছে আসো কথা বলো তবু দূরে থাকো
অণুক্ষণ ধ্যানে আসো আঁখি মেলে রাখো।
নিত্যদিনের এই খেলা কবে হবে শেষ
দাঁড়াবে সুমুখে আসি ছাড়ি রাজ বেশ।
তোমাকে চিনিনা আমি আড়ম্বর চমক মাঝে
শুধু তোমাকে জানি জনতার গৌরব সাজে।
আমি আছি ঈর্ষাহীন সহজ বিশ্বাসের বাসে
তত টুকু চাহি হাসি ঈশ্বর নিরবে যতটুকু হাসে।
দিন শেষে মরমের মগজে ঠিক বলে দেয়
তবেই মানস সন্তাপ অতিক্রমের পথ করে নেয়।
চিরসুপ্ত জীবনের স্বপ্ন ও সুষুপ্তি যদি ভাঙে
সর্ববিক্ষেপ নহে শুধু অনুভবের রঙেতে রাঙে।
শত ছিন্ন খন্ডিত বিবেকেরে দিয়া জলাঞ্জলি
তরলে গরল আনি ওরা দিতেছে ঢালি।
নগ্ন পদে ভ্রমিছো অর্যমা জনতার দ্বারে দ্বারে
শান্তি রূপে হৃদ মাঝে জ্বলে আলো ডাকে সবারে।
দীন জনে হীন করে যে, ওগো দীন দয়ার্দ্র নাথ
তব পূত করে উদ্ধারিবে পোহাইবে রাত।

100

# খুনি

আমার রায় বেরিয়েছে আজ
আমি বেকসুর খালাস
কেন সাজা হলো না আমার
আমি তো খুন করেছিলাম।
সাক্ষী প্রমাণ করিনি লোপাট।
ঘুম জড়ানো চোখে আকাশ
দেখেছিল সে নিষ্ঠুরতা
হৃদয় কাঁপেনি কাঁপেনি চোখ
মুখে টুকরো টুকরো হাসি
অন্তরে মুগ্ধতা ছোঁয়ায় পেলবতা।
শুভ সকাল বলিতে গেলাম
তার ছোঁয়া পাই চোখে মুখে
বক্ষে জড়ায়ে হাসে মৃদু মৃদু
মৃদুলা সব নিয়ে আমার আমিকে
সমৃদ্ধ করে বিলম্বিত লয়ে প্রভাস
গাহে গান সে কি মধুঝরা শ্রাব্যতা।
সুবাস বহে হাসনুহেনার হাওয়ায়
আছে দাঁড়ায় মাথাতুলে বৃক্ষদল
নদীর জলে কাঁপে ওদের ছায়া
গাঙ আর বন বীথির প্রেমে সহবাসে
হাসি ধরে না ভগ্ন পাড়ের মুখে।
কত অগ্রহায়ণ শনিবার লুটে পুটে
নিল সময়ের ডানা আপাত নয়
আকাশ চন্দ্রাতপ হয়ে কুয়াশা

বৃত্ত আঁকার গন্ডি এঁকে রাখে।
সময় আসি চুপি চুপি দেয় হাতে
ছুরি তীক্ষ্ণ ধারে গলা কেটে দেই
রঙ্গে, কাটিলাম তবুও হাসিল
ও যে আমার শত্রু নয় তাই আনন্দ।
আর কেহ নয় কলা ফুল এক
বহুদিন ধরে ফুটিয়া বাগানে
আপন আনন্দে আত্মহারা থাকে একা।
শুভ নহে বলে সবে, তাদের
কথায় খুন করিয়াছি কলাফুল
সাদরে যতনে এত দিন ফুটিয়া আলো
করিত বন, আমি তাই বেকসুর খুনি।
বিচার হলো মানবতার আদালতে
সাক্ষ্য দিল পতঙ্গ পাখি আর ফুলের দল।

101

## Doyen

My hope sets to soar aloft in the azure
The heaven becomes darkened by misty
weather.
My happiness wants to walk afar on land
The road is full of sludges having no sand.
My charm feels to be resolute in the ditty of
remorse
The sinews neither weighs nor retains to
further grows.
My passion can hide never my love and pity
The trust put fencing guard around the loyalty.
My ambition sticks to mild and harmless zenith
Never ever it abhors a temporal one's slith.
My country is going to lose the state of
cynosure
Who is the doyen wilt tell me against the nation totters.
Speak once for appertaining to integrity
Scout, o, doyen all increasing disparity.

# জনম জনম চেনা

প্রথম যেদিন আমার নাম ধরে ডেকেছিলে
মনে হয়েছে তুমি জন্ম জন্ম চেনা ছন্দে মিলে।
চমকে উঠে নয়নের দৃষ্টি পথে হেরি তব ছায়া
ভাঙা আর্শির মাঝে টুকরো প্রতিবিম্বের মায়া।
হৃদয়ে উদ্বেলিত সাগরের গর্জনশীল ঢেউ ভাঙে
শক্তিহীন সহিবারে সে উথাল পাতাল তরঙ্গ গাঙে।
অসম্বিত আমি তোমাকে খুঁজি দিগন্তে অরুণ প্রভাতে
আকাশ বাঁকে বলাকা ঝাঁকের আড়ালে জলপ্রপাতে।
বৈকালিকের গানের সুরে নানা বাদ্য সহ মৃদঙ্গ তালে
বারে বারে আসো ধ্যানে চুম্বন করিতে মম ভালে।
কাঙাল ভালোবাসা নিরেট বুনোটে মোড়া কথা কবে
কষ্টক্লিষ্ট তীর বিদ্ধ হৃদয়ে তুমি যতদিন অধরা রবে।
তোমাকে না ছোঁয়ার যন্ত্রণা তোমার অধরে অধর
মেলানোর প্রবল বাসনায় উদ্বেলিত বক্ষ মাঝার।
প্রিয়া বলে কহিতে কথা কেবলই সংঘাত সহি একা
শয়নে শিয়রে বসি দুয়ার আটি তব কেশরাশি দেখা।
তোমার অলকে ছড়ানো অবাধ্য কুঞ্চিত কুন্তল
গোছা ফুলে সাজিয়ে বাঁধিবে কবরী রয়ে চঞ্চল।
তোমার সুষমা মাখা চোখে অস্ফুট হাহাকার জেগে
করোনা হেলা এ অতিথিরে, ভাসাইয়া ঝড়ের বেগে।
প্রথম প্রেমের ঢেউয়ে চঞ্চল তুমি আছো বনলতা
গ্রীবা দুলিয়ে বল বাসনার আবেগে মিলনের কথা।
বিহগের কূজনের সাথে ঘন ঘন পড়ে উষ্ণশ্বাস
বক্ষ মাঝে বর্ষ বর্ষ রবে মোর সেই ত তুষারের বাস।

তোমাকে বাধিবে ধরণী ধৃতিমান আমারই বাঁধনে
ধন্য ধন্য প্রেম স্বার্থক গণিবে দুজনার সাধনে।
নিষ্কর্মা বসে থাকি বাতায়নে স্বপনের অবগুণ্ঠন খুলি
জন্ম জন্ম চেনা প্রেম অসীমের পানে যায় পাখামেলি।

# দ্রৌপদী

আমি কেবল ছুটে বেড়াই প্রজাপতির পিছে
কখন আবার দাঁড়িয়ে পড়ি শালপলাশের নীচে।
ক্লান্ত পায়ে এলিয়ে দেহ খানি
সবল হয়ে ওঠে দেখে আকাশের হাতছানি।
নতুন করে মেঘ রৌদ্রের খেলা শুরু হয়
কোন্ সুদূরের আড়াল থেকে কানে কানে কয়।
নবীনা হই হাজার চোখের আমি অষ্টাদশী
পায়ের তালে তাল মিলিয়ে রৌদ্র ওঠে হাসি।
জনম লভিনু যজ্ঞমন্ত্রে তাই ত যাজ্ঞসেনি
সারা শরীরে যৌবন ধন যেন বিষধর ফণী।
কঠিন হস্ত বাড়িয়ে দিল বস্ত্রালঙ্কার চায়
দুলিয়ে বেণী শিহরণের প্রস্রবণ আসি ধায়।
ভাঙিয়া দিল লজ্জার বেড়া প্রজাপতির ডানা
পীড়িত হৃদয় অষ্টাদশীর শুনিল না কারও মানা।
শিরায় শিরায় উথাল পাথাল পুঞ্জ পুঞ্জ ঘাম
জমিল সকল দেহ বল্লরীতে ডাকিল ধরি নাম।
আয় তোরা সবে মহা উৎসবে দেখ চাহি আমারে
আকাশের মত উদার আমি বাটি নাও বীরবরে
বীরভোগ্যা বসুন্ধরা কৌমার্য মোর জিনিবে যে
নিমেষের মাঝে সসাগরা ধরনী জিনি লয় সে।
হীনবল যে পুরুষ কলঙ্ক যোগ্য রূপে মানিব না
পাণিপীড়নে তারই অধিকার বীরপ্রসবিনী যাহার মা।
একাধিক বীর চাহি ভজিতে তবু আমি গণিকা নই
এক পুরুষের বহুগামিতা পুরুষ বলিয়া মানিয়া লই।

মহাসুখি আজ আমি নারি এক ভজিয়া পঞ্চ স্বামী
ষষ্ঠ পুরুষ করি আকাঙক্ষা জানে তা অন্তর্যামী।
নহি সৈরিণী নীচ কামিনী দেহপসারিণী পতিতা নই
ভাঙিয়া সৎ সতীর সংজ্ঞা আমি তোমাদের দেবী রই।

# খেয়ার নেয়ে

আমায় তুমি বন্দি করে রেখো তোমার কাছে
যেথায় তোমার আসন পাতা আছে।
বক্ষ মাঝে নিবিড় প্রেমে আপন করে নেবে
ঢেউয়ের ঘায়ে উঠবো কেঁপে যবে।
আমায় তুমি কুড়িয়ে রেখো তৃণলতার দলে
পায়ের তলায় থাকব পড়ে চরণ পাবো বলে।
পুষ্পে পুষ্পে খুঁজতে পারি তোমার ফুলের রেণু
আমার হৃদয় বাজে যদি তোমার হাতের বেণু।
আমি চাহি আকাশ পানে রুদ্র তপন খুঁজি
বসে আছো নভঃ জুড়ে হেরি চক্ষু বুজি।
ছড়িয়ে দিয়ে জড়িয়ে ধরো মাঠে ও প্রান্তরে
কি খেলা যে আমায় নিয়ে খেলিছো অন্তরে।
পাহাড় চুড়ায় আগুন জ্বলে অগ্নি মুখের গিরি
মেঘের সাথে দল বেঁধে হয় পাষাণ লুকোচুরি।
কাহার তরে মেলি আঁখি লজ্জা মূল্যে কেনা
সুখের ঘরের চারপাশেতে বাড়ছে তোমার দেনা।
সেজে আছো রাজাধিরাজ প্রাণের পূজা পায়ে
পারাণি মোর আছে জমা তুমি খেয়ার নেয়ে।

105

# প্রাণেশ হে

কেমন তর প্রাণের মাঝে প্রাণেশ রূপে আছো
অজানিতের মত মোরে প্রতিক্ষণে বাছো।
সঁপেছি প্রাণ অন্ধকারে আলোর পাবো দেখা
লুকিয়ে আছে চন্দ্র সূর্য ঘুরছি ভূবন একা।
স্বর্গ মর্তে একটাই যে সুর অহঙ্কারে মোড়া
আমি একা প্রহর গণি ফুলের গন্ধ জোড়া।
মাঝে মাঝে সুখের স্মৃতি ভেঙে ফেলে পাঁচিল
মোমের মত গলছে হৃদয় পরাণ যেন গাঙচিল।
তোমার পরশ আছে প্রাণে রিক্ত যতই হোক বাসনা
ভেজা মাটির সোঁদা গন্ধে হৃদয় নাথের হয় সাধনা।
দুঃখ আমার রাশি রাশি ভরে নীরব বন্ধ্যা মনে
সুদূর হতে আসছে ছুটে সবুজ বাতাস বনে বনে।
চেনা ছন্দে উঠবে আবার মাতাল হিয়ার গুঞ্জন
সুন্দর যত লুকিয়ে ছিলো ধুইয়ে চোখের অঞ্জন।
প্রাণের মাঝে আছে ঈশ্বর নিঃশ্বাস টুকুর রাজা সে
ঘুমের মধ্যেও জাগিয়ে রেখে মৃদু মৃদু শুধুই হাসে।

# মিছা কবি

কাব্যসত্তা নিচ্ছে কেড়ে ভালোবাসার ছলে
কল্পনা সব যাচ্ছে ছেড়ে হৃদয়হীনার দলে।
লুটিয়ে সব রিক্ত করে ভাষায় দর্পী অহঙ্কার
গলিত হয় হৃদয় খানি শ্রবণ সুখের অলঙ্কার ।
কাব্য যবে পায়না দ্যুতি দেখি তোমার হাতছানি
তোমার চোখের কানায় কানায় ভরছে একি ফুলদানী।
হচ্ছে স্নায়ু ওলট পালট ছুটছি ফেলে কলম গুলি
দাওনা ধরা হচ্ছি মাতাল পুচ্ছ মেলে যাও যে চলি।
যতই ভাবি জোনাক তুমি আসল তুমি আলেয়া
পাখায় পাখায় নেই স্ফুলিঙ্গ ভালোবাসার দেউলিয়া।
কাব্য ফেলে ছুটছি পিছে অট্টহাস্যে মারছো বাজি
তোমার মধ্যে ভ্রান্ত কবি বৃথাই কাব্য রসদ খুঁজি।
জয়ধ্বজা চাই উড়াতে কাব্যরসের ছত্রধরি মাথে
তাহার অসীম গৃহাশ্রমে ঠাঁই চাহিনা আমি কোনমতে।
আমি কবি মজার কবি জ্বালাই আপন ঘর
পরকে আনি ধোঁয়ার রথে আপনি পরের পর।
নয় মমতা পরামর্ষ আমার মিছাকাব্য দামে
ভুবন মাঝে তাকেই খুঁজি যাকে কেবল চিনি নামে।

107

# ভুল

কাটিলো কঠিন শর্তে মম তন্দ্রাহারা নিশি
ভোরের পরশ নিয়ে নতুন সূর্য উঠল হাসি।
কাহারা কাড়িলো নিদ্রা, আমার পড়িল মনে
রুদ্র রূপী মেদুর স্মৃতি ঘনায় স্বপনে।
আজিকার এই শূন্য শয্যায় যাহার বক্ষ মাঝে
একদা কাটিত রাতের প্রহর তব বাহু পাশ সাজে।
স্বপ্নের কথার জাল বুনিতাম কত সুখের গল্প
উপাধান পরে আজও লেখা আছে তাহার অল্প অল্প।
ঝাপসা হয়ে আসে চোখ দুটি নোনা বেদনার জলে
ত্বরিতে ত্যাগীয়া শয্যা দাঁড়াই ভোরের আকাশ তলে।
বিস্ময়ে দেখি একি অপরূপ বিধাতার নব খেলা
প্রাঙ্গণ জুড়ে ছড়াইয়া আছে কুন্দ ফুলের মেলা।
জড়াইয়া ধরিছে আমারে, বিতত ফুলের বাহার
যেমন করিয়া প্রিয়া মোরে আদরে করিত তাহার।
হাসিছে প্রসূন সজনীর হাসি আহ্লাদে হয়ে অন্ধ
ভরিছে ভোরের আকাশ বাতাস আমার প্রিয়ার গন্ধ।
কহিল ভ্রমর কানে কানে মোরে স্বপন হয়েছে ফুল
তব প্রিয়তমা ছাড়িয়া গিয়াছে যাহা হেরো চোখে ভুল।
জীবন জুড়িয়া রয়েছে জমা ভ্রান্তি প্রান্তহীন
সত্যি ভেবে ভুলের পাখিটা পুষছি রাত্রি দিন।
যাহা চলে গেছে চোখের আড়ালে মনের আড়াল রবে
বেদনা বিষাদে অন্তহীনার কাব্যে কাহিনী কবে।

# কামিনী কামনা

ওরে আকুল পরাণ খানি কাহারে ডাকিলি ঘরে
কাহারে ধরিতে চাস তুই আপন প্রাণের তরে।
যাহার চোখের তারায় ভাসে আলো আর আলো
কেমনে বুঝিবি সে তোর মুছাবে অমানিশার কালো।
যেমন তোরে তুষিত সাথী স্বপনে ও জাগরণে
সারা নিশি জাগি দূরের তারারা ডাকিত অকারণে।
আদর করিয়া কহিত ধ্যানে তুচ্ছ ভাবি হীনমনে
তোমার অধরের মধুর হাসিটি ফুটিত বনে বনে।
মনের আনন্দে গাহিত পাখি তিরোহিত অভিমান
বিতরাগ আর লাগে না ছোঁয়া স্মৃতি হয় খান খান।
নতুন করে আবার ডাকিলি নতুন সে কোন্ অতিথি
ভরাতে তোমার খালি ঘট খানি হইতেছে প্রতীতি।
বুকের ভেতর জ্বলিছে বিরহ বুনো রাজহাঁস যেন
জুড়াইতে হিয়া লীন ক্ষুধা বুঝি রাক্ষস জাগে হেন।
যতনা দহে স্মৃতির সুধা ততোধিক টানে দেহ
অন্ধ আবেগ জিতেন্দ্রিয় সাজে আসেনা প্রাণের স্নেহ।
ছাড়িয়াছো লাজ পরাণেরসাথে খেলিছো এমন খেলা
তৃষা মিটাইবে নতুন সাথী গড়িয়া আসিছে বেলা।
স্মৃতি নিয়ে যদি বাঁচিতে না পারিস জীবনের সংশয়ে
কেমনে বুঝিবি কে পাঠায় ভাষা ভীতু দক্ষিণ বায়ে।
ডুবিতে পারিস অগাধ সাগরে তৃষিতা কামিনী সেজে
পুড়িতেও পারিস ছাই হতে ওই কামনা সূর্য তেজে।

109

# আমি মানুষ

সুজাতায় আমি জাত হতে চাই
বিপাশায় আমি আশা খুঁজে পাই।
শয়ন লালসায় স্বৈর বাসনায়
জাগি বিভাবরী প্রমিত রসনায়।
পথহারা কোন্ পথিক হয়েছি
অষ্টাদশীর ওষ্ঠবিম্বে চুম্বন রচি।
চণ্ডালিকার সপ্ত সুরে মীড় বাঁধিয়া
চারানি সকল সাধনা সাধিয়া।
চারুলতায় হাসি চারু হাসিনী
নীল পীতবাসে সাজি শায়নী।
নিরখি কাহার বর্ণালি লিখন
প্রীণন অনামিকায় ভুলিনি রোদন।
গজমতি হার কার গলায় দুলি
চক্ষুশ্রবা ফণীনী হৃদয় গিলি।
বাঙনিষ্পত্তিতে জিনিয়া ধরণী
পৃষ্ট করিছি হরষে হরিণী।
মদের পেয়ালায় হয়ে মন্দাকিনী
ধর্ষণ করি পাশব পুরুষ রমণী।
প্রতারক খুনি বীরভাবেও বাঁচি
সাধুসন্তর চোখে মুখে নাচি।
আশা নিরাশার উড়াইয়া ফানুস
ভালোবাসাতেই হয়েছি মানুষ।

# মিলনে বিরহে

মৃণাল ফুটেছে সরসী নীরে
অলি কি যাবে ফিরে ফিরে।
মরাল খেলিছে মরালীর সনে
হরিণ ছুটিছে হরিণীর পানে।
পোহালো যামিনী মিলন রসে
ধরনী আছে বক্ষপাতিয়া আশে
রাজাধিরাজ আসি আলিঙ্গিবে যদি
সহস্র ঝর্ণার বহিবেস্রোতস্বী নদী।
সাগরের ডাকে ভাসাই জনপদ
মিলনে সিন্ধুতে মানেনা অপবাদ ।
মাণ্ডকর্ণির (1)ভাঙে তপস্যা পঞ্চ অপ্সরা (2)
মিলিবে ঋষি বাঁধে সাগর ঘরা।
আজিকে সকাল মিলনের মেলা
ফুলের সনে অলির খেলা।
বিহগ বিহগী করিয়া কূজন
শাখায় শাখায় মিলিছে দুজন।
প্রিয়া প্রিয় সাথে শৃঙ্গার রসে
বক্ষে বক্ষ মিলি সুরথে ভাসে।
আছে বিরহিনী এক আমার জানা
ভালোবাসে মোরে কহিতে মানা।
বিরহিনী চাহে আকুল নয়নে
স্মৃতি মনে ভাসে অশ্রু স্নানে।

তাহার সাথী গেছে কালের নিয়মে
পুড়িছে হৃদয় বিরহ দহনে।

..........................................

(1) এই ঋষি জলাশয়ে তপস্যা করতেন।

(2) এই ঋষির ধ্যান ভাঙাতে ইন্দ্র লতা, বুদ্‌বুদ, সমীনী, সৌরভেষী ও বর্ণা এই পাঁচ অপ্সরাকে পাঠান। ঋষিবর জলের মধ্যে গৃহ নির্মাণ করে সেখানে এই পঞ্চ অপ্সরাকে নিয়ে বিহার করেন।

111

# গানের পাখি

ওরে বিহঙ্গ পাখা দুটি মেলে দে
মনের জানালায় আসি বলে দে
কে তুই সকাল সাজে শুনাস গান
নিয়ে আসিস সুরে কথায় অভিমান।
যতবার দেখি চেয়ে মুখ ভরা হাসি
তারি মাঝে লেখা থাকে তোরে ভালবাসি।
চাপ চাপ দুঃখ রাশি জমা তোর মনে
প্রকাশিতে সরবে উড়ি যাও বনে।
তুমি মোর গানের পাখি এসেছিলি একা
কোন এক উদাস ভোরে দিলে দেখা।
কহিলে নিঃস্ব আমি যাহার ছবি প্রাণে
আঁকিয়াছি বসি চুমি বসন্তে শ্রাবণে।
যার কথা ভাবিলাম অশ্রুর প্লাবনে।
কুঞ্জে কুঞ্জে মথিত দেখি তার মঞ্জুষা
জড়ানো আবেগ ঘন তব ভালোবাসা।
কতবার ছুটি কাছে বিলালে ঘৃণা
সাথীরা মোরে বলে তব ব্যর্থ সাধনা।
একদিন আসি খোলা বাতায়ন গায়
ডাকি মোরে কহিলে বক্ষ মাঝে আয়।
মুগ্ধ হয়ে আঁখি মেলে করি কাকলি ডাকি
তুমি মোরে কহিলে তুই হবি গানের পাখি।
আর নহে সাধনা গানের পাখি হই
ভালবেসে তোমার ওই হৃদয়েতে রই।

# বিন্তি পিসি

পৌষের সকালে কনকনে শীত। সমগ্র জীবজগৎ কাতর ও জবুথবু। উঠোনের একধারে একটা সজনে গাছ তার ফাঁক দিয়ে এক চিলতে রোদ এসে পড়েছে দাওয়ার পৈঠায়। সেখানেই বিন্তি পিসি রোদে পিঠ দিয়ে বসে রাতের পেঁয়াজ কলি আর পুটি মাছের তরকারি কড়া কড়া ভাতের সাথে মেখে খাচ্ছে। মোয়াজ্জেম গাছি খেজুর গাছের রস ভর্তি ভাঁড় পেড়ে নিয়ে যাচ্ছে। বিন্তি পিসি নাকের সর্দি পরণের আধ ময়লা থানকাপড়ে মুছতে মুছতে বলল, 'ওরে ও গাছি আমায় এক বোতল জিড়েনের রস দেনারে। '

আশি ছুঁই ছুঁই বাল্য বিধবা নিঃসন্তান বিন্তি পিসি। গ্রামের মাঝখানে ছোট একটি আটচালা ঘরে বাস করে। কাঁচা বয়সে, ভরা যৌবনে, পড়ন্ত বেলায় সে এই ঘরে একা একা থেকেছে।এখনো থাকে কিন্তু নারী দেহের আগ্রাসী ক্ষুধা দমিত করার শক্তি সাধারণ নিয়মে যেমন থাকে না। ইচ্ছায় কিম্বা লালসার বশবর্তী হয়ে আদিম সত্তাকে কারও না কারও কাছে সমর্পণ করতেই হয়। যৌবনের হড়কা বানের খামখেয়ালী বেগ অপ্রতিরোধ্য শক্তিতে বিন্তি পিসিকেও ভাসিয়ে নিয়েছে কতবার। তাই তার গায়ে পড়া হিতৈষী পুরুষ মানুষের কোন দিন অভাব ছিল না। অনাকাঙ্ক্ষিত গর্ভ পরিষ্কার করার শেকড় বাকড়ের জ্ঞান আছে ব্যক্তিগত প্রেক্ষাপটে যা ব্যবহারেও সিদ্ধ হস্ত।

এক বসন্তে পিসির বয়স যখন ষাটের কোঠায় তখন সে একবার ধর্ষিত হয়েছিল। তার ছেলের বয়সী এক যুবক তাকে এক ঝোপের মধ্যে টেনে নিয়ে ধর্ষণ করেছিল। সেই যুবক এখন চল্লিশের কোঠায়। একটা জাতীয় রাজনৈতিক দলের স্থানীয় নেতা পার্টির ঝাণ্ডা ঝাকিয়ে স্লোগান দিয়ে, বেড়ায়, দাদাগিরি করে বেড়ায়। এই নেতার বছর পনেরর একটা মেয়ে আছে।

বিন্তি পিসি অঞ্চলের সকলের বিন্তি পিসি । মোয়াজ্জেম গাছির কাছ থেকে পাওয়া জিড়েন রসের এক গ্লাস পাঠকাটির নল দিয়ে চুষে খেলো আর শীতে কাঁপতে লাগলো। ইতিমধ্যে উঠোনের এক প্রান্তে বেশ জোরালো রোদ এসে পড়েছে। সেই রোদটুকু পুরোটাই ভোগ করতে একখানি ছেঁড়া বস্তা বিছিয়ে চাদর মুড়ি দিয়ে বসে আছে। হঠাৎ পিছনে একটি মেয়ের কন্ঠ। ' বিন্তি পিসি। '

বিন্তি পিসি ঘাড় ঘুরিয়ে দেখে বছর পনেরর একটি

মেয়ে। বলে, 'কে গো বাছা তুই?'

আমি নিখিল সাঁতরার মেয়ে।

নিখিল সাঁতরা নামটি শোনা মাত্রই তার ভেতরটা ঘৃণায় রিরি করে উঠলো । পনর ষোলো বছর আগের সেই জঘন্য ঘটনার কথা মনে পড়ে যায়। বয়সের ভারে চামড়া শিথিল হলেও মনের মধ্যে প্রতিশোধের আগুন দাউ দাউ করে ওঠে।

বিন্তি : তোর নাম কি খুকি?

শান্তা : শান্তা সাঁতরা।

বিন্তি : কি চাস?

শান্তা : (বিন্তির কানের কাছে মুখ নিয়ে ফিস ফিস করে) খুব বিপদে পড়ে তোমার কাছে এসেছি। তুমিই আমাকে বাঁচাতে পারো।

বিন্তি : ও বুঝেছি। তা ক মাস?

শান্তা ; দু মাস শরীর খারাপ হয় নি। তুমি যেন কাউকে বলবে না।

বিন্তি : কাকে দিয়ে বাধিয়েছিস ?

শান্তা : বিষ্ণু জেঠু। বাবার সাথে পার্টি করে।

বিন্তি : বেজন্মা আধ বুড়ো। বড়ো বড়ো ছেলেমেয়ে আছে। ওর ইয়ে কেটে দিতে হয়, লঙ্কাবাটা লাগিয়ে

দিতে হয়।

শান্তা: না গো পিসি, জেঠু বড় ভালো। খুব আদর করে। আমারও তো খুব ভালো লাগে। একদিন বাড়িতে একা ছিলাম। বাবার খোঁজে বিষ্ণু জেঠু এলো। আমি জামা পাল্টাচ্ছিলাম। জেঠু দেখে আমাকে আদর করলো। সেই থেকে জেঠু রোজ আসে যখন কেউ থাকে না। আমিও জেঠুর জন্য অপেক্ষা করি।

বিন্তি : তবে তোর জেঠুকে বলনা পেটফেলে দেবে।

শান্তা : বিষ্ণু জেঠু তো তোমার কাছেই পাঠালে।

বিন্তি: সন্ধ্যার পর আসবি গোপনে কেউ যেন না দেখে।

সন্ধ্যার পর খুব সন্তর্পণে শান্তা এলে ওর হাতে কাগজের প্যাকেটে দুটো শেকড় আর কিছু ফুলের বীজ দিয়ে বীজ গুলো বেটে খালি পেটে খেতে বলল।

শেকড় দুটি সাত দিন কোমরে বেঁধে রাখার নিদানও দিল। দুদিন পর যে খবর এলো তাতে বিন্তি পিসির মুখে হাসি আর ধরেনা। ফোকলা দাঁত বের করে শুধু নিঃশব্দে হাসতে থাকে। খবর এসেছে নিখিল সাঁতরার মেয়ে বিষ পানে যায় যায়। বিন্তি পিসি মনে মনে বলে ধুতুরার বিষে কাজ দিয়েছে। পনর বছর আগের প্রতিশোধ।

113

# অতীত

ওখানে দাড়িয়ে কেন নির্বাক নিঃশব্দ তুমি?
কবিতায় কহিতে কথা শুনিত বীজন বনভূমি।
অনুভবের সোপান বেয়ে পাহাড়ি ঝর্ণার মত
ব্যাকুল দিশাহীন অগোছালো কথা তব যত
তীর্যক ব্যঞ্জনায় ভাবের নদী হয়ে পথ হারায়
খন্ডিত চেতনায় না বলা কথা বলা হয়ে যায়।
তবুও ব্যর্থ নহে হে অতীত তোমার অভিসার
কহিবে কথা জাগাইবে সকল স্মৃতি তন্ময়তার।
যে সকল তুচ্ছ জীর্ণ মৃত স্তিমিত ঘটনা প্রবাহ
ভাষা পেয়ে জীবন্ত হতে চায় সাথে প্রেম বিরহ।
যাহারে হারায়েছ ফল্গুধারায় পিছনের শ্রোতে
ফিরিয়ে দেবে না কেহ কহিতে কথা তোমার সাথে।

# বিষাদ

ঝড় উঠিলোরে দুরন্ত হিমেল হাওয়া
ভাঙিছে বৃক্ষ ভাঙে গবাক্ষ ও দাওয়া।
নাচিছে ছাদে হৈম পাগল বাতাস
মহাপ্রলয়ের বহিছে শীতল শ্বাস
আঁধারের আড়ালে সূর্য ঢাকিছে মুখ
এই মহারণে মাতাইল বৃষ্টি সুখ।
তুষার ঝরিয়া ঢাকিল শান্ত বনানী
আমলকী বনে আঘাতে শৈল কামিনী।
দিক দিগন্তে নাচিছে শৈত মহাকাল
অর্ণবে ডুবিছে বেসাতি সহ তরণী দল।
হৃদয়ের এ ঝড় পৃথিবী ছাইল কেমনে
শান্ত প্রকৃতির হাসি ধরিল না আননে।
হৃদয় হইয়াছে সংক্ষুব্ধ চিত্ত ভরিছে বিষাদে
জীবনের ধন সকল হরিয়াছে নিষাদে।
পাপপুন্য যত জমিতেছিল ভাণ্ডারে
যত সঞ্চিত প্রেম ভালোবাসা আহরে
নিয়তির নিয়মে ফুরাইতে নেই বাকি
শূন্য হাতে অনন্তের হাতছানি চেয়ে দেখি।
প্রিয়া মোর আসে মুছাইতে আঁখি লোর
বিষাদের দাবী করিল উষর পৃথিবী মোর।
শুধু বসে আছি ভাঙনের তীরে একা
কবে মিলিবে সে অতিথির আলোকিত দেখা।
থামিবে বিষাদের শৈত্য ঝড়ের গতি
জ্বলিয়া উঠিবে মনের আঁধারে বাতি।

115

# মধুর

কবিতা অভিমানে কেন চুপ করে ছিল আজ বুঝিলাম
দিবস রজনী নিঃসঙ্গ নিস্তব্ধতায় মুখ ঢেকে ছিলাম
বন্ধ দুয়ারে আঘাত করে আসি পাগল দখিন হাওয়ায়
হৃদয় হতে উৎসারিত প্রণয় রসের বিগলিত ধারায়
কবিতা মেলিল আঁখি দ্বিধা কাটি দ্বন্দ্বের করিয়া শেষ
ফুরালো অভিমান তন্ময়তা, বাড়ে হৃদয়ের উষ্ণ রেশ।
মেলিল চোখ পুষ্পিত অপরাজিতা জানায় অভিলাষ
দুরন্ত এক প্রজাপতির ডানার হাওয়া হলো দীর্ঘশ্বাস!
আলাপনে করিল বিবিক্ত অন্তরে অন্তরতর আসি
অবগুণ্ঠন খুলি বিম্বধরে রক্তিম চুম্বন উঠিল ভাসি।
স্ফুলিঙ্গ সম মেলিল ডানা আমার নিদ্রিত কবিতাদল
তোমার সুষমা মাখা তনুমনে ওঠে কি শিহরণের ঢল।
কিছু কি বুঝিলে ওগো নতুন নবীন রসের রমণী
খুলে দাও তব প্রণয় আগল ভেসে যাক রতি দামিনী।
বহিয়া আনিবে কবিতার স্বাদ অনায়াসলব্ধ মাদকতা
দুস্ত্যজ প্রেম মধুর হইবে ঘটাইয়া আলিঙ্গন নাশকতা।
বিজয়ী হবে কবিতা আমার করি অঙ্গীকার হে নবীনা
উৎকৃষ্টতা গাঢ়তর হবে অনুভবে রাগ জানিবে না তা।
কাঞ্চন মুল্যে ফিরাইয়া আনিবো আনন্দ তব শতধারা
মধুর আরও হইবে মধুর আনন্দ উল্লাস বাধন হারা।

# ক্ষেদ

দাঁড়িয়ে আছি একা আঁধারের প্রান্তে
যদি এক মুঠো ভালোবাসা আমারে আনতে।
কিছু তার রাখতাম ধরে কিছু বিলায়ে দিতাম
অন্তহীন শূন্যতায় কোন সে এক শপথ নিতাম।
সবটুকু দেবনা নিঃস্বার্থের ভালবাসা যা আছে
বাকি টুকু পাষাণে চাপা পড়ে রবে যদি বাঁচে।
পাপের ভালোবাসা বলে যাকে তোমার রাগে
দগ্ধ করিলে নিষিক্ত প্রাচীন অন্তর মম আগে
হল ছারখার পতঙ্গ পাখার মত তোমার তেজে,
ভস্মীভূত দয়াহীন তোমারে সাজাই বিজয়ের সাজে
ধ্বসে যাবে সত্যের পথে যা আছে বাঁধা পড়ে মনে
কুৎসীত দৃষ্টি হতে খসে পড়বে কালের সনে
সংকীর্ণতার বেড়াজাল অতল অহঙ্কারের অন্ধকারে
কেউ সুদূরের পার হতে বলিবে ডেকে আমারে
চাপ চাপ অবজ্ঞায় ত্যাগ করিলাম তোমার হাসি
জানুক পৃথিবীর দৃষ্টিবানেরা আধেক ভাল নাবাসি।

# কাকের কোকিলত্ব লাভ

কাক আজন্ম সবংশে ভালো মানুষ সাজিয়া ক্ষীরমাখন খাইয়া সরভাজা জলভরা সন্দেশ খাইয়া তাগড়াই হইয়াছে। এখন দাঁড় কাকে পরিণত হইয়াছে। অনেকে উহাকে দাদা বলিয়া ডাকিয়া উহার পদাঙ্ক অনুসরণ করিতেছে। উহার এখন শখ হইয়াছে কোকিল হইবার। কি হইলো তাহা কাক আর কোকিলের কথোপকথন হইতে আমরা জানিবার

চেষ্টা করিবো।

কাক : দূর শালা। ডাস্টবিনের একই মেনু রোজ রোজ আর নিতে পারছি না। একটু বিরিয়ানী মাটন দুই এক বোতল বিদেশি হত যদি।

কোকিল। : এই বাঙালির বাচ্চা পড়া করেছিস।

কাক : হা সার, হা সার এই ত : গোরুর দুধে সোনা আছে.....

কোকিল : বাস্ বাস্। তোর আর বলতে হবে না। ভালোই শিখছিস। আসলে তুই তো বাঙালি। যে প্লেটে খাস সেই প্লেটে পটি করিস।

কাক : সার একটা কথা।

কোকিল : উচ্ছিষ্ট চাই তো। পেয়ে যাবি।

কাক : সার আপনার পাদুকা জোড়ায় নোঙরা লেগেছে। আমি পরিষ্কার করে দেব?

কোকিল : জুতোর মিস্ত্রী কোথায় পাবিরে হারামজাদা বাঙালির বাচ্চা ?

কাক : সেকি সার, আমি জিবে দিয়ে চেটে পরিষ্কার করে দিচ্ছি সার।

কোকিল : দারুন পারফরমেন্স। জুতো একদম চকচক করছে। তোর ত পুরস্কার চাই? জিবে দিয়ে জুতোয় লেগে থাকা বিষ্ঠা পরিষ্কার করে যোগ্যতা প্রমাণ করলি।

কাক : হে হে সার। মানুষ কে আর এক জায়গায় থাকতে চায় একই খাবার খেতে চায়। সে আরও ওপরে উঠতে চায়, আরও উন্নতি করতে চায়, আরও ভালো খাবার খেতে চায়।

কোকিল : এই শালা বেইমান বাঙালি। এখন তো যেখানে আছিস সেখানে ত প্রচুর ক্ষীর ননী খাচ্ছিস। বডি তো বানিয়েছিস ইয়া বড়ো।

কাক : সার আমাকে আপনি জুতো মারুন কিন্তু ফুল বাঙালি বলবেন না। হাফ বাঙালি বলুন দয়া করে। দেখেন ত আমি স কে ছ বলি। আমার বাংলা accent শুনে কি বাঙালি মনে হয় আপনার ?

কোকিল : তোর বাপ ভাই সবাই তো মিলেমিশে খাচ্ছিস।

কাক : এই কান মলছি, নাক মলছি নাকে খত দিচ্ছি আর খাবোনা। আপনার বিষ্ঠা খাবো ,আপনার শিবাম্বু পান করবো।

কোকিল : আর?

কাক: আমার অনেক ভাই হয়েছে তাদেরও ইচ্ছা, আমি হলো গিয়ে কোকিল হতে চাই।

কোকিল : তার জন্য পরীক্ষা দিতে হবে।

কাক : দেবো সার।

কোকিল : তোকে সব কাকের বাসা ভেঙে পুড়িয়ে দিতে হবে আর এই দায় ওদের ঘাড়ে চাপিয়ে আসতে

হবে।

কাক : ওটা তো আমার বা হাতের খেল। ও আমার ভাইয়েরাই পারবে।

কোকিল : কিন্তু তোর এই বিশাল দেহে ত কোকিল হতে পারবি না । আমার মত এই রকম স্লিম আর ডিপ ব্লাক হতে হবে। ঠোঁট দুটো সরু আর খাটো সর করে সাইজ করতে হবে।

কাক : কিন্তু কি করে করব ?

কোকিল : ছুরি বাটালি করাত দিয়ে। এটা সফল ভাবে সম্পন্ন করতে পারলে কেবল কোকিল নয় তুই আমার ডেপুটিও হতে পারবি।

কাক: কোকিল হতে যা বলবেন তাই করবো। আমার আর আমার বাবার পশ্চাৎ দেশে লাথি মারলেও কিচ্ছুটি বলবো না।

বিরাট সামিয়ানা ঢাকা মাঠে এক অনুষ্ঠানে কাকের কোকিল হওয়া সম্পন্ন হইলো। কোকিলে রূপান্তরণের অনুষ্ঠানে ফ্লাগ হাতে কাককে শপথ লইতে হইলো সে, দিনে দুবার কোকিলের পাদুকা জিব দ্বারা পালিশ করিবে আর যেখানে যত কাকের বাসা তাহা পর্যায় ক্রমে ডেস্ট্রয় করিবে।

118

## Mind's Project

The serenity of mind is grave and lofty

Its elevation above ignoble passion remains in safety

It shines forth most radiantly, with divinity

And being stirred by emotions of splendid beauty.

It upholds sympathy and knowledge of variety

Like the pursuits of captain or commander's duty

Mind seems to be strange and adorable at faint ditty

Akin to love and lust , is musing over any maturity.

# ভাড়াটে রহস্য

ভাড়াটে চাই। কোভিডের ঘাঁ বিশ্বের সর্বত্র তাই লকডাউন। ভাড়াটেও লক ডাউন। বুড়ো বুড়ি ওপরতলায় ঘাঁটি গেড়ে আছি। হাঁটুব্যথা আর কোষ্ঠকাঠিন্য এই দুই জগাই মাধাই এমন কব্জা করেছে যে নীচের তলায় এসে ঘর ঝাড়পোছ করা, ঘন ঘন কলিংবেলের ডাকে সাড়া দিতে নীচে আসা মানে জীবনটার লকডাউন। অতএব ভাড়াটে চাই।

চাইলেই কি আর পাওয়া যায়! আমিও যেমন করোনা চাইনা, ভাড়াটেও তেমনি করোনা চায় না। তাই ভাড়াটে ঘর পাচ্ছে না বাড়িওয়ালা ভাড়াটে পাচ্ছে না।

এক সন্ধ্যায়। কলিং বেলের আওয়াজে নিচে গিয়ে দেখি এক দম্পতি।

স্বামী : কাকু, ঘর খালি আছে? ভাড়া দেবেন?

মুখ দিয়ে আমার কথা সরছিল না। সামনে যেন দাঁড়িয়ে আছেন স্বয়ং রঘুপতি রাঘব। নিজের অজান্তেই বলে ফেলি, ' জয় শ্রী রাম।' নিজের কানকেই বিশ্বাস করতে পারছিনা। নিজে শ্রীকৃষ্ণের এক'শ পার্সেন্ট ভক্ত হওয়া সত্ত্বেও অজান্তেই আনন্দে শ্রী রামের জয়ধ্বনি ভেতর থেকে এলো।

আমি : নীচতলার অর্ধেকটা।

ঘর দেখে পছন্দ হলো।

আমি : কত জন , কি কাজ করো? ঘর ভাড়া দিতে যে সব কমোন কোশ্চেনস আর কি।

স্বামী : আমার নাম সোমনাথ দাস। ( স্ত্রীকে দেখিয়ে) আমার স্ত্রী মিনি।

আমি : তুমি কি কাজ করো?

স্বামী : কাকা বাবু, আমি সিটিভিএন ও সিএন চ্যানেলে টেকনিসিয়ান কাম ক্যামেরা ম্যান কাম সাংবাদিক।আমার স্ত্রীও সিটিভিএনে কাজ করে। প্রসূন দা আর আমি মমতা ব্যানার্জির রোম ও লন্ডন সফরে এন্‌টুরেজ ছিলাম।

ভাড়া ঠিক হলো মাসিক পাঁচ হাজার টাকা। অগ্রিম একটি নির্দিষ্ট অঙ্কের টাকা। কিন্তু সে ক্ষেত্রে ওরা দুদিন সময় নিল।

কিছু ব্যক্তিগত আলোচনার পর স্বামী বলল।

স্বামী : কাকা বাবু, একটা কথা।

আমি : বলো বাবা।

স্বামী : ভাড়াটা আমি প্রতিমাসের পনর থেকে কুড়ি তারিখের মধ্যেই দেব?

আমি : সেটা কেন? মাইনে টাইনে ঠিক মত পাওনা?

স্বামী : আপনি ত জানেন আমাদের চ্যানেল নীতি পাল্টেছে। আমাদের চ্যানেলের টাকা আসে কেন্দ্রীয় স্বরাষ্ট্র মন্ত্রীর তরফ থেকে। প্রতি মাসে দিল্লী থেকে আসতে প্রায় ওই কুড়ি তারিখ হয়ে যায়। তারপর মাইনে হয়। এছাড়া ওনারা আমাদের ন্যাশনাল চ্যানেল খুলতে কত হেল্প করছে।

প্রণাম ঠুকে দম্পতি বিদায় নিলো।

ভাড়া ঠিক হয়েছিল বটে কিন্তু ভাড়াটে আর আসেনি।

# কাব্য কোথায়

কাহার জন্য কাব্য লিখিব পড়িবে কে বল বন্ধু
গর্জন করিছে ভাষারাশি ঢেউ তুলিতেছে সিন্ধু
কেবলি মম চিত্ত মাঝে সহস্র ভাবনা বাসে বাঁধা
হরসে বিষাদে কাব্য রসদে ভরিলে বলছে গাধা।
মোর কথা লেখ অর্থ পাবে প্রচার পাবে ভারতবর্ষে
আমার প্রশস্তি গাহিবে যতই ততই থাকিব পার্শ্বে।
ক্ষুদ্র কথা তুচ্ছ ঘটনা কত সন্তাপ রয়েছে জমা
বৃহদের সাথে ক্ষুদ্রতা লড়ে মান অপমানে ক্ষমা।
সুমুখে দাঁড়াইয়া বিশ্ববাসীর জন্ম মৃত্যুর পঞ্জিকরণ
সংসার যাত্রার খুঁটিনাটি কথা মানব মনের সংক্রমণ।
কিছু দেখিতেছি চর্মচক্ষে কিছু ঢাকা আছে আঁধারে
কিছুটা শুনি ফিসফিস করে কিছু তার হাটে বাজারে।
কোথাও হাসে নিবিড় সত্য কোথাবা মিথ্যার অভিষেক
অমরাবতীর তুরীয় বাসনার মরণ হইল একে এক।
ভালোবাসিয়া কেবলি মানবে দেহ চাহে সম্ভোগ লাগি
ফকির সাজিয়া দুয়ারে শয়তান বেড়ায় ভিক্ষা মাগি।
কাহার কথায় লিখবো কাব্য চারিদিকে দেখি ধোঁয়াশা
পথ হারাইয়া দিশাহীন পৃথিবী জগৎ ঢাকছে কুয়াশা।

121

# প্রেমের জন্ম

কোন্ নক্ষত্রলোক হতে তুমি অশ্বিনী
শুনালে প্রিয় স্বরে নিখিলের বাণী।
ঘুম ভাঙালে এমন করে বুকের মাঝে
থামিল শ্বাস যেমন করে নূপুর থামে লাজে।
শিরায় শিরায় রক্ত ধারায় ডাকিল বান
আভরণ খুলি আপনার সবি করিলে দান।
আকাশ করিল আকাশ বাণী গম্ভীর নাদে
অতুল প্রতিভা পূর্ণতা পেল নতুন স্বাদে।
হেরিনু অম্বরে সূর্য বৃক্ষ তুলিয়া হাজার শির
নিঃসন্তান জননীর ব্যথায় নিঃসৃত অশ্রু নীর।
ফুটিয়াছিল আলো বন্ধ্যা মনে মিলন বাসনায়
গণিকা তৃষায় দেয়াসিনী আজ বিগলিত হলো প্রায়।
দ্বিষ্ট সতীত্ব দলিত নিস্পিষ্ট প্রকাশে অহঙ্কার
ধূলির ধরায় পড়িয়া রেত জাত দীপ্ত অলঙ্কার।
চুম্বন চাতুর্য প্রিয়া অধরে মাখিল চুম্বন আভরণ
দীর্ঘ কামনায় জন্ম নিল প্রেম খুলি দ্বিধার আবরণ।
উপার্জিলে প্রেম পরাণ দোহার ভরে ভারি ভারি শ্বাসে
বেঁচে থাকে প্রেম জনমে মরণে দুর্জ্জেয় বিশ্বাসে।

# নিষিদ্ধ

নিষিদ্ধ ছবি কাহাকে কেবা কয়
নিষিদ্ধ লেখা যেন বাঁচিয়া রয়।
নিষিদ্ধ ভাষা কেন নিষিদ্ধ বলা
নিষিদ্ধ কবিতা থামিবে না পথ চলা।
জগতে নিষিদ্ধ তাহাকে বলিবে
যাহা মানবের প্রাণ কাড়ি লবে।
মানুষ যাহাকে বিশ্বাস করে ঠকে
নিষিদ্ধ বলিয়া তাহারে চিনুক লোকে।
কেন কহিব পতিতালয় নিষিদ্ধ পল্লী
নিষিদ্ধ কহিব না শাসন করে যে দিল্লি ?
দেহপসারিনী যদি নিষিদ্ধ হয়
বাজারে পশরা বেঁচিতেছে সে কেন নয়?
উলঙ্গ নারী দেহ কেন নিষিদ্ধ হয়
লজ্জা বিধিতে কেবল নারীকে বাছিয়া লয়।
নারীকে রাখিয়া ঘিরি অন্তঃপুর মাঝে
পুরুষ গেলাস হাতে খেমটা নৃত্যে মজে।
বেশ্যালয়ে যে নারী তুলে দেয় দেহ
সংসারে সেই নারী সাজাইতেছে গেহ।
কখন লক্ষী কহে কখন বেশ্যা বলে ডাকে
কখন বরণীয় কখন নিষিদ্ধ হয়ে মুখ ঢাকে।
কে কারে নিষিদ্ধ করে মনে জাগে সংশয়
নিষেধের বেড়া দিয়ে আটকাবে কাকে
নিষিদ্ধ ভাঙার দাবী আসে ঝাঁকে ঝাঁকে।
নিষিদ্ধ যাহা কিছু মানি সংসারে
নিষেধের বেড়া ভেঙ্গে আসুক বাহিরে।

123

# বিরহ

মিলনের আশে কাঁদে বিরহ বিধুর
মরিলেও পাষাণ হৃদয়ে না বিরহ মধুর।
চপল চঞ্চল হিয়া হরিণীর বেগে
পিপাসা মিটায় জলে যামিনী জেগে।
চাতকে কহে ডাকি চকর চকরী
প্রথম বর্ষার ধারা যবে বরিষে বারি
চাহিয়া আকাশ পানে তৃষ্ণা মিটাতে
মিলনের বাসনায় রহে প্রহর কাটাতে।
অলস সময় কেবল আসে চলে যায়
বিরহ জমিতে জমিতে তুষারের প্রায়।
দগ্ধ দেহ হতে গড়াইছে বিন্দু বিন্দু স্বেদ
অমৃতের তরঙ্গ বহে জমে মনে ক্লেদ।
বিষাদের সমুদ্রেতে ওঠে সুনামি
বিলাপে মূর্ছিত প্রেম বিরহ জমি।
না হেরিয়া প্রিয় মুখ না পাই দেহ শান্তি
বিশ্ব মাঝে চাহিয়া হেরি সকলি ভ্রান্তি।

124

## জাগো প্রভু নাবায়ণ

ক্ষুদ্রতা পরিহারি বৃহদেরে লহ বরি
আকাশের সীমা যদি পাও
সীমীত প্রাণের দুয়ার ভাঙিয়া আগল তাহার
অসীমের যাত্রা পথে ধাও।
দেখিবে নীচতা যত হবে তব পদনত
মুক্ত চিন্তার হবে জয়
শৈবালে বদ্ধ নদী মজিয়া শুকায় যদি
তরঙ্গের আঘাতে ভাসি যায়।
চারিদিকে মেলি দৃষ্টি দেখিতেছো বিষ বৃষ্টি
সংকীর্ণ হইতেছে চলার পথ
কীটদষ্ট মানব হৃদয় পঙ্ক মাখিয়া গায়
দুষণে ঢাকিতেছে জীবন রথ।
কেবলি মিথ্যার দাম মুছি যাবে সত্যের নাম
উদার বিদারি হবে অভ্যুদয়
মৃত ধারণা যত বিষাক্ত ফণীর মত
মনুষ্য জীবন হবে ভয়।
সোজা পথ বন্ধ হবে কালোকেই সাদা কবে
থেমে যাবে নিশ্বাস প্রশ্বাস
ক্ষুধার্তের বাড়িবে ক্ষুধা গরল হইবে সুধা
নিপীড়িত বাঁচার আশ্বাস।
ধরণীরে করিবে মলিন জ্ঞান বিদিশা হবে বিলীন
দানবের হবে আস্ফালন
উদার দৃষ্টিতে চাহো শুদ্ধ পবিত্র রহ
চেতনায় তুলিবে মাথা প্রভু নারায়ণ।

125

# নারীই সত্য

আমার হৃদয় খানির
খোসা ছাড়াইয়া দেখিতে পারো
ওর মধ্যে কেমন করে আছে কারা।
আমার হৃদয় খানার ছাল ছাড়াইয়া
দেখিব আমি কেন এমন ছন্নছাড়া।
আমার হৃদয় খানার মাংস কাটিয়া
খাইয়া দেখিবো আমি কি হৃদয় হীনা
আমি ধমনী সকল চুষিয়া দেখিবো
রক্ত ছাড়া বাঁচিবো কিনা।
হৃদয় আমার চিবাইয়া চিবাইয়া
গিলিয়া জানিবো চলে কি নারী ছাড়া
শিরায় শিরায় বহে শিহরণ কখন সে
ওগো কিসের তাড়া।
টুকরো টুকরো হৃদয় মাঝে
খুঁজিব কোথা থাকে প্রেমের ঠিকানা
কোথাবা পাবো মহা ঝড় তোলা
ভূকম্পন সম প্রণয় বাসনা।
যে হৃৎপিণ্ড নাচিতেছে বুকে
তাহারে কেবা কবে হৃদয় কয়
হয় যদি তাহা হিংসা ও ঘৃণা
কেমন করিয়া বাঁচিয়া রয়?
হাতে ছুরি লইয়া ডুবি আর ভাসি
কাটিয়া করিবো হৃদয় ভাগ
নারী এক আসি হাত চেপে ধরে
বলে মম পরে কেন করিছো রাগ।

# বসন্ত আগমনী

হৃদয় উঠিল কাঁপি বসন্ত আসিবে বলে
পাতায় পাতায় নিমন্ত্রণ পাঠায় পলাশ দলে
ঘুম ভেঙে যবে কুহু পাখির হৃদয় উঠিবে দুলে
কৃষ্ণচূড়া, শিমুলের সাথে ছাইবে ঘাট ফুলে।
বেনু বন মাঝে মর্মরিয়া গাহিবে আশার গান
পাতা ঝরার দিন যবে ছিল জমিয়াছে অভিমান।
নব ফুল সাজে মধুমাস তারি বক্ষে হানিবে তীর
সকল চেতনা হরিয়া লইবে বসন্ত মহা বীর।
বনে বনে যবে বহে হিল্লোল বাতাস করিবে চুরি
মধুপ পরশে আমের মুকুল ঝরিবে ভুরি ভুরি ।
বসন্ত রাগে গাহে বাসন্তী পূর্ণিমা রাতের চাঁদ
হৃদয় কাঁপিবে আনমনা পাখির ভাঙি স্বপনের বাঁধ।
আজি মোর মাঝে সাড়া জাগাইয়াছে মম মানসী কাব্য
রহে দূর দেশে আমারই আশে স্বপন সাজাইয়া নব্য।
প্রথম প্রেমের ছোঁয়ায় যবে আসিল ফাগুন বেলা
নয়নে নয়নে ললিত ভাষণে করেছি মরণ খেলা ।
কত দিন বাকি আসিতে বসন্ত দুয়ারে রয়েছি বসি
মম প্রিয়তমার গায়ের গন্ধ আসিবে হাওয়ায় ভাসি।
দূর যত দূর রহিবে না দূরে, নিকটে আসিবে দূর
বুকের মধ্যে বাজিবে সেতারে দস্যি মেয়ের সুর।

127

# মালাখানি

রেখে গেলে মালাখানি তুমি কোন অপরিচিতা
রঙে আর সৌরভে জাগালো নেশা জানকি তা।
কি ফুলে গাঁথিয়া মালা দিলে মোরে মূল্য বিনা
মালা শুধু নয় এতো কথা এক সারি আছে বোনা
যত ফুল তত কথা বলিয়াছে এক ঝাঁক পাখি
কুসুমে কুসুমে প্রেম তুমি কি রাখিয়াছো ঢাকি?
নানা রঙের ফুলমালা বিনা সুতায় কেমনে হয়গাঁথা
দলে দলে ভীড় করি ভৃঙ্গ যত কহে কানেকানে কথা।
বন হতে বনান্তরে উড়ে যায় খবর নিয়ে উদাস হাওয়া
মিলন পিয়াশি অলি করে ফুলে ফুলে আসা যাওয়া।
তোমার অধরের ছোঁয়া মাখা রেণুতে রেণুতে দোল
প্রাণের অনেক হাসি বিতরাগে চঞ্চল শুনি কলরোল!
এত শুধু মালা নয় একখানি আদরের চিঠি
ফুলের আখরে লেখা পুষ্পিত ভাষায় পরিপাটি।
ফুলের কথামালা লেখা আছে অন্তমিলে এক কবিতা
পরিলে গলায় মালা দখিনা হাওয়ায় হাসে সবিতা।
হৃদয়খানি বক্ষ পাতি রাখিয়াছে যার লাগি একা
আনিবে কি নতুন কথা নতুন ভাষায় সে মালবিকা।
জোনাকীর পাখায় উড়ে ঝিল্লির অবিরাম কলরবে
কীর্তনে বাউলের সুরে বিলম্বিত রাগে গান শুনাবে।
বসন্ত পবনে শ্রাবণের মেঘের পালে দুলিয়ে নবীন মন
উড়বে মালা ডানা মেলে ব্যস্ত গলায় পরবে কতক্ষণ।

ছেড়ে দে আমায় তোরা পড়ে দেখি কিবা মালার ভাষা
প্রদীপের শিখা হাতে দেখিবি মালবিকার কাছে আসা।
ও মালা পরলে গলে আমার বুকে লিখবে নতুন লিপি
পড়তে গিয়ে বারে বারে উঠতে পারে বক্ষ মম কাঁপি।

# সূর্যস্তব

হে পূষণ লহ নমস্কার,
আলো হয়ে ভাসিছে তব বিগলিত করুণার ধারা বিশ্ব চরাচর।
তাহারই সমুদ্র মাঝে করি অবগাহন
তোমার পর্জন্য স্নাত হয়ে এই আমি চাহি
একর্ষি অগ্নিতে মম অন্তরে প্রতিষ্ঠিত হন।
স্খলিত কলুষ, বিমুক্ত পাপ লাগি
ধৈর্যশীল প্রতিক্ষা হৃদয়ে করো দান
মঞ্জু তৃণ হতে বিবিক্ত শীর্ষ যেমন তুমি মম
সেই ঈশ্বর ভগবান।
ঢাকিয়াছো দিকচক্রবাল রক্তিম পুষ্করে অধিষ্ঠিত
তব হৃদয় মাঝে বিশ্ব আত্মা
তারি মাঝে আছি আমি কালত্রয়ের সন্তান রূপে
শাশ্বত পরিতৃপ্ত সত্তা।

# শুধু ভুল করে গেলাম

ভুল করে করে আমি আজিকে ভুলের হাতে বন্দী
সারাটা জীবন করিয়া চলেছি তাহারি সাথে সন্ধি।
ওরে জীবন আমার, দেখেছ কেবল ছলনার হাতছানি
বারে বারে মোরে দগ্ধ করেছে চিতার আগুন জানি।
আপন বলিয়া ঘুমের বাসরে স্বপন দেখেছি যারে
নরম শয্যা ভিজেছে গোপনে চোখের জলের ধারে।
কোথা নেই কেউ মুছাতে আমার নয়নের বারি বিন্দু
অশ্রু কেবলই গড়িয়া চলছে ভুলের বিষাদ সিন্ধু।
ভ্রান্ত সকল জীবনের গাছে ধরেছে বিদ্রূপ হাসি
যত দূরে চাই ছড়ানো রয়েছে ভ্রান্তি রাশি রাশি।
ফুলের পাঁপড়ি বিছানো ভাবিয়া মাড়াই কন্টক পথ
রংধনু রং ফিঁকে হয়ে যায় বহে বৈশাখী বাত।
ফুলের কুঁড়িরা ডাকে আমারে বাড়ায় দুখানি হাত
বলে আমরা ফুটিতে চাহি তোমার পোহাবে রাত
ছুঁয়ে দেখো মোরা বুঝিবে তখনই সব কিছু নহে ভুল
তব ছোঁয়া পেয়ে আমরা কুঁড়িরা কেমন হয়েছি ফুল।
তোমার মনে আসে বসন্ত, তোমার মনেতেই ঝড়
ভাঙা পেয়ালাও ভরে জলরাশি জীবন বড়ই দড়।
ঘাটে ঘাটে ভ্রমি শূন্য কলস ভাসাও যাহার লাগি
পূর্ণ ঘড়া ভিড়িবে কূলে ভুলের মহড়া মাগি।

130

# স্রষ্টা

নান্দনিক চোখে তোমার সুষমা মণ্ডিত দৃষ্টি
আলোকের প্রথম ছটায় করিয়াছে সৃষ্টি
বিশ্বলোক, হৃদয়ে ফুটাইয়াছো রক্তিম শতদল
কয়েক ফোটা করুণা মিশিয়ে বানালে পরিমল।
আবেগ মথিত অনুভূতি আবহমানের দান
কিছু তার ভাঙে সুখ বয়ে আনে অভিমান।
বিন্দু বিন্দু জমে মনে সুধা নামে সুরা
গোপনে করে পান সকল ধরা অধরা।
হিমবাহের হিমশৈলির মত উচ্চ করি শির
কভু কি দেবে উত্তর যত প্রশ্ন আছে পৃথিবীর।
কেমনে করিলে কল্পনা সুন্দরী বসুন্ধরা
সাজালে শ্যামলে সবুজে ধূসরে অমৃত ধরা।
গলিত বসুধা সৃজিয়া স্রোতস্বিনী ঢাকো পুষ্করে
কেমনে গড়েছিলে অনুভূতি যত আছে ঘিরে।
ভালোবাসা প্রেম বানালেই যদি হিংসা কেন জাগালে
পলে পলে অনলে অনীলে পশরা যত সাজালে।
নবীন তুমি করিলে সৃষ্টি প্রবীন কেন করিলে
ভালোরে তুমি করো প্রতিষ্ঠা মন্দরে কেন আনিলে।
অন্যায় অবিচার অবিচলিত রাখিছ দুর্নিবার
এ হেন দান দিয়াছ এবার ক্ষমতা দাও সহিবার।

131

# দুর্বোধ্য

এসেছিলাম তবে কেন কিছু বললে না
বৃষ্টি ধারার মত চোখের জলে কেন ভিজলে না।
ভাঙনের পথে যখন এলাম একা
ঝড়ের সে এক ভয়াল রূপের পেলাম দেখা
মনে হলো শান্ত চোখে প্রাণেশ্বরী রইবে একা।
বাজিয়া উঠিল হৃদয় দুয়ারে দারুণ দামামা
চক্ষে জমিল অভিমান নাশী অশ্রু নামা।
অবিচলিত চোখের তারায় হাজার জিজ্ঞাসা
একি পরিগ্রহীত প্রেম না পীড়িত মনের তামাশা।
বুঝিলাম মানসে আবেগ গিয়াছে ভাঙি বাধ
বলিল হৃদয়ে মারিয়া ঘা মিথ্যা করো অপরাধ।
ফিরাইয়া নাও প্রেম বিলাইয়া দাও তাহাদের মাঝে
যাহাদের শুকাইয়াছে অশ্রু মিথ্যের দ্বন্দ্বে সহজে।
ফিরাইয়া নিলাম প্রেম ঝড়ো হাওয়ার সনে আজ
ডাকিলে আসিব যেদিন ছুড়িয়া ফেলিবে শীর্ণ সাজ।

132

# গড্ডলিকা

কেউ কি জানে কেমন করিয়া আছি
কেমন করিয়া হৃদয় ভরিয়া বাঁচি।
মাইকের আওয়াজ বধির করে না আর
খঞ্জনী বাজিয়ে বোষ্টমী আসেনা দ্বার।
ভাগবাটোয়ারার বাজার হচ্ছে গরম
আবছা আঁধারে জুয়া আর চোলাইয়ের মলম
বুকের পাঁজর বের করা রিক্সা ভ্যান চালক
রাজভবনে জোকার রাজা প্রজা সকলের পালক।
চুরি করে না রাত্রে গোপনে ভয়ে আজিকে আর
বুক ফুলায়ে পুলিশ পাহারায় চুরি করাই অধিকার।
বুকের উপর বসিয়া ছেঁড়ে দাঁড়ি
ধর্ম পত্নী দুর্যোগ এটা, টাকা নেই কাড়ি কাড়ি।
কুমারী মেয়ের সহবাসে নেই বাধা
সকল চাহিদা সকল সুখ দিতেছে পাতানো দাদা।
একঘেয়েমির জীবন বাছিয়া ভুল করিতেছে লোকে
সোয়াদ আর দ্ল পাল্টাইছে থেকে থেকে।
আছি পড়িয়া মড়ার মতন বদল করিনা নীতি
চারিদিকে আছে হায়েনার দল ধরাইতে বুকে ভীতি।
ভগবানের বয়স হয়েছে মন্ডপ সজ্জায় থাকে শুয়ে
ভক্তরা সব নিয়েছে দায় হরি আছে রিটায়ার্ড হয়ে।
কোথা রবীন্দ্র ভিক্টর হুগো কোথা জন কীটস্ আছে
শ্মশান তৃষ্ণায় ঘুরিছে শৃগাল সারমেয়রা কাছে।
ভাবিলাম বারেক যাবো বৃন্দাবন হরি না পাই সেথা
গড্ডলিকায় গা ভাসাইয়া রচিতেছি পচা কথা।

133

# আঁধার না সহে

নিবিড় ঘন অন্ধকার হতে
কে নেবে আমায় আলোকের পথে।
হেথা রহে নিরাশায় আহত দৃষ্টি
নহে দৃশ্যমান শুধু সবকিছু মিথ্যা সৃষ্টি।
নাবলা কথা ডুবে আছে অশ্রুত বেদনায়
অন্ধতা বলে না রাত্রি দিন কিবা হায়।
আসন্নপ্রসবার মত বেদনা কাতর
আছি পৃথিবীর কঠিন গহ্বর ।
সিক্ত হই উৎক্ষিপ্ত গলিত লাভায়
পৃথিবী পৃষ্টে আসি, ভাসি না আলোর আভায়।
ভেতরে বাহিরে ক্লেদ, পঙ্কিল দৃশ্য ও ভাষা
জান্তব ভাবনা গিলিতেছে জীবনের আশা।
শুধুই মিশকালো গাঢ় আঁধারের মাঝে
কোন আশা জাগানো রশ্মি দেখিনাযে।
আজি আর্ত হৃদয়ে আহ্বান করে জনে জনে
ওগো প্রজ্জ্বলিত জাতবেদা আঁধার বিনাশিনে।
মুক্ত করো আঁখি ও বিশ্বাসে
আলোকের জাগ্রত পৌরুষে ও মহাশ্বাসে।

134

# জীবন ক্ষণিক সত্য

সকালের আহ্বান শুনিতে কি পাও?
স্নিগ্ধ আকাশ পাহাড় নদী বন
তারি তলে আসিয়া দাঁড়াও।
সময় টানিছে তব জীবনের রথ
রাত্রি অবসানে থামিয়া আছে যেথা
শেষ তব আঙিনায় পথ।
ধ্যান ভাঙিয়া দেখে নাও
আলো আছে এলোমেলো নরম শয্যা
পাশে ক্ষণিকের তরে মেখে নাও।
নিত্য কালের প্রাণের টানে
আসে জীবনের দূত ভাসায়ে বিশ্ব পাত্রভরি দানে।
নব যৌবনের প্রতিক্ষণ নিবিড় ভাবনার তামাশা
পারেনা বিলাতে কৃপণ ভালবাসা।
উষ্ণ চেতনায় অরুন্ধতীর স্নিগ্ধ শিশির কণা
ভিজায় সত্তা প্রাণের পাখিদের মেলিতে ডানা।
যখনি বিহঙ্গ খোঁজে আকাশের দিঠি
মৃত্যুর দূত আসি ধরায় চিঠি।
যে প্রেম খুঁজে ফেরে নীরব অহঙ্কার অভিমান
নিয়তিরে কাছে ডাকি বলে দিন হবো অবসান
সন্ধ্যার সাজি ভরে ভুলে থাকা স্মৃতির ইঙ্গিত
সকাল বিকালে বাজে ফুরানোর সঙ্গীত।
বলিতেছে সংলাপ পাখি আর হরবোলা
জীবন ক্ষণিক সত্য ফুরালেই সব ভুলা।

# প্রতিবাদ নয়

প্রতিবাদ আজ একঘেয়ে অবসাদ
বুঝিতে পারো কি কাহার
বিরুদ্ধে কাহার প্রতিবাদ ?
চারিদিকে চলিতেছে নির্লজ্জ
বিকি কিনি, পাতা আছে ফাঁদ
প্রলোভনের জাল
যাহাদের জন্য চিরকাল হয় প্রতিবাদ
তাহারাই কাটিতেছে খাল।
কুমীর আসিল ক্ষেতে বলিতেছে আমি
তোমাদেরই লোক, ঘর বেঁধে দাও
তোমাদের পালিব সযতনে
লোভী জনতা আদিম বাসনায় দগ্ধ
ভোট যন্ত্র দেবে সেই রতনে।
পদাঘাত করিতেছে জাতি গৌরবে
ঐতিহ্য লুটাইছে ধুলায়
বানানো মানবের কথা বিনিময় মাধ্যম
দিচ্ছে কুমীর উদরে ঢুকায়।
কে করিবে প্রতিবাদ কাহার দরবারে
আপনার মায়ের ইজ্জত বিকায়
অধঃপতিত জাতি আত্মহননের পথে ধায়
ভুলিয়া আপনার দায়।
গলায় উত্তরীয় অস্ত্র হাতে ঘুরিতেছে
দুষ্ট শয়তানের চর
লোভী জনতা তাহারি সুরে সুর মিলাইয়া

কেমনে দিতেছে তারে ঘর।
চরিত্র হারা জনতার দল হনন করিয়া
আত্মগরিমা ছুটিতেছে প্রতারকের পিছে
হেন তুচ্ছ দীনমনা মানবের লাগি পুরণো
প্রতিবাদের কি প্রয়োজন আছে।
যাহাদের আছে ভাষা পঙ্কিল সরোবরে
ডুবিতে নাহি চায়
মরিলেও মরিতে পারে আত্মসমর্পণ নহে
কভু নরকের শয়তানের পায় আপনারে।

# শিশুর চাওয়া

শিশু কহে মাকে ডাকি
রঙ তুলিতে কি চলেছ আঁকি?
মা কহিছে হাসি , আমি এখন আছি
এই মাটিতে গড়বি মোর সমাধী যবে না বাঁচি।
কি ছবি লিখিলে মাতা?
না জানা জীবনের সব কথা
কেন এসেছিলাম কে বা পাঠালো মোরে
শিশু বলে আমার কথা আঁকনা বড় করে।
এঁকেছি ত তোর কথা কি জানিস?
মায়ের শ্রেষ্ঠতম আশ্চর্য জিনিস
সন্তান সে যাকে মা পেটে ধরে
শিশু কহে রঙিন ঢেলা দিস আমারে।
মায়ের বুকে দুধ এলো কোথা থেকে
করুণার ধারা তব কোথা ঢাকা থাকে?
তোমার গায়ের গন্ধ কেন এমন মিঠে
তোমার মুখে হাজার সূর্য কেন উঠে ?
মরণে তোমার পাবে ধরা মাতৃ দুগ্ধ কোথা
নিভিবে সূর্য আঁধারে ছাইবে জগৎ ত্রাতা।
মায়ের গন্ধ আর স্নেহ বিনা
ফুলের সৌরভ আর ধূপের গন্ধ পাবিনা
তোমার রঙিন মাটি দিয়ে আমার সমাধি
রচিয়া দিও মাগো বাধি।

137

# জয়

কোথা হতে আসিছে বিজয় শঙ্খধ্বনি
বাজিছে জয়ের ডঙ্কা উঠিল জয়ধ্বনি
জয় করিল কাহাকে কে উচ্ছ্বাস করে
ঘুম ভাঙালে তারি বার্তা আকাশ পরে।
মেদিনী কাঁপিছে, পদভার উদ্দাম নাচে
দেখিবে এ বিজয়ে কে কতটা বাঁচে
সমুদ্রে উঠিল ঢেউ ওঠে জলোচ্ছ্বাস
অকালে হাওয়া ছাড়ে অগ্নিশ্বাস।
দুয়ারে দুয়ারে মারিতেছে ঘা
জিতিয়াছি এ দেশ দেখিয়া জানিয়া যা।
দরদী কাহারো শুনি না কন্ঠ অমরাবতীর
তবে কে জিত, কে হলো বিজিত ওহে বীর।
মানুষের রায়ে করিয়াছে জয়
তারি লাগি এই মহা উৎসবে জাগিল ভয়।
এ জয় নয় হৃদয় জয় কোন মানুষের
ক্ষমতা লোভীর আর জয় অহঙ্কারের।
নিষ্পেষিত নর শিশু ধর্ষনের অভিঘাতে নারী
শিশু কাঁদিতেছে মাতৃদুগ্ধ লাগি ধর্ষক নিল হরি।
মুখে আর ঝরে না সুধা দিচ্ছে উগারি গরল
গিয়াছে হারাইয়া বিশ্বাস অমৃত হবেনা তরল।
এসব জিনিবে যে সেই ত আজেয়, আসল জয়ী
এ বিজয় মিছিল কেবল দম্ভ ও ক্ষমতারে লয়ি ।

# সীমা

নিদ্রা মগ্ন রাত ঘুমাইছে পৃথিবী একা
জাগাইল আমারে ডাকি ধ্যানে পাই যার দেখা।
চারি দিকে বিরাজিত মৃত্যুলোকের নিস্তব্ধতা
কানে কানে কহে মোরে সে শুচিস্মিতা।
নিশ্বাস পড়ে জোরে বক্ষ মাঝে তুলি স্পন্দন
চিনিয়া রাখো মোরে করি তৃষ্ণায় ক্রন্দন।
অজ্ঞাত আর নহি তব কাছে আমি রাত্রি সীমা
নিগড়ে বাঁধিব তব মনটারে কৌমুদীর অনিমা।
আমি অসীমা জাগাবো রজনী তুমি পাইবে সীমা
মরুর বক্ষে তপ্ত বালুকা নিশীথে হবে হিমা।
অগ্নি জ্বলা এই বালু রাশি দিবসে কিম্বা রাতে
সেথা কি পারো ওগো নবনীতা প্রাণ সঞ্চারিতে।
পারিব সেথা জানি গো জানি প্রাণের পরশ দিতে
আমি আনিয়াছি সরসিজ নীর ধন্যবাদ নহে নিতে।
হেন অতিথিনীরে ফেরাবে কে নিশীথিনী বলে ডাকি
ফেরালেই কি ফিরে চলে যায় আসাটা থাকে বাকী।
সীমা হলেও অসীমা তুমি ওগো ঘুম জাগানিয়া
থাকিবে শিয়রে জেগে বুকে হাতখানি রাখিয়া?
জাগিয়া উঠিলে বক্ষ মাঝে গর্জনশীল চল্লিশা
তব চুম্বনে শান্ত হবে ঝড়, কাটিবে অমানিশা।
ঝড়ের আঘাতে ভাঙে যদি ঘর স্বপন দিয়ে গড়া
কাননে কাননে নিয়ত পবনে পর্ণ ঝরিয়া পড়া।

তব স্পর্শে আনন্দ ঝর্ণায় ভিজুক পাষাণ হৃদয়
সারাটা রজনী জ্বালিবে আলো নিওনা বিদায়।
বিলাও গন্ধ জাগাও ছন্দ দূর করো নিরাশা
হাসিয়া গাহিয়া জয় করে নাও মাটির ভালোবাসা।

# সিবিআই চাই

'এই সতে, কি খেয়েছিসরে দুপুরে ?'

'ও বড়দা ভেবোনা গো, বাঁধা কপির স্টু আর বোয়াল মাছের স্যুপ খেয়েছি।' সতে মানে সতীশ।

নীরেণদা সতের খাবারের বহর শুনে একটু মুচকি হাসলো।

'হঠাৎ এত বাহারি খাবার দাবার কে খাওয়ালো তোরে? '

'বড়দাগো, বছরে এই কটা দিনই ত খাবো, আর তো সারা বছর না ----'

সতীশ কথাটা শেষ করতে পারলো না, একটা কাগজের ঠোঙা তার হাত থেকে মাটিতে পড়ে গেলো। মাটি থেকে সেটি তুলে নিয়ে নীরেনদার হাতে দিয়ে বললে, 'দুই পেটি আছে । বৃন্দাবন থেকে এখনও পেটি দানা এসে পৌঁছায় নি। গুরু দাদা বলেছে এক পেটি কলোনী পাড়ায় হাফ পেটি মতুয়াদের। আর হাফ তোমার। '

নীরেন দা বলল,' এই সতে, যা যা সালা পুলিশ আসতে পারে। শুয়োরের বাচ্চাদের পোদে এবার সিবিআই ঢুকিয়ে ছাড়বো। '

সতীশ সাহু, বছর সাতাশ বয়স। এধারকার মাল ওধার, ওধারকা মাল এধার করাই কাজ। ভোট এলেই ওর ব্যস্ততা বেড়ে যায় । এ সময় ভালো খাওয়া জোটে, পোষাকেও বেশ জৌলুষ আসে। একটি বিশেষ রাজনৈতিক দলের জন্য সিম্বল দেওয়া ফেট্টি মাথায় বাঁধে। গুরু দাদা বলে একজন ওর আদেশদাতা। ও ভাবে ওকে ওর দল খুব ভালোবাসে। কিন্তু ও জানে না, রাজনৈতিক দাদারা কাউকে ভালবাসেনা। কাজে লাগায়, ব্যবহার করে।

যেমন এখন ওর কাজ দিল্লী থেকে যে টাকা ও অস্ত্র আসে তা ঠিক জায়গায় পৌঁছে দেওয়া। দলের লিফলেট, টুপি, হাইভোল্টেজ নেতার ছাপানো বক্তৃতা ক্যাসেট বাড়ি বাড়ি বিলি করা । আর লাশের খবর দেওয়া। কোথাও কোন অপঘাতে মৃত্যু হলে তাকে দলের লোক বলে প্রচার করা। একটা লাশের খবরে পাঁচ থেকে দশ হাজার টাকা বরাদ্দ।

রাত দেড়টা । পাড়া নিঝুম। সতীশের ঘরের দরজায় টোকা পড়ে। বৌয়ের বুকে কাপড় নেই। নগ্ন বুকে চুমু খেয়ে সতীশ উঠে আসে। মাঝে মাঝে এরকম হয়। কোন গোপন serious assignment থাকলে এমন হয়। মুখে কালো কাপড় ঢাকা দুজন লোক।

রাস্তায় বাইক দাঁড়িয়ে।

লোক দুটি বলল, 'পেটি আর দানা নামবে। গুরুদা অপেক্ষা করছে। চল্। মনে হলো সতের চেনা। মোটর সাইকেলের পিনিয়নে বসে সতীশ নতুন এ্যাসাইনমেন্টে বেরিয়ে পড়ে। পরদিন সকালে লোকে দেখলো ইঁটভাটার ধারে পড়ে আছে সতের ক্ষতবিক্ষত মৃত দেহ। যথারীতি

মৃতদেহ নিয়ে মিছিল বের হলো। একই ফর্মুলা প্রতিদ্বন্দ্বী দল আমাদের কর্মীকে খুন করেছে। বিচার চাই।

সতীশকে কে মারলো? কদিন ধরে সতীশ বেশ ভয়েভয়ে ছিল। কারণ, মণ্ডল সভাপতি দেড় পেটি ঝেড়ে দিয়েছে তা সতীশ জেনে ফেলেছিল। দ্বিতীয়তঃ পরেশ মাঝি, প্রতিদ্বন্দ্বী দলের এক নেতা শাসিয়েছিল, ভালো করছিস নারে সতে।

এখন রাস্তায় সতের মৃতদেহ আটকে চেঁচাচ্ছে, সিবিআই চাই। টুইট রাজা টুইট করে চলেছে, আমার দেশে আইন নেই।

# যদি

জীবন যদি হয় সুরেলা একটি নারীর কন্ঠ
মনটা হবে সোঁদা মাটির গন্ধ
দৃষ্টি তবে নিত্য কালের প্রাচীন কুহু পাখি
ভরাবে পৃথ্বী মিষ্টি গানের ছন্দ।
হৃদয় যদি হয় নিশীথ কিংশুক ফুল
ধমনীতে বহে হলুদ রঙের রক্ত
মানুষটা তাহলে হবে ক্যানভাসের তুলি হাতে
পাবলো পিকাসোর ভক্ত।
ধুলোয় ঢাকা পুরোন দেরাজে রঙিন একটা খামে
জীর্ণ একখানি চিঠি
হতো যদি মোর কথা বলার সারা বেলার সাথী
প্রশ্নের জলে ভিজিয়ে মাটি
মগজ মধ্যে শুধাই, যাহারা আছে মনের আসনে
করে মহবত সঞ্চার
কেন কি অপরাধে প্রিয়ারে সবার মারিয়া চলেছে
লোহিতে ব্লাড ক্যান্সার।
আমার বেহালার তারে বিরাজে মাইকেল জ্যাকসন
নীল গাই যদি শঙ্খ বাজিয়ে ডাকে
আকাশখানি হয়ে মৌচাক ঢালিবে সবুজ, গাঙের
মত মানুষের হৃদয়ের বাঁকে বাঁকে।
হয়ে যাই যদি এক লহমায় হ্যালির ধূমকেতু
বন্ধু তবে প্রিয়তমার কোমল হৃদয় পদ্ম
ছাই হয়ে যেত প্রেমে মত্ত জমে থাকা হিম যত
পদ্য হবে কালে মননে লেখা যত গদ্য।

141

# মানসী

মানসলোকে চিত্রপটে আঁকা চিত্রার্পিত
অসামান্যা নান্দনিক মানময়ী তনুজা
আঁখিতে তব আবর্তিত বিবস্বান উদ্ভাসিছে
দিব্যদৃষ্টিতে স্থির দিব্যেন্দু সূর্যানুজা।
তরঙ্গ বহিছে দেহে, বক্ষে বিগলিত ঝর্ণা
পদতলে তৃষিত ধরণী, কপটচারিণী,
আপন অবচেতনায় হাস্যময়, বিম্ব ওষ্ঠে
স্বর্ণাভ হরসিত, ধম্মিল ধারিনী।
নিরুপম দীর্ঘকেশী দীর্ঘগ্রীবা দোলায়িত
কুন্তলা কামিনী প্রেমা অসামান্যা
প্রতিপ্রভ বিদ্যুৎ বারে বারে খেলে যায়
দেহমনে, ছবি সম মূর্তি স্পর্শে হে অনন্যা।
কোথা তব গৃহ , আরাকানে বা দারুচিনির
দেশে, ঝড়ো সাগরে না পুষ্প কাননে
সুচিস্মিতা বাঙ্ময়ী রূপসী রমণী তুমি
অলোকসামান্যা, তাম্বুল চর্চিত আননে
অলক্তরাগ। ওগো কবরীভূষণে রেণুস্পর্শা
কান্তা, প্রিয়তমা জ্যোতির্ময়ী এসো অবগুণ্ঠিতা
গোপন হৃদয়ে জয়ধ্বনি ওঠে প্রেমের দীপ্ত
কীর্ত তোমার সামান্যাকার পয়োদ লুন্ঠিতা।

# ক্ষণিকা

দৃষ্টি কখন ফিরিয়ে নিলে আমার নয়ন থেকে
উষ্ণতাটাই রেখে গেলে এ মোর হৃদয় মেখে।
যখন দুজন দুই পলকে শুপ্তি ভাঙার মেলায়
ইশারাতে জানিয়েছিলাম ভাসবো আলোর ভেলায়।
আমায় দিলে নয়ন চুমে ওগো দখিন হাওয়া
শিরায় শিরায় উঠে চমক এমনি তোমায় পাওয়া।
আসছে ঋতু ঝরাপাতার বইবে হিমেল হাওয়া
ঘটবে না আর আমার পথে তোমার আসা যাওয়া।
ক্ষণিক সুখের পেলাম তোমায় হলে চোখের বার
ঝরাপাতার মত ঝরবে আমার অহঙ্কার।
ভালোবাসি বলে একা নির্নিমেষ দুই চোখ
ক্ষণিক প্রেমের নীলাঞ্জনা মাখবে বিশ্ব লোক।

143

# সূর্পনখা প্রেম

ওগো সূর্পনখা, প্রিয়তমা হে আমার
ওগো সুকুমারী, বেশি ত চাহনি মম ঠাই,
যাহা পারে যৌবন চাহিতে তার বেশী চাওনি
আমি হীন পুরুষ দিতে পারি নাই।
হেন নিষ্ঠুর রামানুজ আমি তোমার হৃদয়ের
অলিন্দে পাতা আসন পারিনি ছুঁতে
নাইবা হলে দেব কন্যা, নহে মানবী রক্ষকূলোদ্ভবা
হেন অপরাধ গণি তোমারে পারিনি কিছু দিতে।
বাঞ্ছিতের অধিকার যাহা দানবে মানবে নাহি ভেদ
ফিরাই অপমানে অন্ধ অহঙ্কারে
ভ্রাতৃজায়া জননী সীতার সম্মান বাঁচাইতে, পদে দলি
তোমার মান, নিমজ্জিত আমি পাপের অন্ধকারে।
হে লঙ্কেশাদৃত ভগিনী, প্রিয়া হে মম কোন অধমহীন
পাপী আমি, ক্ষম মোরে নাসিকা কাটিলাম ক্রোধে,
আমি লক্ষণ রঘুনাথ ভ্রাতা নাশিলাম ধর্ম মানবের
এসো প্রাণাধিকা লহ প্রেম উদ্ধারি নির্বোধে।
তুমি শয্যা পাতি নাও ধরে রক্ষঃ নগরীতে লক্ষণে
চুম্বনানুরাগ, রমণরাগে বাঁধো আমারে বাহু পাশে,
কাহার সাধ্য রোধে মোরে তব বাহুডোরে যেতে
দুর্নিবার সৌমিত্রি তারে সবংশে বিনাশে।
ওগো সূর্পনখা পরাণ তাপিতা, প্রেম চাহ দেব তাহা
আরো চাহ যাহা জিনিয়া সব দিতে পারি
এসো রাণী বাটি লহ দন্ডক,কিষ্কিন্ধা দেবো পায়ে
রাঘবের রাজ্য ধন সাথে অযোধ্যা নগরী।

# ঠিকানা

আমার ঠিকানা কোথাও পাবে না
মিছে কেন ঘুরে মরো
আমি অজানা করি বাহানা
চাহি না ধরিতে পারো
চোখে পরে ঠুলি মুখে চুনকালি
লুকিয়ে রয়েছি ধাপায়
করি অপমান যদি ভগবান
হেন বাস খুঁজে নাপায়
ধরি তরবারি মারিব শ্রীহরি
সাজিয়া রক্ষঃ রাজ
রব ভূমি পড়ি যাব গড়াগড়ি
ধূলায় ঢাকি দেহ সাজ।
পায় যদি বাসা খ্যাপা দুর্বাসা
শরীর বৈঠক খানা
লইবে সন্ন্যাস পোষাক বিন্যাস
তুরীয় ভাব হবে জানা।
দুঃস্থ রমণী বক্ষ আবরণী
পীযুষ গলিত গ্রন্থি
স্তন পটে হস্ত লোটে
তীর্থ মোর নহে ভ্রান্তি।
আবাস ফাঁকা গন্ডি আঁকা
ধূর্জটির হাতে ত্রিশূল
বন বিহারী খেলে লুকোচুরি
হরি গোপীনির ব্রজকুল

পাহাড় দেশ পাথর বেশ
মরুভূমির বালিরাশি
আকাশ ডানায় কানায় কানায়
অপ্সরা উঠিল হাসি।
কাঁদছে শিশু মানব যীশু
আমি আছি আস্তাবল
আছি কারাগার মথুরা নগর
ভয়ে মরে মহাবল
আছে ঠিকানা মৃত্যু হীনা
শব্দে গন্ধে মিশে
ভুলিয়া থেকো হাওয়া মেখো
আমি জাগাব শেষে।
রহিও ঘুমি আননে চুমি
গবাক্ষ দাড়িয়ে থাকি
সান্ধ্য গানে গাহিব প্রাণে
কথা নাহি রবে বাকি।
ঠিকানা খুঁজিবে হয়ত মিলিবে
বেদুইন যেথা ধায়
পরাণের সখা কেন তুই একা
সব ফেলে রেখে আয়।

# নৈবেদ্য

আপনারে চিনিতে চাহি তোমারই আলোকে
জ্বালি দাও দীপ্তি তোমার হেরিবো তোমাকে।
আত্মার আত্মীয় যে মোর তারি লাগি পাতি
আসন, আত্ম বঞ্চনা নহে মনোদেবতা ভাতি
আকুল হইল বাসনার সত্তা। দিগদিগন্ত গেলো
ভরি তোমার সুধাগন্ধে,পাত্র ভরিয়া সবে পেলো।
ম্রিয়মান মায়া তব মুমুক্ষুরে ধ্রুপদ দিলে বাঁধি
বিশ্ব তানে, নক্ষত্র বেগে আসি নক্ষত্রালোক যদি
উদ্ভাসিত করে নক্ত পালিতরে ধন্য হই প্রজ্ঞাহীন।
দীপিত হতে পারি তব কর প্রভার প্রভাতে লীন।
জগতে আঁধার মাঝে হে ধীমান প্রজাপতি সম্ভব
প্রণয়গর্ভ বিশ্ব চাহে প্রতিবিধিৎসু তোমার উদ্ভব।
বিনীত অহঙ্কারী আমি ধরিত্রীর পরে বিছাইয়া
ধন্নিল্য বসন বনানী গিরিগুহা প্রান্তর হতে ডাকিয়া
আনি তিমিরে, পর্যুষিত অন্নের মত তোমার আলোকে
ধুয়ে নৈবেদ্য সাজাইয়া দেব উপশোভিত বিশ্বলোকে।

146

# ষষ্টি তুষ্টি

মনের কোণে বাজিল ঢাক ঘরের কোণেতে বাঁশি
মহা ষষ্টিতে ষষ্ট ইন্দ্রীয় জাঁকিয়া বসিল আসি।
আকাশে মেলিয়া দুইটি চক্ষু মেঘের তরণী পরে
কোন্ সে রমনী দশখানি হাতে দশটি আয়ুধ ধরে
শুনি কান পেতে সিংহ নাদে কহিছে হৃদয় বিদারী
কোথা কত পাপী নাশিছে লজ্জা মারে অসহায় নারী।
ভীষণ সহিংস লোল্ জীহ্বায় লালা নিসৃত আশীবিষ
দুর্লভ অস্ত্র হানি প্রসন্না তেজে ভূজঙ্গ হোক নির্বিষ।
কাঁপিবে মেদিনী আসিবে প্রলয় চারিভিত ভরে মশী
রোষানল জ্বলে তৃতীয় নেত্রে ভালে বিচলিত শশী।
পুড়ায়ে ছারখার করিবে ভস্ম ধর্ষণকারির যত দল
এমন দিন কি দেবে কোন দিন মহাশক্তি ও মহাকাল?
ছয় ইন্দ্রীয় ক্রোধে জ্বলিতেছে বোধন করে মহা চণ্ডী
বধ করি অসুর রক্তপিয় মানুষ কাটিছে দন্ডী।

# দুর্গার প্রোফাইল

দশ খানা হাত নিয়ে দুর্গা হলো জগৎ মাতা
জগৎ পিতা থাকে শুয়ে ঘাড়ে পাঁচটি মাথা।
দশটি হাতে কাজ করিতে হয় কি গুতোগুতি
হাতাহাতি ঠেলাঠেলি হয় ত নিতি নিতি।
দুই খানা হাত খাটাই কাজে খাওয়া পরা যত
লাগে না তো দশ খানা হাত মা দুগ্গার মত।
কি করে যে লাগায় কাজে দশ দশটি হাত
কোন্ হাতে মা কাপড় কাচে কোন্ হাতে খায় ভাত
কোন্ হাতে মা চালায় গাড়ি কোন্ হাতেতে রাঁধে
কোন্ হাতে মা সন্তান পালে কোন্ হাতে চুল বাঁধে।
কোন্ হাতেতে গাঁথে মালা কোন্ হাত সেবে শিব
কোন্ হাতে মা পরে বস্ত্র কোন হাতে পালে জীব।
প্রথমাতে একটি হাতে দিচ্ছে অভয় মাতা
দ্বিতীয়াতে দুই খানি হাত পূঁজে জগৎ পিতা।
তৃতীয়াতে হয় বরদা তিন খানা হাত মেলে
চতুর্থীতে চার হাত থেকে বরাভয় পায় ছেলে।
পঞ্চমীতে পাঁচটি হাতে পঞ্চ প্রদীপ জ্বালি
ছয় হাতে মা ষষ্টি পূঁজোয় ছয় রিপু জয় খালি।
সাতটি হাতে সপ্তমীতে সপ্ত সাগর দলি
অষ্টমীতে আট খানি হাত নিচ্ছে অঞ্জলি।
নয় হাতেতে নবমীতে আনন্দ আর অভয় দেয়
দশমীতে দশভূজা অসুর জেতের জীবন নেয়।
মহিষ অসুর মারে দুর্গা মানুষ অসুর মারে কই
বৃথাই লোকে খাওয়ায় মাকে রসগোল্লা চিড়ে দই।

# মায়ের কান্না

পুষন্নেকর্ষে যম সূর্য প্রাজাপত্য ব্যূহ রশ্মীন্।

সমূহ তেজো যত্তে রূপং কল্যাণতমং তত্তে পশ্যামি।

যোহসাবসৌ পুরুষঃ যোহহমস্মি।।

অগ্নে নয় সুপথা রায়ে অস্মান্

বিশ্বানি দেব বায়ুনানি বিদ্বান্ ।

যুযোধ্যস্মজ্জুহুরাণমেনো

ভূয়িষ্ঠাং তে নমউক্তিং বিধেম।।

মা ভোর বেলায় উঠে ব্রম্ম মুহূর্তে এই সকল মন্ত্র উচ্চারণের মাধ্যমে পূষন্ ও জাতবেদা-এর প্রশস্তি এবং নমস্কার করে দিবা কার্য আরম্ভ করেন। মায়ের দৃঢ়বদ্ধ ধারণা হলো জগৎ পরিপোষক আদিত্য ও সংকল্পাত্মক অগ্নি আমাদের দৃষ্টিপথ স্বচ্ছ ও প্রসারিত করবেন, আদিত্যমণ্ডলে অবস্থিত পুরুষের সাথে অভিন্ন থেকে তাঁর যা যা সুশোভন তাই দর্শন করাবেন। আমাদের নিকট থেকে কুটিল পাপ বিদূরিত করবেন এবং জগতের সব চেয়ে মহার্ঘ বস্তু লাভের জন্য আমাদের সুপথে পরিচালিত করবেন তাঁরা। মায়ের বাচনিক প্রার্থনা এতটাই বিশ্বাস নিবদ্ধ

যে আমার মনে হতো মা বুদ্ধি-বৃত্তি সমূহের আত্মারূপে ব্রম্ম বিদিত হয়েছেন। সর্বদা মিথ্যা, ছলনা, হিংসা দ্বেষরহিত সকল প্রত্যয়ের সাক্ষী তিনি। আমার মা যেন গিরিগুহাদিতে স্থিত আকাশের ন্যায় এক , বিশুদ্ধ ও নির্বিশেষ। মা চির কাল নিখুঁত সত্যের পথে থেকেছেন ধর্মের পথে থেকেছেন সংকট কালে ঋষিকল্প পিতৃদেব মাকে উৎসাহিত করেন। বৈশ্বানর এবং ভাস্কর উভয়ই মায়ের পূজ্যস্বরূপ। তাই আমাদের সকলের মধ্যেই তাদের অস্তিত্ব অনুপ্রবিষ্ট হয়ে স্থায়ী প্রতিষ্ঠা প্রাপ্ত হয়েছিলেন। অধিদৈব আদিত্য ও অগ্নি যেন আমাদের অনুগৃহীত করতেন।

আমরা আর্থিক ভাবে কোনদিন স্বয়ম্ভর নই। মায়ের মধ্যে কোন প্রকার অসন্তোষ, উদ্বেগ পরিলক্ষিত হতে দেখিনি। কয়েকজন প্রতিবেশি ছিল আমাদের অতিব নীচ প্রবৃত্তির। আমাদের নানা ভাবে ক্ষতি করতে সচেষ্ট থাকত। একটি যুবতী মেয়ে ছিল। প্রকাশ্যে ছেলেদের সাথে নানা আপত্তিকর কাজে লিপ্ত থাকত। দৃষ্টি দূষণকারী দৃশ্যগুলি এড়াবার জন্য মানুষ লজ্জায় চোখ ঘুরিয়ে নিত। কারও আপত্তি করার জো ছিলনা। তাহলে অশ্রাব্য

গালাগালি এবং যাদের সাথে মন্দ কাজে লিপ্ত থাকত তারাও দলবদ্ধ ভাবে আক্রমণ করত। দাদা একদিন আপত্তি করলে, রাত্রিবেলায় আমাদের বাড়িতে বিষ্ঠা নিক্ষেপ করেছিল দু তিন দিন। মা বলেছিলেন, ঈশ্বর ওকে ঠিক শুভ বুদ্ধি প্রদান করবেন। আমরা কোন অসৎ

লোকের অমঙ্গল কামনা করলে মা বলেন, 'আত্মনঃ প্রতিকূলানি পরেষাং ন সমাচরেৎ।' পদ্ম পুরাণের এই উদ্‌ধৃতিটির অর্থ হলো, যা আমরা নিজেদের জন্য না চাই, তা অপরের প্রতি যেন না করি।

মায়ের এই চিন্তা ভাবনা এবং জীবন দর্শন ক্রমে ক্রমে আমার ও আমার দাদার জীবন দর্শন হয়ে উঠেছিল। আমার দাদু এক বৈষ্ণব সঙেঘর প্রতিষ্ঠাতা । ফলে মা শ্রুতি, স্মৃতি , পুরাণ ও বৈষ্ণব দর্শনে সমৃদ্ধ হন। বাবা তাঁকে বেদান্ত দর্শন সম্পর্কে উপদেশ দেন। মায়ের ধৈর্য, সহিষ্ণুতা, পার্যপ্রতিষ্ঠা আমাদের নিকট অতিশয় চমকপ্রদ। তিনি মনে করেন আমাদের যতটুকু চাহিদা ততটুকু পেলেই হলো। চাহিদার অতিরিক্ত পাওয়া চৌর্যবৃত্তি। চাহিদার তুল্য না পাওয়া গেলে মা বলেন, পৃথিবীতে অগণিত মানুষের অবস্থা এমন হয় কারণ কৃত্রিম চাহিদা। মানুষ কেবলি চায়। আমরা বহু দিক থেকে অসফল অনেক অপ্রাপ্তি । আমি বলি,' ভগবান আমাদের পছন্দ করেন না। ' কিন্তু মা বলেন,'ইদং মে স্যাদিদং মে স্যাদিতীচ্ছা কামশব্দিতা।' অর্থাৎ, এটা আমার চাই ওটা আমার চাই । এই মনোবৃত্তিই কামনা যা লোভের জন্ম দেয় তাই মধুসূদন আমাদের মত মতো চলেন না। এটা বিনাশশীল জড় পদার্থ লাভের বাসনা মাত্র। মায়া শক্তির প্রকাশ। জীবনের এক মাত্র লক্ষ্য পরমেশ্বরের পরম পদ প্রাপ্তি। কিন্তু পাপকে জেনেও পাপে লিপ্ত হওয়াকে মা বলেন কাম। এ সম্পর্কে গর্গ সংহিতায় দুর্যোধনের উক্তি উদ্‌ধৃত করে মা বলেন,

জানামি ধর্মং ন চ মে প্রবৃত্তি

র্জানামি পাপং ন চ মে নিবৃত্তিঃ ।

কেনাপি দেবেন হৃদি স্থিতেন

যথা নিযুক্তোহস্মি তথা করোমি।।

অর্থাৎ, আমি ধর্মকে জানি, কিন্তু তাতে আমার প্রবৃত্তি নেই, অধর্মকেও জানি কিন্তু তা থেকে নিবৃত্ত হতে পারিনা। আমার হৃদয়ে অবস্থিত যেকোন এক দেবতা আমাকে দিয়ে যা করান আমি সেটাই করি। এই দেবকে কাম নির্দেশ করে।

আমি ও আমার দাদা পড়াশুনা করি। লেখাপড়ায় আমরা মোটা মুটি ভালো । মা আমাদের লেখা পড়া নিয়ে খুব উৎসাহী। আমি মেয়ে বলে আমাকে সাথে করে স্কুলে নিয়ে যান আর নিয়ে আসেন। আমার আর দাদার শরীর খারাপ হলে মা আমাদের শিয়রে বসে দিন রাত সেবা করেন চোখে মুখে উদ্বেগ নিয়ে।

অন্তঃসলিলা ফল্গু নদীর মত মাতৃ স্নেহ ধারার এই চিরন্তনী বেগ রোধ করে এমন সাধ্য আছে কোন্ শাস্ত্রের! কোন আত্মীয় বিয়োগ হলে মা শোক করতে বারণ করেন । বলেন, শোক মূঢ়তা থেকে জাত। শরীর আর শরীরী এই দুয়ের মধ্যে শরীর বিনাশশীল, শরীরী অবিনাশী । শরীর এবং শরীরী কারও জন্যেও শোক করা উচিত নয়। গতাসূনগতাসূংশ্চ। শরীর আগে ছিলনা পরে হয়েছে আবার পরে থাকবে না। মা পঞ্চতন্ত্র ও স্কন্দপুরাণ থেকে উদ্‌ধৃতি টেনে আরও এক ধাপ এগিয়ে বলেন, শ্লেষ্মাশ্রু বান্ধবৈর্মুক্তং প্রেত ভুংক্তে যতোহবশঃ। তস্মান্ন রোদিতব্যং হি ক্রিয়াঃ কার্যাশ্চ শক্তিতঃ।। (.পঞ্চতন্ত্র)। অর্থাৎ মৃতাত্মাকে প্রিয়জনদের বিসর্জিত শ্লেষ্মাযুক্ত অশ্রু বিবশ হয়ে

পান করতে হয় অতএব রোদন না করে মৃতাত্মার শান্তির উদ্দেশ্যে ঔর্ধ্বদৈহিক ক্রিয়া করা শ্রেয়।

আবার, মৃতানাং বান্ধবা যে তু মুঞ্চন্ত্যশ্রুণি ভূতলে।পিবন্তশ্রুণি তন্যদ্ধা মৃতাঃ প্রেতাঃ পরত্র বৈ ।।(স্কন্দ পুরাণ)। মৃত ব্যক্তির জন্য প্রিয় জনেরা পৃথিবীতে যত অশ্রু বিসর্জন করে সেই সকল অশ্রু মৃতাত্মা পরলোকে পান করে।

আমাদের প্রিয়তম পোষ্যটি হঠাৎ মারা গেলো। আমরা শোকের সমুদ্রে নিমজ্জিত হলাম। আমরা সকলে রোদন করলাম । বস্তুত আজও রোদন করছি। সবচেয়ে বেশি রোরুদ্যমান আমার মা।

এই ক্রন্দনের ব্যাখ্যা কী? মায়াতীত ব্রম্ম বলবেন নাকি? বিজ্ঞানং ব্রম্মেতি ব্যজানাৎ।

# ভিখারী ভগবান

আমি দীন বলিয়া মোরে হীন ভাবে ভগবান
তাহার কাছে চাহিতে যাই যবে ভীক্ষার দান।
দেখি বিস্ময়ে ভগবান সেত মম হতে দীনহীন
আমার আছে মহা শক্তি, পারিত করিতে ঋণ।
চাহে ঈশ্বর ভক্তি মম পূজা অঞ্জলী অন্ন
ভগবান চাহে আমার কাছে নিজেকে ভাবি ধন্য।
তবে কেন করি এত আয়োজন ভগবান পূঁজিতে
বৃথা ঘোরে লোকে পাহাড় কন্দর ভগবান খুঁজিতে।
ভগবানে পূঁজা করে ভবে সে নিজেই নিঃস্ব জন
নিজ হৃদয় পূঁজিব কেবল সেই ত পরম ধন।

150

# অতীত

নিদ্রিত আছে পশ্চাতে যেন মৃতের মত
ঘটনার ঘনঘটা, জীবন হাজার শত শত।
অনড় স্থবির জড়, জাগেনা একা একা
যদি নাড়া দাও কথা আর থাকেনা ঢাকা।
কথা বলে ওঠে, করিতে থাকে কেবল তাড়া
ব্যক্ত অব্যক্তের দল বাহিরে আসে ভাঙিয়া বেড়া ।
ক্ষুদ্রাতি ক্ষুদ্র অণু হতে অণুতর উচ্চতম হিমালয়
আসিয়া বলিবে আমি অতীত আছি তব চেতনায়।
কত অভিযোগ, কত দাবী, হীনবল বর্ণনার ছবি
বিস্ফারিত চক্ষু, অশ্রু, ভুল, অপরাধ , বিড়ম্বনা সবি।
বিধ্বংস রাজবংশ, একচ্ছত্র অধীশ্বরী শাসক
রক্তচক্ষু, বিনম্র মানব মঙ্গলকামী প্রজ্জ্বলিত পাবক।
অত্যাচারিত, বিনাশিত কাজ করা সাধারণ মানুষ
মুখ লুকায়িত জমাটবদ্ধ আঁধারে নারী কিম্বা পুরষ ।
সব পুরাতন কথা হাসি আনন্দ দুঃখ মান অপমান
চাওয়া পাওয়া নাপাওয়ার ছবিসহ ঘটে আগমন।
নির্বাক স্মৃতি জীবন্ত হয়ে আসি মনপ্রাণ হয় ব্যথিত
কথা কয়ে ওঠে কালের গন্ডি ভাঙি সবটাই অতীত।

# অব্যক্ত সত্য

সত্য বলিতে চাই বলিতে পারি কই
সত্য বলার ভাষা আমার জানা নাই
অগণিত সত্য রয়ে যায় অপ্রকাশিত
ভাষার দীনতায় কত সত্য হচ্ছে মৃত
নিঃশব্দে আড়ালে যায় সব হারিয়ে
অতীতের অন্ধকারে রয়ে যায় মমি হয়ে।
যখন জাগিল সত্তা চিনিতে শিখছি পৃথিবী
সত্য হাজার আসি প্রকাশের করিত দাবি
প্রিয়জন পরিবার শিখাইত বলিতে ভাষা
পরিবারে পরাধীন মাথা কুটে মরিত আশা
সমাজ শেখালো মোরে নতুন ভাষা বলা
সত্য মরিল সেথা কেবল নিষেধে পথ চলা।
রাষ্ট্র শক্তি তবে আসি শেখালো নতুন ভাষা
বলিল লাঠি বন্দুক তুলি মোর সত্য সর্বনাশা।
যাহা ভাবি বলিবার জো নাই আমি তোতা পাখি
চাহে বা না চাহে, অনন্ত আকাশ পানে চেয়ে থাকি।
অগুণতি তারা দল কত নক্ষত্র রাজি
তাহাদের সাথে কথা বলে এই সত্যই বুঝি।
উঠিতেছে ডুবিতেছে অবাক দৃষ্টিতে দেখি
ইহাদের মনের কথা বুঝিতে ভাষা লাগে নাকি?
দিবাকর নিশাকর ঘোরে দিবা নিশি
সূর্য চন্দ্রকে লুকাবে কে, নিত্য ওঠে রবি শশী।

152

# ত্রিতাল কাব্য

ধা ধিন্ ধিন্ ধা
ঢাকে কাঠি পড়লো দাদা
না তিন্ তিন্ তা
স্পা করছে দুগ্গা মাতা
তেটে ধিন্ ধিন ধা
লক ডাউনে পড়ছে বাধা।
ধা ধিন্ ধিন্ ধা
পায়ে ধরে চলছে সাধা
না তিন্ তিন্ তা
করোণাতে কাঁপছে মাতা
তেটে ধিন ধিন ধা
মর্তে এখন জমছে কাদা
ধা ধিন্ ধিন্ ধা
কাশ ফুলেতে বঙ্গ সাদা
না তিন্ তিন্ তা
এবার ভোলা খুলবে খাতা
তেটে ধিন্ ধিন্ ধা
ব্যর্থ মায়ের গলা সাধা
ধা ধিন্ ধিন্ ধা
মাস্ক ছাড়া মার বাহন গাধা
না তিন্ তিন্ তা
স্যানিটাইজড্ মার বালিশ কাঁথা
তেটে ধিন্ ধিন্ ধা
শিবদুর্গা করছে দ্বিধা।।

ধা ধিন্ ধিন্ ধা
শারদীয়ায় নাই তো রাধা।
না তিন্ তিন্ তা
দ্রব্য মূল্যের কাব্য গাঁথা
তেটে ধিন্ ধিন্ ধা
এবার পুজোয় নেইরে চাঁদা।
ধা ধিন্ ধিন্ ধা
বাম ডানে সব বাধছে ধাঁধাঁ
না তিন্ তিন্ তা
আম গাছেতে ধরবে আঁতা
তেটে ধিন্ ধিন্ ধা
অনাহারে মরছে হাঁদা।

153

# সাথী হারা

একা একা উড়িতেছিস কেনরে বিহঙ্গ
কোথা গেলো সঙ্গী তোর ছাড়িয়া সঙ্গ।
শূন্য আকাশ তল দেখি কাঁদিতেছে মন,
নিস্তব্ধ কাকলি হীন বন উপবন।
উড়িয়া উড়িয়া বুঝি দূর নীলিমায়
ক্লান্তি বাঁধিল বাসা বিহগ ডানায়।
অথবা বিঁধিল তীর উষ্ণ বক্ষ মাঝে
পড়িয়া আহত পাখি মরণে বিরাজে।
বন্ধ করিয়া ডানা নিদ্রিত বাসায়
শুনিছে মলয়জ স্বর বসন্ত আশায়।
নবনীড় বাঁধিল কি নব সাথী খুঁজিয়া
অনন্ত সবুজ মাঝে আছে চঞ্চু গুঁজিয়া।
উড়িয়া উড়িয়া যাস পাহাড় সাগর পেরিয়া
নদ নদী মরু প্রান্তর নভদেশ হেরিয়া।
সবারে জিজ্ঞাসিলি কানে কানে কথা তার
নির্বাক রহে ওরা সরেনা বাক্য আর
কেবলই বহে অশ্রু নয়নে সবাকার।
সীমাহীন আকাশের নিঃসীম সুদূরে
লুকাইয়া থাকে সাথী কত দূর যাবিরে।
ক্লান্ত খেচর ওরে এই সত্য মানিবে
সাথী হারা সাথীকে কভু না জানিবে।
তবুও তাহার তরে উড়িয়া উড়িয়া
আকাশ পাতাল প্রভেদ ফেলি ঘুচাইয়া।
দুর্নিবার আকর্ষণে বিচরণ খেলা
দিবা শেষে দৃষ্টি শূন্য ভেঙ্গে যায় মেলা।

# জন্ম এক অনাচার

শুধু কেবল আসা যাওয়া মাঝখানে চাওয়া পাওয়া
দ্বন্দ্ব সংঘাত প্রতিযোগ আর প্রেম ভালোবাসা
হিংসা দ্বেষ দীনতায় মাতি কাটাই দীর্ঘ দিবস রাতি
অচেতন সত্তা মজে থাকে বিনোদনে মাখি কল্মষা।
কল্পনা আর শক্তি দুজন চাটুবাদে ভরাইয়া ভুবন
চিনিতে পারিলে স্বার্থ ডাইনে বায়ে পিছে নাহি চায়
লালন করি নিজ দেহ অভ্রভেদী বানাইয়া গেহ
সযত্নে লালিত সম্পর্ক সেই টুকু মানে শুধু দায়।
কাল কাটি মহা রঙ্গে রমন ভোজন বিলাস সঙ্গে
ধর্মাধর্ম দুর্মতি হিতাহিত বোধে নাহি প্রয়োজন
বেলা শেষ হবে যবে কোথায় প্রাণ চলে যাবে
আদরের দেহ লয়ে সম্মোহিত ক্ষণিক প্রিয়জন।
পিছে পড়ি কাঁদিবে মোহ পঁচিয়া গলিত দেহ
পাষাণে বাঁধিয়া মন বিরহ অনলে জ্বলে প্রিয়া
হরি লয় সকল স্মৃতি ত্রসিত হয় চিত্ত অতি
ভিখারী সাজিতে হয় সকল ধনমান ত্যাজিয়া।
এই টুকু বেঁচে থাকা সোজা নহে আঁকাবাঁকা
দ্বন্দ্ব লড়াই দ্বেষ আপন পর স্বার্থ করিয়া বিচার
চোখেতে বাঁধিয়া ঠুলি মুখে সদা স্বার্থের বুলি
খেলতে খেলতে খেলা ভঙ্গ জন্ম হল এক অনাচার।

155

## পরম ধন

জীবন ভরে কি যে খুঁজে বেড়ালো এই মন
শেষ ঠিকানায় তুমি আমায় দিলে পরম ধন।
হাত বাড়িয়ে বলি আমায় কি ধন দেবে দাও
শূন্য হাতটি ফিরিয়ে দিয়ে বললে সকল নাও।
বিশ্ব মাঝে ছড়ানো বিপুল ধন সম্পদ রত্ন
সব মেলানো তোমার জন্য কুড়াও করি যত্ন।
ধরা মাঝখানে যেদিকে তাকাই ধন সমাগম দেখিনা
মায়ামোহ দেখি অহঙ্কার দর্প পিছুটান আর কুভাবনা।
ধনের মধ্যে তুলছে ফনা মারছে ওরা ছোবল
দেহাভিমান, মানাপমান সংশয় অশক্ত সম্বল।
চাহি প্রেম, ক্ষমা, ঔদার্য, ঘৃণা পরিহারি বৈরাগ্য
চাহি ত্যাগ, সেবা, শান্তি করুণা মহাপ্রাণের সংসর্গ।
এ সকল মোর পরম ধন স্বর্গে নিঃসর্গে মরি খুঁজে
মাথা নত করে তোমার পানে রহি চক্ষু বুঁজে।
তব করস্পর্শ যবে অনুভবি আমার মস্তক উপর
পৃথিবী হাসিয়া কহিল আমারে শান্তি মিলিবে অপার।

# অন্তরাগ

দুপুরের ঘন নিস্তব্ধতা মাঝে একটা ঘুঘু পাখি
উদাস কন্ঠে ডাকে নিভৃতে বাড়ির ছাতে
দুরন্ত আশ্বিন মাসে নারকেল ফুল ঝরে পড়ে
সাজাইয়াছে শয্যা তবু ঘুম নেই আঁখি পাতে।
দূরে নীল অম্বর পানে চাহি নয়ন হতে ঝরে পড়ে
দুইটি নীল বারি বিন্দু স্বৈরাচারী বেদনার পাত্রে
প্রতি মুহূর্তে ঢলে পড়া আমলকী বনের ছায়া
কম্পিত কলেবরে করে চুম্বন রমনীয় বীথীকার গাত্রে।
উচাইয়া চঞ্চু ডাকিয়া পরভৃত নিন্দিতেছে শঙ্খচিলে
প্রীত নহে অহিংস মীনদলে সংহার করিতেছে বলে,
মনে ঈসৎ সংশয় লইয়া ডাকিতেছে হরবোলা দল
একই সুরে একই কথা বলে না একসাথে না চলে।
শান্ত বন তল মাঝে আসন্ন বিকেলের ঝিল্লির রব
শোনায় প্রবাসীনী প্রিয়তমার বিরহ বিধুর বারতা
ধ্যানের তন্ময়তা মাঝে সূক্ষ্ম আসন্ন সূর্য ডোবার রেশ
উদ্বেগে উদ্বেলিত করে হিয়া খানিরে ওই অস্তগমীতা।
সকল বিশ্বমাঝে ঊর্ধ্ব অধঃ চারি ভিতে উঠিতেছে
দাবী হে দিবাকর নিও না বিদায়, ম্রীয়মান তেজে
বাঁধিব সকলে রোধিয়া তব বিদায়ের পথ ভালোবাসা
দিয়ে,হে জীবনের শক্তি,সৃষ্টির সবিতা দাবী শেষ এযে।
অন্ধকারে ঘিরিয়া নিশি কহিতেছে আবেগে ভেসে
মিছে এ রাগ অভিমান ভালোবাসা দাবী ক্রোধ করো
অমোঘ এ নিয়ম রাখিয়াছে নিয়তি বাঁধি উদয় হয়
যাহা অস্তে ঢলিবে তাহা কেহ রুখিতে না পারো।

157

# আঁধার ঘরে

সে আমার আঁধার ঘরে আলোর প্রদীপ নিভল কোন্ ঝড়ে
সে আমার মধুর সুরের গানের কলি কোন্, নিঠুর নিল কেড়ে।
সে আমার মন বাগিচার সুগন্ধী ফুল ডাকাত নিল ছিঁড়ে
কোন্ সুদূরে গেলো উড়ে ,পাখি ফিরল না তো নীড়ে।
আমার নিষ্ঠুর অবহেলায়, বুকে, বিঁধেছিল তির
অভিমানে সোনার পাখি ঝরায় আঁখি নীর।
আকাশ গঙ্গায় ঘর বাঁধিল কোন্ তারাটি হয়ে
খদ্যোতিকার আলোর ডানার যায় সুদূরে ধেয়ে।
ঘুম আসে না কান্না আসে বক্ষ বিদারে
সব হারিয়ে দাঁড়িয়ে আছি খাদের কিনারে।
যে দিকে চাই শুধুই স্মৃতি পিষ্ট করে বুক
জলে ভরা চোখ দুটিতে ভাসে সোনার মুখ।
ভুলতে নাহি পারি সেই দুরন্ত পাগলটারে
ছুঁতে গেলে অদৃশ্য হয় কার সাধ্য ধরে।
মায়ায় ভরা ধরিত্রীরে কল্পনার রং দিয়ে
মিথ্যে আশায় হচ্ছে ক্ষত দাও না ভুলিয়ে।

158

# নির্বোধ ভালোবাসা

নিভৃতে নিঃশব্দে শীতল স্পর্শ ছুঁয়ে দিল
ঘুম আসিয়া আদরে সোহাগে সব ছিনিয়ে নিল।
কেবল নিস্তরঙ্গ ভাবলেশহীন পরাণ ধূসর অতীত ,
এখন কান্না ভরা স্মৃতি হয়ে ছিন্ন বীণায় বাজে গীত।
মহাসমুদ্র হতে বিলাপ বিগলিত নোনা ঢেউ বয়
ভাষা হারা শূন্য চক্ষু কেবল বোবা দৃষ্টিতে চেয়ে রয়।
জ্বলন্ত উজ্জ্বল শান্ত প্রদীপ খানি নিভিলরে সহসা
কেন কোন্ ঝড়ে ভুবন জুড়ে ছাইল গভীর অমানিশা।
শুধু হৃদয়ে বিঁধে বেদনার শূল শত অপরাধ বোধে
কাঁদাইয়াছি কেবলই, ভালোবাসিনি বলি প্রবোধে।
সব শেষে অনুভবি গানের পাখি থেমেছে এই বলে
চেনা জানা সব ফাঁকি কথা বলাও বাকী রেখে গেলে।
আঁধার ঘনায় যবে ভালোবাসার স্বার্থহীন পুণ্য জগত মাঝে
কেবলই মনে হয় সব টুকু দোষ মোর ব্যথায় ভরিয়াছি নিলাজে।
এই বিশ্ব মাঝে না চাহিয়া যারা আসে প্রাণের নিবিড় কাছে
মৃত্যু বরণ করে প্রতিদানে ব্যথার পাহাড় রেখে যায় পাছে।
নির্বোধ নির্বাক যতই উদাসীন হোক তারে পারেনা রাখিতে ধরে
স্রষ্টার সৃষ্টি বুঝাইছে জগতে সম্পর্ক আত্মীয়তা মিথ্যা জগৎ পরে।
আনন্দ স্নেহ লোভে আপন বলিয়া কাছে টানিতে গেলে
কষ্টই প্রতিফল অদৃষ্টই পরিণতি বুঝিবে একবার চলে গেলে।

159

# ধর্মের সংস্থাপন কবে

সবার চেয়ে শ্রেষ্ঠ পবিত্র ধাম শ্রী বৃন্দাবন
যেথায় নারী করেন দেবী রাধিকা রমন।
যেথায় আজও হয়ত বাজে মুরলীর সুর
শ্যাম বিহনে শ্রীরাধিকা বেদনায় বিধুর
দেব ভূমি ভক্তিভূমি ভালবাসার ভূমি সব
নারী এখন দেবী শুধুই কলরব।
নারী যবে চোখে মাখে স্বপ্নের অঞ্জন
নর পশু পাষণ্ডরা করে, জিহ্বা লেহন।
দুই কন্যার স্বপ্ন দেখার অধিকার নেই মোটে
মাংস লোভী শয়তানদের ক্ষুধা জেগে ওঠে।
তুলে নিল পিশাচেরা বধ্যভূমি পরে
একে একে ধর্ষণ করে সবে বারে বারে।
অত্যাচার আর যন্ত্রণাতে বুক ফাটা ক্রন্দন
উদ্ধারিতে আসেনা তো শ্রীমধুসূদন।
ভাঙিল মায়ের শিরদাঁড়া জিভ কেটে নেয়
মাথা নত সভ্যতা হেরি মরিল লজ্জায়।
সহিল জননীরা পিশাচের অত্যাচার
ধিক ধিক বুটের তলে মেয়ের অধিকার
হত্যা করিয়া মায়েদের নৃশংসতম ভাবে
শয়তানেরা ছাড়ে ভূমি জারজ স্বভাবে।
নড়িয়া চড়িয়া বসে তাহাদের গুরু
ক্ষমতা আছে করে প্রমাণ লোপাট শুরু।
মিথ্যা গল্প বাজারে ছাড়ে রাতারাতি
দানবেদের কে ধরিবে পেল উল্টে খয়রাতি।

ছিনতাই করে দেহ গভীর নিশীথে
জ্বালাইয়া ছাই করে কেউ পারেনা জানিতে।
এমন রামরাজ্য পেয়ে সবে ধন্য
স্বাধীনতা তাদের আছে পশু যারা বন্য।
ধর্ষিতা পায়না বিচার পুরস্কৃত ধর্ষক
হীনবল নারী বলে চুপ বিচারক।
মায়ের ইজ্জত জীবন মূল্য টাকায় মাপে
কোথায় কংসারি জাগো মানুষ ভয়ে কাঁপে।
প্রতিবাদ দমিতেছে বুট আর এনকাউন্টারে
ধরিবে কবে চক্র ধর্ম সংস্থাপন করিবারে।

160

# পচাই নেই

ওরে নিষ্ঠুর প্রিয়রে
কোথায় পলাইলি একা
ফেলিয়া আমারে।
ঠাকুর ঘরে তিন তলার
কার্নিসে ফ্রিজের পেছনে
খাটের তলায় বা ওপরে
কোথাও না পাই তোরে।
এখন আর আপন হাতে এসি
রিমোট চালিয়ে ঘুমাবে কে
স্নানের ভয়ে সোফার
তলায় লুকিয়ে রাখিবি কাকে।
পদে পদে প্রতিটি জিনিসের
প্রতি বিন্দুতে উপস্থিত আছিস
বটে কিন্তু তুই কোথাও নেই
যেখানে যাবি তেমনি ভাবে হাসিস।
ওরে আমার ভালবাসার ধন
আবার কবে দেখবো তোকে বল
আবার কবে পা জড়িয়ে তোর
বলব আমি চলরে দাদা চল।
হোকনা পশু হোকনা মানুষ সবাই প্রাণের ধন
ভালবাসার বাঁধন কেহ ছিঁড়তে চায়না মন।

161

# আধখানা শশী

দিকচক্রবাল হতে এক খানা মেঘ
উড়ে আসি দিল মোরে এক ঝাঁক বৃষ্টি
সোনার জলে ধুয়ে দিল দিবসের পদ দুটি,
শঙ্খচূড়ের ফণী যেন ছাইল উর্ধ্ব দৃষ্টি ।
বল্মীক চূড়া হতে বিগলিত ভূমি ধ্বসে
গড়ে ওঠে অংশু মালির বিসৃতৃত বেদীতল
তারই পরে বাসর গড়ে ত্বিষাম বারি দোহে
সাজায় শয্যা দৈবাদেশে মেঠো বায়ু মহাবল।
দেউড়ি হতে হতোদ্যম শিতিকণ্ঠ মুঞ্জরণ নত
মুখে মন্থন করে পঙ্কজিনীর চারু সুধাজল
জাহ্নবী তটিনীর তরঙ্গ অভিঘাতে ভগ্ন তরী ভীড়ে
আসি অঘাটায় যেথা পলল ভূমির খন্ড রসাতল।
দুর্নিবার এক আকর্ষণ দিয়ে গেল এক খন্ড মেঘ
দ্রাক্ষা কুঞ্জ মাঝে সৃষ্টি কর্মে রত এক নিষিক্ত গর্ভ
যাহা হলো বিদারিত জন্ম নিল আধখানা শশী
বিশুষ্ক শূন্যতায় ভরা উপাল ভূমির বক্ষ করে খর্ব।

**দান**

কাহার হাতছানি এসেছিল বাড়াইয়া দিলাম তাই হাত
অদৃশ্য লোক হতে প্রকাশি আপনারে দিতে চেয়ে সাথ।
নিভৃতে একাকী বসি গবাক্ষ তরুর ফাঁকে খুঁজি কার চোখ
কাঁপিতেছে অধীর প্রতীক্ষায় হৃদয় খানি কাঁপিছে বিশ্বলোক।
ত্রপমান বক্ষ মাঝে যে কথা বাহির হতে করে দুর্নিবার প্রয়াশ
আসিল ব্যাকুল চিত্ত বিদারী সেই চিরন্তন কথার বিমুগ্ধ সুবাস।

তোমাকে দিতে চাহি আমার অন্তহীন অহঙ্কারের অলঙ্কারে মোড়া দান
যাহা রঙীন করে মনের মাঝের মন গভীরতর করে সুখের অভিমান।
পাতায় পাতায় ঘাসে ঘাসে পড়বে ঝরে রঙীন প্রাণের ছাপ
অস্তরাগের আবীর মেখে বলাকাদের সারি যেন নরম মনের পাপ।
শিরায় শিরায় ধমনীতে বইছে উষ্ণ ধারা সেই তো মনের গন্ধরস
দিবস রজনী আমার গেছো মন ছড়িয়ে সুবাস করছে মোরে বশ।
তৃষ্ণা পীড়িত সত্তা হবে তৃপ্ত আমার তার্পিত বারি যদি করে পান
জগৎ তারিণী রূপী সেই মোর প্রেম হে ধৃতবতী করিব সবটুকু দান।
পদ্মগন্ধ মাখা গোলাপের দলের পরিজ্ঞাত অভিমান হবে জয়
পুংশ্চলী হইবে দেবী যত ঘৃণা তাহারই স্পর্শে হবে ক্ষয়।

# আগমনী

অন্ত শ্রাবণ ছাইল গগন মন্দ মন্থর বাদল বাণে
ভিজে বনবিথী মাধবী লতা বিহগ ভিজে বিহগ সনে।
গুরু গুরু বাজে মেঘের ডমরু
কাঁপিছে পবনে বিথানে তরু
কদম্ব কেতকীর দিন হবে শেষ হাসি ফুরাইছে আননে।।
নীল অম্বর জুড়ে শ্বেত মেঘ দলে
ফুলের মত শত পাপড়ি মেলে
সিউলি ঝরিবে শরতে শিশিরে
কাশ ফুল কাকে বরে নত শিরে
পদ্ম বিকশিবে অনুপ ও দীঘির কমল কাননে।।
আকাশে দামিনী খেলে লুকোচুরি
শারদীয়া নাচে মন ময়ূরী
সবুজে মাখা পিঙ্গল রং
হরিৎ শস্য সাজিয়াছে সং
বিপিনে পুলকে মাতায় মোহিনী বিদায়ী শ্রাবণে।।
নব কিশলয় ঝরেনা বকুল
স্বপ্নে বিভোর আম্র মুকুল
মাতাল হইয়াছে ভৃঙ্গ রাজ
কমল কামিনীর বাড়িয়াছে লাজ
আকাশ হতে আসে বারতা ভাসে আগমনী গানে।
শ্রাবণ পাঠালো মেঘমল্লার অদ্রিজার আগমনে।।

163

# আকিঞ্চন

আমার আঙিনা পথে তোমার বিজয় রথ
ওগো সুন্দর থামাবে নাকি গতি করিবে শ্লথ।
তুলি লও সাথে সকল পূজার পুষ্প পাতা
যত অভিমান অহঙ্কার জমে আছে খাতা।
আঁধারে আছি একা বন্ধ ঘরের আগল আটি
আশায় বাঁধিয়া বুক অরুণ জ্যোতি উঠিবে ফুটি।
গোপনে তোমার মূর্তি খানি শিয়রে রাখি
বিপুল আয়োজনে করেছি ধ্যান মুদিয়া আখি।
মহা জীবনের মহা সংগীতে কুড়িয়ে বাণী
প্রেমপ্রাচুর্য ভরা পাত্র দেবে হৃদয়ে আনি।
মোরে তুলি নাও আপন করে শকট পরে
বসি পদ তলে সেবিবো হে নাথ আপন করে।
জীবন প্রদীপ নিভিবে যবে জানি গো জানি
বুকের উপর রাখিও কর পল্লব খানি।

# নারী

শুচিতা প্রলিপ্ত শুচিস্মিতা, প্রকৃতির শক্তির আধার
উদরে ধৃত শিশু শরীর বিদারে রক্ত স্নাতা মা আমার
ভূমি পৃষ্ঠ স্পর্শী মুখে দুগ্ধে স্ফীত স্তন পান করি
কে সেই সুধা ধন্যা অখিলের দান, জননী সে তো নারী।
একই গর্ভে লভিনু জনম স্নেহ রজ্জুতে বাঁধা ভগিনী
সেও একনারী প্রকাশে আপন তেজ ভ্রাতারে আপনি।
কন্যা বা দুহিতা নারী জননী, পিতা, পিতৃব্য সনে চুম্বন
ক্রীড়া ক্রোড়ে বসি আগলি কন্ঠ প্রকাশে হাসি ক্রন্দন।
ফুলের সুরভি মাখি গায়ে পুষ্প সম মধুপেরে ডাকে
গন্ধে রূপে মাতাল ভৃঙ্গ আসে ছুটে দয়িতা লাজ রাখে
সেও তো নারী, তৃদেব লীলা মত্ত রসের সঙ্গীনী নারী
পূজিত ভুবনে মহা বিদ্যা, মহা লক্ষ্মী, মহা শক্তি ধারী।
নারী নহে শুধু জননী, বনিতা, নহে অর্ধেক অঙ্গ নরের
প্রচন্ড দলনী মূর্তি দন্ডায়মান ভয়াল বক্ষোপর হরের।
সর্বংসহা ধরিত্রীর মত সহে ধর্ষণ ব্যথা গর্ভ যন্ত্রণা
মায়ের হাতের রান্না অমৃতের স্বাদে মাখা স্বর্গমন্ত্রণা।
সবে ত্যাজে হীনসন্তানে, জননী করেনা হেন কাজ
পিতৃঘর ত্যাজি যাত্রা অন্যঘরে মাথায় পড়িলেও বাজ।

# ছোট বেলার মহালয়া

পূর্ব বঙ্গের এক এঁদো গ্রামে আমার জন্ম। সবে রেড়ির তেলের রমরমার মধ্যে কেরসিনের একটু একটু প্রবেশ ঘটতে শুরু করেছে। রেড়ির তেল তখন বাড়িতেই বানানো হতো রেড়ি গাছের ফল থেকে। রেড়ির আলোর শিখা ছিল লালচে আর কেরোসিনের শিখা ছিল অপেক্ষাকৃত সাদা। বাবা ওরই আলোকে মিষ্টি সুরে চৈতন্য মঙ্গল, চৈতন্য চরিতামৃত পাঠ করতেন, মৈথিল কোকিল ( বিদ্যাপতি), চন্ডীদাস, জয়দেব (গীত গোবিন্দ)প্রভৃতর পদও অধ্যায়ন করতেন। একদিন তিনি একটা আজব জিনিস কিনে আনলেন। তার নাম হারিকেন লন্ঠন। তার উজ্জ্বল প্রভা দেখত আমরা ভাই বোনেরা জড়ো হয়ে খুব মজা উপভোগ করেছিলাম।

তখন সবে মাইকের প্রচলন হতে শুরু করেছে প্রধানতঃ বিয়ে বাড়িতে মাইক ভাড়া করে এনে বাজানো হত। ভালোবাসা মোরে ভিখারীকরেছে, ওশিমুল বন এ সব গান বাজানো হতো।

নতুন জুনিয়ার হাই স্কুল প্রতিষ্ঠিত হয়েছে । সেখানে ষষ্ট শ্রেণীতে পড়ছি। স্কুলে সরস্বতী পুজো হচ্ছে প্রথম বার। ছেলে মেয়েরা পূজো নিয়ে মেতে আছে। স্কুলের সামনে আম কাঁঠালের বাগান। সেই বাগান পরিস্কার করে

সেখানে খোলা জায়গায় একটি বড় কাঠের চৌকির ওপর প্রতিমা রেখে পূজো হচ্ছে। পাশে দুটো চেয়ারে স্কুলের দুই প্রভাবশালী শিক্ষক বসে আছেন। এক জন গৌরব সাহা , বড় মাপের পাটের আড়ৎদার অন্যজন নরেশ চ্যাটার্জী। শিক্ষকদের মনে হত ভগবানের চেয়েও বড়। হঠাৎ উপস্থিত পড়ুয়াদের স্যারদের কাছে উপস্থি হওয়ার ডাক পড়লো। স্যারদের সামনে সকলে দাঁড়িয়ে এক আশ্চর্য জিনিস আবিস্কার করলাম। স্যারদের সামনে পাতা টেবিলের উপর একটি সুন্দর বাক্সের মধ্যে মানুষে গান করছে আর কথা বলছে। সবাই আমরা তাজ্জব। আমি আর দু -একজন বাক্সের সামনে পেছনে ভেতরে উঁকি মেরে মানুষ দেখার চেষ্টা করলাম। স্যার বললেন, ' কি দেখছিস? বল তো এটার কি নাম?' আমরা মুখ চাওয়া চায়ি করতে থাকি।

নরেশ স্যার বললেন,'রেডিওর নাম শুনেছিস? এ হলো রেডিও।' আমি লাজুক স্বভাবের। অস্ফুট স্বরে বললাম আচার্য্য জগদীশচন্দ্র---- মার্কনি। ভাগ্যিস স্যার শোনেননি।

ছোট বেলায় মহালয়া কাকে বলে, তা প্রায় জানতামই না । দশ গ্রামেও একখানা দুর্গা পূজা হতো কিনা সন্দেহ ! তবে পুজোর উৎসাহ কম ছিল না। পূজার সপ্তাহের আগের শেষ রাতে মা ঘুম থেকে উঠে ধুপ ধূনো দিত, শাখ বাজাত । শাখের আওয়াজে ঘুম ভেঙে যেত। বাবা যেত নদীতে। স্নান করে পুজো করতেন। এটাই বোধ করি মহালয়া। স্কুলে পুজোর ছুটি পড়বো পড়বো করছে। গৌরব স্যার স্কুলের সকল ছাত্রছাত্রীদের রেডিওতে মহালয়া শুনার নিমন্ত্রণ জানালেন। মহালয়ার গভীর রাত্রিতে দাদার সথে স্কুলে গেলাম। বিদ্যালয়ের খেলার মাঠে ছাত্র অভিভাবকের ভীড়। শুরু হলো মহ্‌লয়া। ছোট্ট ছেলে, গানটানের কোন বোধ হয়নি। সব গান ভালো লাগলোনা কিন্তু সংস্কৃত মন্ত্রোচ্চারণে রোমাঞ্চিত হতে থাকি। পরের বছর

মহালয়ায় আমাদে বাড়িতে রেডিও এলো। আসে পাশের অঞ্চল থেকে বহু লোক মহালয়া শুনতেও এলো। পিতৃপক্ষ থেকে মাতৃপক্ষে প্রবেশের এটা transit point. এই point of transitional moment কে শ্রীবাণী কুমার, শ্রী পঙ্কজ কুমার মল্লিক এবং শ্রী বীরেন্দ্র কৃষ্ণ ভদ্র তাদের সৃষ্টি দক্ষতায় স্বর্গাতীত মাহাত্ম আরোপ করেছেন। তাদের মহীষাসুর মর্দিনীর যাদুতে নরনারী নির্বিশেষে সম্মোহিত হয়ে যায়। সঙ্গে চিরকালীন অমৃতময়

অসংখ্য শিল্পীদের magical voice. কেবল মাত্র মহালয়া শুনার জন্যই গ্রামের ঘরে ঘরে রেডিও কেনা হতে থাকে। রেডিও ব্যবসার প্রসার লাভ করে। মহালয়া আর রেডিও সমার্থক হয়ে ওঠে। মহালয়া জীবনে প্রভূত উন্মাদনা ছড়ায়। প্রথমে পূজার আমেজ ছড়িয়ে দেয় গ্রামের আকাশে বাতাসে। এই পবিত্র অনুষ্ঠানের জন্য সারা বছরের প্রতীক্ষা। ভোরবেলায় এরই সুরে আকাশ বাতাস ভরে যেত। মহিষাসুর মর্দিনী শ্রবণ, স্নান, তর্পণ কি সে উন্মাদনা! কেমন করে একটা অনামী অনুষ্ঠান একটি যন্ত্রের কল্যাণে জনপ্রিয়তার শীর্ষে পৌঁছে গিয়েছিল আজ অবাক হয়ে সেকথা ভাবি।

166

# ডুব

মন বলিল পাপে ডুবিতেছি উঠিব কি কভু আর
শরীর বলিল ডুবি ক্লান্তিতে নাহি সাধ বাঁচিবার।
বিবেক শুধায় ডুবিছ ঋণে পারিবে তুলিতে মাথা?
মেজাজ কহিল নেশায় ডুবিয়া রচিব কাব্য গাঁথা।
পুলিশ ডাকি কহে চৌকিদারে ডুব মারিয়াছে চোরে
হপ্তা গেল বয়ে কাজে নাএলে কোথা ছিলে ডুব মেরে
ভক্ত কহে গানে ডুবি তব নামে হে মোর অন্তর্যামী
অকূল সাগরে ডুবে মরি যদি উদ্ধার করো স্বামী।
ডুবিছে তিমিরে এ বসুধরা কে জ্বালাবে ওরে আলো
কোথা শশধর কোথা ভাস্কর দীপ্ত শিখা জ্বালো।
গুরু কহিতেছে ভাব সাগরে ডুবিলে উঠিতে নাই
তাহারি অতলে ধেয়াও আমারে মিলিবে তবে সাঁই।
বন্ধু শুধায় ডুবিতেছো লভি অর্থসাগর সুখ
কে করে সাহস তোমার সুমুখে খুলিতে পারে মুখ?
প্রজাগণে তালি দিতেছে হাতে ক্ষমতায় ডুবে রাজা
অর্থ ক্ষমতা দম্ভ পরিহারি তবেই বাঁচিয়া মজা।
কামনা সাগরে ডুবিতেছো তুমি নারী বেষ্টিত হয়ে
কিবা প্রয়োজন সাধিত হবে অরূপ রতন পেয়ে।
সওদাপূর্ণ জাহাজ ডুবিছে মাঝ দরিয়ার জলে
ভাসে না জাহাজ চির আশ্রয় রত্নাকরের কোলে।
ওঠে সূর্য প্রতিটি প্রাতে প্রতি সয়াহ্নেতে ডোবে
চন্দ্র কলায় হাসে ধরনী ধ্রুব জ্যোতি মরে ক্ষোভে।
ডুবিবে জীবন সম্মুখে বিরাজে শান্তির পারাবার
সেথায় মিলিবে চির শান্তি যাচে প্রাণ আরবার।

# ট্রয়ের ঘোড়া

প্রাচীর দ্বারে এসে দাঁড়া
নাম না জানা ট্রয়ের ঘোড়া।
নগরবাসী আছে শুয়ে
রাজার দেওয়া মাদক খেয়ে।
বাহির হবে গোপন সেনা
ভাঙরে পুরির তোরণ খানা।
প্রথম রাজার তুলবে দাঁড়ি
তার চ্যালাদের ছিঁড়বে নাড়ি।
ধরবে রাণির শাড়ীর আঁচল
ফেলবে খুলে সোনার কাচল।
লোভের রাজা লোভের মন্ত্রী
ট্রয় নগরির ষড়যন্ত্রী
ঢুকবে কাঠের ঘোড়ার পেটে
ট্রয়ের ঘোড়া চলবে হেঁটে।
ঢুকবে সকল প্রজার ঘরে
দেখবে গুণে হিসাব করে।
রাজার কেন বদ হজম হয়
ধোঁকার খাবার পেটে কি আর সয়।
ট্রয়ের ঘোড়া ছুটছে দখিন দিকে
রাজার দেহের চামড়া হলো ফিঁকে।
ট্রয়ের ঘোড়া চলল ছুটে পেটে নিয়ে রাজা
সাগর কূলে থামল এসে রাজা পাবে সাজা।

রাজার খুলল সকল দামী সাজ
কোথায় গেলো লজ্জা মহা রাজ?
ছাড়লো রাজা সাগর পাড়ে কেঁড়ে নিয়ে সাজ
হাতে তালি দিচ্ছে রাজার মাথায় পড়ে বাজ।

# বাতিস্তম্ভ

বাতিস্তম্ভের তলায় আমার
ছায়া, নাকি কারো মৃত দেহ?
মৃত ধর্ষিতা মেয়েটির দেহ কে
এখানে ফেলে গেল ওই যে
হাত নাড়ছে, মৃত্যুর পরে মানুষে
হাত নাড়েনা, বাতিস্তম্ভের
নীচে আছে নোনাজলের ঢেউ।
নিরক্ষীয় হাওয়ায় নোনা গন্ধ
মৃত দেহ নয়, ধর্ষণের গন্ধ মাখা
আমার হাতের ছায়া নড়ছে।
ভয়ে নড়ছে, ধর্ষিতার আর্তনাদ
নিম্নচাপে ঝড় হয়ে ধেয়ে আসছে
হাতে চট চটে রক্ত নোনা জলে
অধৌত, সর্বগ্রাসী আদিম ক্ষুধা
মৃত্যু যন্ত্রণায় লালসার দাবানল
হয়ে তীব্র সম্ভোগ তাড়নায় হলো
বলি,থামিল অনল, নিষ্প্রাণ দেহ।
মাঝ সমুদ্রে জাহাজের আলো
পাইল বাতিস্তম্ভের আলোর সঙ্কেত।
হাত কাঁপিছে ওই পোতখানিতে আছে
ধর্ষিতার মৃত দেহ মাস্তুলে ঝুলানো।
আমি সভ্য মানুষ বাতিস্তম্ভ সভ্যতাস্তম্ভে
দাঁড়ানো ,যত উঠুক ঘূর্ণিঝড় এ আলোক স্তম্ভ
পারেনা ভাঙিতে। মৃতার কষ্ট বৃথা যাবে
সভ্য মানুষ, সভ্য যন্ত্রে দাঁড়িয়ে আছে বলে?

# শিক্ষক স্তুতি

বুড়ো শশীনাথ গোঁফ পাকিয়ে বলে ছোঁকড়া কে রে?
থুথু ছিটিয়ে করিলি নোংরা লাঠি দিল ছুঁড়ে মেরে।
কানধরে দাঁড়া, পাঁচ মিনিট সময় নামতা পড়ার
দুই ঘা বেত শাস্তি মিলিবে পড়া না পারার।
পড়া না পারিলে সাজা পাকা চুল হতো তুলিতে
হাতের লেখা না হলে ভালো এক পায়ে দাঁড়া বেঞ্চে
নোঙরা ধুতি পরে ইস্কুলে ছুটে, মুড়ি জল খেত লাঞ্চে।
কাদা মাখানো ছেঁড়া পাম্পসু পায়ের নখেতে কাটা
গায়ের ফতুয়ার বুক ফাকা বোতাম থাকেনা আঁটা
বুকের পাঁজরের হাড়গুলো সব থাকতো মাথা তুলে
বাহির হইত লাগিত ভয় হৃদয়ে শিশুরা দোলে।
যবে এন্ট্রান্স করিলাম পাশ আমি জলপানি লয়ে
শশীনাথ বুকে ধরি জড়ায়ে শির চুমে খুশি হয়ে।
এই শুভ দিনে প্রণমি তোমায় আমার প্রথম গুরু
আজ বুঝিয়াছি মোর জীবনে তুমি বাঞ্ছাকল্পতরু।

# চন্দ্র তপা

রজনীর রজত শুভ্র ভালবাসা যারে নিল টেনে
সে পড়েছে বাঁধা কালের কপোলে শশধর মনে
সদা আঁকে মূরতী তব হৃদয়ের চিত্রপটে নীরবে
ওগো নিশীথিনীর দান কথা কহি প্রেম নিবেদিবে।
চাঁদকে ভালোবেসে কাঁদিলে ভিজিলে উচ্ছ্বাসে আবেগে
গ্রীবা নেড়ে দেখো চেয়ে অম্বরে তব চাঁদ তোমারই অনুরাগে
বসন্তে, শীতে, হেমন্ত সন্ধ্যায় তোমার চুলের গন্ধ মাখে
দুষ্টু হাসির মত তব চঞ্চল পায়ে লুটিয়ে পড়ে ঘুঙুর ফাঁকে।
বাতায়ন ভেদী বিধুদ্যুতি আসি পারিজাত হয়ে পড়ে ঝরে
তব অধর চুমি কুলপাংশুলার মত উপশান্ত করি দেহমন ভরে।
কেন তব এই উৎপ্রেক্ষা সব হারানো অভিমানিনীর মত
তুমি দেখো ভালে টুকরো চাঁদের কেবল আনাগোনা
কখনও আঁধার কখনও আলোর ঘটে জানাশোনা
পূর্ণ বলে আমার যা কিছু আছে সেই ত কবে করেছি সমর্পণ
তবগত প্রাণ পূর্ণ শশী, তোমাতে সপেছি প্রথমে করিয়া তর্পণ।
হৃদয় আধীনে রেখেছি বাঁধা তোমার আমিরে আমার তুমি করি
আমি চাঁদ ওই দূর আকাশে রাহু গিলি খায় রাখিতে পারে না ধরি।
ওগো সুচরিতা ভোল অভিমান তোমারই ত আছি রব চিরকাল
কিবা অমাবস্যা কিবা প্রতিপদ, পূর্ণিমা যেন হয় দাবানল
বুকের ভেতরে জ্বলিছে অনল তোমা না দেখিলে জীবন বিফল।
আমি চাহি তোমায় জীবনে মরনে শয়ন স্বপনে চাহি জাগরণে
রহিব প্রাণের প্রিয়তম হয়ে দুঃখ সুখের মহা সঙ্গমের শিহরণে।
চন্দ্রতপা ধরনী বক্ষ মাঝে স্নিগ্ধ বসনে বিরলে জপিতেছ যার নাম
মুমুক্ষু চাঁদ  আকাশ ছাড়ি পড়িবে কাননে যেথা তব ধাম।

171

## কাঠগড়ায় ওই লোকটা

কাঠগড়ায় ওই লোকটা কালো নিকষ কালো
হিম শীতল ঐ চোখ দুটিতে ঠিকরে পড়ে আলো।
লোহার মত শক্ত শরীর অসুর মরে ভয়ে
উচ্চ কপাল ক্রুদ্ধ চোখে অনল প্রবাহে।
কাঠগড়ায় ওই লোকটা ----
বজ্রকন্ঠ কঠিন বার্তা উদ্গিরণে সে ঘৃণায়
লোকে যখন কয়েদিরে আঙুল তুলে দেখায়।
আমায় তোমরা কয়েদি কও করছো আমার বিচার
তোদের বিচার করবে কারা দেখবি দুরাচার।
কাঠগড়ায় ওই লোকটা----
যাদের বিচার চায় পৃথিবী পাচ্ছে তারা বিচারকের আসন
আমি দাঁড়াই কাঠগড়াতে শুনতে ওদের ভাষণ।
সাহস থাকলে হাতকড়া খোল বিশ্ব লোকে বলি
ওদের কাপড় খুলব টেনে দেখবে, চোরাই টাকার থলি।
কাঠগড়ায় ওই লোকটা ----
চুরি ওরা করলো সকল বিশ্বাসীদের ধন
ধরলো আমায় বেজন্মারা দেখলো জনার্দন।
লুটতে টাকা খুন করেছি মিথ্যে অভিযোগ
জনমজুরে দিতে ফাঁসি দলবেধেছে লোক।
কাঠগড়ায় ওই লোকটা ---
চোখ পাকিয়ে বিচারশালার বিচারপতি কয়
সাক্ষী সাক্ষ দিচ্ছে কেহ তব পক্ষ নাহি লয়।
বাবুরা সব বলছে যখন খুন করেছো তুমি
এই দোষেতে পাঠাই তোমায় শীঘ্র বধ্য ভূমি।

কাঠগড়ায় ওই লোকটা ---

বাবুর গলা টিপে ধরে

ফাঁসির দড়ি পরবো গলায়  সত্যিকারেই মেরে।।

(The Man on the Dock এর ছায়া অবলম্বনে রচিত)

172

## Baby on the Rocking Horse

Gee my horse fast
Mom and dad 're
tittle-tattling on grate.
Hasten the ride , I grapple
Hard thy bridle purple .
Reach unto the hearth
before dusk 'midst elf's droll
Lest mom burnth my cheese
And kilt when with dad on a stroll.
Do fast my pony render
head gear high
Do'nt let me miss the sweet pie.

# কনকাঞ্জলি

বিবাহ করিতে বর সাজিয়া চলিল
মায়ের সেবার দাসী আনিবে বলিল।
চড়িয়া রাজার শকট মহা কোলাহলে
বরণ করিল সহ মিষ্ট সরবত জলে।
লোক লস্কর দাসদাসী তটস্থ সবে
করিতেছে কাড়াকাড়ি কোন্ দায় নেবে।
শ্বশ্রু মাতা কাঁদে, মজে শ্যালিকার দল
অশ্রু মতি কনের চোখে বহে অশ্রু জল।
উপঢৌকন বরপণ দেখিতেছে লোকে
বরযাত্রী কন্যাযাত্রী কেবা কাকে দেখে।
ভূরিভোজে মাতে সবে শতেক রকম পদ
খায় যত ফেলে তত নেশায় গদ গদ্।
বিবাহ করিল দোহে টোপর পরিয়া মাথায়
আগুনে পুড়িয়ে খই ঘৃতাহুতি দিল সেথায়।
বসিল গানের আসর বরকনে মধ্যমণি
বাসর জাগিল রাতে নবোঢ়া লাজে প্রমাদ গণি।
সকাল হইলে হাসিহীন গৃহ, বিষাদ ঘিরিল আসি
যাবে বাড়ি ছেড়ে আদরের লক্ষ্মী নিভিবে গৃহশশী।
দুই মুঠো চাল কনকাঞ্জলি আঁচল পাতে মাতা
কহিল মাগো শোধি মম ঋণ তব পায়ে আছে যা তা।
দুই মুঠো চালে শোধে মাতৃ ঋণ একি হীন তামাসা
হইল দাসী আন নারীর এবে তাহারই চরণে ভরসা।

# কৃষ্ণ সম্মিলন

বহুদিন পর বুচি বৈষ্ণবীর আঁখড়ায় এসেছি। সন্ধ্যা বেলা। মদন মোহনের মন্দিরে বুচি বোষ্টমী চন্দন বাটছিলো। একটু পরে কীর্তনের আসর বসবে। ভক্তদের কপালে চন্দন তিলক পরাতে হবে। এত দিন পরে এসে বুঝতে পারছি আখড়ায় আর আগের মত জৌলুশ নেই। আগের মতো আর সান্ধ্য আসরে বৈষ্ণব বৈষ্ণবীদের ভীড় হয় না। আর্থ সামাজিক অবস্থার কারণে ভেকধারী বৈষ্ণব এখন আর দেখা যায় না। সাধারণ ঘরের নরনারী নানা কারণে ভেকধারী হত। প্রথমত বেকারত্ব। সমাজে বেকার গরীব লোকেরা বৈষ্ণব ধর্ম গ্রহণ করে মাধুকরী দ্বারা অন্ন সংস্থান করতে পারত। একবার ভেক করলে আর সংসারে থাকা যেত না। দ্বিতীয়তঃ অবৈধ সম্পর্ক। দুজন নরনারী যখন অবৈধ যৌন সম্পর্কে জড়িয়ে পড়ত তখন সমাজ তা মেনে নিত না। একবার বৈষ্ণব জীবনে ঢুকে পড়লে দুজনের যৌন সম্পর্কের বৈধতা পেয়ে যেত। স্বামী-স্ত্রী নাহলেও স্বামী-স্ত্রী'রমত বোষ্টম বোষ্টমী জীবন যাপন করত। খঞ্জনী ও একতারা বাজিয়ে দুজনে ভিক্ষা মেগে, সাধারণ গৃহস্থের গৃহে উৎসবাদি ও বৈষ্ণব সেবা এসবের

দ্বারা বেশ চলে যেত । মাঝে মাঝে তীর্থ ভ্রমণে গাড়ি ভাড়া লাগত না বরং রেলের কামরায় শ্রীহরির কীর্তন করে বেশ আয় হত। সরকার ভিক্ষা জীবিকা বন্ধ করে দেওয়া এবং বিনা পয়সায় রেল ভ্রমণ বন্ধ করে দিলে বৈষ্ণব

সংস্কৃতিতে ধাক্কা খায়। সরকারের জনকল্যাণমুখী প্রকল্পগুলি চালু হলে এবং আধুনিক শিক্ষার প্রসার ঘটালে আয়ের রাস্তা খুলে গেলে এই দিকে লোকের আসা বন্ধ হয়ে যায় প্রায়।সাধারণতঃ বিধবারা ভেক ধারণ করে বৈষ্ণবী

হত। এ ছাড়া গৃহী বৈষ্ণব আছে। তারা সংসারে থেকেই কৃষ্ণ ভজনা করে। কখনও কখনও এই গৃহীদের মধ্য থেকে আনেক দম্পতিরা উভয়ে মিলে ভেক ধারণ করত। এরা সহজিয়া বৈষ্ণব। গুপ্ত সাধন ভজন এদের পথ।

--- 'কি গো গোসাই, এপথ কত দিন মাড়াও নি! রাধে রাধে । বোস গো গোসাই বোস। আজ রাধারাণীর বড় কৃপা হয়েছে।

আমার গলায় একটা সন্ধ্যা মালতীর মালা পরিয়ে দিলো, কপালে সযত্নে মাখালো চন্দন তিলক। এ থেকে আখড়ার দুর্দশার একটা চিত্র পাওয়া গেলো। আগে হলে রজনীগন্ধার মালা পরাত। আজ আশ্রমের সামনে সন্ধ্যামালতীর বাগান থেকে তোলা ফুল দিয়ে গাথা মালা।

--- আজ কি আসর বসবে?

---বসবে, শুধু ভজন কীর্তন। তোমাকে ছাড়ছি না। আমার গোবিন্দকে অনেক দিন পরে পেয়েছি। মদন মোহন মন্দিরের সামনের প্রাঙ্গনে সতরঞ্চি বিছানো। সেখানে বিগ্রহের সামনে একটা হারমোনিয়াম , দুটো পুঁথি, দুটো শ্রী খোল। কিছুক্ষণের মধ্যেই বক্তা এবং গায়ক গণ এলো।

প্রধান গায়ক ও ভাগবৎ টীকাভাষ্যকার মানবেন্দ্র পাঠক রতি বিষয়ক কীর্তন করবেন। ভক্তগণ প্রধানতঃ স্থানীয় অঞ্চলের প্রবীণ নরনারী ও বিধবা। কারও কারও কপালে রসকলি আঁকা।

বৈষ্ণব ভক্ত বলতে যাদের বুঝা যায় তাদের বিশেষ কাউকে চোখে পড়ছে না।

গৌর চন্দ্রিকা শেষে গাইল--

সেই ত পরাণ নাথ পাইনু

যাহা লাগি মদন দহনে ঝুরি গেনু।

এই ধুয়া গাইতে গাইতে গায়ক ও মৃদঙ্গ বাদক এমন উদ্দাম নৃত্য শুরু করল যেন ওদের মধ্যে অষ্ট সাত্ত্বিক ভাবের উদয় হয়েছে। নারীরা হুলুধ্বনী আর পুরুষ ভক্তরা হরিধ্বনী দিতে শুরু করল।

পরিশেষে রস বিষয়ক আলোচনা প্রসঙ্গে বলল, ভগবান আপ্তকাম হলেও মনুষ্য দেহ ধারণ করে ভক্তগণকে শৃঙ্গার রসের প্রতি আকৃষ্ট করেছেন। অতএব এইটিই শ্রেষ্ঠ রস। তাই এই রসকে মধুর রস বলব। রতি প্রধানত পাঁচ প্রকার, শান্ত, দাস্য, সখ্য, বাৎসল্য এবং মধুর। বাসনা ভেদে বিশেষ বিশেষ ভক্তের কাছে বিশেষ বিশেষ রতি রুচিকর।

আসর ভাঙলে বুচি বোষ্টমী আমাকে ওর ঘরে নিয়ে গেলো।

আমি বললাম, তোমার আখড়া আর তেমনটি নেই।

--- হাগো গোসাই। এখন আর আগের মতো এই পথে মানুষ আসে না। ওই কিছু গৃহী ভক্ত আর আমার মত কিছু কন্ঠী বাঁধা সাধিকা আসে। আর যারা আসে তারা বোষ্টমীদের দেহের লোভে আসে।

----- মানে?

-------রাধা মাধবের কি ইচ্ছা জানিনা। আমি আর বিধু বোষ্টমী রাধা মাধবের চরণে প্রাণ মন সঁপে দিয়ে আছি। ওরা ভাবে আমরা দেহপসারিণী।

বড় গোঁসাই উঠে যাওয়ার পর আমরা আস্তে আস্তে হারিয়ে যাচ্ছি। মনে মনে বললাম, নাগো বৈষ্ণবী সমাজে যে পরিবর্তন এসেছে। বড় গোঁসাই হলো এদের শিক্ষা গুরু ও আখড়া সমূহের পরিচালক।

---- গোঁসাই, আমার বড়গোঁসাই চলে যাবার পর কৃষ্ণ সম্মিলন ভজনা হয়নি। আজ আমার মদন মোহনকে পেয়েছি এই সাধটি পূরন করবে গোসাই?

প্রথমে বলি। কৃষ্ণ সম্মিলন হলো বৈষ্ণব সহজিয়াদের কৃষ্ণর গুপ্ত ভজনা। এখানে একজন বৈষ্ণব ও একাধিক বৈষ্ণবী থাকে। বৈষ্ণব কৃষ্ণ স্বরূপ আর বৈষ্ণবীরা গোপিনীস্বরূপ। নির্জন ঘরের মধ্যে বৈষ্ণবকে উলঙ্গ অবস্থায় সাজিয়ে পূজা করা হয়। জগৎ সংসার পরিবৃত্ত শ্রীকৃষ্ণ। আর কিছু নেই। গোপিগণ শ্রীকৃষ্ণেরই অংশ। আমার দেহ মন তাঁর, তবে মদনমোহনকে কিসের লজ্জা ভয়। আবার বৈষ্ণবকে গোপাল সাজিয়ে বৈষ্ণবীগণ উলঙ্গ হয়ে গোপিনী স্বরূপ বস্ত্রহরণ লীলা সাধনা করে। বৃন্দাবনে বালক গোপাল ধূলাবালিময় রাস্তায় চলাচল করলে গোপালের কোমল পায়ে আঘাত লাগবে বলে ব্রজাঙ্গনাগণ বক্ষ উন্মুক্ত করে দিলে গোপাল

তাদের স্তনের ওপর দিয়ে চলত। এখানে সেই রূপ ভজনাও করা হয়। বহুদিন পূর্বে একদিন বুচি বোষ্টমীর প্রেমে হাবুডুবু খাচ্ছিলাম, তখন ওর সাথে কন্ঠিবদল করে কৃষ্ণ সেজেছিলাম সুতরাং এযাত্রায়ও।

# মান্দাস

চোখের কোণে চুলকাচ্ছে
হাত দিয়ে অনুভব করি জল।
কিসের জল, নোনতা লাগে
তাজমহলের সুমুখের
সাজানো লেকের নাকি
পশ্চাতে প্রবাহিত কালিন্দীর।
তাজের লেকের জল অনাম্বুজ
যমুনার জল তবে কি?
যে জল রাধিকার বিম্ব-ধৌত,
কর্ণাভরণের গন্ধমাখা, স্পর্শে
চঞ্চল চপল মুরলীর ধ্বনি
উজানে টানে ধেনু সনে ।
না, এ চোখের জলে নিঃসরে
আবেগ রাশি সেই যেদিন
মেরিডার্লিং নয় গাঙুড়ের
স্রোতে সাম্পানে চড়ে চলেছিলে
নতুন পৃথিবীতে নতুনের দেশে
আমি মান্দাস হতে দেখে বাষ্প হই।
হাত নেড়েছিলে, নদীবেগে হৃত তৃণ
দলের মত। নিশ্বাসে নিঃস্ব অনঙ্গের
আলিঙ্গন মুছে দিল স্মৃতি সব ,
বেদনা হলো সর্ব ব্যাপক, ভুলি মধুরিমা।
মৃণাল বনে কণ্টক সর্পবৎ দংশনে নহে
অজানা। আমার ঘর বাঁধা আছে প্রবালে।

কাহার তরণী আসিয়া ভিড়িল মম মান্দাসে
রাশি রাশি ভরা ভরা উপহার কে গোণে
ভরাইলো ভেলাখানি তিল ঠাঁই আর নাই
এত উপহার ঐশ্বর্যের দান নাকি অহঙ্কার
মাঝে তার লেখা চেনা হাতের কবিতা এক।
গোলাবাড়ি নয় তাই ডুবিল মান্দাস কবিতা বাঁচে।

176

# রাতের রোদ্দুর

মধ্য রাত্রিতে তবে আমাকে কেন ডেকে তুললে ওগো বেদনা বিধুর
ঘুম মাখা আঁখি মেলে দেখি চারদিকে ছেয়ে গেছে শুধু রোদ্দুর।
আকাশে কোন সূর্য নেই কোথা হতে তবে এলো এ আগুন ঝরা
মধ্য এ নিশীথ মাঝে যাযাবর আমরা কারা
একা একা দহনে জ্বলিতেছি আকাশ তলে বসে
তন্দ্রাহারা একটি কাকন পরা হাত ঘিরিল বাহু পাশে।
কি চাহিছো ওগো নারী নির্জন রাতের সূর্যালোকে
ভেতর কাঁপিছে ভয়ে তোমার দেহ তপ্ত বালুকা কীলকে
এ এক কৃতান্ত নীচয়, তোমার আগুন চোখে বীভৎস ক্ষুধা
গিলিতে চাহিতেছে জ্বলন্ত ভাস্কর তেজে আমার সুধা
দিনপতি আরো জ্বলে যত বাড়ে তেজ তব মাঝে
রাত কেন দিন হয়ে যায় যেমন বসন্ত অশান্ত হয় ফাগুনের সাঁঝে।
অধর ওষ্ঠ ভিজিল তব মুখ হতে নিঃসৃত ফুটন্ত গলিত লাভায়
চারিদিক নিস্তব্ধ রাত বাকি জ্বলন্ত নিশীথের রোদ বলে যায়।
নিথর বাক্যহারা দীপ্তিহীন মানব আমার মানষলোকে রাত দিন হয়
দিনের পেলবতা স্নিগ্ধ সৌর আলোক চির দিন বারতা ছড়ায়।
একটি তপ্ত হাত মোর দেহ হতে একে একে বাস খুলে নেয়
নগ্ন দেহ পরে জ্বলন্ত হস্ত খানি ইতস্তত ঘুরিয়া বেড়ায়।
আমার ভেতর পানে উদিল হাজার সূর্য লুব্ধ হুতাশন
নামিয়া নক্ষত্র পুঞ্জ পড়িল দেহ পরে মহা তেজ করিল ধারণ।
ক্রমে রাত্রিশেষ সূর্য গেল নিজ দেশ বুঝিনু এ রৌদ্র নহে তপনে
এ রৌদ্র জগৎ নাচায় সৃষ্টি সৃষ্টি খোঁজে লগনে স্বপনে।

177

# রৌরব ত্যাগ

নহে খ্যাতি নহে যশ নহে দীর্ঘ জীবন
চাহিনা ছায়াশক্তির সাথে দীর্ঘ আলাপন।
প্রানের প্রাণ রহে যেথা সৌন্দর্যাদির হয় বিচরণ
পত্র পুষ্প মায়ামুগ্ধ প্রেমে অন্তরস্থ মরুতেও বারি নিঃসরণ।
রহিবার নাহি শক্তি প্রেমহীন বালুকার চরায়
কোন দান চাহি না পেতে জড়িত থাকা কৃপণ হিয়ায়।
নিষ্ঠুর বিশ্বাস হত, রক্তাক্ত ভালোবাসার প্রতিদান
চাহিনা তাহাদের আশীষ যাহারা ধর্ষিল নারীদের মান।
যখন সজ্জাত প্রেম লাগি লালায়িত হয় রোমাবলি
অবিরল পুলকিত চন্দ্রবিম্ব চায় অধর দলিয়া যেতে চলি।
সেথায় রহিব যেথা কোলাহলে বহিবে সুধাবাহী রোমাঞ্চিত মন্দাকিনী
মিটাইবো তৃষ্ণা ক্ষুধা বিরাজিত প্রেমে সর্বথা ঘৃণা বিমোচিনী।
প্রেমহীন দয়াহীন স্থানে শ্বপচের আবাসকে কহে রৌরব
ত্যাজিলে এ বিষদষ্ট ভূমি জীবনেরই বাড়িবে গৌরব।

# মুক্তির পথ

মানুষের জীবনের লক্ষ্য মুক্তি। পারমার্থিক মুক্তি। তার্কিকরা দূরে থাকুন। কারণ এখন নাস্তিকের সংখ্যা জ্যামিতিক প্রগতিতে বেড়ে যাচ্ছে। বাক্যালাপের মূল ধাপে বলবে, আমি নাস্তিক। বক্তা কেন নাস্তিক তা বলতে পারবে না, কিম্বা বড় জোর বলবে চাকরি নেই, বিয়ে হচ্ছে না, ব্যবসা জমছে না, ইলেকশনে জিততে পারছে না, বিচার পাচ্ছে না প্রভৃতি অসংখ্য কারণে সে নাস্তিক। আবার কখনো কখনো আমি কমরেড তাই নাস্তিক। আসলে নাস্তিকতার প্রকৃত তাৎপর্য এরা জানেনা বলেই নিজেদের নাস্তিক বলে ঈশ্বরের বিরুদ্ধে বিপ্লব শুরু করে। আসলে এরা সকলে ভন্ড নাস্তিক। এরা উগ্র ধর্মান্ধদের চাইতেও ভয়ঙ্কর। ভারত বর্ষে মাত্র কয়েক জন মুষ্টিমেয় সত্যিকারের নাস্তিক আছেন। আমার চোখে ভারত বর্ষের সেরা নাস্তিক হলেন স্বামী বিবেকানন্দ।

নাস্তিকতা আমার আজকের আলোচ্য বিষয় নয়।

অন্য কখনও সে আলোচনা করা যাবে। মুক্তি হলো বন্ধন মোচন। এক কথায় বলা যায় ব্রহ্ম পদ লাভই

মুক্তি। এই মুক্তি লাভের বহু পথ রয়েছে। আমরা মানি যে, চারটি দৈবিক যুগ নিয়েই সময় আবর্তিত

হচ্ছে, সত্য, ত্রেতা, দাপর ও কলি যুগ। আত্মার মুক্তির জন্য বিভিন্ন যুগের সাধনার কথা উল্লেখ আছে ভাগবৎ, বিষ্ণু পুরাণ, হরি ভক্তিবিলাস প্রভৃতি গ্রন্থ থেকে জানা যায়। বলা হয়েছে, পরম গতি লাভের জন্য সত্য যুগে উপযুক্ত পথ হলো শ্রী বিষ্ণুর ধ্যান, যজ্ঞাদি দ্বারা মুক্তির উপায় ছিল ত্রেতাযুগে, বিষ্ণু সেবার দ্বারা মুক্তি লাভ উপায় দ্বাপর যুগে এবং কলিযুগে মুক্তির একমাত্র পথ শ্রীহরির কীর্তন।

এসবের কারণও ব্যাখ্যা করা হয়েছে। প্রথমতঃ ধ্যানের মাধ্যমে সাধনার প্রধান শর্ত হলো চিত্তের শুদ্ধ ভাব। চিত্ত শুদ্ধ হলেই অর্থাৎ মন কলুষ মুক্ত হলেই তবে ধ্যান সম্ভব। সত্যযুগে সার্বিক চিত্ত শুদ্ধির পরিবেশ বজায় ছিল। তাই এই যুগে ধ্যানই ছিল মুক্তির একমাত্র উপায়। চারযুগের মধ্যে ত্রেতাযুগেই যাবতীয় সমস্ত রকম বেদবিধির যথাযথ প্রচলন ছিল। যাগযজ্ঞ পালনের জন্য শ্রুতি নিয়ামক। তাই ত্রেতাযুগে মুক্তির একমাত্র পথ ছিল

শ্রীহরির জন্য যজ্ঞ। মূর্তি পূজার প্রচলন শুরু হয় দ্বাপর যুগে শ্রীহরির মূর্তি প্রতিষ্ঠার মাধ্যমে বিশেষ ভাবে পূজার্চনার মাধ্যমে মুক্তির পথ খুঁজা হত। এই যুগেই পৌরহিত্য প্রথা আবির্ভূত হয়। কলিযুগ পাপ ক্লিষ্ট যুগ কিন্তু এই যুগে মুক্তির জন্য সর্ব শ্রেষ্ঠ এবং সবচাইতে সহজতম মুক্তির পথ নির্দেশ করা হয়েছে। বাকী যুগগুলির আচরিত মুক্তির পথ গুলি অনুশীলনে যেরূপ ফল লাভ হয় কলিযুগে শুধুমাত্র বাসুদেব শ্রীকৃষ্ণের কীর্তন করলেই সেইরূপ ফল লাভ করা যায়।

এর কারণ পাপাকীর্ণ কলিযুগে জীব পাপে আকন্ঠ নিমজ্জিত। তাই এই যুগে চিত্ত শুদ্ধি বা মন পঙ্কিলতা মুক্ত করা সম্ভব নয়। বেদের নিয়ম কানুন বা বেদের বিধি সব জ্ঞাত নয়। পূজার্চ্চনার নিয়ম কানুন মন্ত্রাদির অবলুপ্তি ঘটেছে। অর্চনা বলতে টিকিধারীদের ছেলে খেলা। তাই নাম সংকীর্তনই মুক্তির একমাত্র পথ। এই পথের মূল শর্ত হলো কীর্তন। কীর্তন করতে দীক্ষার প্রয়োজন হয় না, জ্ঞানী হতে হয়না, অর্থ ব্যয় করতে হয় না, কীর্তন করার জন্য স্থান ও সময়ের গন্ডি বাধা নেই। ভন্ড গুরুর খপ্পরে পড়তে হয়না।

কলিং সভাজয়ন্ত্যার্য্যা গুণজ্ঞা: সারভাগিনঃ।

যত্র সংকীর্তনেনৈব সর্বস্বার্থোহপি লভ্যতে।।

(শ্রীমদ্ভাগবৎ (11/5/23/))

# স্মৃতিই দুঃখ

দুঃখের পারাবার
পার হয়ে আরবার
মনে হলো মুক্ত সুখী
দুঃখকে জিনি শেষে
এসেছি সুপ্তির দেশে
আলোর দীপ জেলে রাখি।
দুঃখের রঙ কালো
সবটাই হলো আলো
সুখের রঙ তবে কি?
শান্তি বন্দিত সাদায়
সুখ কত জনেরে কাঁদায়
সুখ ভেবে গায়ে আলো মাখি।
সুখ শয্যায় শুয়ে
দুঃখ ভাসে স্মৃতি হয়ে
দুঃখ কি পেরেছি জিনিতে
স্মৃতি ওঠে হাসিয়া
আলো হলো আলেয়া
অরণ্যে বসেছি কাঁদিতে।
দারুণ সংক্ষুব্ধ সময়
সহিয়াছি বহু অন্যায়
বেদনা শরীর মন সইত
নিপীড়ন হলো শেষ
মুছে গেল ব্যথার রেশ
যন্ত্রণা আর না বইত।

রহিয়া সুখের ঘরে
বুঝি দুঃখ কহে কারে
যত পড়ে মার খাই
দুঃখ কিছু না পাই
যত হোক উপেক্ষা অবহেলা
মনে হয় সুখ না আছে
স্মৃতি যত আসে কাছে
স্মৃতি খেলে দুঃখের খেলা।

# সুখ দুঃখ অভেদ

দুঃখ কাহাকে বলে জানিয়েছি সুখ নাই বলে
সুখ আসিল যবে দুঃখ গেল চলে।
বুঝিনি তফাৎ কি দুজনার মাঝে
যেমন তফাৎ হয় সকাল আর সাঁঝে।
সকাল সুখের তিথি সবই নব নব
সাঁঝ বেলা আঁধারের রূপ খুঁজে লব।
অর্থ আছে, যৌবন, গৃহ, অরুন্ধতী বধূ
সুখে সাজাই বাসর, দেখি সুখী নহি তবু।
চড়িয়া হাওয়া গাড়ি দূরে যাই হাসি
ব্যথিত হৃদয়ে ভাবি কোথা, রাখালের বাঁশি।
সুখী আমি উঠেছি পাহাড় চূড়ায়
দূরে ওই তরঙ্গে সিন্ধু আঁচল উড়ায়
সিন্ধু ডাকিছে আমায় হেথা সুখ রাশি
সহস্র দুঃখ শৈবাল বাঁধিল আসি।
দিবস কাটিল যথা হাসি, নাচে, গানে
নিশীথে করি পান পর নারী সনে।
গাড়ি চালাইয়া ঘোরে বাহাদুর বেটা
স্ফীত গরবে বক্ষ ছেলে কেউকেটা।
আসিল খবর ছেলের দেহ ছিন্নভিন্ন
শকট পড়িয়া খাদে হয়েছে নিশ্চিহ্ন।
ঈশ্বরে সপিলাম আত্মা মুক্ত দেহ প্রাণ
সংসার সন্তাপ জ্বালায় চিত্ত খান খান।
টাকা আছে সম্পদ ভারি স্বর্ণ শিখর বাড়ি
মারণ ব্যাধি বাঁধিল বাসা যাবে না ছাড়ি।

খাদ্য বস্ত্র বাসস্থান কিছু নেই ঠিক
দিবা শেষে পুত্র আসি বলে পিতা ধিক্ ।
নাপাই খাইতে ভালো বুঝিবে না লোকে
বাইক না চড়িলে মান বলো কোথা থাকে।
সকলের সুখ আছে দুঃখ কারো নাই
দুঃখ জড়িয়ে ধরে সুখ যত চাই।

181

## ভৈরবী

স্নিগ্ধ সকাল খানি শয্যা ছাড়িল
আকাশের কোণে কোণে বিহগ উড়িল
অলস চক্ষু মেলি ফুলের পাপড়ি গুলো
বিতানে পড়িয়া ঝরে ঢাকিল ধূলো।
বিভাবরী নিশি জাগি করিয়াছে ক্রীড়া
শৃঙ্গার মাধুর্য রসে ভুলিল ব্রীড়া
তিষাম স্নাতা শুচি সাজি হয়েছে সকাল
দূর বনানী হতে বাতাস তুলিয়াছে পাল।
শুভ সঙ্গীতে চিত্ত ওঠে উদ্ভাসিয়া
অনুস্যূত হৃদয়ে হৃদয় দিল রাঙাইয়া।
গীতিময় নিসর্গ জুড়ে ভৈরবী তান
জলক্রীড়া করে ডাহুক সারসের গান।
তড়াগে খেলিছে মরাল মরালী সনে
তটিনী সোহাগে দোলে আপন মনে।

182

# পৃথিবীর ঘূর্ণন

আমাদের পৃথিবীটা কোনদিকে ঘুরছে
ঘুরতে ঘুরতে আবার কি ফিরে ফিরে আসছে?
কোন দিকে ঘুরছে।
শুনেছি তোমাদের মুখে
ছিল এই পৃথিবী বাম দিকে ঝুঁকে
বন বন ঘুরিত কেবলই বামে
ছুটিত ঘরবাড়ি তারাদের ধামে।
আমরা ছুটিতাম সহ তৈজসপত্র
লাল রঙ ছড়াইয়া যত্র তত্র।
টানিতাম বিড়ি সব সিগারেট হইল
ঘূর্ণনের এমনি ফল সাধুরাই কইল!
থামিল ঘূর্ণন ভেদ বমি হয় হয়
ডান দিকের বল আসি টানিয়া লয়।
উল্টো প্রতিক্রিয়ায় থামিল গতি
গতিহীন নয় কিছু বিজ্ঞানের নীতি।
উঠিল জাগিয়া শ্রী ভগবান রাম
অপার শক্তি কত ধরে তার নাম।
কুমোরের চাকা যেন ঘুরাইল জোরে
বন বন পৃথিবী দক্ষিণে ঘোরে।
এখন দক্ষিণে গতি লাল রঙ ফিকে
সবুজ মিশিয়া গেল গোলাপের বুকে।
ডান দিকে গতিশীল ঘোরে বন বন
গাভী আর শাখা মৃগ দেয় নেয় মন।
একবার যদি মুখে লহ রাম নাম

ক্ষুধা তৃষ্ণা যাবে দূরে পৃথি তীর্থ ধাম।
সাধু সন্ত চালাবে দেশ সুখের ঠিকানা
গোরু আসি বলে মোর দুধে আছে সোনা।

# ভক্তি কথা

উদ্ধবকে শ্রীকৃষ্ণ বলেছিলেন,

"ন সাধয়তি মাং যোগো ন সাংখ্যং ধর্ম উদ্ভব।

ন সাধ্যায়স্তপস্ত্যাগো যথা ভক্তির্মমোর্জ্জিতা ।।"

অর্থাৎ আমার প্রতি দৃঢ় ভক্তি দেখিয়ে যেমন গভীর ভাবে আমাকে লাভ করা যায়, যোগশাস্ত্র সাংখ্য যোগ, বেদ প্রভৃতি অধ্যয়ন , তপস্যা, দান করেও আমাকে তেমন ভাবে লাভ করা যায় না।

ভক্তিকারীই ভক্ত। ভক্তি হলো পরমেশ্বরে সমর্পিত চিত্ত এবং তাতে সকল কর্ম কর্মফল সমর্পণ করে

ঈশ্বর পরায়ন হয়ে অনন্যভাবে তার ধ্যান করতে করতে উপাষণা করা। এর নাম পরা ভক্তি। ভগবান

অপেক্ষা বেশি প্রিয় আমার কেউ না, কিছু না এই ভাব হলো ভক্তি। মন ও বুদ্ধি স্বতই ঈশ্বরে সমর্পিত।

সুখে বিগত স্পৃহা দুঃখে অনুদ্বিগ্ন মনা। সত্য, ত্রেতা, দ্বাপর এই তিন যুগে ঈশ্বর আরাধনার জন্য যাগ, যজ্ঞ,বেদাভ্যাস, দান পূজা এবং বানপ্রস্থ ইত্যাদি ঋতি প্রচলিত ছিল। কলি যুগের জন্য নির্দিষ্ট হয়

ভক্তি ও কীর্তন। এই দুই ঋতির সমষ্টি মূর্ত হয় শ্রীচৈতন্য্ দেবের মধ্যে। নাম সংকীর্তনের মধ্য দিয়ে

ভক্তের এও এক সাধনা। এটি ভক্তি সাধনার অঙ্গ। শ্রীভগবানের নামই শ্রীভগবানা। ভগবানের

নাম যে মুখে উচ্চারিত হয় সে মুখ তীর্থ ক্ষেত্রের ন্যায় পবিত্র। দেবাহুতি স্বীয় পুত্র কপিলকে বলেছিলেন, " হে প্রভু, শ্বাপচও যদি আপনার নাম উচ্চারণ করে তবে সেও পূজ্য হয়ে ওঠে।"

আধ্যাত্মিক দিক থেকেই ভক্তি ও কীর্তন গুরুত্ব পূর্ণ নয় ঐতিহাসিক দিক দিয়েও তাৎপর্য পূর্ণ। হিন্দু ধর্ম যখন কঠিন আচার সর্বস্ব ব্রাহ্মাণ্যবাদের নিগড়ে ওষ্ঠাগত প্রাণ। তখন তুর্কিরা আমাদের দেশ দখল করে এবং হিন্দু ধর্ম ও সংস্কৃতিতে অন্ধকার যুগ নেমে আসে। অন্ধআচার বিচার । সাধারণ হিন্দুদের ধর্মাচরণ অসম্ভব হয়ে পড়ে। বাধ্য হয়ে হিন্দুরা অপেক্ষাকৃত উদার বৌদ্ধ ও মুসলিম ধর্মের প্রতি ঝুঁকতে থাকে। হিন্দু ধর্মের এই মহা সংকট কালে আবির্ভূত হন মহা মহা মানব শ্রীচৈতন্য দেব। তিনি ভক্তি কীর্তন হরি সংকীর্তন প্রচার করে ক্ষয়িষ্ণু হিন্দু ধর্মের জোয়ার আসে ।

# Epigram

O, charms, you didst hide your face
Thy smile is faint, sets
me free from indulgence.
The art of your enchantment doth not
Yell gentle songs
Thy ending of unabashed gratification
Pierces into hearts in despair of wrongs.
Many promises of gashing gales to the
Tumeltous sea
End in my afflictions, brimful of sorrow and
dismay for your glee.
The vengeance for no faults is your passion
The penitent doth drift exposing your
Extended affectation.
I abide the insubstantial and uglier trumperys how you perform
One will hereafter spew venom to temple
Of trust discerning norm.

185

# মন্দির কড়চা

বাক যুদ্ধ শুরু হইল দু'পক্ষের মাঝে
এক পক্ষ ধন্যহইল মন্দির নির্মাণ কাজে।
অন্য পক্ষ হাঁক ছাড়ে বাজে খরচা যত
কেহ ভাবে রাম লালা দেখিব মাথা করি নত।
মন্দিরের কি কাজ অন্য দল কয়
হাসপাতাল ইস্কুল হলেই ঠিক কাজ হয়।
মন্দির হইল এক বড় ইন্ডাস্ট্রি
ভগবান থাকবেন কিনা নাই গ্যারান্টি।
পুরোহিত পান্ডাদের বাড়িবে প্রভাব
দাতা কর্ণ আর ভিখারীর হবে প্রাদুর্ভাব।
পদে পদে প্রতারক লুটিবে টাকা
অ্যান্সেলারি ইন্ডাস্ট্রি শত দিবে দেখা।
পূজা আর দানে ভরবে মন্দিরের ফান্ড
সরকার পাইবে টাকা গড়িবে ব্র্যান্ড।
মুড়ি চিড়া গজার দোকান পাতি করিয়া যতন
হোটেল ভাড়া গাড়ি খাদ্য মনের মতন।
দেবালয় নাম নিয়া পর্যটন কেন্দ্র
রোজগার করিতে মন্দির গড়েন মহেন্দ্র।
গিয়াছিলাম পুরীধামে জগন্নাথ পূজিতে
পান্ডা হরিল অর্থ পারিলাম বুঝিতে।
আনন্দ পাইছে যারা মন্দির গড়ায়
বুঝিবে মন্দির মাহাত্ম্য যদি তীর্থে যায় ।
যাহারা চায়না হেতা মন্দির হোক
গিন্নির শাসানিতে গিলিবে ঢোক।

একটা ছুটি কাটাইতে যাবে অযোধ্যা
পারিবেনা দমাইতে স্ত্রী অবাধ্য।
শ্রীরাম রঘুনাথ ভক্তের ভগবান
ভক্তের মাঝে হয় তাহার অবস্থান।
মন্দির গড়ে ওঠে হিংসা অহঙ্কার ভিতে
ঐশ্বর্য প্রতিশোধ আর ক্ষমতা প্রদর্শিতে।
হেথা প্রভু করেনা বাস অন্তরে তোমার
পবিত্র শুদ্ধ আত্মা তাহার আগার।

186

# শুকতারা

নিত্যকালের অতিথিরে
কে পারে চিনিতে ওরে
সাঝবেলায় সন্ধ্যা তারা
রাত শেষে নাম হারা
আকাশ প্রদীপ শুকতারা
তোমার ঐ আকাশ দেশে
খেলা করো ভেসে ভেসে
দৈবাৎ যদি আসিতে কাছে
দিব্য গন্ধ নিতাম মুছে
যে সৌরভ ছড়াও ব্যোমে
মাখিতাম সকল রোমে
তোমার সাথে জাগিয়া রাত
ত্রপিত না কভু আখি পাত।
ভাসিতাম আকাশ গাঙে
তারাদের মিছিল রঙে
তারা খসে হাজার হাজার
সেথা নেই নিয়ম রাজার।
মুঠো মুঠো কুড়ায় তারা
আনন্দে মরি আত্মহারা।
যখন তুমি নিতে বিদায়
দিবাকর হইলে উদয়
প্রিয়ারে সাজাই তারায়
গরবিনী হইত ধরায়।
আকাশ গাঙে ঘুরে ঘুরে

শুকতারা কইত দূরে
মাটির বুকে মানুষ থাকে
সারা গায়ে গন্ধ মাখে।

# জলপ্রপাত দর্শন

প্রপাতে পড়িছে কত জল রাশি রাশি
মনেতে জাগিল ইচ্ছা, বারেক ঘুরে আসি।
মহাকালের জলরাশি কোটি কোটি ফণা ভাসি
ঝরিছে ধূর্জটির জটা হতে বিশ্ব ফোয়ারার বিরাম হীন রথে
পৃথিবীর চিত্রপটে নদীর মোটা ক্যানভাসে
আঁকিয়াছে অমৃতের শিল্পী বটে যাত্রার ব্যস্ত সময় কোলাহলে
চলিলাম মানুষ গুলো গলায় ঝুলিয়ে দূর্বীণ খানি
কানে গুঁজিয়া তুলো, কর্তা বলিল আমরা তীর্থযাত্রী
দেখিব স্রষ্টার কীর্তি
দূর হতে ভেসে আসে মহা গর্জন পৃথিবী একি রুদ্র মূর্তি
ধাইয়া আসি্ছে জল কোথা কোন অম্ভোলোক হতে
সাজিয়াছে কোটি ফোয়্রায় ছুটিছে বিজয়্ রথে।
সম্মুখে প্রকৃতির বিস্ময়ের মহা বিস্ফোরণে চূর্ণিত তুষার
সম্পাতে ওই ঝলসায় চোখ বধির শ্রবণেন্দ্রিয় ফেনীল তোমারss ।
সুন্দর তোমার ভয়ঙ্কর মূর্তি সম্মোহিত করিল ইন্দ্রিয় সকল
স্থানুর কপালে বিধুর মত করো নিত্য জ্বল্ জ্বল্।

# পৌষ মাস

আবু তালিব আমার বাড়ির গাছ পালা, নারকেল গাছ পরিষ্কার করে। দিন মজুর। এ সব করে কোন রকম ভাবে পেট চালায়। বাড়ি কচুয়ায় এক গ্রামে। লকডাউনের জন্য ট্রেন বন্ধ। মার্চ মাস থেকে সে আসতে পারে না। নিজেও খোঁড়া। খুব ঝুঁকি নিয়ে অত উঁচু উঁচু গাছে চড়ে। আমফান ঘূর্ণিঝড়ের বিশ পঁচিশ দিন পর একদিন সকল বেলায় আমাকে ডেকে তুলল। সাড়ে সাতটা হবে। ভাবলাম, যাক অবশেষে ট্রেন চলাচল শুরু হলো। আমি বললাম,

আরে আবু তালিব, শেষ পর্যন্ত আসতে পারলে। তোমার জন্য অপেক্ষা করে আছি। কত কাজ জমে আছে।

ষাট বছর বয়স। চোখে মুখে স্পষ্ট ক্লান্তির ছাপ। সে ক্লান্ত কন্ঠে বলল, তিন ঘণ্টা সাইকেল চালিয়ে এসেছি, আবার তিন ঘণ্টা সাইকেল চালিয়ে যেতে হবে।

ও তা হলে ট্রেন চলে না?

না গো দাদা।

আবু তালিব প্রথম প্রথম আমাকে বাবু বলত, কিন্তু এই সামন্ততান্ত্রিক সম্বোধন আমার একদম

পছন্দ নয় তাই আমি মানা করি। সেই থেকে সে আমায় দাদা বলে ডাকত। আবু তালিব কষ্ট ক্লান্তিতে এবং আর তিন ঘন্টা লড়াইয়ের জন্য ফিরে গেল একটি পয়সাও আয় না করে। এই লকডাউন ও করোনা ভীতি উপেক্ষা করে কেন ও এই অসম্ভব প্রয়াশটি করেছিল তা সহজে অনুমেয়। আমি ওকে কিছু টাকা দিয়ে বিদায় জানাই।

অন্য আর একটি চিত্র । অধীর কুণ্ড ও তাঁর স্ত্রী উভয়েই উচ্চ মাধ্যমিক বিদ্যালয় শিক্ষক। লক ডাউনে স্কুল বন্ধ। দুজনই ঝাণ্ডা টিচার। স্কুলে পড়াতে হয় না। অন লাইনে পড়ানোর ব্যবস্থা হয়েছে। বাড়িতে দলে দলে ছাত্র ছাত্রীর সমাগম।

অতিরিক্ত কামানোর মওকা। বাড়ি বসে বসে মাইনে। আর ব্যাচের সংখ্যা বৃদ্ধি। পড়ুয়াদের খুব সামান্য সংখ্যক অনলাইনে পড়ে, অনেকে হয়ত জানেই না। কুণ্ডু স্যার সকাল বেলায় কুর্দিস গেরিলার মত দেখতে মেয়েকে নিয়ে প্রাতভ্রমনে বের হন কিন্তু যে সব কোমলমতি ছেলেমেয়েরা কোচিং নিতে আসে তাদের স্বাস্থ্যবিধি মেনে চলেন

না। করোনা যত দিন তার অনস্লট চালাবে তত দিন অন লাইন ক্লাশ চলবে। যদি করোনা দীর্ঘদিন থেকে যায় তত দিন হয়তো চলবে। তত দিন মাষ্টাররা বসে বসে মাইনে পাবেন আর এক্সট্রা কামাবেন। অনলাইন ক্লাশ দ্বারা মেধাবী শিক্ষার্থীদের হয়ত কিছু উপকার হয় কিন্তু সাধারণ মানের ছাত্রছাত্রীদের কোন উপকার হয়না। এই পদ্ধতিতে

পড়াশোনা চালানোর জন্য সরকারের কোন পরিকাঠামো থাকলে সে ক্ষেত্রেও অর্থ ব্যয় করতে হচ্ছে। কি মজা! একদিকে বসিয়ে বসিয়ে কোটি কোটি টাকা মাইনে অন্য দিকে

পড়াশুনা চালু রাখার জন্য অর্থ ব্যয়। মাষ্টার বাবুদের সত্যই পৌষ মাস। পরীক্ষা কখন কিভাবে হয়ে গেল জানা গেল না। পাশের হার ও নম্বরের বহর দেখে বোঝা যাচ্ছে করোনা শুধু নেয়না দেয়ও অনেক। জাতীয় বিপর্যয়ে শ্রাবণ মাসও আসে পৌষ মাসও আসে।

189

## আকাশ উদার হবে

অমানিশার অন্ধকারে শ্বাপদের বসিয়াছে মেলা
থেমে গেছে বহুদিন রাখালের বাশিঁ আর তাহাদের খেলা।
নামিবেনা শুক্লা রজনী আর জ্বলিবে কি মধুর বাসর পিদীম?
বৈতালিকের গানের সুরে জাদু নেই হতচিত্ত ভয়ে হিম।
জান্তব ক্ষুধা আর পাশবিক তৃষ্ণায় জ্বলিছে বসুধা
উড়িয়া পরভৃত ডাকিল কাকা লোষ্ট্রে মেটায় তৃষ্ণা ক্ষুধা।
অতিস্বপ্নশীলা নারী বিঁধিছে পতির বক্ষে ছুরির ফলা
আদিত্য উদিত হয়ে কবে উদ্ভাসিবে আপনার কলা।
আকাশ আবার উদার হবে তুষ্টি লাগি ব্যাকুল চিত্তে
ঐশ্বর্যশালী, প্রশান্ত রবির আলো জ্বলবে কিরণ সম্পাতে।
মুমুক্ষু মানবে বিদ্বিষ্ট সমাজ হতে বিচ্ছিন্ন হয়ে
বালেন্দুশৃঙ্গ পানে চাহিও চলিবার সাহস বুকে লয়ে।

190

# শেষ যাত্রা

মৃত্যু আসিয়া শুধায় সময় হলো উঠিবে কি নায়?
দ্রুত আপনাকে দেখি আঁখি দুটি ফিরায়।
সহসা বিধুরে বুঝি গ্রাসিছে রাহু আকাশ কোণে
এখনি তিমির ছাইবে স্বর্গ মর্ত পূর্বাচল সনে।
আর ফিরিবে না নক্ষত্রচয় পূর্ব ফাল্গুনী সাথে
অগ্নি হারাইয়া তেজ শুনিবে আওয়াজ বিক্ষুব্ধপথে।
গর্জনশীল চল্লিশার মহা দুর্যোগের রথ ছুটে
আমার যাত্রা পথে শত সহস্র দামামা তালিকরপুটে।
নিদ্রা জাগা রাতের পাখীরা করিবে পরিকীর্তন মম
তুচ্ছ ব্যর্থতায় ভরা জীবনে লুব্ধক পরিকর সম।
ঐ যে অভিশাপের অভিশারে আসা পরাণ প্রিয়া
করিছে নন্দীকরের নন্দীপাঠ নানার্থ ভরা হিয়া
নবীন হৃদয় নভস্পর্শী ব্যাকুলতায় অতৃপ্ত দেশিক
দেখাতে এসেছিলাম দীর্ঘ লাঙুল ধূমকেতু কৌশিক।
দুয়োরাণীর জীবন ছিলো সুয়োরাণীর খাজাঞ্চিখানায়
চড়িবো সাগর ভেলায় ঊষাসমাগমে দিনমণির আশায়।

# পতির পুণ্যে

আসলে সাহিত্যে কহিবার মত আর কোন কথা বাকী নাই, ব্যাবাক কথাই ঠাকুর বাড়ির ছোট ঠাকুর কহিয়া দিয়াছেন। তিনি খরচা কমাইবার যুক্তি কত সুন্দর করিয়াইনা কহিয়াছেন। 'পতির পুণ্যে সতীর পুণ্য নহিলে খরচ বাড়ে। ' অহো, এখন কথা হইল, গিন্নি আব্দার করিয়াছে, উহাকে দানাদার আর গরম গরম জিলিপি ফরিদপুর গ্রামে পুটে ময়রার দোকানে নিয়া গিয়া খাওয়াইতে হইবে।

আমি ছোটো ঠাকুরের উদ্‌ধৃতি দেওয়ার পূর্বে বুঝাইবার জন্য কহিলাম, 'করোনায় সকল কিছুই খাইয়া ফেলিতেছে দানাদার জিলিপি খাইবে কেমন করিয়া। গিন্নি বলিল, মিছা কতা কহিতেছ কেন?

এমনিই বলিতেছি। আসলে করোনা ডাউন চলিতেছে যাইব কেমন করিয়া।

করোনা ডাউন আবার কি?

ওহোহো লক ডাউন।

সবে বিবাহ করিয়াছি। লক ডাউন হইবার আগে।

কচি বউ। দেখিতেও নজর ফিরানো যায় না। আব্দার করিতেছে। পালন করিতে পারিলেও ধন্য হইয়া যাইতাম। ঘরের মধ্যে ডাকিয়া লইয়া একটা

চুমা খাইয়া বলিলাম, বাইক থাকিলে উত্তম কুমার হইতাম।

মানে?

তোমার পাছা বাইকের পিলিয়নে আর ডান হাত আমার ঘাড়ের উপর ,সুচিত্রা সেন হইয়া বসিতে। এই পথ যদি না..... গাহিতে গাহিতে ফরিদপুর গ্রামে যাইতাম আর জিলিপি, দানাদার, কাঁচাগোল্লা সাটাইতাম।

কিন্তু সমস্যা হইল গিয়া আমার বাইক নাই। অতঃপর সেকেন্ড চুমা খাইয়া পোষ মানাইবার চেষ্টা করিলাম। প্রিয়ে, তাহার চাইতে তালা খুলিলেই আমরা যাইব, যত ইচ্ছা খাইবো। হজম করিয়া আবার খাইবো।

তালা খুলিলে মানে?

আরে লক ডাউন উঠিবার পর।

কিন্তু কাচা বয়সের বউ, আমারও যদিও কাঁচা বয়স। ছাব্বিশ। বউ বাকিয়া বসিলো।

বলিলাম, জানত পতির পুণ্যের ফল সতীও পায়। অর্থাৎ স্বামীর পুণ্য ফল স্ত্রীর অ্যাকাউন্টেও জমা পড়ে। আমি বরং সাইকেল চালাইয়া যাই। খাইয়া আসিব, নিয়াও আসিবো। না আনিলেও ক্ষতি নাই আমি তো খাইবোই ইহাতে তোমারও হইবে!

বউ খচিয়া গেলো। কাঁচা বয়স অত তত্ত্বকথা মানিতে চাহেনা। সাইকেল বাহির করিয়া উহাকে পিছনে বসাইয়া সাইকেলে চাপিলাম বটে কিন্তু পারিতেছিলাম না। বউ প্রায় নব্বুই কেজি, আমি ঊনপঞ্চাশ কেজি। বহিয়া লওয়া আর চড়িয়া বসা এক নহে। পিছনে মাল বহন করিবার মত দক্ষ ড্রাইভার আমি নই। রাস্তার এক স্থানে বাম্পার পার

হইতে গিয়া সামলাইতে পারিলাম না। ফুটপাতে পড়িয়া গেলাম। বউ চিৎ হইয়া পড়িয়া রহিল। সাইকেল রাখিয়া বউকে টানিয়া তুলিলাম। রাস্তার লোকেরা বেশ মজা উপভোগ করিতেছিল, সে উহাদের বডি ল্যাংগুয়েজ বলিয়া দিতেছিল। আমার বউ বলিয়া কথা। বেচারি কয়টা জিলিপি দানাদারই ত খাইতে চাহিয়াছিল। তাহার বরের নিকটইত চাহিয়াছে। এখন কোমরে চোট পাইয়াছে। যাহা ক্ষতি হইবার তাহা তো আমারই হইবে উহাদের বেজন্মা বলিতে ইচ্ছা করিতেছিল।

বউ কাঁদিতেছিল, আমারও কাঁদা পাইতেছিল, আদর করিতে ইচ্ছা করিতেছিল । মনে হইতেছিল উহাকে কাঁধে করিয়া লইয়া যাই। আমার ভেতরকার স্বামীত্ব জাগিয়া উঠিল। জিদ চাপিয়া গেলো। জিলিপি খাওয়াইয়া তবে ক্ষান্ত হইব। বউ আর সাইকেলের পিছনে উঠিতে চাহিল না। আমি উহার হাতেপায়ে ধরিয়া সাইকেলের ক্যারিয়ারে বসাইয়া সাইকেল ঠেলিয়া লইয়া চলিলাম। আমার গলদঘর্ম অবস্থা। কিছু দূর যাইবার পর পুলিশ ধরিল। লকডাউনের মধ্যে বাহির হইবার সংগত কোন প্রমাণ পত্র দেখাইতে না পারায় উহারা আমার সাইকেলের চাকার হাওয়া খুলিয়া দিল। আর মাস্ক না পরিবার অপরাধে আমাকে কান ধরিয়া ওঠবস করিতে হইল। বউয়ের সে সম্ভাবনা দেখা দেওয়ার পূর্বেই আমি উহাকে পাঁচমাসের গর্ভবতী বানাইয়া দিলাম। উহার পেটের সাইজ উহাকে পুলিশের চোখে ধুলো দিতে সাহায্য করিল।

পনর বিশ মিনিট পর সাইকেল ঠেলিয়া বউকে হাঁটাইয়া লইয়া ফরিদপুর গ্রামে পৌঁছাইলাম। লকডাউনের জন্য পুটে ময়রার কারখানা বন্ধ। পাড়ার বেশ কিছু লোক আমাদের ঘিরিয়া ধরিয়ানানা ভাবে নানা প্রশ্ন করিতে লাগিল। উহারা অনুপ্রবেশ ঠেকাইতে পাহারা দিতেছিল বোধ হয়। করোনা হইয়াছে কিনা, লকডাউনের নিয়ম ভাঙিয়াছি কেন? কেহ কহিল পুলিশে দাও। কেহ বলিল, মেয়ে ছেলে নিয়া ফুর্তি করিতে আসিয়াছে। কাহারো মত জিলিপি খাইবি ,আয় তাহার আগে ভালো করিয়া পালিশ করিয়া দেই। এই দলেরপাল্লা ভারী হইতে লাগিল। লাঠিসোঁটার আয়োজন হইতে লাগিল। আমি বউকে বগলে জড়াইয়া ধরিয়া রাখিলাম। কোন কিছু না ভাবিয়া বলিলাম,

পরিযায়ী শ্রমিক। মহারাষ্ট্রের। করোনা পজিটিভ।

চোখের সামনে ম্যাজিক দেখিলাম। মুহূর্তের মধ্যে জায়গা ফাঁকা। কেউ কোথাও নেই। ভীতসন্ত্রস্ত বউ আমাকে জড়াইয়া ধরিয়া বলিল,

'তুমিই ঠিক, পতির পুণ্যে সতীর পুণ্য। '

# নগ্ন ভগবান

একি তরঙ্গ উঠিল দুলে
অখিল ভুবন কাঁপাইয়া,
ছন্দে দিয়াছো দোলা
বীণাখানি তব বাজাইয়া।
ধমনীতে বহে তৃষিত শোনিত
বিরলে কাঁদিছে আশা
ঔ অমানিশা ফেলেছে শ্বাস
বাঁধিব না ভাঙনে বাসা।
উন্মত্ত চেতনা বিক্ষিপ্ত মন
দুরন্ত সময়ের অভিঘাতে
জানি আকাশ উড়াইয়া দিবে
পান্ডুলিপি তারাদের আবর্তে।
স্বপন হয়ে আলোর পাখি
ভাঙলো ডানা জলে
অন্ধকারে ঢাকিবে উষ্ণীষ
স্খলিত ধর্মাসন তলে।
পাতিয়া আছি কান কবে
বিহঙ্গ আসিবে উড়ি
পিশুন করিবে নিন্দা
শুনি সাগরে কুড়াবো নুড়ি।
পীত বস্ত্র করিয়া ছিন্ন
নগ্নদেহে দাড়াক  ভগবান
মাধুকরী বাটি দেব তারে
জ্বালাক মশাল অনির্বাণ।

193

# ইচ্ছে মেয়ে

তখন আমি ছিলাম খেয়ার নেয়ে
দুপাড় ভেঙে বন্যা আসতো ধেয়ে।
জলের তোড়ে ছোট্টো ডিঙা খানি
ভেসে যেত নিরুদ্দেশে ঠিকানা না তার জানি।
দুদিন পরে সূর্য গেলে পাটে
তরীখানি ফিরে এলো ঘাটে।
শুধাই আমি ওরে সোনার তরী
ভরা নদীর ঘূর্ণি পাকে ক্যামনে এলি ফিরি।
ঢেউয়ের ঘায়ে ডিঙা ওঠে খলখলিয়ে হেসে
নাওয়ের খোলে দেখি চেয়ে পদ্ম বেড়ায় ভেসে।
চিনতে পারি কোন মোহনায় কোন সে চেনা ঘাটে
এমন দিনে চাপা রঙের এমন পদ্ম ফোটে।
এই পদ্ম ফোটায় সে এক ইচ্ছে পূরণ মেয়ে
ইচ্ছে মেয়ের ইচ্ছে পদ্ম নৌকো এলো বেয়ে।

# সর্বোত্তম

কোন সুদূরে অনন্ত লোকে
তুমি রচিতেছো অমৃত বাণী
জন্ম হীন মৃত্যু হীন মহান
জীবনের মন্ত্র উঠিতেছে ধ্বনি ।
অসীম কাল হতে ধ্বনিতেছে
অন্তরীক্ষে পরোক্ষে চেতনায়
মন্ত্র মুগ্ধ আহ্বান তোমার
মিলিবারে বিভুর ছায়ায়।
বুভুক্ষু অন্তরাত্মা নহে স্বয়ংসিদ্ধ
রোমাঞ্চিত বিমুক্তির আকাঙ্ক্ষায়
বাঙ্‌মুক্ত হতে চায় না ভাবি
আমি ধীমান না ডুবি সংসার প্রমত্ততায়।
প্রবহমান নদী ডুবি সাগর বক্ষে আমি
আপন হারায়ে সুন্দরের মাঝে
সুন্দর হয়ে যাবো জড়ত্ব করিব ত্যাগ
ভোগায়তন হতে উঠি সাজিব অমৃতর সাজে।

195

# আমার কবিতা

শ্রাবণী তোমায় প্রথম দেখি ভেজা দোয়েলের মত
গাঙুড়ে ভাদরের জলে নাইতে।
দুপাশে দুটি গাথা বেণীর ডগায় দুটো
কদম ফুল রুপোর গোলকের
মত, আমি দেখেছিলাম দাড়িম্ব তলা হইতে।
হীজল তরুশির হতে বৈরাগী পাখি এক
বিশিখ বিদ্ধ খঞ্জনার মত বন্ধ করিয়া
চোখ চঞ্চু নাড়িতেছিল সুধা খাইবার মত।
সেই দেখা আমায় প্রথম লিখতে শিখিয়েছিল
গল্প , একটু করে গরম ভাতের মাড়ের মত
রসের গল্প, ঘুঘু পাখির উদাস দুপুরের হাসি যত।
তোমার ভেজা কুন্তল হতে ঝরে পড়া জল
আজও আমার শরীর দোলায় পদ্মা যমুনার
ঢেউয়ের ছন্দে আমার কবিতা হরিণীর বেগে ছোটে
সেই যেখানে অরুন্ধতী, সোমদত্তা কিম্বা
অনুসূয়া বাধিত কবরী বন লতা দিয়া,
গুঁজিয়া বনফুল কাননে কাননে অবহেলায় ফোঁটে।
কবিতা আমার ফল্গু নদীর নিঃশব্দ প্রস্রবণ
বা অলোকানন্দার দুরন্ত বেগ অমরাবতীর
তৃগঙ্গ সংগমে এসে খোঁজে আমার কদম্ব সাজের শ্রাবণী।
আমার বুকের মধ্যে নবগঙ্গার পাড়ে গরীব
মেয়েটি যে উলঙ্গ হয়ে আমায় প্রথম দেখিয়েছিল
অন্তঃসলিলা, মুঠোভরে দেয় মোর কবিতার যত লাবণি।

# বর্ষা

ওগো বৃষ্টি তুমি ঝরছো কেন অঝর ধারায়
তব অবগুন্ঠনে ঢাকিয়া আনন দীপ্তি হারায়।
ঝরে বারি ধারা মাঠে প্রান্তরে ভাসায়ে অনুপ
ও কাজল মেঘ মাখিয়া নয়নে সাজিছ কেমন সজল রূপ।
চকিতে বিজুরী খেলে লুকোচুরি জলদ সনে
কোন্ পাহাড়ের দুহিতারে চুমি আসো গোপনে।
ভিজাইয়া সরসে দামিনী বরসে এঘন শায়নে।
যেন আঁখি নীরে ভিজায় ধরারে ডাকিছ অয়নে।
খুলি বাতায়ন মেলিয়া নয়ন বসিয়া কিশোরী
ভিজায় আঁচল চাহে মেঘ পানে কে ভাসালো তরী।
আসিবে কোন অতিথি বর্ষা ভাঙা শ্রাবণ মাসে
গাহিছে দাদুরী নাচিছে ময়ূরী তাহারই আসে।
তরাসে শায়নী গর্জে অশনি বিকচ কেতকী হাসে
দুয়ার প্রান্তে ওই মহারাজ জলে রথ খানি ভাসে।
নভোমন্ডলে বাঁধিয়াছে রণ আয়ুধ নিক্ষেপ করিছে প্রবল
দেবাসুর সনে বেধেছে লড়াই হৃৎকম্পিত মানবের দল।
তবুও বরষা নামুক সহসা দিব্যোদক ভরিবে ভূমণ্ডল
তৃষিত বুকে রচিবে কবি কাব্য প্রমেয় বর্ষা মঙ্গল।

# অন্তর্জলি

সন্ধ্যা নামিল মনে কুৎসার আঁধার ফেলেছে ঢাকি
যত ছিল শুভ সুন্দরের সরণী কিছু নাহি বাকী।
মলিনতা , কুৎসিত চিন্তা চেতনার দীনতা হানে বাণ
কালভৈরব নাচে অনল নেত্র করে খান খান ।
সত্য বলিয়া যাহা বিদিত ছিল অবনী ভরিয়া
কেহ নহে কহে সত্য কালিমা কলঙ্ক আছে ছাইয়া।
মনের সত্য নিষ্ঠুরতা আজ জীবনের কমিয়াছে দাম
দ্বন্দ্ব সংঘাত দীর্ণ মৃত্যু পরিকীর্ণ মানব মনের অন্য নাম।
চিন্তার মহামারী মননের মহামারী, মারি সকল ছাইল ভুবন
নীরব হয়েছে অন্তরাত্মা চিনে না আপনার জন।
অলোকসামান্য উন্নমিত অন্তর্দীপন মাত্রা
নিষ্কলুষ চিত্তবৃত্তির পসরার ঘটেছে অন্তর্জলি যাত্রা।
সবটাই পেতে চাই একলা পৃথিবীর সকল ঐশ্বর্য
চাহিনা পশ্চাদগামী হতে হারাইয়াছি বিচারের ধৈর্য।

# জাগালে কেন ওগো তন্দ্রাহরণী।

নিবিড় ঘুম ঘোর
ভাঙালে প্রিয়া মোর
স্খলিত হলো মম মধু যামিনী।
জাগালে কেন ওগো তন্দ্রাভীমানীনী।
নিশীথিনীর চতুর কাম
পরায় ফুল্লকুসুমদাম
পিন্ডারি ত্বরিত পদে ছাড়িল ধরনী।
জাগালে কেন ওগো তন্দ্রাদলনী।
সরম পরম টানে
মধুপ মৃদুল গানে
ভৃঙ্গরাজের নিশি নিদভুলানি।
জাগালে কেন ওগো তন্দ্রাহরণী।

199

# ঝগড়া

শুনতে ভারি মজা লাগে করতে কাঁপে বুক
বিশ্ব জুড়ে চলছে সাথে লাঠি ও বন্দুক।
দুই রমণী কাপড় কাচে দুই পাড়ে দুই ঘাটে
বারেক ফিরে দেখবে তারা ঝগড়া করে মাঠে।
শাপ শাপান্ত করছে দুজন স্বভাব অভাব গুণে
ধন্য হচ্ছে চক্ষু কর্ণ ঝগড়ার ভাষা শুনে।
মায়ে ঝিয়ে করে ঝগড়া শ্বাশুড়ি আর বৌমা
ঝগড়া মাত্রই ভাষা চর্চা অভিধানে নাই মা।
শ্বশুর জামাই ঝগড়া করে কাছা ধরে এটে
শ্বশ্রু মাতা তেড়ে মেড়ে খুন্তী হাতে ছোটে।
ঝগড়া ছোট ঝগড়া বড় ঝগড়া জাতির কালচার
ঝগড়া পটু বাঙালীরা ভরছে বিশ্ব চরাচর।
ঝগড়া করে দিলীপ, সোমেন, সেলিম দেখায় দাঁত
সেরা ঝগড়া করে রবিন উঁচিয়ে দুটো হাত।
গদ্য পদ্য কাব্য গীতি ঝগড়া সংস্কৃতি
করছে ধন্য বঙ্গভাষা ভাঙ্গছে সম্প্রীতি।
মুখোমুখি দুই বাঙালি দাঁড়ায় ফোরাম ডিবেটে
সবাই কেমন বুঝে ফেলে, বাঙালি বিকোয় রিবেটে।
ঝগড়া তাদের লেগেই থাকে মহাজনের স্বার্থে
ফেল করিলেই ঘাড় ধাক্কা ফেলে দেবে গর্তে।

200

# ছেলেটি

কালো রঙের ডাগর চোখ মাথায় চাঁচর চুল
পাড়ার মোড়ে দেখেছিলাম তুলতে গিয়ে ফুল।
ধনুক বাঁকা নাকের গড়ন শরীর খানা লোহা
সাদা জামায় হলুদ কলার দুইটি বোতাম ছেঁড়া
চোখের ওপর ভ্রু দুটি যেন কঠিন বেড়া।
ইশারাতে ডাকলে মোরে হাতে রঙিন খাতা
তোমায় দিলাম পান্ডুলিপি লেখা আছে যাতা।
খাতাখানা নিলাম বটে অনাদরে অশস্তি প্রকাশ
বিকেল বেলায় পড়তে গিয়ে মাথায় ভাঙ্গে আকাশ।
আমায় নিয়ে কাব্য কথা গল্প আমায় নিয়ে
গল্পত নয় জীবন কথা হীরে মুক্ত দিয়ে।
কদিন পরে বাড়ির গেটে থামল মোটর গাড়ি
খাতা নিয়ে গলির দিকে ছুটলো তাড়াতাড়ি।
বছর শেষে আমার নামে এলো নিমন্ত্রণ
বিনীর কথা বইটি আমি করব উদ্বোধন।

201

# প্রথম চুম্বন

আমার প্রেয়সীরে প্রথম চুম্বনে সিক্ত হলো চোখ
গলিত কাজলের লোল বহে বেয়ে গণ্ড লোক
শিথিল তনুখানি সমর্পণ করি আখি ঢাকে মোর বুকে
রোমাঞ্চ গলিত ক্ষুধার মত ভালোবাসা গৃধ্নুতা সুখে
বুকের উষ্ণতা শুষে নেয় গ্রীবা বাঁকাইয়া ছোবলে
নভ লোকে ধ্যান ভাঙে অমরাবতীর সভাতলে।
প্রেমের মান্দাসে ভাসে বুড়িগঙ্গার শান্ত স্রোতে
স্নিগ্ধ অমলিন বিম্ব কাঁপে, সিক্ত উরু জঙঘা হতে
নিঃসৃত বাসনা রসে মূৰ্চ্ছিত প্রিয়ংবদা মোর
কামনার উন্মত্ত জান্তব উর্মি প্রথম ভাঙিল ডোর।
বিক্ষিপ্ত অবশ দেহ খানি নিভৃত অভিমানে
বিলাসী আবেগ প্রকাশি সুখের অশ্রু বানে
প্রথম শরীর ছোঁয়ার উৎসব পালন করে
সাজাও প্রেয়সী তব বিম্বধর পুনঃ মিলনের তরে।

202

# সময়

ঝরা ফুল গন্ধ আর জৌলুস হীন
অলি আর মধুপে ভ্রমে রাত্রি দিন।
না বসে পুষ্প পরে নাহি ফিরে চায়
না পায় পুষ্প স্থান দেবতার পায়।
না শোভে কবরীতে ফুল ধূলায় লুটায়
সময় সবার কাছে সময়ে আসে যায় ।
ফুল ফোটা ফুল ঝরা সময়ের খেলা
এমনি স্রোতের টানে বয়ে যায় বেলা।
চাহি যবে মুক্ত চোখে অখিলের পানে
কালের সরণীতে চলে ভালো মন্দ সনে।
সৃষ্টি করিছে যাহা নিত্য প্রাণের ছন্দে
জীজিবিষা শেষ হয় ভালো কিম্বা মন্দে।
রূপেতে গরবিনী দৃপ্ত দুর্নিবার অহঙ্কারে
সময়ে মালিন্য জরা আসে বাঁধিবারে।
বন্ধু কৃতান্ত প্রিয় সকলই এক সাথে
পরাশ্রয়ী রূপে আছে সবে সময়ের হাতে।

203

# ঋণী

আজিকে প্রাতে তোমাদের শুভেচ্ছা বাণী
শত সহস্র মানুষ নিকটে দিতেছে আনি।
কত জন কাছে আসে কত সাজে
কেউবা নবীন কেউবা নবীনা প্রবীনের মাঝে
শত উপহার কথায় ও ছবিতে মিলিছে
বিশ্ব প্রকৃতির দিগদিগন্ত ছন্দে ছন্দে শোভিছে।
গানে কবিতায় জীবন্ত চিত্র করে আলিঙ্গন
গোপন কথায় গোপন প্রেমের নীলাঞ্জন।
হরষিত আমি জগৎ মোদীত কোথাও দুঃখ নাহেরি
এমন মানবিক জগৎ তবুও আসে সন্তাপ কি করি।
মোর ভালোবাসা বিলিয়ে দিলাম কৃপণতা ভাঙি
আমি থাকি ঋণী হয়ে তোমাদের শুভ ইচ্ছায় রাঙি।

204

# মানব দানব

কল্যাণ হস্ত প্রসারিল যে মানবের তরে
তাহার মাধুরী ফিরাইল মানুষ দীন করে।
করুণার ধারা বহে ধরণীতে জাহ্নবী সম।
গাহে শত কন্ঠে অগ্নিহোত্রীরা নম নম।
তৃষিত বুকে ঝরে বারি রূপে শান্তির ধারা
রোধে মহামারী মহীপালে স্মরি শঙ্কাহারা।
মহা বিপর্যয় সহিল ধরণীঅশ্রু ঝরায় চোখে
অগ্নি তেজ উদ্গিরী নয়নে মঙ্গলময়ী রোখে।
মানুষ যবে দেবতা হয় তাদের কীর্তি ও কাজে
হিংসা দম্ভ মানবে তাদের দেখায় দানব সাজে।
ইহাই মানবের দানব প্রকৃতি জ্বালে হিংসা বহ্নী
দেবতা মানব আপন কার্যে ধন্য আপনি।
কালিমা হৃদয় দানব মানুষের স্বার্থে পরিপূর্ণ
পাষণ্ড আত্মা জিয়ায় হিংসা পাপে পরিকীর্ণ।
তোমার দীপ্ত মঙ্গল আলোকে ভাসাও জীবন
মহাসমারোহে তোমারই করুণা ভাসাইবে ভুবন।

205

# তুই কোন কাননের ফুল

চাহিয়া আরক্ত নেত্রে দেখি তোর হাসি
ছড়ানো গন্ধ নিতে ফিরে ফিরে আসি।
বিষাদের রাত যবে ঘুম আসে না
গন্ধ আর হাসি মাঝে হারাই বেদনা
আলির চুম্বনে শিহরিত পাপড়ির দল
আবেশে আর আবেগে ঝরে পরিমল।
যখনি নিশিথে প্রিয়া পরে কবরী মূলে
বক্ষ মাঝারে ওঠে হৃদয় যে দুলে
কোথা হতে এলে ফুল কোথা ফুটেছিলে
নিষেধের বাগানে মাতাল ফাগুন এনে দিলে।
প্রান্তরে অন্তরে বাগিচায় বনে বনান্তরে
কুসুমের আলেয়া জ্বালে অলোকার অন্তরে।

206

# বাঁধিব তোমায়

এত আনন্দ জাগালে হৃদয়ে
এত উষ্ণ ভালো লাগা দিলে ছড়িয়ে
আমার সকল পাওয়ার সেরা পাওয়া
ওই স্বর্ণাভ আননখানি মুগ্ধতায় ছাওয়া
সেথা হতে তুন্দ্রার স্থির হাসি মাখা
প্রান্তিক বাণী কৃপণতায় লেখা
উৎসারিল আমাকে তোমার বেশ লাগে
এমন রিক্ত করা কথা শুনিনি আগে।
কি ভয়ঙ্কর নিস্তব্ধতা ফুঁসছিল আমায় ঘিরে
অসহায় এই দিনের বিবস স্থবিরতা গেল ফিরে
আমি বিবিক্ত মানুষ এক মিতা সনে কহি কথা
ভীতি লোহিতাননের শকুন্তবৎ উলঙ্গ রসিকতা।
কিন্তু একি শুনিনু তব মুখে পিয়া সম করো ভাষ
দ্বিধা জড়ানো ভাষায় গুহ্য কথায় জাগালে আশ।
ওই আমার সুদূরিকার কাজল পরা আখি সুহাসিনী
এমন কঠিন সত্য কত সহজে মানিলে দুঃখ দলনী।
সৌভিক ক্ষমতাধারী তুমিই পারো সত্যকে সত্যি করতে
দূরকে দূরে ঠেলে নিকটেরে বাজি ধরিতে।

207

# পঙ্কজ রাজ্য

চারদিকেতে দাঁত খিচচ্ছে, সিম্পাঞ্জীর গোসা
বানরের দল ল্যাজ ঝাড়িছে খাবে দাদার ধোসা।
রাজভবনে টুইট করছে কোলা ব্যাঙদের মাতব্বর
রাজ্যখানা পড়লে পাকে ছিঁড়বে দাড়ি রামগব্বর।
বনে বনে ঘুরছে খাটাশ রাজা হওয়ার কদিন বাকী
বাঙালিরা কুমড়ো পটাস নিমক হারাম দিচ্ছে ফাঁকি
বেজায় চতুর কাকের ছানা মুখোশ পরে মারছে গুল
বগোল বাজায় বাঙালীরা ফুটবে এবার কাদাফুল।
পিঁপড়ে এবার চাঁদে যাবে মুখে নিয়ে হাজার ডিম
মোরগ যাবে বৃন্দাবনে সাহারাতে ঝরবে হিম।
বঙ্গরাজা বলবে বাঙ্গাল দিলাম তোদের স্বর্গ এনে
ক্ষুধা তৃষ্ণা বস্ত্র লজ্জা থাকবেনা আর এই জীবনে।

# মৃণাল আবার

মৃণাল আমাকে ফিরতে বলোনা
তোমার ঘর ত আমার ঘর ছিলনা।
মৃণাল আমাকে তোমার কাছে থাকতে দিয়েছো
তোমার খুশির মূল্যে আমার খুশি কেড়ে নিয়েছো।
চাপা ফুলের গন্ধ ছিল তোমার আঙিনায়
শিমুল পলাশ হয়ে থেকেছি জ্বলিনি লুব্ধ বাসনায়
তুমি ছিলে পদ্মবনে তোমার রাজ হংস করিত কেলি
বশীভূত পারাবতের মত হইত মিথুন দল মেলি।
ফেননিভ সরসির জলে চাতকের দলে ভাসি
অভিমান ভুলে তোমার ভালে আমার সিঁদুর দেখে হাসি।
প্রথম যেদিন অন্যমতে সাজলে সহধর্মিণী
সাজানো এক মিথ্যের বোঝা করলো আমায় ঋণী
নকল সংসার সাজিয়ে বসে বিয়ে বিয়ে খেলা
ফানুস ফুলায় তোমার মানুষ সারা বেলা ।।
আজ কেন তোমার এই ভ্রান্তিবিলাশ এবার
আমাকে দিতে চাও ভালোবাসার সংসার।

209

# আঁধারের রূপ

তাকে শুধাই আঁধারের রূপ দেখেছ কী ?
সে বলেছে রূঢ়, এক ঢালা ফাঁকি।
তোমার থাকুক আলো আমার অন্ধকার
আমি ভালোবাসি আঁধার আলো তব অলঙ্কার।
আঁধারের রূপ চিনিয়াছি তোমার মত নয়
অন্ধকার হতে প্রবিষ্ট অন্ধকারে মাতৃ জঠরে হয়।
আঁধার চেনায় প্রথম আমার মাকে
আলোয় এসে মা বলে ডাকি যাকে।
মিশ কালো ঘন চাপ চাপ অন্ধকার
কি দারুণ মসৃণ অনুভূতি ভরা পেলবতার
আলো কঠোর কঠিন আপেক্ষিকতার দান
উৎস হতে আসছে ধেয়ে ভাঙতে অভিমান।
আলোর মত বিভেদকারী আঁধার আমার নয়
আঁধারের রূপ সাম্যে গড়া বিভেদ সরিয়ে লয়।
ধ্যানের মূর্তি তন্ময়তাই বিশ্ব ভরা আঁধার
আঁধার হলো স্বয়ম্ভু কৃষ্ণ যেমতি রাধার।
আঁধার কালো কৃষ্ণ কালো আঁধারে মূর্চ্ছিত শ্রীমতী
অপ্রকাশিত সত্যে মিলিবে আঁধার ধ্রুবজ্যোতি !
আদিমতম মৌলিক সৃষ্টি আঁধার শুধু আঁধার
সাগর গর্ভ, পৃথিবী কেন্দ্র নিঃসীম অম্বর৷
আপন বলিতে আঁধার আত্মীয় বলিতে সে
সকলে আমারে ছাড়িয়া গেলেও ছাড়ে না আঁধার যে।
জগৎ জুড়িয়া আঁধার সত্য, আঁধার রহিবে অক্ষয়
বাকী সব মিছে সকলি তুরীয় ভ্রান্তি ময়।

# বিবেকানন্দ

গৌরবে সৌরভে গৈরিক সন্ন্যাসী সাজে
চলেছো রুদ্র সৌর্য বীর্য ব্রহ্ম তেজে।
নয়নের গভীরে প্রশান্ত দৈব দৃষ্টি
মানবের দুঃখে ঝরে সেথা অশ্রু বৃষ্টি।
অস্‌ফুটে ব্যক্ত অগ্নির আলোক বার্তা
কল্যাণকারী কিল্বিসুদন পতিত উদ্ধার কর্তা
বীতরাগ, বীতশোক, বিতকামী ধৃতিমান
নগ্ন পদে উচ্চ শিরে ভ্রমিছো বিশ্বপ্রাণ।
ধ্বনিল ভুবন মাঝে মহা জীবনের মন্ত্র
তব অভয় হস্ত সহস্র রসধারার অমৃত তন্ত্র।
ধন্য অমরাবতীর অমৃত বিতরণী ভাগ্যদাতা
পূজিছে সূর্য শশী তব পদাম্বুজ সহিত পৃথা মাতা।
মহা সিন্ধুর কল্লোল ধ্বনি তব মহা মন্ত্র নিনাদে
নব চেতনার গুন্ঠন সরায় মুক্ত চিত্ত কর বরদে।
ঐশ্বর্যশালী মহা সন্ন্যাসী প্রাচ্য অপ্রাচ্য করিয়া জয়
ভূধর বক্ষে প্রেথিত করিয়া মহান ধর্ম টুটিল ভয়।

211

# বলাকা

দিকচক্রবালে ভাসে শ্বেতপুষ্প মালা
কাহার তরে কে ভাসালো ভুলিল অগ্নিজ্বালা।
অবাক তুলিতে আকাশে আঁকিলো ছবি
জ্যোতিষ্ক লোকের রঙ মুছে গেলো সবি
দূর নীলিমায় নীলসাগরে সাদাশঙ্খের সারি
অনন্তের পানে ধায় ধবলে তপনে বরি।
আকাশের অস্ত রাগে বৈকালিক ধরনী কাঁদে
চরে ওরা মমপৃষ্ঠে সাগরে আর হ্রদে
ইচ্ছে ডানায় পেল জীবনের মহা বেগ আর
চেতনা ধাবিত হলো নীল দিগন্ত জিনিবার
আবার আসিবে ফিরে বেলা ভূমি বুকে
ভাসিবে প্রেমের বানে পরম সুখে।
ওই যে আকাশ কিনারায় মালা যায় দেখা
ওরা আর কেহ নয় মোর বলাকা।
পৃথিবীর কথা নিয়ে নভ প্রান্তে ভাসে
আকাশের কথা নিয়ে ফিরে ফিরে আসে।

212

# বাদল প্রাতে

মেঘের আঁচল উড়িয়ে তুমি কোন্ মহারাজ এলে
আজ সকালের সমারোহে বৃষ্টি কেন দিলে
চোখের ওপর ঘুমের আদর কখন গেলো ছুটে
জানলা দিয়ে মেঘের কালোয় স্বপন নিল লুটে।
দিগদিগন্তে সৌদামিনী ফিক ফিকিয়ে হাসে
বাদল রাণী লজ্জা চোখে ঘাসের উপর হাঁটে।
কাক ভোরেতে ভিজছে বসি দোয়েল শ্যামা পাখি
পান কৌড়ি ডুব দিতেছে ঝিলের পরশ মাখি।
হঠাৎ করে ভাঙছে আকাশ ঝাপসা চারিদিক
আশঙ্কাতে বুক কাঁপিছে প্রিয়া আসবে ঘরে ঠিক।
আজকে হৃদয় নাচেরে আমার এমন বাদল প্রাতে
আসিয়াছে সে মহারাজ প্রান্তরে বনে বনান্তে
মদিরা মথিত অনন্ত ব্যপী ফুটিল কদম ফুল
ময়ূর নাচিল পেখম খুলিয়া ভাঙিল প্রবাসীর ভুল।

213

# চিত্রা

ঠিক যেন প্রেমিকার মত বুকে জড়াতো
যখনি ডাকিতাম তারে কাছে আসিত
ধূলা মাঝে খেলা শেষে ঘুমাতাম যবে
মায়ের শীতল হাওয়ায় জুড়াত নিরবে
দুই তীরে শ্যামলে সবুজে কত খেলা
রসাল কাঁঠাল আর তাল শিমুলের মেলা ।
শীত গ্রীষ্মে অভিমানে বহে স্বচ্ছ জল
বর্ষায় রুদ্র মূর্তি ধরি দুকূলে রাক্ষস টলমল।
এপার শুনিত বসি ওপারের বাঁশি
ওপার কহিত চোখে তোকে ভালোবাসি।
আমার প্রতিমা যবে নামিত জলে
কালো জল সাজিত কদম্ব মালতী ফুলে।
পিঠ পরে কেশদাম দুলিয়া ঢেউয়ে
শান্ত যৌবন তরীর ছিলাম নেয়ে।
তোমার স্নিগ্ধ জলে প্রেমের কাব্য যেমন
ডুব সাঁতারে প্রিয়া সনে হইত রমন।
বহিত রৌদ্রছায়ায় দুপাড়ের শ্বাস
দারুন গ্রীষ্ম শীতে ডেকে আনি মোদের সর্বনাশ।
চিত্রা জননী, প্রিয়া, দুহিতা ভগিনী মোর
আজিও স্বপনে ডুবি কাজল জলে তোর।

# বেলা শেষের গান

ভালোছিলাম বলে ভালোবাসতে ভয় ছিলো
সহজ করে কথা বলার ছলে হৃদয় কেন দিল।
সে দিন তো বুঝিনি নিরবতাই যদি কথা হয়
কেন তবে কথার কথা কখনও কথা নয়।
সত্যি করে বলনা মোরে কোন নিয়মের বলে
আগুনের পরশ পেলে হৃদয় খানি সূর্য হয়ে জ্বলে।
ভালো নেই বলে ভালোবাসার সাহস বুঝি হোল
ধরার ধূলি পরে আনন্দের হিল্লোলে ঢেউ তোল।
ভালোবাসা মুক্তি পেলো সকল পাওয়ার শেষে
তীব্র হলো লোভের রাশি আজকে বেলা শেষে।

# ভালো থাকবে

বলতে পারি আমার মত মানুষ তোমরা পাবেনা
মিষ্টি মধুর কথার জালে কেউ কখনও জড়াবে না।
এই যে বলি ভালো আছি সত্যি কথা কয়না মন
ভালো থাকার নানান মানে দিচ্ছে জানান জীবন ধন।
তোমার ঘরে সোনার শিশু খেলছে শুয়ে দোলনাতে
তোমার দুঃখ কুটছে মাথা স্বামীর নিত্য ছলনাতে।
জীবন ভরে ভালোবেসে যারে দিলে সবকিছু
পরম আপন ভাবতে গিয়ে ভাবনা এবার ছুটছে পিছু।
বাড়ি গাড়ি খাস তালুকে প্রাচুর্যের ওই জীবনটা
বিষিয়ে গেলো যখন দেখি ঝুলছে ফাঁকা দোলনাটা।
সত্যি এটাই ভালো নেই কেউ, দোষ তোমাদের স্বপ্ন দেখা
বন্ধ করো স্বপ্ন দেখা স্বপন পিছে ঘুরবে একা।
সবাই দেখবে ভালো আছো মানবে সবে আমার কথা
এমনি করে বোকা বলেই সবার জন্য ঘামাই মাথা।

# বিম্ববতী

ওগো প্রিয়তম হে, ফিরাইনি আমি তোমাকে,
ভালোবাসি বলে শুধালে তোমায়
সাজাবো কিনা নতুন চোখে?
কি আর আমি সাজাবো তোমায়? বিনা সাজেই অরুন্ধতী,
কণক প্রভায় উজলে প্রকৃতি, ফুলের গন্ধসম গন্ধবতি।
তোমার শাড়ির আঁচল ওড়ে ঝর্ণা ধারা যেমন
ময়ূখ ছটা বিলোচিত মেখলা দোলে এমন।
তোমার ওষ্ঠে বিম্ববতী গোলাপ পেলবতায়
ডুব দিয়েছি সাগর ভাবি ওই চোখের গভীরতায়।

# বারি পড়ুক ঝরে

একে একে আলোগুলো যাচ্ছে নিবে
রাতের পুষ্প গন্ধসকল ঠিক বিলোবে
ধূপের গন্ধের শেষ রেশটুকু বেড়ায় ভেসে
মাতাল হিয়া মৃদু মন্দ ভেজা বাতাসে।
আকাশ ভাঙা বর্ষা মেঘের শ্রাবণ বারি
মুষল ধারায় দিগদিগন্তে পড়ছে ঝরি।
নিদ্রালু স্বপন ঘন মেঘাহত নিশীথ শায়ন রাতে
বাতায়ন পথে বারবনিতারা ধরে বৃষ্টি হাতে।
ভগ্ন ঘরে মলিন শয্যায় জ্বলছে জীর্ণ পিদিম
চলছে সেথা রস ক্রীড়া কত অন্ধ আদিম।
যতই গভীর হচ্ছে রাতি বাড়ছে মুষল ধারা
দিচ্ছে শরীর বিকিয়ে নারী কষ্ট ক্লান্তি হারা
বাদল রাতে মৌমাছিদের অনেক রকম ক্ষুধা
পান করিছে গুণগুণীয়ে গন্ডুষ ভরা সুধা।
রাতের আসর জমলো তুঙ্গে দেখে হাসে লোক
মেঘের মালা গলায় দোলে নয়কো দুখ শোক।
এক খানি মন দশ খানি হয় দশখানি হয় এক
বাদল নিশির সজল আখির চমক লভিয়া দেখ।
আকাশ কুসুম ভাবিয়া হৃদয় দেখিল সমুখে চাহিয়া
স্বপন অতিথি নব ঘন রূপে এসেছে দুয়ার ভেদিয়া।
নিবিড় হলো মন দেওয়া নেয়া বর্ষা সজনী লাগিয়া
ময়ূরের সনে নাচিল রাধে শ্যাম তনুমন লাগিয়া।
বেহাগের সাথে খাম্বাজ গাহে যোগ রাগ হলো সঙ্গী
তিন তাল তবে একতাল হয়ে দাদরাতে কত ভঙ্গী

# মরনের আতুড় ঘর

নতুন কি আর হবে না? সময় পাল্টালেই ত নতুন
হয় সবকিছু, সে তো আর হচ্ছে না?
পাল্টাচ্ছে সময়, আমার চোখ, মন কেড়ে নিয়ে যাকনা।
নতুন দৃষ্টির, নতুন ভাবনার জন্ম হোক, সব কিছুর
এখানে থেমে থাকার হোকনা অবসান
এই রৌদ্রকরোজ্জ্বল সকাল, দুপুরের উদাস মুহূর্তগুলো একঘেয়ে হয়ে গেছে।
ভয়, আতঙ্ক, মৃত্যু হানা দিয়ে রোজ সময়গুলকে খাচ্ছে গিলে।
সকাল হচ্ছে বিজিত পৃথিবীর সেই চেনা চেহারা
নিয়ে লাবণ্য হীন দিন।
চিত্র ভাসছে, কোথাও শুনিনি মৃত্যু বিজয়ের গাঁথা।
সময় চলে যাচ্ছে প্রতিক্ষণ রেখে যাচ্ছে কেবল মৃতের হিসেব।
রঙ নেই, তুলি নেই, শিল্পী ছবি আঁকে না, গায়ক
ভুলে গেছে গান, কবির কবিতা লেখা হীন চেষ্টা মাত্র।
সবাই শুধু গুণে যাচ্ছে মৃত্যুর হিসাব।
এটাই কালের কাজ।
নেই জীবনে নতুন ভাবনার আলো, নতুন পথের নকশা,
নতুন স্বপ্নের কথা নেই, নেই নতুন যাত্রার ইশারা।
পৃথিবী খানি অব্যক্তের হাতে বন্দী, মৃত্যুর পরিকর
হয়ত জন্মহারা মরণের আতুড় ঘর।

219

# নিশীথ সংগীত

ওরে নিশীথ বিহঙ্গ কোন তরু শাখে ডাকিলিরে?
এ লগনে গাহিবে কেবলই মোর প্রিয় কেন তব সুর তুলিলিরে?
তব কূজন শুনি তন্ময়তা ভাঙিলো বিটপী বাপীর
কেমনে সহলি ভাঙাবে মান ভীত মৃদুলা নারীর
নমিত নয়নে কুসুম করে বলিবে ভালোবাসি
আখিতে আখিতে জড়ায়ে রহিবে দোহার মেদুর হাসি।
ওরে বিহঙ্গ নিরন্তর ডাকিয়া ধৃতব্রত আমিরে
নিলি টানি তোর ধ্রুবলোকে শিথিল করি এ সুধীরারে।
হে খগেন্দ্র , বিন্দু বিন্দু শিশির ঝরে পড়ে সুপ্ত ইন্দিবরে
বুঝিতে পারি তবে নিসর্গ নিস্বন মাঝে সব গান গাহে প্রিয়বরে ।

# পরিযায়ী ফাঁদ

কেনা বোঝে এই নতুন খেলা হে মহারাজ
বাঙালি হলেই সহজ লভ্য তব কারুকাজ ।
দেশ যদি হয় ভারত বর্ষ তবে কে কোন অনুযায়ী
কোন ন্যায় বলে ওরা হলো নিজ দেশে পরিযায়ী।
মগজ ধোলাই, করোনা গুজিয়া গুঁতিয়ে পাঠায় বাংলায়
দোহার সাজিয়া মিথ্যাচারীরা তাহাতে দিতেছে সায়।
অগুনতি শ্রমিক কোথা গিয়েছিল কেন ফিরে এলো ঘরে
তোরা অপরাধী তোদের পাপে রাস্তা ঘাটে মরে ।
যাহাদের জন্য শ্রম বেচিল শিল্প করে দিল তেজী
তাহারা আছে ঘাপটি মারিয়া যাহা করে বাবাজী।
করোনা ধরাইয়া টেরেনে চড়াইয়া ভাগাইয়াছে বাংলায়
বেইমান আর বজ্জাতেরা কুৎসা করে কুভাষায় ।
উহাদের চামচা চ্যানেল গুলো মিথ্যার ধরে ফেউ
করোনায় মেরে বাংলা মারিবে ভাবিছে বোঝে না কেউ।

221

# বৃক্ষ দেবতা

তোরা কাটিস আমার গোড়া তোরা ভাঙিস আমার ডাল
তোদের মতই জীবন আছে, মৃত্যু আছে, সবারই এক হাল।
তোদের মতই ব্যথা আছে কষ্ট আছে, আছে দুখ হাসি
তোদের মতই  এই পৃথিবী আমি, গড়তে ভালোবাসি ।
তোরা মানুষ কথা বলিস আমারও আছে ভাষা
এই ধরণীর কোণে কোণে আমি জাগাই প্রাণের আশা।
আমি করি সবুজ বিশ্ব ঊষর করিস মাটি।
লক্ষ্মী ছাড়া হঠকারী তোরা মাথায় মারিস লাঠি।
সবুজ স্বপন করিয়া বপন মানুষের হই বন্ধু
তোমাদের কাছে পাই এরই দাম বলিতে বিষাদ সিন্ধু ।
ধ্বংস করেছো যত বনভূমি অরণ্য হলো দুস্তর
করোনা মারিবে ঘূর্ণি মারিবে নাই তোমাদের নিস্তার ।
আমার ধ্বংস সহেনা ঈশ্বর, শোন অর্বাচীনের দল
বৃক্ষদেবে হিংসিবে যে জন তাহাকে ছুঁড়িয়া ফেল।

222

# কাজরী

আমি বৃষ্টি হতে চাই শ্রাবণের মেঘের থেকে
বর্ষার মেখলা হবো ময়ূরের পাখার ফাঁকে।
আমি বকুলের গন্ধ হতে চাই সায়ন প্রাতে
চাই তোমার আখির কোণে নোনা বন্যা হতে।
নিশীথের মেঘের ডাকে তোমার ও ঘুম ভাঙাবো
নির্ঝরের সঙ্গী হয়ে বিরহের গান শোনাবো।
কাজল মেঘের গায়ে বিজুরি তুলির টানে
আঁকিবো গোপন ছবি কথাটি রাখি গোপনে।
সন্ সন্ বাতাস বহে হৃদয়ে আমি নাচি
কেতকী কুসুম বিনে বলো না কেমনে বাঁচি।
মনেতে থাকবো নূতন মেঘের গাথা হয়ে
সুদূরের প্রাণ সজনী আসবে আষাঢ় লয়ে।
মন ময়ূরের কলাপ হয়ে দূরপনেয় নিশীথিনী
হৃদয়ে পড়ল বাঁধা কাজরী নুপুর ধ্বনি।
আমি যে নদীর জলে মৃণালের ছন্দে নাচি
ঝিলের পাড়ের শ্যামল বনে ছায়া হয়েই বাঁচি।

# নস্টালজিক

সানাইয়ে বিসমিল্লাহর ধুন
আর জাকির হোসেনের তবলা ।
কেমন যেন একটা কল্পিত
ছবি হয়ে মনে ফুটে উঠছে।
বেহালায় আমার বাবার সেই
প্রাণস্পর্শি কীর্তন অঙ্গে বেহাগে
আলাপ, তবলায় আমার ছেলের
শিহরণ জাগানো কায়দা ও তেহাই।
বাস্তব নয়, কল্পনায় এরকম
একটা ছবি, এটাই নস্টালজিয়া!
বাবা নেই, ছেলে যখন সেতাররে
ঝালার সাথে তবলায় ঝড় তোলে
বাবা তখন বেহালা নিয়ে মনে
হাজির। কোথায় যেন ডুবে যাই।
সেই ধ্যান নিমগ্নতায় শুনতে পাই
আমার সেদিনের সেই ছোট্ট মেয়ে
গাইছে, কা কারু সজনী। সব কেন
এক রকম থাকে না। আয় তবে
সহচরী, কা কারু সজনী, অঞ্জলি
লহ মোর - - এ সব গান আমার মেয়ের
গলায় আর বাজে না। কে কেড়ে নিল?
মন আনচান করে ঠুংরি খেয়ালের সাথে
আমার ছেলের সংগত শুনবো বলে।
সেই সোনার দিন গুলো কোথায় পাবো?

224

# তোমার ঠিকানা

প্রথম দেখার গন্ধ মাখা বিকেলের রোদ্দুর
নোনা বাতাস হেথা পাঠায় দক্ষিণ সুমুদ্দুর ।
তোমার বিম্বধরে প্রথম চুম্বনের স্বাদ মাখা
শান্ত দুচোখ ভারি কাজল উজল স্বপন ঢাকা।
দ্বিধায় জড়ানো পা ত্বরিত না সরিতে পারে
আজি এই প্রাক বর্ষার আগমনী গাহিবারে
পুরনো স্মৃতি মেঘ গর্জনের ভাষায় অমৃতলোকে
বারে বারে ভাঙে নিস্তব্ধতা মল্লার এর ডাকে।
নীচে একা ধূপছায়া ঢাকা নিসর্গ কবিতা খানি
শ্রাবণের ধারায় মেঘ মেদুর স্মৃতি দিতেছে আনি।
কোথায় কোন সুদূরের না বলা ঠিকানায়
তুমি আছ নিঃশব্দের কোন্ সুখভাঙা আঙিনায় ।
তোমার সাড়ার আশায় ঝিল্লি ডাকা প্রতীক্ষায়
কানপেতে কেটে যায় দারুণ সাহারা সময়।

225

# বোকা ভিখারী

হঠাৎ আসিয়া কহে ভিখারী এক
পথ পাশে স্বর্ণকমল পেয়েছি দেখ।
কহি আমি তোর ওটি তোর কাছে রাখ
খাতির যত্ন পাবি লোকের সেলাম লাখে লাখ।
ভাগ্য ফিরিল এবার হয়ে সোনার মালিক
কি আর বলিব তুই পেলি সোনা আমি শালিক।
ভিখারী বলে আমি ভিখ মেঙে খাই
স্বর্ণ কমল আমি করিব কি ছাই।
গাড়ি বাড়ি বউ পাবি ব্যাংক ভার্তি টাকাও
দাস দাসী করবে সেবা টিপে দেবে পাও।
হাজার কুড়ি মন্ডা মিঠাই মটন বিরিয়ানি
ছেলেমেয়ে দেশ বিদেশেতে পকেটে জলপানি।
ভিখারী কয় মন্দ কথা কওনা তুমি বটে
আমার মত ভিক্ষাজীবীর বুদ্ধি নাইকো ঘটে।
একখান চাল একটি ঝোলার সইতে নারি ভার
বাড়ি গাড়ি দাসদাসী করবে পগার পার।
একমুঠো চাল ভিক্ষালব্ধ একটি ভাঙা ঘর
আধপেটা খাই ঘুমাই সুখে, নেই চোর পুলিশের ডর।
রইলো পড়ে স্বর্ণকমল কাজ দেখিনা ওতে
আমি বলি বোকার হদ্দ, তুই থাকতি দুধে ভাতে।
হঠাৎ এলেন প্রধান মন্ত্রী লোকলস্কর সাথে
নিলেন তুলে স্বর্ণকমল মানাচ্ছে বেশ হাতে
সেনা প্রধান এসে মন্ত্রীর পরালে হাত কড়া
দেশের সম্পদ লুঠ করেছেন পরতে হবে ধরা।

226

# চারাগাছ

ধন চাই না মান চাই না
দাওনা এনে দুইটি চারাগাছ
লাগিয়ে দেব পথের ধারে
সবে মিলে পালবো বছর পাঁচ ।
পাঁচ বছরে ওরা দুজন উঠবে মাথা তুলে
ওদের সাথে সবাই মিলে নাচবে দুলে দুলে
ওদের কাছে প্রাণের মন্ত্র, বন্ধু সুজন বলে
যদি পারতাম ওরা দুজন থাকত আমার কোলে।
অন্ন বস্ত্র প্রাণ বায়ু ওরাই দেবে আমায়
ছায়া দেবে, আদর করে কাছে টানবে আনাশ্রিত জনায়।
ধন্য হব ওদের যদি আদর করে রাখি
ভরিয়ে দেবে ভালোবাসায় রাখবে না আর বাকি।

# হে মহাশয়

তোমার বাণী নিত্য হৃদয়ে ঘোষে
তোমার অমৃত ধাম নয়নে নয়নে ভাসে।
তোমার আলোয় জগৎ ভাসিলো দেখি
করুণার ধারায় ভরালো সজল আখি
তোমার  খেয়ালে মানবে দানবে মহারণ
তোমাকে স্মরিয়া ক্ষুব্ধ সাগরে উর্মি বন।
আকাশে শুনি নিত্য কালের আহ্বান
তোমার মূর্তি ধরার ধূলায় মহৎ দান।
গ্রীষ্মে, শ্রাবণে, ফাগুন কুঞ্জে মাধব সনে
কত কথা হয় মাধবী লতার মনে মনে ।
ফুলের সাথে মধুপের এত মাখামাখি
বিশ্ব জুড়িয়া তব অহমিকা নয়ন ভরিয়া দেখি।

# হৃদয় বিদারণ

ভীষণ ঝড়  এক আসিল তেড়ে
কত কি যে নিলি কেড়ে
প্রাণ নিলি আশিটা, বাড়ি
লক্ষ লক্ষ, ছিড়িলি বিদ্যুৎ নাড়ি
জলোচ্ছ্বাসে. ফসল করে মাটি
আঁধার করিয়া জগৎ ভাঙিলি খুঁটি।
জলে ভাসাইয়া দেশ কাড়ি পানের জল
কাড়িলি জীবন যা জন্মিলে মরার ফল।
সবচেয়ে অপরাধ সেরা সর্বনাশ
ভাঙিয়া বৃক্ষ কোটি ছড়াইলি ত্রাশ ।
যার মাঝে বেঁচে থাকে জীবনের হাসি
ধরে রাখে নিজ মাঝে ভাবি জীবন রাশি।
খাওয়ায় পালন করে জীবন সকল
আশ্রয়, বস্ত্র, ওষুধ সবই তার দখল ।
ধ্বংস করিয়া গাছ ধ্বংসের নেই বাকী
কোথায় বসিবে আসি সহস্র পাখি।
বৃক্ষ রাখিয়া বাকী মারিতে আমায়
হাজার ধন্যবাদ দিতাম তোমায়।

# প্রানের মানুষ আছে প্রাণে

প্রানের সাথে বাধিনু তোমার হৃদয় খানি
আপনার সাথে আপনি আসি মিলিবে জানি।
বহুদূর হতে কৃপণ হস্তে কৃপণতার হীন দান
মুঠো ভরে নিয়েছি আমি করিয়াছি সম্মান
মুখটি তোমার আঁধার হলো আলোর অহঙ্কারে
নিন্দিত হতে কেবা চায় বানানো অন্ধকারে।
ডুবিতেছে মন তোমার মত বানানো তিমির প্রান্তে
মিছে খেলাঘর রচি বহুদূর কিবা প্রতিদান আনতে
তোমাকে রচিনু মাধুরী মিশায়ে যেথা যত খুশি পারি
আমি রব কবরীর ভাঁজে ছাড়িতে তোমারে নারি।
বসে আছি একা না পাবো দেখা তৃণ সম দলে যাবে
ঝড়ের আখরে লিখিবো চিঠি প্রতিবাণী হয়ে রবে।
বিহঙ্গ সনে উড়িব আকাশে দেখিতে তোমার বাস
ভালোবাসা মোর সবটুকু দেবো রবে মোর দীর্ঘশ্বাস।

# মিলন

কুসুম সুবাসে কুঞ্জ মাঝে
কুহু তানে নব বাসর সাজে
মাধুরী মেশানো মুরলী সুরে
মৃদুল বায়ু বহে না দূরে
শাখে শাখে তব নুপুর বাজে
চরণ চিহ্ন ধূলার মাঝে
তৃষিত নয়ন হানিলো বাণ
লাজবতী নারী করিল মান।
তাপিত তটিনি দক্ষিণা বায়
ভাসিল সবুজ ঢেউয়ের নায়
সজনী তোমার দেহের ভার
কেমনে সহিবে কুসুম তার
নীলবাস ভালে চিকন কেশ
যেন মেঘ ঘন করে সমাবেশ
নব রসে মজে নব ঘন শ্যাম
পিরিতি গড়িলে কুটিল বাম।
যমুনা তীর ধারে কুঞ্জ বন
বিষাদে করিছে শ্রীমতির ধ্যান
কুটিল প্রেমের স্বভাব বুঝিয়া
মান করিয়াছে হেতু না খুঁজিয়া।
কোটি গোপবালা কামে ব্যর্থ
শ্রীরাধা মোর প্রণয় তীর্থ

মুরলী ধরিল পরশিল ঠোঁটে
অখিল বিশ্ব উঘারি উঠে
রাধিকা পুলকে কলিত হতে
শ্যাম বক্ষে পড়ে আচম্বিতে।

231

# অসম্পূর্ণ (সম্পূর্ণ করতে পারো)

তোমার ভালোবাসার জন্য একটা গল্প লিখছি
ওগো দ্যুতিময়ী মেঘলা
তোমার জন্যই লিখছি।
সেই যে তোমার প্রথম বসন্ত সন্ধ্যায়
আবির মাখা মেঘ গোধূলি সাজায়।
তোমার অনাবৃত যৌবনে মজিল সুমন
তব পথ পাশে বসি করে কীর্তন ভজন।
পাহাড়ের পথে হাত ধরে হেঁটে হেঁটে
পায়নি ব্যথা বেচারা সুমন মোটে
চেনা পাথরের কঠিন বুকে অচেনা
তরুর আপন খেয়ালে রচে কামনা।
সুমন খুঁজে আপন প্রিয়ারে মাথা নত করে
অস্পষ্ট ঝাপসা চোখে দেখে স্বপ্ন মৃত পাহাড়ী গহ্বরে।

232

# শুকতারা

ওগো কবি তুমি কেন চুপ
কাব্য কবিতা লিখিছনা কোনো রূপ।
নিষেধের বেড়ি পরেছো বুঝি পায়
নাকি কথা ফুরায়ে যায়?
নারী বলে লেখা মানা, নাকি অভিমানী মন
খুঁজিতেছে শুভক্ষণ
কবিতারে দিতে ধরা প্রাণে আর প্রেমে
সুধাকর তব বিলাবে সুধা ক্রমে।
নাছোড়বান্দা পাঠক তৃষ্ণা পড়িবার
পারে না করিতে নিবার,
তুমি থাকো রামধনু হয়ে প্রতিবার।
মেঘের কাচলি হয়ে মন ভরে থাকে বলে
রাতের হাসনাহেনার ঘরে কবিতা দলে
গন্ধ হয়ে তোমার দয়িতর নেশা ধরে
তাই তব থেমে যাওয়া হৃদয় পীড়িত করে।
শুকতারা সূর্যের আলো নিভিয়ে
আপনার কলা রাখে কি লুকিয়ে?

# রাঙামাটি গায়ে

গ্রামের নাম রাঙামাটি
শহর ছেড়ে দুদিন হাটি
তবেই এসে ধানের গন্ধ পাই,
মা-বাপ মরা দুটো শিশু
গোপার কোলে বেড়ায় বিশু
আপন কেহ তিন ভূবনে নাই।
হাজার কষ্টে ভাইকে ছেড়ে
তিলেক নহে এক পা নড়ে
পাছে মায়ের কষ্ট বুঝে কাঁদে,
গোপার মনে বাজে কষ্ট
চোখে জলের ধারা পষ্ট
কে আর ওদের জীবন নেবে কাঁধে।
দশ বছরের শিশু গোপা
বাবা ছিলো পাড়ার ধোপা
কোথায় মিলবে ভাইয়ের দুধের দাম,
মনের মধ্যে গড়ত স্বপন
দুমুঠো ভাত একটু যতন
না চাহে মান একটা বাইট, নাবোঝে ডানবাম।
কেমন ওদের কাটছে যে দিন
কাদের কাছে বাড়ছেরে ঋণ
ওদের খবর দেয়না টিভি দেয়না পেপার কোনো
খবর এলো উড়ে যথা
দশ বছরের মেয়ের কথা
গণধর্ষণে জীবন গেছে, খবরখানা চাপা থাকে যেন।

234

# করোনা চিকিৎসা কালে কোন সহ চিকিৎসা কর্মীর করোনাতেই মৃত্যুতে

কেমনে ছাড়বো তোরে
ছিলি মোর বন্ধ ঘরে
কত শত অগণিত দিন
হাতে হাত ধরি ধরি
পীড়িত মানব উদ্ধারি
ভুলিয়া দ্বন্দ্ব মন্দ দীনহীন।
নিশিদিন ছিল না বিরাম
পীড়িতে দিতাম আরাম
উদ্ভাসিতে পীড়িতের মুখের হাসি
রোগ রাক্ষসীর কোপে
পড়িলি কোন পাপে
ভুগিলি সকল প্রচেষ্টা মোর নাশি।
তেয়াগিয়া জীবন ধন
কাঁদাইয়া আপন জন
মানুষেরই লাগি উৎসর্গ করিলি প্রাণ
ধরাতলে যত দিন
বাজিবে জীবন বীণ
গাহিবে জয় গাঁথা তোমারই এ জীবন দান।

# মাকে মনে পড়ে

রাত্রি এবার পৃথিবীরে ঢাকিল ডানায়
লজ্জা হীনা রমণীরা আকাশ প্রদীপ সাজায়
ঘোমটা ঢাকা নীল পাহাড়ে
ধূসর পাহাড়ী লতা এলিয়ে পড়ে
এক ঝাঁক টিয়া পাখি দল বেঁধে
বাতায়নে পাশে বসে হিমেল হাওয়ায় কাঁদে
তখনই বুকের মাঝে ওঠে কান্না
এ আমার কি হলো চোখে বহে অশ্রুর বন্যা
মা আমার ছাড়িয়া গেছে নীল পাহাড়ের ওধারে
মিঠে রোদ্দুর সনে লুকোচুরি যেথা খেলে আঁধারে।
রাখিয়া গেছে পিছে মাভরা এক রাশ ভালোবাসা
উষ্ণ অশ্রুধারার আগ্নেয় লাভার মত উঠে আসা
কেমনে সহিছে মাতা মরণের কষ্ট এসময়
অজীর্ণ অম্বল ব্যথায় ক্লীষ্ট, হত নিরাময়
কেমন কষ্ট পেত যখন বাতের ব্যথা মিলিত জরায়
কত তেল, কত মালিশ মাখাইয়া কাঁদিতাম মায়ায়।
মায়ের ব্যথা জুড়াইতে পারি দিয়া জীবন
কিন্তু তাকি হয় ওরে পাগল আমার প্রাণধন।
মাকে না পারিলাম আর রাখিতে ধরে
কাঁদি আর ভাবি মা সব কষ্ট আজ সহিছে কেমন করে।

236

# শান্তি সেথা

সংঘর্ষে দীর্ণ যাত্রা পথে পথিক আমি একা
চলেছি ভাঙনের দেশ ছেড়ে যেখানে মিলিবে দেখা
নরম মাটিতে গড়া ভালোবাসা
যেখানে মরিয়াও বাঁচে আশা
দ্বন্দ্ব দ্বেষ পরিহার করি সূর্য ওঠে
মুক্ত হাওয়ায় পারিজাত গন্ধ ছোটে
বুক ভরা নিশ্বাস মুক্ত হিংসা অভিশাপ
চলে যায় ছন্দ ময় ঝর্ণার বেগে যত সন্তাপ।
নিরঞ্জন নির্ঝরিণী তটে মরাল মরালী
চঞ্চুতে চঞ্চুতে বলে কথার আবলী
মালবিকা মালঞ্চে বসি গাঁথে মালা
পারাবত বয়ে নিয়ে উড়ে যায় করিয়া পালা
পরাতে সুন্দরে, যেথা নলিনী দল সনে পিকধ্বনী
শোনে, শোনে কুহুতান ছড়ানো অমরাবতীর মনি।
ফিরিতে চাহেনা মন আগুনের গন্ধে মাখা পঙ্কে
ছেঁড়া সেতাররে তার মরে মেজরাফের আতঙ্কে ।
শান্তি চাহে মন নহে যথা তথা বসি
সেখানে মিলিবে সুধা  যেথা ঝরা পুষ্প হবেনা বাসি।

# দাগ

মৌন তুমি ওগো প্রিয়তমা
কেন সুখ কথা বলো না?
কেন গোলাপি ঠোঁট দুটি
তেমন করে কেঁপে ওঠে না?
তুমি মোর অনুসূয়া নয় ত
প্রিয়ম্বদা হয়ে বনবীথি তলে,
খেলিতাম, হরিণ আসিত দলে দলে।
গাছের দোলায় দুলিয়া গাহিতাম
অজানা পাখির সুরে গান
বিটপী তলে তোমার খোঁপায় বৈচি
ফুলের মালা করেছি দান।
শ্রবণে পশিত তব হরসিত কানাকানি
বাতাস কাঁপা শালপিয়ালরে সাথে
তব আখি তলে বিন্দু বিন্দু ঘাম হেরি
তৃষ্ণা জাগিত মম আখি পাতে।
হাজার চুম্বনে ভরিয়ে দিতে মম মুখ খানি
তোমার দুষ্ট বিম্বধরের ঘায়ে
দুটি ছোট পাখি পড়েছিল কোলে পাখা ঝাপটায়ে
সব কথা মনে পড়ে সারা দিন সারা বেলা তোমাকে শুধায়।
দুরন্ত ভালোবাসা তীব্র দহন জ্বালা পারে না
ভুলিতে বালা যতবার ভুলিতে চাই।
তোমার ইচ্ছে নদীর পক্ষাঘাত হয় যদি স্থবির চঞ্চলা চরণ যুগল
গতিহীন মরা নদী হারায় যদি ধারা, অব্যাহত গতি পথ রহিবে দীঘল।

238

# পরিযায়ী

ভিন রাজ্যের পাখি হলেও
ভিন দেশের নয়
কেন তবে পরিযায়ী কয়।
ঝোলার মাঝে আধেক রুটি
খাবো খাবো করি খুটি
খাওয়া নাহি যায়।
মোরে পরিযায়ী কয়।
মানুষ ছিলাম সেই কতদিন আগে
উদরের আগুন জ্বালা ক্ষুধা হয়ে জাগে
মানুষ বলে না,চিনে শ্রমিক
বলে ডাকে মোরে মালিক
আমি এক পরিযায়ী
বড় লোকের আইন অনুযায়ী।
নহে সাইবেরিয়া, নহে আন্টার্টিকা
শীতের সকালে দেই না দেখা
না হেরি বাঁচার পথ, পথে নামিলাম
ঘরে ফেরার গান গাহিলাম।
ক্ষুধার অন্ন মিলিবে মোর বাড়ি
ট্রেনের রাস্তা ধরে ছুটি তাড়াতাড়ি।
চলিয়াছে রেল পথে বাঁধিয়া সারি
কত ভাত পড়ে আছে ফিরিলেই বাড়ি।
ট্রেন আসি চাপা দিলে মিটিল ক্ষুধা
পরিযায়ী শ্রমিক বলে মারিল দাদা।

239

# হা গোবিন্দ

সতত পড়ে মনে, আসো তুমি ঘুম ঘোরে চোখ মেলে দেখি তুমি নাই
তোমার চরণ চিহ্ন আঁকা আছে ধূলি পরে নুপুরের ধ্বনি আসে ধাই।
অগুরু চন্দন সুবাস, শিখি পাখা পীতবাস বনবীথি কাঁপে, থর থর বায়
নয়নে কাজল আঁকা অলখ তিলকে ঢাকা ভালে বিধু উজলায়।
মুরলী উঠিল গাহি, চাঁচর কেশ ওঠে নাচি যমুনা বহিছে উজান
নীলোৎপল দল করিতেছে টলমল গলে দোলে মালা নিজস্থান।
রূপ লাগি গাহে পাখি, ময়ূর ময়ূরী নাচি, কলাপ করিল বিস্তার
সুবর্ণ বর্ণ পল্লবিত আখি দুটি স্ফুরিত মুখে, স্তুতিছে নাম রাধিকার।
কদম্ব বনে বসি অনন্ত গুণ প্রকাশি ডাকিতেছে কৃপাসিন্ধু ভগবান
উৎকন্ঠিত মন সংকোচ করিছে হেন পারিতেছি না ছুঁতে মদনমোহন মম প্রাণ।

240

# কবি বন্দনা

ছিল আজিকার এ পুণ্য তিথি
হয়েছিলে প্রথম ধরার অতিথি
হে কবিন্দ্র রবীন্দ্রনাথ তুমি
বহিল বাতাস মন্দ মন্দ
বিলাইয়া পুষ্পে পারিজাত গন্ধ
বাজিল শঙ্খ ধন্য বঙ্গভূমি।
চিনাইলে মানুষের কাছে বিশ্ব
নতুন ধূলি পরে নব নব দৃশ্য
তন্ময়তায় ভরিল স্বর্গ মর্ত
মহা তেজে ওঠো জ্বলিয়া
করুণার ছটায় গগন ফেলেছ ছাইয়া।
সিন্ধু বক্ষে ফোঁটাও অম্বুজ শর্ত ।
চিন্তায় মননে দর্শনে ধ্যানে রবি
গল্পে কাব্যে গানে চিত্রে বিশ্ব কবি
তব ছায়া তলেই তৃষিত ভারত আত্মা
ঐশ্বর্য রাশি   যতখানি জানা
তোমার কাছে হয়েছে দেনা
শীতলতা পেলো এ ভারতের মহা সত্তা ।

241

# সবার উপর

বিপুলা ধরণীর বুকে ঐশ্বর্য রাশি
কতটুকু পাবো তার কেমনে পরশি।
দীনতা বেড়ে যাবে মোরে করিলে দান
সবটুকু তুমি মোর ভরে আছো প্রাণ।
জীবনের ধন তুমি বিনা ছত্রখান ।
তুমি মোরে শিখিয়েছো নগ্ন সত্য এমন
দুখ পুঞ্জবক্ষে তোমা ছাড়া মৃত্যুই আপন।
তুমি মোরে বাঁধিয়াছো অচ্ছেদ্য বন্ধনে
এ বাঁধন ছিঁড়িবার নেই কোন সাধ মনে
তুমি মোরে পরায়েছো বিজয় কিরীটী এই
এ ধনের মূল্য আমি চুম্বনে চুম্বনে দেই।
তোমাকে এই প্রতিশ্রুতি আছে দেবার
তোমার আসন পাতা হৃদয়ে সবার উপর ।

# নিমন্ত্রন

এই তো তোমার প্রথম নিমন্ত্রন প্রথম নিশিথ বেলায়
কতবার কান পেতেছি তোমার বাণী শুনবো বলে ঝরাপাতায়।
বসেছে গানের সুরে প্রাণের মেলা ফুলের দোলায় দুলে
বাঁধিয়া আশায় বুক, বাতায়ন পাশে, ভাবি আসিবে দুয়ার খুলে ।
আঁধারে জোনাকি, জ্বালায় বাতি পুকুর পাড়ে বনের ধারে
রাত জাগা মন বিলাসি আশার সকল নেশায় দখিন দ্বারে
শোনে তূর্য ধ্বনি তেজস্বিনীর,অপাং নেত্রের নলিনী ভাষা
কে যেন পুন্যতোয়া নদীর মত জাগায় মনে নবীন আশা
মনে হলো হাজার সূর্যের আলোয় ধুইয়ে, হাসছে শশধর
বন্ধ দুয়ার খুলে গেলো, মন্দাকিনীর জাগলো কলস্বর।
তেপান্তরের মাঠ পেরিয়ে বার্তা দিলাম দ্বারে দ্বারে শোন
প্রিয়ম্বদার মান টুঁটেছে বনবিথীর ঘুম ভেঙ্গেছে পেয়ে নিমন্ত্রন।

243

# দীন

বিষাদের দাস হতে চাই না
ও আমাকে মানায় না।
আমি নাপাওয়ার এক গল্প
কষ্ট হারিয়েছি অল্প অল্প
এখন আমি হয়েছি বিনিশ্চিত
শেষ প্রহর আর হবেনা বিলম্বিত
যাহাদের সনে ভাসিয়েছিলাম নাও
হাত বাড়িয়ে কহিল বিদায় দাও।
নায়ে ছিলো যত ধন রাশি রাশি
উহারা লুটিয়া লইয়াছে হসি হাসি।
মুখপানে ওদের আনত নয়নে দেখি
জলে ভরে যায় দুইটি দৃপ্ত আখি
কত বৈভবী ওরা, লোভের না আছে শেষ
সহসা বুঝিনু হারাইয়াছি সব ক্লেশ।
ভাবিয়া প্রাণে জাগিল দিশা ক্ষীণ
ধরনীর বুকে আমি মহারাজ বাকি সকলে দীন।

244

# রাগ

ধূর্ত নয় চঞ্চল অতি
সময়ের গন্ডি মানে না
ধূর্জটি সম ওঠে জ্বলিয়া
সত্য মিথ্যা জানেনা।
অবিশ্বাসের দোলাচলে মরে
মনের সকল যুক্তি জাল
মনের মহামারীর দীনতায়
বাড়ে নিষ্ঠুরতার মহাকাল
নির্বোধ ক্রোধ অন্ধ করে
সুশীল চেতন প্রবৃত্তি
কিবা শত্রু কিবা মিত্র
সকলের হয় নিবৃত্তি ।
অন্ধ করে আবেগ অনুভূতি
অপমৃত্যু প্রেম ভালোবাসার
যুদ্ধ লড়াই মহারন বাধে
রাগ হতে ফেরে কি আর ।
এসব মিথ্যা রাগ দ্বেষ বাড়ায়
হিংসা প্রতিশোধ স্পৃহা
প্রেম শান্তি সত্য কাম্য,
ভালোবাসা দিতে পারে ইহা।
মুক্ত করো মুক্ত চিন্তা যুক্তি
বুদ্ধি সরল ভাবনা যত
ভুলে যাবে রাগ হিংসা তুমিও
হবে দেবতার মত ।

245

# শিক্ষা

শিক্ষা নিয়ে বড়াই তোদের ওরে বোকার দল
শিক্ষা দীক্ষা নাইরে মোটে এ সব তোদের ছল।
বড়ো বড়ো ডিগ্রী ধারী মাইনে কুড়ি লাখ
হাবা গোবা সেজে গাড়ির স্টিয়ারিং এ পাক।
শিক্ষা মানে মনের বিকাশ উদার হয়ে ওঠা
ময়লা জীর্ণ পঙ্ক ছাড়ি আলোর দিকে ছোটা।
শিক্ষা যদি বানায় কেবল টাকা আয়ের কল
বিশ্ব পাবে নতুন ভাইরাস পিবে হলাহল।
আগে যারা দশটা কথার দশটাই দিত খিস্তি
এখন তারা ফিফটি পার্সেন্ট ইংরেজিতে, কমিয়ে দিল কিস্তি ।
শিক্ষা দিল হাটবাজারের কমিয়ে কায়িক শ্রম
রমরমিয়ে যাচ্ছে বেড়ে সংখ্যায় বৃদ্ধাশ্রম।
শিক্ষা দিচ্ছে রং চিনিয়ে কোনটা তোদের ঠেক
বদমাশদের তোতাপাখি ধরছে নতুন ভেক।
এসব তোমরা শিক্ষা বলো ধন্য বাহাদুর
সারমেয়কে আদর করে ডাকে মোদের কুকুর।
শিক্ষা মানে সমদৃষ্টি নির্লোভ নিরহঙ্কার
বিশ্ব মাঝে শান্তি আনে যাহা কল্যাণকর।
এড়িয়ে চলে ধরার মাঝে বাবু বলে ডাক
স্বপ্ন দেখে সবার মুখে হাসি লেগে থাক।

# ভুল গান

ভেবেছিলাম গান গেয়ে তোমায় ভুলাবো
চেয়েছিলাম সুরের বাঁধনে তোমাকে বাঁধিব।
যত গান বাধা ছিল যত সুর জমা ছিল মনে
গাহিলাম বনপথে দখিনা বাতাসের সনে।
বিহগ বিহগিনী কুসুমিত তরু শাখে গায়
অলিরা গুঞ্জরি ফুলের জলসায় ছুটে যায় ।
গানের সরণী বেয়ে বেহিসাবী ভালোবাসা
মাথাকুটে মরে ধূসর গোধূলির মিছে আশা।
সুর ছিল প্রাণ ছিল ছিলো প্রাণের আকুতি
সব গান শেষ হলে রয় বাকী নিষ্ফল মিনতি ।
রুক্ষ মরুর বুকে জীবন ছায়াময় হয় মরিচিকা
তোমার মন ঢেকে আছে একোন কুজ্ঝটিকা।
পাষাণ কিরূপ হয় দেখেছি হিমালয়ে
হৃদয় পাষাণ হলে জ্বলে সে দাবানল হয়ে।
বুঝিনু বেলা শেষে ভুলে ভরা গান গাওয়া
নিলাজ হৃদয় বোকা বোঝে না চাওয়া পাওয়া ।

# বন্ধু তুমি

বন্ধু তুমি আসো নব নব রূপে
গন্ধ বিলাও কত ফুলে কত ধূপে ।
ভিজিয়ে চরণ শিশির মাখা জলে
প্রাণের সাথে প্রাণের কথা বলে।
হাসিতে ছড়িয়ে নতুন রসের ধারা
খেলিনু দুজনে প্রেমেতে বাঁধন হারা
কন্ঠে বাজাও নিশীথ সুখের রাগিণী
আকাশ আঙিনায় শশী সনে জাগো যামিনী
আঙিনায় আঁকো চরণ চিহ্ন নাচিয়া
কি কথা কহ মধুপে বিরলে বসিয়া ।
গৃহকোণে বসি সাজায় বরণ মালিকা
বলে ভালোবাসি ত্রপিত নয়না বালিকা ।
নিশিদিন ধরি আঁকে তব ছবি বিরলে
বহমান কাল বক্ষ কুঞ্জে পূজিবে নিরালে।
মধুজামিনীর তব প্রতিপ্রভা জ্বলিবে রোজ
পাড়াগেঁয়ে ওই মাধুরী মেয়ের করিবে খোঁজ।

# দূরপনেয়

এমন কোনো রোদ্দুর দেখেছো আমার চোখে বাদল ঝরায়
এমন কোনো মেঘ দেখেছো তোমার চোখে আগুন ঝরায়?
তেমন এক সকাল এলো মেঘ রোদ্দুর নিয়ে তোমার চোখের তারায়।
বিলীন হলো বীজন বনের পাহাড় ঘেরা ঝর্ণা ধারায়।
এলো এক দুরন্ত মেঘ ভাঙলো অলির ঘুম
সূর্য পরশ পেয়ে ফোটে কুঞ্জে কুন্দ কুসুম
রোদ্দুর পড়ছে ঝরে অশ্রুধারার মত তোমার চোখে
ঘুমের মত মেঘের আগুন সাগর বেলার স্বপন দেখে
বলাকা মেঘের সাগর পাড়ি দিয়ে বরনারীর দেশে
আমার চোখের শ্রাবণ নিয়ে বর্ষে সূর্যে সোনায় মিশে।
ক্রান্তীয় ভালোবাসার ছটায় পাখায় পেলো ছন্দ
মেরু জ্যোতির আলোর সাগর কুড়ায় একা আনন্দ
মেঘ রোদ্দুর ভাঙলো তাদের অচেনা সব দ্বন্দ্বাঘাত
চিরদিনের খেয়ালী মন মুক্ত হলো দ্বন্দ্ব প্রেমের প্রতিঘাত।

249

# স্মৃতি

শুয়ে আছি শয্যা পরে ছবি ভাসে থরে থরে
কিছু তার চেনা লাগে কিছু নয় চেনা
স্মৃতি ধরে দেই নাড়া কিছু তার দেয় সাড়া
কথা বলে ওঠে ছবি আছে বাকি দেনা।
মনের তুলিতে আঁকা অশ্রুর কাজলে লেখা
বিরহ বিধুর কথা অমর কাহিনী সে
লাজ নত বধূবেশ ভালে চন্দন রেশ
কণক অঞ্জলি দেওয়া শেষে
কহিল সহলি মোরে কানে কানে মৃদু স্বরে
ওঠে যদি ঝড় বেগে ভেঙোনা নিশার স্বপন
অরুণের দীপ্তি যেমন অবয়ব কপোল তেমন
করেছি শপথ কঠোর মরিলেও রহিবে ধারণ।
চুমি হাত বাসর রাতে আসে জল আখি পাতে
ভাঙিয়া বাসর খেলা ভুলিলাম শপথ কথা
ভবঘুরে মন উড়িত সর্বক্ষণ
পাড়ি দেই সব ভুলে দূর পরবাসে
সীমন্ত সিঁদুর লাল ছিড়িনু হৃদয় জাল
নিলাজ মনকোণে চূর্ণ স্মৃতি ফিরে আসে।

250

# খেয়া

ওপারের যাত্রীরা আসে দলে দলে
পসরা বহিয়া সরে খেয়া পাবে বলে
কেহ বাকে দুধ বহে কেহ বহে চাল
মিন সহ আনাজ পাতি বাজারের মাল।
সাইকেল বস্ত্র আটি আসে ছাত্র কিষাণ,
খেয়া পার হতে হবে এই তো বিধান।
ছোট নদী বয়ে যায় পাশে বড়ো গাঙ
খেয়া তরী আসে যায় তীরে বাড়ে ভাং।
সেখানে নৌকা ভেড়ে নামে নরনারী
বুঝে নেয় পাটনী তার পারের কড়ি ।
ওপারের যাত্রীরাও আসে দলে দলে
ওপারের সুখ দুঃখের কথা কত বলে
এপার ওপার আছে মাঝে এক খেয়া
এক সূতায় দেয় বেঁধে দুই পারের হিয়া।
এপারের বট তলে খেয়ার আশায়
কত লোকে বসি বসি সময় কাটায়
আমি রোজ বসে থাকি স্বপন চোখে
কোনো দিন আসো যদি খেয়ার ঝোঁকে ।

# রূপক (Allegory)

অশ্বত্থ মূলে দেবতা পুজিবার বেদী এক আছে
আসে ভক্ত দলে দলে দেবতারে পূজে ফুলে ফলে
বসিয়া ভিখারী জীর্ণ, তরু তলে বেদীটির কাছে।
ছিন্ন বস্ত্র শীর্ণ দেহ খানি  চেষ্টিত লজ্জা শৈত্য আবরণী
ক্ষুধিত ক্লীষ্ট তনু মনে হয় এক কণা খুদ পেলেই বাঁচে।
কেহ বা তাকায় খালি কেহ বা পাড়ে গালি
ক্ষীণ কন্ঠে বারে বারে মিনতি স্বরে খাবার যাচে।
করুণার মূর্তি এক ভক্তিমতি পূজার প্রসাদ খাওয়ায় যত্নে অতি
ক্ষুধার্ত শিশু যেমন খায় অন্ন জননীর কাছে।
শুন্য হইল প্রসাদের পাত্র রইল বাকি কিছু ফুল মাত্র
ফিরিল করুণাময়ী ঘরে দেখে বাম চক্ষু নাচে।
রাখি দেয় তাম্রপাত্র দেবতার ঘরে অদৃশ্য পুষ্প, পাত্র আছে শোনায় ভরে
এ দেব মহিমা বোঝে সাধ্য কি আছে।

252

# অকাল বর্ষা

আমার শ্রাবণ মেঘের বৃষ্টি
তোমায় করিল কেবা সৃষ্টি
তুমি বিশ্ব করিয়া সিক্ত
তব পরশ হলো সম্পৃক্ত
গগন তলে হবে দেখা
মালতি মাধবি দুই সখা।
রহে মেঘের শয্যা পাতিয়া
ওঠে, কেতকী কুসুম হাসিয়া
নীপ বনে ওই কামিনী
একেলা জাগিছে যামিনী ।
চমকে বিজুরি সঘনে
ভেকেরা গাহে বনগহনে।
উদাস হাওয়ায় মেঘের পাল
উড়িয়া উড়িয়া বায় হাল।
দিন দিগন্তে নামছে ঢল
কুলায় ভিজে পাখির দল ।
শাওন রাতে বর্ষা রাগিণী
গাহিছে বাদল বিবাগীনী ।
ঘরে থাকিবারে চাহেনা মন
বজ্র হানিয়া বাধে মহারণ।
নদী পার হতে কি ভেসে আসে
অকাল বর্ষার এই আভাসে।

# মেঘ

আকাশ প্রান্তরে একা প্রদীপ্ত তপন
বিলাইয়া উত্তাপ সবারে করিলে আপন।
মসৃণ স্বর্গ পথ গ্রহ গ্রহাণুপুঞ্জ ছড়ায় আলোক ধারা
উভপথে আলো উত্তাপ আনি ভাসালে ধরা
মৃত্তিকা শুষিল আলো উত্তাপ জীবন হইল স্পন্দিত
সিন্ধু বক্ষে পড়িয়া ত্বিষাম সাগর বারি করে বাষ্প সম্পাদিত।
উঠিয়া বাষ্প নভ স্থলে লভিলে জনম ঘনীভূত রূপে দামিনী
ঝড় ওঠে কোন মহা বিশ্বের অন্ধকূপে আসো ধেয়ে তুমি কামিনী
বারিধারা হয়ে নামি ধরা পিঠে রস সিক্ত করো জীবন ধাত্রী
তৃষ্ণা মেটাতে ভূধর বক্ষে তপ্ত বিভীষিকা নেমে আসো দিন রাত্রি।
তুমি মেঘ তনুখানি তব মসিমাখা তবু কোন সুদূরের পিয়াসী
কতজন ডাকে তোমা কত নামে আকাশ বলিছে তিয়াসী।
কত কবিদল তোমার কবিতা লেখে রাশি রাশি মর্তলোকে
শেলী , বায়রণ রবীন্দ্রনাথ, কালিদাস লেখে কাব্য বীতশোকে।
বিরহী যক্ষ লিখি প্রেম পত্র তোমারে বানায় দূত কটি
বেদনার কথা হিমালয়ের কানে বলে মেঘদূতমের চিঠি
মেঘ রূপ হেরি মূর্ছিত রাই শ্যামরূপ ভাবি মনে
রচে চণ্ডীদাস শ্রীমতি মহিমা পূর্ব রাগের গানে।
আকাশে হেরিয়া মেঘ সঞ্চার দাদুরী ডাকিয়া বলে
কলাপ এবার করো বিস্তার ময়ূরেরা দলেদলে।
মিয়া তানসেন গাহে মল্লার মেঘ রাগ ধরে সানাই
নহিত যক্ষ ব্যাকুল প্রিয়ারে মেঘের খবর জানাই।
মন্দ্রিত পুঞ্জ মেঘ ইচ্ছে ডানায় ভর করে ছুটে যাও মরুতে
তৃপ্ত করো প্রিয়ারে আমার তপ্ত বালিয়াড়ির বালুতে।

254

# বন্দিনী

সুমেধা স্বপ্নভরা চোখের মেয়ে
চঞ্চল চপল উচ্ছল তরঙ্গ বেড়ায় ধেয়ে।
যৌবন আসিবে আসিবে বলিয়া
তনু মন সযতনে রাখে লাজ মেখলায় ঢাকিয়া
যেথা গমন সেথা বারণ প্রকাশিতে মনকথা
দোষ দেখে শুনিতে বলিতে ভালো লাগার গাথা।
পড়িতে লিখিতে বসি লেখে শুধু কবিতা
কোথা হতে আসি ভাব কথা হয় সবই তা।
ভালো লাগে যাকে দেখে তারে সরায় সরমে
অস্ফুট বাণী সব জমে থাকে মরমে।
বিন্তি পিসি দেখে চোখ তুলে কপালে
সেয়ানা হয়েছে মেয়ে রাখ সিন্দুকে তুলে।
ভালো একটা ছেলে আছে জানা
চাকরি করে সাথে ব্যবসা কখানা।
বিয়ে হলো মহা ধুমধাম ফুটলো আলোর রোশনাই
সংসার পেলো ঘর পেলো আর কি বা চাই।
যৌবন শরীর লইয়া চলিল ঘষামাজা
সুমেধার জীবনের মালিক স্বামী মহারাজা।
স্বাধীন ভাবনা চিন্তা সুকুমার চেতনা জাগিতে মানা
গলা টিপে মারা হলো সৃষ্টির প্রেরণা।
বুটের তলায় পিষ্ট নারী স্বাধীনতা
দিবস রজনী ধর্ষকাম আর যৌনতা

হৃদয় মুক্তি চায় কারাগার হতে
শ্রান্ত শরীর কাঁদিয়া মরে বেষ্টনী ভাঙিতে।
সুমেধা কবিতা রচে নিভৃতে বসিয়া
ভালোবাসা আর মুক্তির বাসনা মরে কাঁদিয়া।

255

# ধর্ষ পৃথ্বী

দুঃস্থ এই মানবের পৃথিবী দানবেরা করে অধিকার
কাঁপে ধরিত্রী থরথর করি সহিতে দানবের পদভার।
ডাকিনী নাগিনী সহবাস করে অসুর রক্ষ ছাড়ে শ্বাস
রক্তচক্ষু রক্ত চাহে দুরাচার গড়িয়াছে বাস।
বাসযোগ্য রবেনা বসুধা জরাব্যধী বসিবে জাঁকিয়া,
ধরাশায়ী হবে মুক্ত চেতনা মৃত্যু ত্রসন ফুসিয়া
শ্মশানে মশানে দশনে মুন্ড্ু কাটিতেছে ওরা পেতিনী
বিশ্ব যুদ্ধ বাধিল বলিয়া বহু দিন তাহা দেখিনি।

# হিন্দু

ষোড়শ শতাব্দী থেকেই আমরা পাশ্চাত্য বিদীষার উপর আমাদের চিন্তা ভাবনা দর্শন নির্ভর করতে থাকি। যেমন আমাদের ধর্মীয় দর্শন এত উন্নত ও বলিষ্ঠ যে বিশ্বের এমন কোন ধর্মীয় দর্শন নেই যে তার কাছে ঘসেতে পারে। সনাতন হিন্দু ধর্মের চর্চা করার জন্য তার নিজস্ব ভাষা আছে যে ভাষা মানুষের ভাব বিনিময়ের জন্য ব্যবহৃত হয় না। এটি হলো সংস্কৃত বা দেবনাগরী ভাষা। কেবলমাত্র ধর্ম চর্চার জন্য ব্যবহার করা হয় এমন ভাষা বোধ করি অন্য কোন ধর্মে নেই। কিন্তু আমাদের ধর্মীয় সংস্কৃতির যাথার্থ্য অবহিত হতে পাশ্চাত্যের পন্ডিত গণের মত কেন জানতে চাই। কেন বলবো যে ম্যাক্স মুলার এই বলেছেন, পল ডিউসেন সেই বলেছেন, হুরিজ ওই বলেছেন ইত্যাদি। এই পরের মাতব্বরির কারণ আছে।

ভারতবর্ষের বিদেশি লুন্ঠনকারিদের ইতিহাস কেনা জানে। লুন্ঠনকারিরা লুঠপাট ছাড়াও হত্যা, অপহরণ, অগ্নি সংযোগ, ধর্ষণ প্রভৃতি সাধন করত। এই লুন্ঠনকারিদের মধ্যে সর্বাপেক্ষা জঘন্যতম ছিল মুসলিম অভিযানকারিরা।ভারতের মন্দির ছিলো আর্থিক সম্পদ ও জ্ঞানের সঞ্চয়াগার। এখানে মুণিঋষিদের গবেষণা লব্ধ জ্ঞান ও নানান ধর্ম, শাস্ত্রীয় এবং দার্শনিক গ্রন্থ সংগৃহীত থাকত। অর্থলোভী মুসলিম ইনভেডারদের লুন্ঠন কার্যের মূল লক্ষ্য ছিলো মন্দির। মন্দির গুলিতে যে বিপুল অর্থ ধন ভান্ডার ছিল সে সব নির্বিচারে লুঠ করত, মন্দিরের দেবদাসীদের ধর্ষণ করে হত্যা করে জ্যান্ত পুড়িয়ে মারত। লুন্ঠন শেষে মন্দির গুলি আগুনে পুড়িয়ে ধ্বংস করে দিতো। এতে মূল ক্ষতিটা হলো মন্দিরে রক্ষিত গ্রন্থসমুহ বা বিপুল জ্ঞান ভান্ডার পুড়ে ছাই হয়ে যায়। যে জ্ঞান ভান্ডার বিলুপ্ত হয়ে যায় সেই জ্ঞান আজ সমগ্র বিশ্বকে কোথায় নিয়ে যেতে পারত তা ধারণার অতীত। এই জন্য বেদ, পুরাণ, উপনিষদ প্রভৃতি গ্রন্থের পূর্ণাঙ্গ রূপ পাওয়া যায় না।

তুর্কি আগমনের পর দীর্ঘ কালকে অন্ধকার যুগ বলে জানি কারণ এই দীর্ঘ সময় ধরে হিন্দু ধর্মের উপর নারকীয় অত্যাচার সাধিত হয়। হিন্দু ধর্ম, বিদ্যা চর্চা স্তব্ধ হয়ে যায়। এই সময় ধর্মান্তরিকরণ শুরু হয়। প্রাণ ভয়ে হিন্দুরা মুসলিম ধর্ম গ্রহণ করতে থাকে। সংস্কৃত ভাষা অবলুপ্ত হতে বসে। কিছু হিন্দু ধর্মের পন্ডিত কিছু হিন্দু ধর্ম ও দর্শন সম্পর্কিত গ্রন্থ লুকিয়ে ফেলেন। হিন্দু সংস্কৃতি যখন অবলুপ্ত প্রায় তখন ইউরোপীয় অভিযানকারিরা এখানে আসে। তাদের মধ্যে জার্মানরা ছিল অন্যতম। এরা মন্দির লুঠপাটের পরিবর্তে সেখানে লুকিয়ে রাখা সংস্কৃত গ্রন্থ উদ্ধার করে নিয়ে যায়। অপূর্ব সুন্দর ভাষা অভূতপূর্ব এক ধর্মের কথা জানতে পারে। দীর্ঘ গবেষণার ফলে সংস্কৃত ভাষা ও হিন্দু ধর্ম সম্পর্কে ইউরোপীয়দের মধ্যে জ্ঞানের যুগান্তকারী বিস্ফোরণ ঘটে যায়। ক্রমে সমস্ত ইউরোপ জুড়ে শুরু হয়ে যায় এই ভাষা ও ধর্ম নিয়ে গবেষণা। পাশ্চাত্য মনীষীদের স্পর্শে এই ধর্মের ও ভাষার পুনর্জন্ম ঘটে যায়। বেচে যায় সুমহান ধর্ম ও ভাষা এই ধর্ম এবং ভাষা বিষয়ে যথার্থ মূল্যায়ন পাশ্চাত্য মনীষীরাই করতে পারেন।

# ধ্বংস চক্রী

নতুন করে কাহার আহ্বান উঠিল বিশ্ব মাঝে
যখন চেতনা জাগ্রত হোল জড়বদ্ধ প্রাণ মুক্তির খোঁজে।
মৃত্যু পুরি মাঝে অন্ধকার বিরাজে
ধন লুব্ধ রহি কুসঙ্গে পড়ি ঘর
তিমিরাচ্ছন্ন কারাগার নাছাড়িবার
যাহা ঘিরিয়া আছে ভ্রান্ত রাজার নীতি
দ্বিধা দ্বন্দ্বে পরিক্লিষ্ট দুর্মদ মতি
দিনেশ সম্বরিয়া বিভা ঢাকিল ধরনীরে
ঘোর অমানিশা। তাহারই সঙ্গী ধীরে
আগত মহামারী, মহাবল বিভীষণ বিভীষিকা
আয়রে মানুষ রুখিয়া দি পুড়াই পতঙ্গ পাখা
বিলুন্ঠিত করি দানবের প্রাচীর প্রহর্তা
মারিবে ন্যুব্জপৃষ্ট ধ্বংস কর্তা।

# বনলতা

কেমন আছো এখন তুমি নাটোরের বনলতা
তোমার ডাগর কালো চোখে কয়ত রঙিন কথা।
নদী হয়ে ভাসছে শ্রোতের টানে তরু তলে
দোয়লে পাখির বাঁকা চোখে তারার মতো জ্বলে।
অসুখ চোখা পদ্মপাতায় রঙিন ছোট সাপ
শ্যামা পোকার আগে আগে ফড়িং দিল লাফ
দাওয়ায় বসে বনলতা দেখছে হাসি মুখ
শিরিষ গাছের ফুলের দোলে দুলছে মনে সুখ।
ডুমুর গাছে কুটুম পাখির হাসির বড় মজা
বনলতার নুপুর পায়ে নানান নাচের সাজা।
বিশ্ব জুড়ে মরণ বাচন চলরে হাজার কাল
বন লতা সেন হয়ে সে নৃত্যে দেবে তাল।
পুকুর পাড়ে নদীর ধারে গাঙ শালিকরে বাসা
বন লতার শেষ হবে না চলবে যাওয়া আসা
আম কাঁঠাল এর মিঠে গন্ধে লিচু ওঠে হেসে
সটী বনে বনলতা নাটোর ভালোবাসে।
পৌষ মাসে ধানের গোলায় চড়ুই পাখির দল
শীতে কাঁপে বনলতার চোখে আসে জল
চৈত্র মাসে চড়ক মেলায় শিবের গাজন গায়
সন্ন্যাসীরা শিবের সাজে খেজুর তলায় যায়।
ঝড়ো বাতাস আমের গুটি তলা ভরে দয়ে
কোরোস ভরে কাচা আম বনলতা যায়।
আষাঢ়ের ঘন মেঘ মাদল বাজায় ডাকে
বনলতার হাসি ছড়ায় মেঘের ফাঁকে ফাঁকে।

শরৎ কালের প্রভাত বেলায় শিশির ভেজা ঘাসে
শিউলি মালা গলায় পরে বনলতা আসে।
নেমন্তন্ন কাশফুল আর কুমড়ো ফুলের কানে
বনলতার হয়ে গানে দক্ষিণ হাওয়া আনে।
সারাটা দিন দুগ্গা মাকে শুনায় চন্ডীপাঠ
বনলতা হয় না বুড়ো চালায় রাজ্য পাট।

# শেষ দেখা

তোমার সাথে মেট্রো স্টেশনে দেখা
শূন্য দৃষ্টিতে চেয়ে ঘুরছিলে একা একা
এলোমেলো আগোছালো কথাবলার ছলে
আমার অবশ হাত দুটি কেন নিলে তুলে
সেদিন বুঝার মত কত কথা ছিল বলার
টালিগঞ্জের মেট্রোয় তোমার চলে যাওয়ার
শেষ ছবিটি কেন মোচড় মেরেছিলো মনে
অকথিত জীবন গাথা মরিলে বিষাদের সনে।
আক্রমণাত্মক হওয়ার যখন দরকার জীবনে
রক্ষণাত্মকে হয়ে ভাল কি থাকি মননে ।
আষাঢ়ের ঘন মেঘ গগন ধরিল বেড়ি
দারুণ বরষা মেদুর ধরা যায় গড়াগড়ি
উড়াইয়া শাড়ির আঁচল আষাঢ় কহিছে ডাকি
ভরিয়া দাও ধরা রেখ না বাকি ।.
চলিয়াছি ট্রামে চড়ি চোখেতে বালি
নামলাম জলবন্দি ছোট সে কানা গলি।
সমুখে দাড়াইয়া কাঁপে এক শব বাহী গাড়ি
পাশ কাটিয়ে যেতে চোখে গেল পড়ি।
শব হয়ে শুয়ে আছে শকট মাঝে
নিটোল যৌবন রূপীনী সুন্দরী সাজে
মেট্রো স্টেশনে সেই শেষ দেখা রাণী
সারা মুখে ছড়ানো কত না অব্যক্ত বাণী ।

260

# নায়ক

এক নিঃশ্বাসে বলতে পারি তোমার নামতা
তোমার শত নাম   আমার দেওয়া,
বলতে পারি কত রূপ কত বড় তোমার মনটা।
তোমার হাসির রংগুলো সব চেনা, চেনা
ছন্দে পথ বেয়ে যাও নিশীথ রাতের পথিক নানা
তব অবগুণ্ঠন তলে সহস্র রসের ধারা চোরা স্রোত
বিলম্বিত লয়ে কিলিকিঞ্চিত প্রেমের গল্প বলার ব্রত।
তোমার বক্ষ পাতে বসন্ত বিকেলের দোল্
সে জানি আমার সাথে শৃঙ্গার রসে সিক্ত মুহূর্তে
সে আমার জানা, আমিই সেই তব নিরুপাধী নায়ক।
তোমার কাছে আমার লেখা চিঠির উত্তর
ভুলে ভরা আবেগ বিধুর ভাষা নদী বেগে
হৃত তৃণ সম আমিও কদাপি পেরেছি ভুলিতে।
অপ্রতিরুদ্ধ মনে এখনও চুম্বনে ভরাতে চায় মনোহর
চূর্ণ কুন্তল আবৃত কুন্ডল দেদীপ্যমান গন্ডস্থলে, সুধাক্ষরিত বক্ষে।

261

# দুঃখেও সুখী

আমি যে তটে বেঁধেছি বালির ঘর
পাশ কেটে যেতে যেতে বলেছিলে আমি পর।
ঝোড়ো হাওয়া আসি সুধালো কানে কানে
সাগর বেলায় কেন কেউ পড়ে না মনে
বালুকা তটের পরশ ছোঁয়ায় আসিয়া ফিরে
ভিজাইয়া আখি তাহারি চক্ষু নীরে।
ক্ষণিক আসিয়া আমারই সনে বাঁধে ঘর
বীতশোক হয়ে সুশীলা ভুলায় অনাদর।
ওরে সাগর পারের সুধাময়ী কার মেয়ে
কান পেতে শোন ঝাউবন ওঠে গেয়ে।
বোবা প্রেম চোখে আঁকে ধূসর বোকা হাসি
চিনিতে পারেনি তখন এবার কহে ভালোবাসি।
কাচলি ওড়ে মাতাল হাওয়ার টানে
দুলিছে দোলায় ঢেউ আর তট গানে।
খসেছে বেণী আলুথালু হলো কেশ দাম
কেউ জানেনা তটিনী পটে সাগর পাখির নাম।
কহিল আবেগে তটোপহরি চক্ষে করুণ দৃষ্টিপাতে
দূরদ্বীপ হতে তোমারে এসেছিনু ভালবাসতে।
মনে মনে শুধু হয় না মানা ভালোবাসা কষ্ট বুকে
দূর আর দূর রহেনা ভালোবাসা কাঁদে সুখে।

262

# ইচ্ছে

নিষ্ঠূরতা বিবর্জিত পৃথিবী চাহি
ঊর্ধ্বদিকে রাখিয়া মুখ কহি।
আজ্ঞা দেহ সবিতা করিব বিস্তৃত তব দিব্য ধাম
সোমরস করিয়া পান বায়ুপৃষ্ঠে চড়ি সারি নিত্য কাম।
জাপনা নহে শুধু নিষ্ক্রিয় করিবার মন্ত্রশক্তি নেবো হাতিয়ার
দুরে নিকটে যত দুষ্ট নিগ্রহক, খণ্ডক বিচরে দলি লক্ষবার।
যেথা দেখি বর্তমান ঘাতক মানবতার, তেজ তব ভাস্কর
জ্বলিয়া হবে ত্রসন দুর্বাসা সম ধ্বংস করি পাপ নগর।
দৃষ্টিকৃপণ মিথ্যাচারীর হইবে নাশ অনন্ত বহ্নি চক্ষু জ্বলে
পরাজিত তমসা লুকাইবে মুখ অগ্নিবীণার সুর তালে।

# বিশ্ব ভ্রান্তি

উপবিষ্ট মহীতলে নিদ্রা বিদ্ধ আখি
কফিন বন্দি বিশ্বখানি পতিত দেখি।
চলিয়াছে শব মিছিল নহে কোন শকট
বিলুন্ঠিত দেহে ধটি করিছে প্রকট।
দ্যুতিমান মহাকাশের একই জ্যোতিষ্ক
মানবের লুব্ধ হস্ত করিছে বিশুষ্ক।
কলুষিত হস্ত পদ কন্দলীয় গোষ্ঠিপাত
পলাতক ভ্রাতৃবোধ মাথা উঁচু জাতপাত
কাহারে মারিতে ছুরি বিদ্ধ করে কাকে
শোণিত সিক্ত হস্ত মুছিতেছে পাকে।
কলুষিত বদন ছড়ায় বিষাক্ত হুঙ্কার
মৃত্যুরে আলিঙ্গিয়া করিছে নমস্কার।
ভালবাসা ছন্নছাড়া জরিষ্ণু বিশ্বাসবাস
মানবের একি দশা শুধুই বাড়ে দীর্ঘশ্বাস।

264

# প্রেম অবিনশ্বর

অব্যক্ত যবে করিল আকুতি মম
হাসিল ভাগ্য ভিখারি প্রেক্ষক সম।
প্রেপ্সু মানবী পূর্ণ করিতে বীপ্সা
মুখে খোদিত ক্ষুধিত বিবরের লিপ্সা।
ভালবাসা বলে  এতকাল যাকে জানি
শুভ ক্ষণে মন নিলনা তাহারে মানি
ফাল্গুনী সবে গুটায়. নিল মেলা
গৃহবাসে বসি করিছে নতুন খেলা
পুঞ্জ পুঞ্জ সুখ অনুভবে ওঠে জমে
ধ্বান্ত হলেই নক্ত, নহে কেবলই নামে।
সকল হৃদয়ে দীপ্ত আসন পাতা
প্রচ্ছন্ন প্রেম সকলের হৃদয়ে গাঁথা।
প্রেমাধীশ্বর রয়েছে সকল হৃদয়ে আসীন
প্রেমাষ্পদ বিনা প্রেম বহে রাত্রি দিন।

265

# বিজ্ঞান কেন অজ্ঞান

নোবেল জেতার একটা সুযোগ ঝুলছে নাকের ডগায়
বিশ্ব ভূবন তুলবে মাথায় যদি নোবেল জেতা যায়।
মানব জাতির এমন সংকট বিশ্ব তো দেখেনি
বিষম লজ্জায় ঢাকিতেছ মুখ ব্যর্থ বিজ্ঞানী।
করোনা জ্বরে মরিছে মানুষ সুমুখে অন্ধকার
কূট সভ্যতার মস্তক পরে জ্বলিতেছে ভাস্কর।
সেই তো বিজ্ঞান লভিয়া মানব জাত
লঙ্ঘিয়া গিরি জিনি শূন্য জলধি করেছে হাত।
অসম্ভবের দম্ভ চূর্ণীয়া অপরাজিত বিজ্ঞান
সাধিল যাহা পারেনি সাধিতে অসহায় ভগবান।
চারিদিকে শুধু হীন মানবের ব্যর্থ হাহাকার
জাগো ইশ্বর দূর্বীণ চোখে অর্ণব করো পার।
তোমারে পরাতে বিজয় মাল্য হইতে পারি নি:শ
মারো কালা রোগ করোনা ধ্বংসী বরণ করিবে বিশ্ব

266

# জীবন মৃত্যু ভৃত্য

জীবন মৃত্যু নিত্য ভৃত্য ভাবনা ডাকিয়া কয়
কে আছে আশীবিষ আনিবে মৃত্যু ভয় |
এমন বাঁচা যায় কি বাঁচা যে বাঁচাতে মৃত্যু নাই
এমন মৃত্যু যায় কি মরা যে মরনেও মৃত্যু নাই|
জীবন ক্ষেত্রে যুদ্ধ নিত্য আয়ুধ .চক্ষু কর্ণ মন
করিতে ভৃত্য খাদ্যবস্ত্র বিত্ত ধর্ম নিরহঙ্কারে মান
খাদ্য পাইবে পন্ডিত শ্রেষ্ঠ পতিব্রতা নারী
ধর্মযুদ্ধ চলে আলো দিতে পতিতা মূর্খে বরি|
মনের মধ্যে যুদ্ধ চলে বীভৎসতার সনে
লক্ষ্য বিশ্ব মুক্ত হবে দুর্লভ শান্তি বনে|
জীবন স্রোত থমকে যবে কদর্যতার পাকে
চুমিতে ও বিভাসিতে নভে বিকর্তন ডাকে|
বাঁচিয়া থাকিয়া যদি পারি ফুটাতে ফুল
সে বাঁচায় সার্থক জীবন নয়ত পৃথিবী ভুল|
মরিতে পারি যদি ঘুচায়ে দুখ সে মৃত্যু মোর অহঙ্কার
জীবন মৃত্যু নয় কথার কথা সে তো অলঙ্কার |
জ্যোতিষ্ক লোক হতে ভেসে আসে বাণী
জীবন মৃত্যু স্বর্গ মর্ত ভৃত্য বলে জানি|

# ভালোবাসা সন্ধি

আমি কেন ভালোবাসি ভালো থাকবো বলে
ভালো থাকার মানে বুঝি ভালোবাসা হলে|
নয়নে পড়িল যবে নয়ন তারা
বলিলাম মরিব তোমাকে হারা
অলখ কাঁপিল জমে বিন্দু বিন্দু স্বেদ
বরণপত্র মাঙি আসি মিটাইল ক্ষেদ|
ফেরারি হইল মন পরিশীলন করে প্রতিক্ষণ
এই তবে ভালোবসা পঙ্কজনেত্রে দেখে নির্বোধ মন|
আমি তবে ভালো আছি নির্ধারিবে কে?
আমি নাকি সে ?
ভালো যদি আছি তবে কেন উৎকলিত হিয়া
আলম্বিত দেহ মাঝে অনিরুদ্ধ পথ চাহিয়া|
তরঙ্গ উঠি ভাঙিয়া পড়ে হৃদয় সৈকত পরে
তাহারই দোলায় তনুখানি কেঁপে বক্ষে তৃষ্ণা ধরে|
ভালো থাকা কি এই উন্মাদনা বলোকি বিরহী মন
ভালোবাসা কভু দেয়না সুখ নিয়তি চিরন্তন|
ভালোবাসিলে বাড়িবে লোভ চাহে মন চাহে দেহ
কত দিন ধরি মিটিল সুখ দেহ ছাড়িল না কেহ|
ভালবাসা নামে অভ্যাস আসি জানাইল অধিকার
তোমার দেহ তব নেই আর ভালোবাসা কোন ছার|
তব মনখানি মুক্তি খুঁজিবে জেল খানাতে বন্দী
ভালোবাসা ভালোথাকা নয় এক ধরনের সন্ধি|

# ভেজাল সভ্যতা

এখানে বসে আছি সভ্যতার অলিন্দে
চারিদিকে সভ্যতা করিছে কিলবিল গেছো প্রেমের দ্বন্দ্বে
সভ্যতার ছড়াছড়ি সভ্যতার হাঁড়ি
নিয়ে চলেছে সভ্য বৃন্দের কাড়াকাড়ি।
সবে বলে আমি সভ্য বাকি সব অসভ্য ছোটো লোক
আমার মূল্য কত কেউ তো বোঝে না যতই মানুষ হোক।
হালে দেখি গেছো ইঁদুর বলে আমি প্রগ্রেসিভ সভ্য
লেখে কত রকমের লেখা, জানিনা তার লভ্য।
যে ভাষা বলিতে শেখাইনি মা, বলিতে যাই লাজে মরি
প্রগ্রেসিভ সভ্যরা লেখে সে ভাষা গর্বে যায় বুক ভরি।
মানুষের আদিম ক্রিয়ার উলঙ্গ উপস্থাপনা দিয়ে লেখা শুরু
পিঠ চাপড়াইয়া ফুলায় দিতেছে ওদের সভ্যতার যত গুরু ।
ভালো কাজ বলেনা ভালো, যদি না থাকে দলের সিল
শত মুখে কুকথা কুবচনে নেতার সাথেই মিল ।
প্রগ্রেসিভ সভ্যতার ঠেলায় মনে জাগে ভয়
কবে যে এদের হাতে পড়বে এদের মায়।
বলিবে মা শব্দ পুরাতন, মা সম্পর্কটা সেকেলে
ওরা প্রগ্রেসিভ সভ্য মা শব্দ পাল্টাতে সম্পর্ক দেবে ফেলে ।
ভেজাল এই সভ্যতার আনাচে কানাচে শ্বাপদের বাস
সভ্যরা দাপাইছে সভ্যতা ছাড়ে দীর্ঘশ্বাস ।

# আমার হিরো

আমি এক অষ্টাদশী। পৃথিবীতে কোন এক ঝোড়ো বসন্তের মালতি মাধবী গন্ধ মাখা ললিত সন্ধ্যায় আমি প্রথম কেঁদে উঠে মায়ের উষ্ণ বক্ষে মাতৃস্তনের অমৃত পান করেছিলাম। সে আমার মনে নেই। অতটুকু বয়সে মন বলে কিছু তৈরী হয়না বলেই মানুষের জীবনের ঔ প্রথম উষা অবচেতন মনে কুজ্ঝটিকার ঘন আস্তরণে ঢাকা পড়ে থাকে। ক্রমে বসন্তের পর বসন্ত গ্রীষ্ম উপহার দিয়ে চলে যায়। এ রকমই সতেরটি রসন্ত ঝুমুর নাচ নাচতে নাচতে অনেক গন্ধ আর রং নিয়ে অসীমের পথে হারিয়ে গেছে। একটু একটু করে আমার মন তৈরী হয়েছে, মনের মধ্যেও মন তৈরী হয়েছে। তার মধ্যে পড়েছে মাধুরীর পলেস্তারা।

বছর পাঁচেক আগে রঙের রঙ এমন ছিল না , গানের সুর এমন করে শুনতে পেতাম না, এমন করে মনে কথা জমতো না। এখন ঋতু পর্যায়ের সাথে অনুভবের পর্যায়ের পরিবর্তন হয়। চোখের কাজলের মত মনে স্বপ্ন কাজল মাখে। যখন বক্ষোন্নত করে ম্যামারি গ্লান্ড স্ফিত হয়েছিল তখন সদ্য বালিকা দশা পে্রিয়ে আসা আমি মেয়ের

কি বিস্মিত নির্বাক অনুভূতি। তখন শুরু হয়ে ছিলো অক্সিটোসিন  হরমোনের ক্ষরণ । ভেতরে ভেতরে এক অদ্ভূত নিসঙ্গ কল্পিত ভালো লাগাবোধ সঞ্জাত হতে থাকে। শুনেছি এই হরমোন প্রেমের ব্যাকুলতা জাগায়। আমাকে ডাকা হতো রমা নামে। রমা মানে লক্ষ্মী, প্রেমিকা বা প্রেয়সী।

আমাদের কাজের বৌটার নাম ছিল লক্ষ্মী। নামের পার্থক্য কিন্তু মানে এক, শুধু ও লক্ষ্মী হয়ে রমার ফাইফরমাইস খাটে।

সবে কলেজে উঠেছি। আমি সেবামূলক কাজ আর ডায়রি লেখা পছন্দ করি। আমাদের কলেজের ক্রাইসিস ম্যানজমেন্ট গ্রুপের সদস্য আমি। এরজন্য সাঁতার কাটা, গাছে চড়া প্রভৃতি শিখতে হয়েছে।

বাণভাসি অঞ্চলে আমরা দশ জন ছেলে মেয়ে উদ্ধার কাজে যাই। আমাদের নেতৃত্বে ছিলেন উদয়ন স্যার। রাষ্ট্র বিজ্ঞানের অধ্যাপক। শক্ত পোক্ত চেহারা। গায়ে ভীষন শক্তি। দেখলে pugilist মনে হয়। মার্শাল আর্ট জানা লোক। আমি, আর দুটি মেয়ে টুসি এবং রিক্তা আমাদের টিমে বাকীরা ছেলে। সকালেই শারীরিক ভাবে কঠিন কাজের উপযুক্ত। কারো কারো মধ্যে বীরত্ব প্রদর্শনের অত্যুৎসাহিতা লক্ষ্যনীয়, সে যে তিন জন মেয়ে সদস্যের দৃষ্টি আকর্ষণের জন্য অন্তত আমার এটিই বিশ্বাস।

এই অভিযানে গিয়ে দুর্ঘটনায় আমার জীবন বিপন্ন হয়ে পড়ে, রেসকিউ বোট অগাধ জলে ডুবে যায়। সাঁতার জেনেও লাভ নেই। সীমা হীন পারাবার। চাচা আপন প্রাণ বাঁচা । কিছু মেরুন্ড দুর্গতদের উদ্ধারের পর দ্বিতীয় বার যাওয়ার সময় দুর্ঘটনা। ভয়ে আতঙ্কে দেহ আড়ষ্ট ও শিথিল হয়ে যাচ্ছে । কোথায় কোন দিকে গেলে ডাঙা পাবো

জানা নেই। পরণের পোশাকে দেহের ভার দ্বিগুণ ।

আমার যখন ড্রাউনিং সিচুয়েশন তখন কেউ একজন আমার একটি হাত ধরে নিজের কাঁধের উপর তুলে নিয়ে

সাঁতার কেটে জলে নিমজ্জিত একটি গাছের ডালে বসিয়ে দিলেন। ইনি আর কেউ নয় উদয়ন স্যার। একে একে বাকি দুটি মেয়েকে তিনি উদ্ধার করে আনলেন এবং ছেলে গুলোকে সাহায্য করলেন।

তিনি নিজে ও দুতিনটি ছেলে বহু চেষ্টা করে নৌকাটিকে জাগিয়ে তুললেন। ইঞ্জিন পরীক্ষা করলেন কিন্তু কাজ করছিলনা। আমাদের নৌকায় তুলে দিয়ে গাছের ডাল ভাঙলেন। নৌকা বেয়ে নিয়ে দুর্গত অঞ্চলে গেলেন। আমাদের বললেন, ' এই মানুষ গুলো সাত দিন ধরে খাদ্য পানীয় ছাড়া কেমন ভাবে বেঁচে আছে । এদের বাঁচাতেই হবে।

এই ঘটনার সাথে সাথে আমার শখের ফিলানথ্রপিস্ট হওয়ার স্বপ্ন ভেঙ্গে গেলো। তবে আমি এক জন মানুষের দেখা পেলাম যিনি হয়ে উঠলেন আমার চোখে হিরো, আইডল। ইনি হলেন উদয়ন স্যার, আমাদের রাষ্ট্র বিজ্ঞানের অধ্যাপক। সেই ভয়ঙ্কর নৌকা ডুবির ফলে জীবন বাঁচানোর প্রায় হাল ছেড়ে দেওয়ার মুহূর্তে ভগবানের মত নিপুণ ক্ষমতায় সব কিছু ঠিক করে দিলেন। আমি এক অষ্টাদশী। জীবন সম্পর্কে অভিজ্ঞতা আমার খুবই কম । কিন্তু জীবনে এমন ঘটনাও তো সামনে আসে যা বুঝে নিতে অভিজ্ঞতা দরকার হয় না।

এর দিন দশেক পর এক ফিলাটেলিক এগ্‌জিবিশনে গিয়েছিলাম মায়ের সাথে। এগ্‌জিবিশন হল ওপরে। এস্ক্যালেটরে যেতে হয়। আমার সামনে এক মাধ্য বয়স্কা মহিলা একটি বছর দশেকের ছেলেকে নিয়ে উঠছিলেন। লাস্ট স্টেপের দুতিনটি ধাপ নীচে ভদ্র মহিলা মাথা ঘুরে পড়ে যান। চলমান সিঁড়ি । আমি ওকে ধরার চেষ্টা করলাম। কিন্তু তার আগেই একটি বলিষ্ঠ হাত হারকিউলিয়ান শক্তিতে ওকে তুলে নিয়ে নিরাপদ স্থানে উঠে গেলো। তাকিয়ে দেখি উদয়ন স্যার, আমার হিরো। অল্প সল্প ভীড় জমে গেলো। স্যার আমাকে ইশারায় ডাকলেন। কাছে গেলে বললেন, মনে হয় attack. তোর কে হয়? আমি বললাম, চিনিনা। আগে আগে উঠছিলেন। সাথে একটি বাচ্চা ছেলে আছে। স্যার বললেন, ছেলেটিকে দেখ, চেষ্টা কর এর ঠিকানা জানা। হাসপাতালে নিতে হবে। পুলিশ ও ambulance এর ব্যাবস্থা করে মহিলাকে হাসপাতালে পাঠানোর আয়োজন সম্পন্ন করলেন। বাচ্চা ছেলেটি কাঁদছিল। তার ঠাকুমার সাথে এগজিবিশন দেখতে এসেছিল।

তার কাছে যেটুকু জানা গেলো সেই ইংগিত মত স্যার ও আমি বাচ্চা টিকে নিয়ে ওর বাড়ি খুঁজে বের করে ওকে পৌঁছে দিয়ে ভদ্র মহিলার অবস্থার কথা জানিয়ে ফিরে এলাম।

ছোট ছোট কথা দিয়ে মানুষ যেমন গল্প তৈরি করে ছোট ছোট ঘটনা সন্নিবিষ্ট হয়েও তেমনি এক একটি জীবনের রূপরেখা চিত্রিত হয়। আমার হিরোর জীবনও বোধ করি সে রকম। এখন আমার কেমন যেন এক স্বপ্নের আবেশে সময় কেটে যায়।

চোখের সামনে একটি ছায়ামূর্তি ভাসে, মনের দৃশ্য পটে সেই ছায়ামূর্তি ছবি আঁকা হয়ে যায়। যতটা খবর রাখি এই ছবি সেই valorous হিরোর। যে পথে ঘাটে জলে জঙ্গলে সর্বত্র প্রানের ঝুঁকি নিয়ে বিপন্নতার সাথে লড়াই করে জেতে। সে সাহসিকতা কিসের টানে ? কোন মহাপ্রানের বেদিমূলে আত্মনিবেদনের নেশায় সেদিন রাতের

লাস্ট ট্রেনের ফাকা কামরায় সশস্ত্র নারীখাদকদের হাত থেকে রঞ্জনাকে শুধু বাচানইনি তাদের একটাকে ধরে পুলিশেও দিয়েছিলেন। আমি জেনেছি এরকম অসংখ্য ঘটনার নায়ক

তিনি। এ সব কাজ তার অন্তরের তাগিদ থেকেই অসীম সাহসের সহিত করে থাকেন কোনো প্রতিদানের লোভে নয় কারণ তিনি প্রকৃত ফিলানথ্রপিস্ট।

কিন্তু আমি ওর জন্য মুগ্ধতা বোধ করি কেন? শুধুমাত্র contemplation না infatuation? কলেজে গিয়ে আমার চোখ শুধু উদয়ন স্যারকে খোঁজে কেন ? আমি ইতিহাসের ছাত্রী রাষ্ট্রবিজ্ঞানের শিক্ষককে সব সময় মনে মনে খুঁজে ফিরি কেন? যাকে খুঁজছি সেকি জানে কেউ কখনও তাকে খোঁজে কিনা? যখন খুঁজেও দেখা পাইনা তখন যে আমার মন কেমন করে তা কি সে জানে? এই যে কাল দোল উৎসব ওর পায়ে আবির দিতে ইচ্ছে করছে ওর কিছু ইচ্ছে করছে না?

আমার হৃদয় গভীরে একটি মন্দির বানিয়ে তার বেদির ওপর আমার নায়ককে স্থাপন করে পূজো করি কেন তা জানিনা। নির্জন নীপবীথি তলে বসে হৃদয় অর্ণবে উত্থিত ঢেউয়ের দোলায় দুলি। সে এক দুর্নিবার দুখের দিন। একটি গরিবের মেয়ে পণের বলি হয়ে বিয়ের আসর ছেড়ে গঙ্গায় আত্মবিসর্জন দেওয়ার জন্য ঝাঁপ দিয়েছিল। ঘটনা চক্রে আমার হিরো তাকে উদ্ধার করে সেই বিয়ের মন্ডপে হতভাগিনীকেঃ বিবাহ করে আজন্ম মরে থাকা মেয়েটিকে জীবনের নতুন পরিচয় পাইয়ে দিলেন। খবরটা শুনে আমার দুঃখ হতাশা কিছুই হলোনা বরং অহঙ্কারে বুক ভরে উঠল। এই তো আমার আসল হিরো।

270

# রমা

সেদিন ছিল নির্লজ্জ চৈত্রের দুষ্প্রাপ্য এক উন্মাদ রাত। ভয়ংকর অতি ভয়ংকর যাই বলা হোক খাটবে। সবে সন্ধে বিগত হয়ে রাত হামাগুড়ি দিয়ে নেমেছে।বিছানা ঝাড়া শুরু হয়েছে। চতুর নিশীথিনীর অগোছালো শাড়ীর আঁচল জেদ ধরেছে নিয়ন বাতি গুলি লুকিয়ে ফেলবে বলে। হাসপাতালের কেবিনে একা শুয়ে শুয়ে বোর হচ্ছি।

কবে রিলিজ পাবো। ঘা শুকিয়ে আসছে। আমার সাত দিন হলো ankle joint এ লিগামেন্ট অপারেশন হয়েছে। দীর্ঘদিন ব্যথায় হাঁটতে পারতাম না । এটা একটি প্রাইভেট হাসপাতাল। এখানে আমার অপারেশন হয়েছে। ভরা চৈত্রের সময় । মাঝ ফাল্গুনের দিন গুলিতেই গরম ব্যাটিং শুরু করেছে। এখন তো বিধ্বংসী রূপ। জানালা খোলা। হুইল চেয়ারে জানলার ধারে বসে তাকিয়ে বাইরেটা দেখছি। রাস্তার বৈদ্যুতিক খুটি গুলো দেহপসারিনীদের মতো সারি দিয়ে দাঁড়িয়ে আছে।

রাস্তার ও ধারে পরপর দুটি ওষুধের দোকান, পাশে একটি হোটেলে বিরিয়ানি বিকোচ্ছে লাইনে। এদেশে কেউ বিরিয়ানি রাঁধতেই জানেনা। অখাদ্য টেস্ট আর গন্ধ। ঢাকার গুলিস্তানে এক হোটেলে বিরিয়ানি খেতাম, নানান পর্টিতে হতো , আহা যেন অমৃত!

'স্যার, ডাক্তার চেকিংএ আসছে, বেডে আসুন।' নার্সের গলা।হূইল চেয়ার ঘুরিয়ে বেডে ফিরে এলাম। একটু পরে ডাক্তার এলেন। লেডি ডক্টর। সুন্দরী। শাড়ির ওপর এপ্রণ পারা, হাতে ভাজ করা স্টেথো। ডাক্তার মেডিকেল রিপোর্ট চার্ট দেখলেন। আমার ক্ষতস্থান সম্পর্কে নার্সের সাথে কথা বলছেন কিন্তু আমার মুখের দিকে তাকালেন না। শেষে আমাকে উদ্দেশ্য করে বললেন,'কাল ছুটি হবে । বাড়িতে একটু একটু হাঁটবেন। '

'রমা', আমার মুখ দিয়ে বহু দিনের পুরোনো অভ্যাস বেরিয়ে গেলো।

ডাক্তার থমকে আমার মুখের দিকে তাকিয়ে দাড়ালো। মনে হয় চিনতে পারলো।

'স্যার , আপনি!'

রমার সিথিতে সিদুর। আগের চেয়ে বেশি ফর্সা।

রমা বলল, 'কবে দাড়ি রেখেছেন। চিনতেই পারিনি। রাউন্ডে আছি পরে আবার আসবো।'

রমা বেরিয়ে গেল। বছর দশ বারো আগের কথা আইসি আইসি বোর্ডের একটি দশম শ্রেণীর ছাত্রী

মায়ের সাথে আমার স্টাডিতে এসে প্রণাম করে বলল,' স্যার আমাকে দ্য টেম্পেস্ট পড়াবেন? আমাদের সিলেবাসের। ওরিজিনাল।'

'তোমার নাম কি?' জিজ্ঞেস করলাম।

'রমা।' ও বলল।

'তুমি রিটোল্ড পড়ে নাও। চার্লস এন্ড মেরি ল্যাম্ব অথবা জে বি হ্যারিসনের।' আমি বললাম।

'ওতে হবেনা স্যার। ওরিজিনাল সিলেবাস। প্যারাফ্রেজ, প্রোজ অর্ডার, ফিগার, ডিকশান, পার্সিং, ভুকাবুলারি, ক্রিটিক্যাল এস্টিমেট সব সব চাই।'

রমা বিশ্বাস একটি বাঙালি খ্রিষ্টান কন্যা। ওর বাবা ফাদার ব্রজেন বিশ্বাস ডায়াসিসের আর্চবিশপ। রমা একটি অসাধারণ মেধাবী মেয়ে।

ও আর ওর এক বন্ধু মনোজ এক সঙ্গে পড়তে আসত। আমার পড়ানো ওরা মুগ্ধ হয়ে শুনত। আই সি এস ই তে রমা ইংরেজীতে 90% নম্বর পেলো।

আই এস সি পড়ার সময় ও পুনরায় আবার ম্যাকবেথ এবং পোয়েট্রি পড়তে এলো। আমি বেশি ছাত্র পড়াতাম না কারণ খুব কম ছেলে মেয়ে আমার পড়ানো বুঝতে পারতো।

সে যাহোক, এবার শুধু রমা পড়তে এলো মনোজ এলোনা। আরও অনেকে পড়তে চাইল নিলাম না।

এই এক বছরে রমা আমাদের ঘরের মেয়ের মত হয়ে গিয়েছিল। ওকে খুবই স্নেহ করতাম। ওর মনের কথা সব উজাড় করে বলত। ও বলত, আপনি আমার বাবার মতো। একদিন পড়তে এসে বলল, 'মনোজ ড্রাগ এডিকটেড হয়ে পড়েছে। এখন রিহাবে আছে। '

'তুমি ঠিক আছো?'

'হা, স্যার। কিন্তু আমি অন্য দিকে ফেসে গেছি। পড়াশোনায় মন বসাতে পারছি না।'

'প্রেম ?'

জেজাজের নামে শপথ করে বলছি স্যার, ও সব কিছু না'

এরপর অত্যন্ত নির্বিকার সাবলিল ভাবে যে কথা বলল তা বোধহয় ও একটি খ্রিষ্টান বালিকা বলেই সম্ভব।

ও বলল, 'স্যার, আমি কনসিভ করেছি।'

বিস্ময়ে হতবাক আমি বললাম, তুমি তো স্পিনস্টার জানি। তাহলে কি করে হলো?'

ও বলল,' Out of fun, we met for coition.

তারপর দেখছি। মনোজের সাথে স্কুল বাসে।

'এখন কি করবে? বিয়ে?' আমার এ কথার জবাবে রমা বলল,' I must not. এই simple matter can't harm my career. I must abort'

'Sir, would you please help?'

পরদিন আমি ওর মাকে ফোন করে বললাম রমাকে যেন আর আমার কাছে পড়তে না পাঠায়। তারপর রমার সাথে আমার কখনও দেখা হয়নি। আজকে আমার কেবলই মনে হচ্ছে সেদিন ওর মাকে ফোন করে ঠিক করিনি।

' স্যার ।' ফিরে দেখি রমা। ডাক্তার।

রমা বলল, 'বহুদিন ধরে আপনাকে একটি কথা বলব বলে অপেক্ষা করে আছি। আপনি সেদিন আমার মাকে ফোন করে আমাকে এত বড়ো উপকার করে ছিলেন যা ব্যক্ত করার ভাষা নেই। আমি সেদিন যা করেছিলাম তা এত বড়ো অপরাধ যে আপনার মত ব্যক্তিকে পর্যন্ত আমার হারাতে হয়েছিল।

271

## Love Over sea

When I tune my veena

It twists into many

Enchanting notes in a

Mind over echoing sea any.

She gets drenched in splash of passion

Outburst, rolling about bashful submission.

She sings out from her robust heart

And charms my integrity_ part

The flare is enkindled by love

In the pursuit of her touchy breast , my cove.

Her unspoken words like mimosa sway

My heartful fascination to kiss her bay

Is kept apart by stoicism and trance

Don't wash my love O, ebbing sea in any chance.

The song of love and languishment

Will be sung by swallow every moment..

# ট্রেনে দেখা

দুপুরে বসে আছি আমার এক আত্মীয়ার বাড়ির দোতলার বারান্দায়। উইলিয়াম ব্লেকের কবিতা পড়ছি। সামনে পিচের বড় রাস্তা। রিক্সা, ভ্যান, বড় বড় লরি ও নানা ছোট বড় গাড়ি চলাচল করছে। রাস্তার ওধারে দিগন্ত বিস্তৃত সবুজ ক্ষেত। মাঝেমধ্যে পাশের আমগাছে উদাস সুরে একটি হলদেপাখি একটানা ডেকে চলেছে। আদ্যোপান্ত একটি গ্রামীণ পরিবেশ। রাস্তা দিয়ে পথচারী পুরুষ মহিলারা চলছে বাজার স্টেশন থেকে। দুতিন জন সাঁওতাল রমণী মাথায় ঘাসের আটি নিয়ে বাড়ি ফিরছে। চারিদিকে সুদা মাটির গন্ধ।

'চা খাবে?' পেছনে ঢিলে ঢালা পোশাকে এসে দাড়ালো আমার আত্মীয়া। বুকের দিকটার বসনের প্রতি সযত্ন অবহেলা। আমি চোখ নামিয়ে নিলাম।

সবে লাঞ্চ সেরেছি। ওর হাতের এক কাপ চা, লোভ হলো। আমি বললাম, 'হলে ভালো হয়।' ওর নাম সুপর্ণা। বহু দিন আগে ওকে গাড়ির কামরায় প্রথম দেখি। ফাকাই ছিলো গাড়ি। আমি সবে পড়াশোনা শেষ করেছি। কাজের খোঁজ করে এখানে ওখানে ঘুরে বেড়াই। আমি সিটে বসেই বাইরে ভেতরে দেখছি। হকারদের উপদ্রব। আমার সোজাসুজি তিন চারটি সারির পর একটি সিটে একটি মেয়ের ওপর আমার দৃষ্টি পড়ল। একদম কাজল নয়না হরিণী। আমার দিকে এক দৃষ্টিতে তাকিয়ে আছে। আমার সঙ্গে চোখাচোখি হতেই ও চোখ নামিয়ে নিল। আমি সাধু সাধু ভাব করে অন্য দিকে মুখ ঘুরিয়ে নিলাম । এরপর লুকিয়ে চুরিয়ে ঔদাসীন্য ভাব করে যতবার ওর দিকে দৃষ্টিক্ষেপ করছি ততবার দেখছি ও মুগ্ধ দৃষ্টিতে আমার মুখের দিকে তাকিয়ে আছে আর আমার চোখে চোখ পড়তেই চোখ নামিয়ে নিচ্ছে। বাকি পথটা চোখের লুকোচুরি চলল। আমার স্টেশনটায় নেমে গিয়ে দেখলাম যতক্ষন গাড়ি প্লাটফর্ম না ছাড়ালো ততক্ষণ আমার দিকে অপলক চোখে তাকিয়ে রইল। আমি সবে গাঁজা টানায় হাতেখড়ি দিয়েছি।

গাঁজার ঠেকের দিকে যেতে যেতে ভাবলাম এই জন্যই আমার দিদি বলে তোর মেয়ে পটানোর ক্ষমতা হেভি। আমার চেহারায় নাকি এমন কিছু আছে।

বেশ কিছু দিন পরে আমার একটি সংবাদপত্রে চাকরি হলো। সাব -এডিটর। গাঁজার নেশা পুরোদমে চলছে। বিড়ির মধ্যে গাঁজা ভরে টানি। কলকেতে একটু বেশি মজা। চাকরি হয়েছে অতএব বিয়ে। আমি চাইনি। পরিবার চায়। আমাকে দেখে মেয়ে পটে কিন্তু আমি পটি না। গাঁজায় টান দিলে সব ভুলে যাই। শুধুই বিরহ কিন্তু কার জন্য জানিনা।

একদিন মেজদাদা বলল, 'চল, তোর জন্য মেয়ে দেখে আসি। শ্রীরামপুর, সুন্দরী, এম সি এ।' 'বাস্ বাস্। মেয়ে মেয়ে, বাকি গুলো বলার প্রয়োজন নেই। তবে আমাকে কেউ বিয়ে করবে না কারণ আমি গাঁজা টানি।' আমি বললাম।

মেজদাদা বলে, ' আমি ত মাল খাই, আমার ত বিয়ে হলো। তুই আগে থেকে বলবিনা।'

'লুকিয়ে বিয়ে করব?'

শ্রীরাম পুর মেয়ে দেখতে এলাম। মণ্ডামিঠাইয়ের প্লেট হাতে মেয়ে হাজির। চোখাচোখি হতেই চিনে ফেলি সম্ভবত মেয়েটিও। এ ট্রেনে দেখা সেই মেয়ে।

মেয়েটির চোখে মুখে আনন্দের ছাপ। মিষ্টিগুলো দেখে আমার লোভ হলো। মেজদাদা বুঝতে পেরে আমার কানে কানে বলল, 'আমার জন্য রাখিস।' মেজদাদা আর আমার মধ্যে চ্যাংড়া বন্ধুত্বের সম্পর্ক। 'খাসা মালরে। আগে যদি ----' মেয়েটি সম্পর্কে কানে কানে এইরূপ মন্তব্য করলো মেজদাদা। আমি মেয়েটির নাম জানতে চাইলাম। ও বলল, 'সুপর্ণা।' দাদা বলে উঠলো, 'পছন্দ হয়ে গেছে। কবে বিয়ে দেবেন, বলুন?' পদার্থ বিদ্যার অধ্যাপক মেজদাদা নিজে একটা অপদার্থ। বিয়ের মত এতো বড়ো একটি সিরিয়াস ব্যাপার। মেয়ের বাবা সহ ওদের পক্ষের লোকজনের মধ্যে আনন্দের শ্রোত বয়ে গেলো।

সহজ সত্যটা লুকিয়ে রাখতে চাই না তাই আমি বললাম , 'আমাকে আপনাদের ভালো লাগল কিনা জানি না তবে আমি কিন্তু যেমন দেখছেন তেমনটা নয়। আমার গাঁজা খাওয়ার অভ্যেস আছে।' জেনে শুনে কি কেউ তার মেয়েকে নেশাগ্রস্ত ছেলের হাতে দেয়! বিয়ে হলোনা।

আমার বড়দাদার শ্যালকের সাথে সুপর্ণার বিয়ে হয়ে যায়। সে বিদেশে থাকে। সুপর্ণা শ্বশুর শাশুড়ি ও দশ বছরের ছেলেকে নিয়ে বাড়িতে থাকে। স্বামীর কর্মস্থল দোহায় ।

সুপর্ণা এখানে চাকরি করে । আমার সাথে ওর রীতিমত যোগাযোগ আছে। আজ সুপর্ণার আমন্ত্রণে আমি ওর অতিথি। দুপুরের আহার শেষে দোতলার বারান্দায় সুপর্ণার হাতের এক কাপ চা খেয়ে বসেছি। সুপর্ণা বলল, 'একটু ঘুমিয়ে নাও।'

ওর ঘরে আমাকে ওর শয্যায় নিয়ে গেলো। আমার দুপুরে ঘুমোন অভ্যাস নেই। তবুও শয্যায় গা এলিয়ে দিলাম। আমার শয্যার পাশে সুপর্ণা বসলো। ও এই গাঁজাখোর লোকটিকে প্রথম দেখার দিন থেকেই মনের মধ্যে গ্যারেজ করে নিয়েছে। আর এটা তার বিভিন্ন আচরণেই বুঝিয়ে দিয়েছে। সুপর্ণা দীর্ঘদিন স্বামী থেকে দূরে আছে । তার

শয্যায় আমি শুয়ে। তার কথা চোখে মুখে এক অদ্ভূত চঞ্চলতা। বুকের মধ্যে একটি অজানা আতঙ্ক, বুকের মাঝে আমার টিপটিপ করছে। এমন সময় বাইরে সুপর্ণার শ্বশুর মশাইয়ের গলা ।

273

# কবিতার সুড়সুড়ি

বয়স হলো পাঁচ কুড়ি
শুকনো হলো নাড়িভুঁড়ি
খেতে পারি মাছ তরকারি চাটনি
জীবন যেন ভোজবাজি
এ সকল যার কারসাজি
তার ঘাড়েতে বাড়ছে বেজায় খাটনি।
মনটা করে হুড়োহুড়ি
কবিতায় দেয় সুড়সুড়ি
দাঁতকপাটি ফোকলা হলো মাড়ি
মাজা কোমোর ধরলো বাতে
দমন করতে ব্যর্থ তাতে
যখন দিচ্ছে কবিতায় সুড়সুড়ি।
কবিতাটা লিখতে বলি
বুড়ি আবার দিচ্ছে গালি
এ যেন এক ভাইরাল রোগের সিমটম
মাঝ রাতেতে ঘুম ছাড়ি
লুকিয়ে একা কামাই দাড়ি
পদ্যে করছে আকাশ বাতাস গম গম।
লিখে ফেলি দুদশ খানা
ছন্দ বদ্ধ করতে মানা
অর্থ হারার গোলক ধাধায় মার তুড়ি
কাব্য কুবের হতে পারি
ভাষার যদি ধার না ধারি
কবিতার বেগ নিত্য দিলে সুড়সুড়ি।

কবিতা রোগ ভয়ংকরী
ঠিক যেন রোগ ডিসেন্ট্রি
ঘন ঘন বাথরুমে পাই আরাম
পড়তে মানা সর্ব জনার
আম জনতা করবে অনার
আমাশাতে চাটনি খাওয়া হারাম।

# তাজমহল

প্রেমের সমাধী তাজমহল ঐ উড়াইয়া প্রেমের ধ্বজা
ডাকিয়া আনিছে বিশ্ব মানব বানাবে ভীখারি রাজা।
এখানে ঘুমিয়ে মোমতাজ নয় নহে কোন শাহজাহান
ভালোবাসা আছে কবরে ঘুমায়ে বিরহেতে মহীয়ান।
তাজমহলের ধূলায় বাতাসে প্রেমের সৌরভ মাখা
দামী পাথরের শিরায় শিরায় প্রেমের ছবি আঁকা।
শুধু কি পাষাণ কহিছে কথা তাজমহলের গায়ে
পরাণের কথা ধূলি হয়ে ঘোরে মানুষের পায়েপায়ে।
এ বিরাট সৌধ দিতেছে সাক্ষী ঐশ্বর্য অহংকার
তাজমহলের ভিতরে বিরাজে গভীর অন্ধকার।
দামি পাথরে রচিলে সমাধী হয় কি প্রেমের তীর্থ
ধমনীতে বহে নীল রক্ত স্বেত গম্বুজ অপকির্ত।
জগতে বিদিত যশ বার্তা সম্রাটের এই খেয়াল
ডোনাল ট্রাম্পেরা ফটো তুলিতেছে পেছনে সাজিছে দেওয়াল।
প্রেম প্রকাশের মূর্ত সৌধে স্রষ্টারে করে মহান
গরিমা লভিল প্রেম নহে ঐ সম্রাট শাহজাহান।
প্রেম মানে ত্যাগ আবেগ জড়ানো, মনের গভীরে আশা
অমর করিতে পারে কি প্রেম ইট পাথরের বাসা?
কত মানুষের চোখের জল কত শ্রমিকের রুধির
মেখে আছে তাজ অশ্রুত কান্না অন্ধ সমাধি প্রাচীর।
কালের নিয়মে খসিবে গম্বুজ ভাঙিবে তাজের মাথা
শুকনো পাথর পারে না বহিতে চোখের জলের গাথা!
দাম্ভিক শাসকের দম্ভ প্রকাশিতে দাড়ায় ওখানে তাজ
ফুল হাতে কোনো আসেনা প্রেমিক ফোটোসুট হয় আজ।

275

# দু:খং দেহি

দু:খ তোমার হেরিনু মধুর মূরতি
তব মুখে দেখি হাসিছে কঠিন নিয়তি।
আঘাতে আঘাতে ম্রিছে দৈন্য
কোনো অপমান করিনা মান্য।
তুমি মোর বুদ্ধ যীশু ভগবান
দু:খ আমারে করেছে মহান।
শত ভ্রূকুটি হাজার উপেক্ষা
তবুও আছি সে তব প্রতিক্ষা।
ওগো অভিশাপ ওগো সন্তাপ
ডরাই না আমি কোন অভিশাপ।
আমার ভালোবাসা বিগত ভাবনা
ঘৃণার লাগিয়া করি সাধনা।
দু:খ আমারে করিবে ধন্য
সুখকে চাহিনি করিতে পণ্য।
দু:খ আমার জীবন দেবতা
দু:খেরে রাখি ভরিয়া মমতা।
সুখ ছলনা সুখ মিথ্যা
সুখ ধরে রাখা যেন আত্মহত্যা।
দু:খ আটপৌরে শাড়ির মত দামী
লাগেনা নিরাপত্তা প্রহরা নামী।
দু :খ আমার চিরন্তনী দু:খ ভগবান
সুখেরে পিরিত দুখেরই অপমান।

276

# মধুরং

মধুর হলো প্রভাত আজি
দক্ষিণে ওঠে মাধবী সাজি
মাধব আসিছে ত্বরিত পায়।
চরণে নুপুর ওঠে সিঞ্জিনী
শ্রীমতী কহে ওগো সুরধুনী
শোন গো মুরলী সোহিনী গায়।
ললিতা তোলে মাধবী ফুল
গুঞ্জরিয়া ওঠে অলিকুল
সাজাইয়া রাধিকা বাঁধিছে বেণী
দুরু দুরু বুক কাঁপিছে রাধের
কুটিল প্রেমা ওযে পরদ্রোহের
প্রেমলিপি লেখে বৃক্ষশ্রেণী।
পরীক্ষিতে বুঝি শ্রীমতীর প্রেম
মাধব আসিল বরণ হেম।
সপিবে শ্রীমতী দেহ মন সবি
উৎসারিত রোমাঞ্চ সাধিবি
মাধব মিলিবে শ্রীমতী সনে
শৃঙ্গার রসে ডুবিবে দুজন
যমুনা লাগিবে বহিতে উজান
দুলিয়া উঠিবে বনানী সঘনে।

277

# শূন্যদর্শী

আঁধার রাতে এলে তুমি ঘরে
ভাঙলো দুয়ার বেপরোয়া এক ঝড়ে।
উড়িয়ে নিলো ছিলো যত দান
ধূলায় ঢাকা পড়লো সব স্থান
মিথ্যা আশার সোপান হলো গুড়ো
বয়স উড়িয়ে করে দিল বুড়ো।
ছিন্নভিন্ন পারাবত ডানা স্খলিত বাসা
রিক্ত খগ করে আর্তি ওরে চঞ্চু নাশা!
এই যে জগৎ জুড়ে ভাঙাগড়া খেলা
কি লাভ এতে থামাও মিথ্যা লীলা।
শিতিকন্ঠ বিহঙ্গের বন্ধ করিছ ডানা
তোমাকে না রোধী না করিব মানা।
যাম গুণি কবে আসি যুগসন্ধি কাল
মহেন্দ্রপুরিতে উড়ি জানাবে জীবনের হাল।
ভিন্ন হোক আঁধারের নিষ্ঠুর এই ব্যভিচার
বিচেষ্টিত হবে ঝড় পরাভূত যত অবিচার।
কালচক্রে জরিষ্ণু ভূবন হোক কেবল শূণ্য
মুছে যাক ধর্মাধর্ম , পাপ আর পুন্য।
মশি এসে আচ্ছাদিত করুক দীপ্রতা
তারা সব খসে গিয়ে ভরুক শূন্যতা।

278

# সুধা সঞ্জীবনী

কেগো তুমি এলে বাতায়ন পথে
ধূসর ফাগুন চোখে পুষ্পিত রথে।
নীল রঙের ঝড়ের মত উড়ে যায় ভাবনা
অন্য পৃথিবীতে যার নাই ঠিকানা।
সযতনে ছড়াই ফুল প্রশবে যেথা
ভালবাসার অগুনতি হাজারো কথা।
মন যেন যাযাবর তুচ্ছ অন্ধ ভিখারি
ছেড়া সেতারের মত বাজেনা আশাবরী।
মীড় নেই গমক হা্রা ভাঙা মেজরাফ
তুচ্ছতায় দীনতার অব্যক্ত সন্তাপ।
তাই তব অবয়বখানি হেরি অবাঞ্ছিত আশায়
দিন যত ক্ষয় হবে আঁধার নামিবে ধরায়।
আমরা নরলোকে কেহ কচ কেহ দেবযানী
সত্যিই কেউ লভিবে কভু সুধা সঞ্জীবনী।

# প্রবাসীনী

নীল সাগরের ওপারে তুমি সুদূর এক দেশে
বরফ ঢাকিছে যেথা চিত্রিত আবেগে হেসে।
নীল অম্বর খানি পিঙ্গল দিগ্বলয়
উড়াইয়া শাড়ির আঁচল অন্তহীনা যায়।
যাহার প্রশান্ত মূর্তি ভাসে আলোয় হাওয়ায়
উড়িয়া তাহাকে হেরি কল্পনার ডানায়।
শাল পলাশের রং ছড়িয়ে তুষারের আয়নায়
ভালোবাসার আগল খুলে দেখি সাহারায়।
হেথায় বসন্ত আসে কোকিল ধরে বায়না
বরফের খবর নিয়ে স্কাইলার্ক আয় না।
তুই মোরে বলিবি ভাষা আঁকিবি ছবি
শুনিয়া জনিবো তোকে চিনিয়া রাখিব সবি।
হয়ত বলিবো তোকে ছিলি মনে বসি
কি ধন লভিতে ত্যাজি মোরে হলি পরবাসী।
ওড়না উড়াইয়া উড়িয়াছে ওরা খঞ্জনা যত
বসন্তের গান গাওয়া হয় কি শরতের মত।

280

# পচাই পালালো

আমার পচাই পালালো
পাঁচ বছরের ভালোবাসার বাঁধন টুটিল।
কত চাওয়াচাওয়ি কত খুনসুটি
কত পাগলামি কত লুটোপুট
নিমেষে সকল ভুলালো।
আমি তোর ঠাকুরদাদা বলে
ঘুমাইতি দিদির কোলে
দিবস নিশির সোনারে তার হারালো।
মারিয়া কাটিতি দাঁতে
তবুও থাকিতি সাথে
সব ভুলে যেতে কে বল তোকে শেখালো।
খাওয়াতাম নাওয়াতাম সবে
কে আর বাটিয়া লবে
পরম ধন জীবন হারালো।
না দেখিলে দাদা দিদি
আর্তস্বরে উঠিত কাদি
পচাই না ফিরে এলো।
স্নেহ নাছোড় মায়া
কিবা পশু কিবা ছায়া
চিত্তে আগুন জ্বালালো।

281

## ভালোবাসা

দেবতার সম্মুখে ছিনু ধ্যানে বসি
পুন্ডরীক হস্তে কে দাঁড়ালো আসি
ললাটে জ্বলিছে শত বিভাবসু
তনুখানি কোমল নবীন প্রাংশু
চরণ যেন দুটি প্রস্ফুটিত ইন্দিবর
আখি পল্লব দুটি করুণার সরোবর।
কৌস্তভ বক্ষ মাঝে উজলী প্রকাশে
কি ভাগ্য মম হেরি এ মূরতি সকাশে
সে যে অনন্ত তারি প্রেমে নিমজ্জিত
অখিল পৃথিবী, সুধা রস রয়েছে সঞ্চিত।
মানবের মনের গভীরে নিসৃত জগতের
ঘরে ঘরে মিশে আছে ঐশ্বর্য সাগরের।
তটে বনে বনান্তরে পাখিদের গানে
ঝর্ণার নৃত্যে ফসলের ছড়ানো আসনে।
শিশুর হাসির মাঝে মায়ের মুখের তাম্বুলে
ঊষর মাটিতে বেড়ে ওঠা শাল আর শিমুলে।
ধ্যানে যাহা নাহি পাবে অন্তরে অনাসীন
সব পাবে যবে মন ভালোবাসায় হবে লীন।

# আত্মজীবনী (বিজ্ঞানেও)

পৌরাণিক পদ্ধতিতে আমার জন্ম ও তারিখ ইতি পূর্বে লিখেছি কোন তারিফ পাবার জন্য নয়। তবে বিজ্ঞান মনস্কদের জন্য দুচারটি কথা। এখন যদি আমি জিওলজিক টাইম ধরে আমার জন্ম তারিখটি বলার চেষ্টা করি সে ক্ষেত্রে আমার মূর্খামি বিদ্বজনরা ধরে ফলবেন। সাম্প্রতিকতম হিসাব অনুযায়ী পৃথিবীর বয়স সাড়ে চার বিলিয়ন বছর। এই বিশাল সময়কে বিজ্ঞানিরা নাম দিয়েছেন জিওলজিকাল টাইম।সময়ের সাধারণ এককগুলি হলো মুহূর্ত, দিন, মাস, বছর, শতাব্দী। রিলেটিভ জিওলজিকাল টাইমের ইউনিট গুলো এরকম ভাবে ভাগ করা যাবে -

এরা(Era): সেনোজয়িক, মেসোজয়িক, প্যালিওজয়িক।

পেরিয়ড(Period): কোয়ার্টারনারি, টারশিয়ারি, ক্রেটাসিয়াস, যুরাসিক, ট্রাইয়াসিক, পারমিয়ান, পেনসিলভানিভানিয়া, মিসিসিপিয়ান, ডেভোনিয়ান, সিলুরিয়ান, অর্ডোভিসিয়ান, ক্যাম্ব্রিয়ান।

এপক(Epoch): 1.হেলোসিন, প্যালিইয়স্টোসিন, 2.প্লিওসিন মিওসিন, অলিগোসিন, ইওসিন, প্যালিওসিন, (3). লেট, আর্লি, (4). লেট, মিডল, আর্লি (4) লেট, মিডল, আর্লি (5) লেট ,আর্লি (6) লেট, মিডল, আর্লি (7) লেট, মিডল,আর্লি (8 )লেট, মিডল, আর্লি

পারবাণবিক সময়: 1. 2.3

2. 12+26+ 37----38+53----54+ 65

3. 136

4. 190---195

5. 225

6. 280

7. 345

8.395

9. 430 ----440

10.500

11. 570

প্রিক্যামব্রিয়ান. 3,600 মিলিয়নেরও বেশি বছর।

যতই ইউরেনিয়মের রেডিওঅ্যাক্টিভ ডিকে ব্যবহার

করে ব্যাকোয়ের্ল হিসেব করুননা কেন আমি যে পৃথিবী সৃষ্টির প্রায় পাঁচ বিলিয়ন বছর পর 1947 সালের পঁচিশে মার্চ কোন এক কুক্ষণে লাট সাহেবের আমলে জন্মেছিলাম। একদম হিসেব কষে দেখিয়ে দিলাম। এরপর আমার জীবনী লিখেই ছাড়বো।

283

# বৈষ্ণবহীন

এখন আর সে দৃশ্য দেখি না
গেরুয়া বসনে সাজিয়া
খঞ্জনি একতারা বাজাইয়া
বৈরাগী বোষ্টমী আর আসে না।
পাড়ায় পাড়ায় কত আখড়ায়
বসিত বৈষ্ণবদের আসর
বাজিত খোল, করতাল, কাসর
সাধন ভজন বৈষ্ণব সহজিয়ায়।
রাধা কৃষ্ণের চতুর প্রেমের চর্চা
কৃষ্ণসঙ্গম প্রাপ্তির জন্য তপস্যা
গোপীদেহ লভিতেই বোঝে সমস্যা
মোহন্ত আসিতেন করিতে নাম কড়চা।
গৃহস্থর আঙিনায় আসি বলিত রাধে
কৃষ্ণসেবা লাগি মাগিত ভিক্ষা
ঘরে ঘরে কৃষ্ণ নাম দিত সবে শিক্ষা
মম পিতা দেখি বৈষ্ণব হরি নামে কাঁদে।
বসিত দাওয়া মাঝে বৈষ্ণবী সাথে
চলিত কৃষ্ণকথা বহু রাত্রি দিন
গীত গোবিন্দ, ভাগবত পদাবলি তিন।
বিদ্যাপতি, চণ্ডীদাস, বৃন্দাবন দাশ
ব্রজগোপাল, গোপীনাথ, মদনমোহন
শ্রীমতী রাধিকা গোপি সর্বজন
বলিতে গেলে মোর ওঠে নাভিশ্বাস।
আজও আছে মথুরা আছে বৃন্দাবন

নেই সে ললিতা সখি নেই সে রাই
যমুনা বহে না উজান নেই বাঁশি তাই
প্রাণহীন শূন্য দেখি এই বৈষ্ণব ভুবন।

284

# রিক্সাওয়ালা

দোহারা চেহারা ছেলের গরিব ঘরে জন্ম
রিক্সার পিঠে দিন কেটে যায় এটাই ওর কম্ম।
দুঃখের কথা শোনার ওর নেই তো কোন লোক
ওর গাড়িতে চড়ছে যারা তাদের দিকেই ঝোঁক।
লেখাপড়া শেখার কথা ভাবতে আছে মানা
বিদ্যা অর্জন করতে গেলে থাকবে না ঘর খানা।
রিক্সা খানা নয় তো নিজের উচ্চদামে ভাড়া
ভদ্রলোকরা রিক্সা চেপে বলে আছে তাড়া।
ওরা ভাবে চাকর ওদের ছোটো লোকের শেষ
সন্ধে বেলায় ওরাই পাঠায় ভাটি খানার দেশ।
রিক্সা চালায় ছেলেটি চাঁদপানা ওর মুখ
মা বলে ও ডাকে মোরে পালায় মনের দুখ।
ফটিক বলে ডাকি ওকে বলি সোনার ছেলে
চাকরি থেকে ফিরি রাতে সোনা গায়ের মেলে।
শীত গ্রীষ্ম দাড়িয়ে থাকে ইস্টিশনের গায়
শত লোকের ভিড়ের মাঝে আমায় খুঁজে পায়।
সে দিন রাতে ফিরছি ঘরে আমায় ডেকে কয়
টাকার থলি দেখিয়ে বলে মাগো পাচ্ছি ভয়।
কোন্ সে বাবু ফেলে গেছে আমার রিক্সার পর
আমি বলি বাড়িতে নয় থানার রাস্তা ধর।
ভয়ে ফটিক জড়োসড়ো বলে, আমি তো চোর নই
থানায় জমা দিয়ে টাকা সব কাহিনী কই।
সপ্তা খানেক পরে রাতে অফিস করে ফিরি
জনা কয়েক লোকে দেখি ওকে ধরে ঘিরি।

টাকা চুরির দায়ে দেবে ফটিকেরে সাজা
কিছু লোকে দাড়িয়ে দাড়িয়ে দেখছে ভারি মজা।
চেচিয়ে বলি রিক্সাওয়ালার গায়ে দিলে হাত
চোদ্দ বছর ধরে তোরা খাবি জেলের ভাত।
টাকার থলি ফেলে গেলি দিলাম থানায় জমা
ফেরৎ পেতে থানায় গিয়ে এবার মাথা ঘামা।
দুদিন হলো রিক্সাওয়ালা আসছে না আর কাজে
মনের মধ্যে তার না আসা ব্যথা হয়ে বাজে।
খোঁজ করিতে পৌছে গেলাম ওদের ভাঙা ঘর
দুঃখ হলো শুনে তাহার রিক্সা নাহি আর।
জীবন ভরে টাকা কামাই নাইকো লেখাজোখা
আজ ভাবিলাম এবার পেলাম ভগোবানের দেখা।
ফটিকরে তুই ভাবিস না বাপ আমি দিলাম কথা
কাল সকালে নতুন রিক্সা দেবো কিনে যথা।
অনাহারী মুখগুলিতে ফুটলো সুখের হাসি
স্বর্গ সেথা নেমে আসে অবিশ্বাসে মিশি।

285

# ছবি

দূরে বহু দূরে তুমি আছো হৃদয় মেলি
ধূসর সকাল বিকাল আলোর খেলা খেলি।
আহ্বান শুনি তব নীরব ইশারায়
ভীরু প্রতিক্ষার অবসান আশায়।
কে ভাঙিবে এই দূরত্বের বাধা অলক্ষিতে
ব্যপ্ত ভালোবাসার বিজেতারে দলিতে।
মুক হয়ে একা হৃদয়ে আঁকিছো স্বপন
হঠাৎ আসি প্রিয় কথার বীজ করিবে বপন
তাকি হয়? নেই তো বলাকার ডানা
যে বয়ে নিয়ে যাবে সেই দূরের ঠিকানা ।
সব দূর হলো দূর সব শঙ্কা হলো শেষ
তোমার ছবিখানি সম্মুখে দেখি বেশ।
ছবি তব কহিল মোরে আমাকে দেখো
আমার পরশ তোমারই দেহখানিতে মাখো।
কোন সুদূরের সেই চেনা চোখ চেনা ঠোঁট দুটি
আরও দীপ্ত, আরও উষ্ণ কম্পিত হয়েছে উঠি।
এই অপূর্ব আবেশ দূর হতে ছবিতে পাওয়া
ভোরের বিহগের মত হৃদয়ে গেয়েছে রাগিণী
সাগরের ঢেউ হয়ে ছবি তব মনে জাগে যামিনী।

# ভৈরব রস

ওগো কামিনী পোহালে যামিনী
তরুতলে হবে দেখা
দুলিব দুজনে পাখির কুজনে
কাপিবে বৃক্ষ শাখা।
চারিভিত ভরা ফুলে সাজি ভরে নেব তুলে
ধূলায় গাথিয়া মালা
পরাবো যতনে. সেথা নিরজনে
শুরু হবে ধূলা খেলা।
বহিবে বাতাস. ফুলের সুবাস
ভরিবে সকল বনানী
হইবে অতিথি. লাল প্রজাপতি
পুলকিত হবে নলিনী।
ধূলায় নাচিবো. ধূলায় গাহিবো
ধূলায় রচিবো স্বর্গ
মিথুন দোহার হেরি উপহার
আনিবে বনজ বর্গ।
অজিত হাসি ওঠে উল্লাসি
শুরু দিবসের কাজ
মোরা নির্নিমেষ করি খেলা শেষ
ত্যাজিয়া সকল লাজ।
মধুপ রাশি পুষ্পে বসি
দোহে করে কানাকানি
সরসিজ মাঝে বসিয়া লাজে
কুঞ্জর কেবা জানি।

287

# পিঠে চোর

মান করেছি ভাব করেছি আর হবে না আড়ি
গোঁফে বসে তা দিয়েছি ভাঙবো হাটে হাঁড়ি।
রাতের বেলায় মা খুড়িমা বানায় নানান পিঠে
আমার মত পাঁচ চোরে তা খায় যে চেটে পুটে।
বড় দাদার ছেলে আমায় ধরলো হাতেনাতে
মেজ কাকা তা বুঝতে পেরে এলো গোপন পথে।
তিন পুরুষের আঁতাত হলো খুলবো ভাড়ার ঘর
এক হাড়ি দই খাবে দুজন আমি চৌকিদার।
আমার এলো জিবে জল দৈয়ের হাড়ি দেখে
গোপন পথে পড়লাম কেটে স্টোর রুম থেকে ।
ঝিয়ের ঘরের জানলা দিয়ে ছুড়ে মারি ঢিল
চোর ভেবে চেঁচায়, আমি ঘরে দিলাম খিল।
ভাড়ার ঘরে পড়লো ধরা দুজন খাবার চোর
নাক ডাকিয়া ঘুমাই সুখে কেটে গেলো ভোর।

288

# আমার সুখ

যত ছোটো হোক আমার সুখ চাঁপা গাছের ডালে,
ঝিলের পাড়ে ছড়িয়ে হাসি সূর্য পড়ে ঢলে।
দলে দলে জোনাক খেলে দেওয়া নেওয়ার খেলা
চাপা ফুলের গন্ধ মেখে ধন্য নিশীথ বেলা।
আমার সুখটি ডানা মেলে বাঁশ বাগানের ফাকে
বেনুর সুরে সুর মিলিয়ে বাতাস আমায় ডাকে।
আধেক ঘুমে আধেক জেগে শাল তমালের চুড়ায়
আমার সুখটি দেখবে হেসে সবুজ আঁচল উড়ায়।
আমার সুখটি মায়ের মুখের হাসি হয়ে ফোটে
প্রিয়ার পায়ের পায়েল হয়ে আমারই সুখ লোটে।
আমার গানের মীড় হয়ে রয় ছয় সেতারের তারে
সুখের তাপে উষ্ণ হয়ে ভালোবাসাও মরে।
আমি সুখের বীজ বুনেছি ফুল পাখিদের ডানায়
শিশুর মুখের হাসির মাঝে আমার এ সুখ মানায়।
ওই আকাশের কোণে কোণে মেঘ বিজুরির.খেলা
শিশির মাখা ঘাসের ঠোঁটে বসে সুখের মেলা।
আমার সুখের দেউটি জ্বলে ধূপের গন্ধ মেখে
আলগা কথার ছন্দ নিয়ে সুখের পদ্য লেখে।
আমার সুখের পা টিপে দেয় ভাবনা সকল মিলে
আমার সুখের চাবি আছে নদী খালে বিলে।

289

# অনুরাগ

জাহ্নবী তটে উপবিষ্ট আমি জিনিতে হৃদয় নারীর
হরষিত মন উদ্বেল নয়ন অবস করিল শরীর।
হাতে হাত ধরি নয়ানে নয়ন ওষ্ঠে ওষ্ঠো রাখি
কত কথা হোলো আখিতে আখিতে অনেক রহিল বাকী।
কত হইল হাসি কান্না মান অভিমান লুব্ধ বাসনা
শুধু এই টুকু রহিল বাকী অনেক সত্য অজানা।
আমার দেহের পরশ পাইল কোমল দেহে নবিনা
চপল হাসি মৃদুস্মিতা নারি সে কাজরি কি জানিনা।
কানে তাহার ওষ্ঠো মিলাইয়া বলে,কত পথ হবে চলা
কহিলাম ওই ধূসর সুদূর কোথায় না যায় বলা।
কবরীতে যবে পরালাম অস্তরাগের ফুল
ঝর্ণার মত কম্পিত হলো কুঞ্চিত কালো চুল।
বুকের মধ্যে তুলল ঢেউ কৃষ্ণা বা কাবেরী
হয়ত গঙ্গার উন্মত্ত ঢেউ জাগিয়া কাটাবে বিভাবরী।
কথা হলো রাত হলো বুক কাঁপে দুরু দুরু শুনি
জানিলনা জাহ্নবী কাবেরী কৃষ্ণা নারি মন কি জিনি।
দেখিবো পরীক্ষীয়া যবে যাব দয়িতা অভিসারে
বরণ করে যদি নিরক্ষীয় তাপে বুকে প্রিয়া আমারে।

## শুভ নববর্ষ

চলে যাওয়া যদি সত্য হয় , সত্য ফিরে আসা
নতুন পুরনো হলে পুরনোও নতুন হয়ে ভাসা।
এও সত্য দৃপ্ত হয় চক্রাকারে আসা ফিরে ফিরে
নাম টুকু বদলে যায় কালের কপোল ঘিরে ঘিরে।
সময়ের রঙ একই রহে নিশ্চয়তা নেই মানবের
কেউবা হারায় কেউবা লভে দেখা সত্য প্রনবের।
কাহারও সাদা হয় কেশ ঝরে পড়ে দন্ত সারি
কাহারও আসে যায় খ্যাতি অখ্যাতির মহামারি।
কেহ বা পড়ে পিছে কেহ বা এগিয়ে যায় দূরে
কেহবা কাঁদিয়া ফেরে কেহ গায় গীত সাত সুরে।
তাই একে নতুন বলি, কহি এর নাম নববর্ষ
আনন্দলোক হয় বিশ্ব দিকে দিকে ধ্বনিত হর্ষ।

291

# শীত অতিথি

সহসা উঠিল কিসের ধূম
টুটিল আশা ছুটিল ঘুম।
উত্তর হতে ধাইছে বায়ু
স্খলিত সকল হইছে স্নায়ু।
অতিথি এবে আসিল দ্বারে
হয়েছে ন্যুব্জ বয়সের ভারে।
কুঞ্চন রেখা কপালের পর
গুটি কয় কেশ হয়েছে ধূসর।
কর্কশ স্বরে কহিছে বচন
উত্তর সাগরে হয়েছি রচন।
সাথী মোর হিমেল হাওয়ার নাচ
অভিমানে পাতা ঝরায় গাছ।
ঘর বারান্দা উঠানে ঠাঁই
নদী প্রান্তর পাহাড়ও চাই।
বুড়ো হলেও হই অতিথি আমি
শীতের রাজা কাড়তে জমি।

# কমলা

আজ আর সে আসবে না। সাত সকালে গেটের বাইরে এসে রোজ সে আমাকে ডাকে। বলা যায় ওই আমাকে ডেকে তোলে, আমার সাথে কত কথা বলে। আমি কিছু খেতে দেই। খাওয়া হলে আমার চারি দিকে ঘোরে আর গায়ে লেজ বুলায়। তারপর মিউ মিউ করতে করতে চলে যায়। ওর নাম দিয়েছি কমলা কারণ ও কমলা বর্ণের।

একদিন সকালে হাটতে বেরিয়েছি কিছু দূর গিয়ে শুনতে পাই আর্তস্বরে কোথা থেকে মিউ মিউ ডাক ভেসে আসছে। দেখি রাস্তার ধারে একটা ছোটো গর্তের মধ্যে পড়ে আছে একটা বিড়াল ছানা, ক্ষুধার্ত ও দুর্বল। কেউ বোধ করি ওখানে ফেলে দিয়ে গেছে । আমাকে দেখে ও উঠার চেষ্টা করল কিন্তু পারলো না। আদপে আমি মোটেই একজন পশু প্রেমী নই আর বিড়াল প্রেমী ত নইই। ওদের জীবন যাত্রা আমার পছন্দ নয়। ওদের মধ্যে কোন সুকুমার প্রবৃত্তি নেই কেবল সারা বছর চলে জনন কার্য, বলা যায় ধর্ষকাম।

বিড়াল ছানাটির চোখে আমার চোখ পড়লো। গোলাকৃতি কাচের বলের মত চোখ দুটিতে বিস্ময় ও আকুতি মাখানো। ওর চোখ মুখে বিড়াল ছানা নয় আমার ছোটো নাতিনির সমুদয় মুখটি দেখতে পাচ্ছিলাম। মুহূর্তে সব ঘৃণা, ভয়, সংস্কার, তুচ্ছতা বোধ ভুলে আমার হাত দুটো দিয়ে অতি যত্নভরে বিড়াল ছানাটিকে গর্ত থেকে তুলে মাটিতে রাখলাম। ও খুব দুর্বল। কষ্ট ভরে হাঁটার চেষ্টা করল । আমি দুপা এগোতেই পেছনে ওর ডাক শুনলাম।

চেয়ে দেখি ও আমার পেছনে পেছনে আসার চেষ্টা করছে। আমার যাওয়া হলো না। বাড়ির পথ ধরি।

ও আমাকে অনুসরণ করতে থাকে। খানিকটা গিয়ে ও আর পারলো না। আমি দু হাতে ওকে তুলে নিয়ে বাড়ি ফিরে আসি। ও আমার হাতের মধ্যে কোজি অনুভব করছিল বুঝতে পারলাম। আসলে ভালোবাসার নিজস্ব ভাষা থাকে। সে ভাষা সবাই বোঝে, কর্তৃ পদবাচ্য মানুষ হোক বা অন্য প্রাণীই হোক ।

ওকে শুশ্রূষা করলাম , খেতে দিলাম। ওকে সেবা করতে আমার খুব তৃপ্তি বোধ হচ্ছিল। এ এক অন্য অনুভুতি। এক বাটি দুধ চুক্‌ চুক্‌ করে খেয়ে নিলো।

বিকেল পর্যন্ত ও সুস্থ হয়ে উঠল। সন্ধ্যে বেলায় ওকে আর দেখতে পেলাম না। মনে একটু ক্ষোভ জন্মালো। কেন ওকে বেইমান মনে হচ্ছে ? ও তো বরং ভালোই করেছে । পরদিন সকালে ওর কথা ভুলেই গিয়েছিলাম । যথারীতি রোজকার মত প্রাতভ্রমণে বের হলাম, সঙ্গে আমার বউ। খানিকটা দূর যেতেই সেই মিউ ডাক । পাশের বাড়ির পাঁচিলের ওপর শুয়ে আছে কমলা। ইতি মধ্যে বাচ্চাটা মেয়ে ও কমলা বর্ণের বলে আমি ওর নাম দিয়েছি কমলা । আমার বউয়ের খুব জীবে প্রেম। উনি পাঁচিলের ওপর থেকে ছোট্ট কমলাকে ধরে নীচে বাসিয়ে দিলে সে আমাদের পেছনে পেছনে হাঁটতে থাকে আর মিউ মিউ করে।

এ ভাবে কমলার সাথে আমার ভাব জমে যায় ।

রোজ সকালে আসে । ওর জন্য মাছ, শুকনো খাবারের ব্যবস্থা করেছি। নিয়মিত সকালে আসে আমাকে ডাকে, আমার সাথে আড্ডা মারে । আদর খায় তারপর খাবার খেয়ে গা চেটে চেটে ঘরের কার্নিশে ঘুমায় । এরপর আর আমার সাথে ওর দেখা হয় না। একদিন সকালে দেখি ওর গায়ে ক্ষত। কেউ ওর গায়ে গরম জল ঢেলে পুড়িয়ে দিয়েছে। রোজ ক্ষতস্থানে ওষুধ দিয়ে কয়েক দিনের মধ্যে সারিয়ে তুলি। কমলা এখন যুবতী। মেটিং এর লক্ষমণ প্রকাশিত । কোথা থেকে একটা হুলো বেড়াল এসে কমলাকে একের পর এক ধর্ষণ করতে থাকে । এই ধর্ষকের কোন সাজার ব্যবস্থা ইন্ডিয়ান পেনাল কোডে আছে কিনা জানি না। এর ফলে কমলা গর্ভবতী হয়ে পড়ল। কিন্তু তা বলে রোজ সকালে আমাকে ডেকে তুলতে ভোলে না । প্রথম মা হওয়ার দিন আমাদের বাড়ির অ্যালসেসিয়ানের হাতে প্রাণ হারালো কমলা । কোন রকমে তার একটা সন্তানকে বাচানো গেলো। কমলা আর নেই। ও আর কোন দিন আসবে না। পশু আর মানুষের এই আবেগ কিভাবে প্রকাশ করা যাবে তা জানা নেই।

# সত্যকাম

বিশ্বলোক মাঝে ধ্রুব সত্য নাম
জপিছে অমর লোক ওগো সত্যকাম।
সৃজিয়া বিধাতা তোকে পঙ্ক মাঝে
পরালো কন্টকিত গোলাপের সাজে।
জননী গণিকা তোর, জনক কে জানে
মাতা তোর দেবী দেবতারা মানে।
যে গর্ভে তুই লভিলি জনম
সেথা ভগোবানের পরম ধাম।
তোমাতে তেজে ব্রহ্মবিদ্যা
ধন্য মাতা সর্ব সিদ্ধা
কে বলে মাতা তুমি বেশ্যা
সত্যকাম লব্ধ, তব তপস্যা।

# পাতায় ঝরার গান

বাতায়ন পাশে নিয়ত ডাকে ঘুম ভাঙানিয়া পাখি
কাননে কাননে বার্তা পাঠাতে রাত নাহি আর বাকি।
তারা খসার রাত শেষ হল বহিয়া হিমেল হাওয়া
খবর দিতেছে পাতা খসানোর দুরু দুরু কাপে হিয়া।
দখিনা পবন ফিরিয়া গিয়াছে অতল জলধির টানে
তটিনী প্রবাহে আপন খেয়ালে মিলন বাসনা প্রাণে।
কুয়াশার চাদর ঢাকিছে নদী অরণ্যানী প্রান্তর
বিরহী বালা বনপথে কাকে খুঁজিছে নিরন্তর।
সবুজে শ্যামলে প্রেমে বিরহে আকাশ মাখিছে নীল
নবান্ন বুঝি আসিবে ফিরে কহিতেছে গাঙ চিল।
মাঠ ভরে আছে সোনালী ফসল হলুদ সর্ষে ফুল
লজ্জায় মরে মধুপের দল হাসিছে বিহঙ্গ কূল।
হাড়ি ভরে পড়ে খেজুরের রস নিষ্ঠুর গাছির দায়ে
পাকা বৈচি কোষ ভরে আনি মুঠি ভরে নেয় মায়ে।
সহসা আসিল বধু মোর কাছে প্রেমের কবিতা পড়ে
বালুকা তটে সোহাগে যতনে বালির প্রাসাদ গড়ে।

295

## ছোটো লোক

কত কথা বলে লোকে কিছু তার বুঝি না
সব কথা শুনে যাই মানে কভু খুঁজি না।
যত কথা তত মানে লেখা আছে অভিধানে
ছোটো লোক কাকে বলে খুঁজিতেছি তারি মানে।
রেগে গিয়ে ট্রেনে বাসে বলে সবে ছোটো লোক
মেয়ে ছেলে সবে কয় গেলে দেবো দুটো চোখ।
গাড়ি থেকে নামে বিবি সব্জির দোকানে
ছোটো লোক বলে হেঁকে কেন তা কে জানে?
সদা রাগি গিন্নি বলে মোরে ছোটো লোক
বাক সংযম রাখি জানি সে যে ছিনে জোঁক।
ব্যস্ত এই জগৎ মাঝে চলিতেছে একই হাল
কহিতেছে ছোটো লোক ঝাড়িতে গায়ের ঝাল।
উঁচু জাতি হলে কি নীচু জাতের লোকেরা
ছোটো লোক হয়ে যায় বল তো বাবুরা ?
নাকি গরীব হলে কেউ ধনীদের চোখেতে
ছোটো লোক বলে ভাবে পৃথিবীর আলোতে।
লেখা পড়া করা লোক কোন দিকে চায় না
ছোটো লোক বলে যারা লেখা পড়া করে না
কোন এক বাবু থাকে ইংলণ্ড দেশেতে
ছোটো লোক মোরে ভাবে, ভাবে আর বেশেতে।
যারা বলে মানুষ শ্রেষ্ঠ সবার উপরে
মানুষেরই মাঝে ঘটে একি কাণ্ড বাবারে!

296

# আমি বাঙলা

আমি বাঙলা ছিনু বিশ্ববন্দিত নারী
বিদেশী স্বদেশী রাখে দ্বিখণ্ডিত করি।
মোর সন্তানেরা দিকভ্রষ্ট ঘুরিছে ঘূর্ণিপাকে
দেখি না আমারে মা বলে কেউ ডাকে।
কেহ বা আনে জিনিয়া শ্রেষ্ঠ পুরস্কার
কেহ বা হিংসি করে তারে তিরস্কার।
করে হানাহানি দালালি করিয়া খায়
লুন্ঠিত হলে মোর মান, কিবা এসে যায়।
বিকৃত করে আমারই গৌরব গাথা
বিদেশীকে দিয়ে করিতে মোরে ধর্ষিতা।
জানিনা কত খন্ডিত করবে আমায়
ধর্ম কৃষ্টি ভাবে রাজনীতি ও ভাষায়।
আমার আশীষ সেই তাহাদের জন্য
শত বাধার মাঝেও আমারে করিছে ধন্য।

297

# ইচ্ছে মেয়ে

ঘুম হারা দুই আখি. যেন কাঙাল পাখি
খুঁজে খুঁজে বেড়ায় উদাস মন
মেলেনা তার দেখা. জাগি একা একা
সে যে আমার লক্ষ রাজার ধন।
প্রথম এতো নয় মাঝে মাঝে হয়
ইশারাতেই আগুন ওঠে জ্বলে
অলস ভালোবাসা যোগায় চোখে ভাষা
কইতে কথা ভাবনা পাখা মেলে।
অভিমানের ঘায় ভোরের জানালায়
বসলো সে এক মরুভূমির ঝড়
শুনি তাহার হাসি মাখায় বালু রাশি
বুকের মাঝে উষ্ণ তেজের দড়।
দেখি অবাক হয়ে শয্যা পরে শুয়ে
ঘাঘরা পরা পিঙ্গল বরণ মেয়ে
আমার গলায় হাত চুমে আখি পাত
বাবা বলে ডাকে ইচ্ছে হয়ে।

# সত্য

সত্যমেব জয়তি নানৃতং(মুণ্ডকোপনিষৎ 3।1।6)

অর্থাৎ সত্যের জয় হয় মিথ্যার নয়। তা হলে সত্য কি ? যা ইন্দ্রীয় গ্রাহ্য তাই সত্য । সব ক্ষেত্রে তা মনে

হয় না। আবছা অন্ধকারে এক টুকরো রজ্জু দেখে সাপ বলে মনে হলো। দেখাটা সত্য কিন্তু সাপ সত্য নয়। আমরা আকাশ দেখছি কিন্তু তা সত্য নয়। আসলে আমরা কিছুই দেখছি না, কারণ আকাশ বলে কিছু নেই। আবার abstract বিষয় গুলোর মধ্যেও এই প্রবনতা বিদ্যমান। যথার্থ ঘটনা বা বিষয়কে যদি সত্য বলে ধরি তা হলে আপেক্ষিকতা এসে যায়। এক ব্যক্তি আমার সঙ্গে তারই প্রয়োজনে দেখা করতে আসতে চায় কিন্তু আমার সময় না থাকায় অবসর সময় তাকে ডেকে নি। এ ক্ষেত্রে ওই ব্যক্তি যদি বলেন, উনি ডেকেছিলেন। আমি ডেকেছিলাম সত্য কিন্তু সাপেক্ষে সেটা সত্য নয়। ট্রেনের জানালা দিয়ে বাইরে তাকালে দেখা যাবে গাছপালা ঘরবাড়ি ছুটে চলেছে আমরা স্থির হয়ে আছি । আমরা দেখছি বটে কিন্তু সত্য নয়।

মহাত্মা গান্ধী তার My experiment with the truth গ্রন্থে কোন্ সত্য আবিস্কার করেছিলেন তা আমার মতে বিতর্কিত কিন্তু বহু চর্চিত। তবে আমরা সত্য মিথ্যার গোলক ধাধায় আছি । আমরা সত্যকে চিনিনা । চিনলে পৃথিবীর অনেক ঘটনা ঘটত না আবার অনেক কিছু যুগান্তকারী ঘটনা ঘটত । মিথ্যাকেই সত্য বলে চালানো হয়। cult figure সেজে আমাদের যা সত্য বলে শেখানো হয় আমরা তাই সত্য বলে জানি। যত বড় পাওয়ারফুল ব্যক্তি হয় তত বেশি শিখায়। জয় হওয়া কাকে বলে। উদ্দেশ্য সফল হলেই সত্যের জয়। যে ভাবেই হোক যে কোন সাফল্যকেই সত্যের জয় বলা হয়ে থাকে।

জগতে একমাত্র সত্য হলো জ্যোতির্ময় শুদ্ধ আত্মা, প্রাণের প্রাণ পরমেশ্বর, সর্বোত্তম পুরুষার্থ

পরম ব্রম্ম এবং তাতে পৌছনোর উত্তমার্গ নামক পথ। অবিচল সত্য, অবিরাম একাগ্রতা, নিত্য সম্যক আত্মদর্শন এবং অটুট ব্রম্মচর্য দ্বারা সেই একমাত্র সত্যকে উপলব্ধি করা যায়। উক্ত সত্য মহান, স্বয়ং প্রকাশ, অচিন্ত্য স্বরূপ, সূক্ষ্ম থেকেও সূক্ষ্মতর, বিবিধ রূপে প্রকাশিত হন। নির্মল বুদ্ধিমান ধ্যানপরায়ন ব্যক্তিই সেই পরম সত্যের সাক্ষাৎ লাভ করতে পারেন।

# ত্রয়ী

বেদকে জ্ঞানরাশি, শব্দরাশি, শ্রুতি প্রভৃতি বহু নামে ডাকা হয়। বহুবিধ নামের মধ্যে ত্রয়ীও বেদের

একটি নাম। তিনটি স্বাতন্ত্র্যের সমষ্টিই ত্রয়ী। আসলে ত্রয়ী বলতে ঋক্, সাম ও যজুঃ এই তিনটি বেদকেই বুঝায়। তাই বলে একথা বুঝায় না যে অথর্ববেদ বেদ নয়। আমরা জানি ঋক, সাম ও যজুঃ যজ্ঞে ব্যবহৃত হয় কিন্তু অথর্ববেদের যজ্ঞে ব্যবহার নেই বলেই এটি ত্রয়ীভুক্ত নয়। অন্যমতে ত্রয়ী বেদ বিভাগের জন্য না হয়ে মন্ত্র বিভাগের জন্য ব্যবহৃত হতে পারে, কারণ বেদের মন্ত্রসমূহকে ঋক্ (পদ্য), সাম (গীত) ও যজুঃ (গদ্য ) এই তিন ভাগে ভাগ করা হয় তাই তাকে ত্রয়ী বলে।

300

# আত্মনিবেদন

হৃদয়ের বীণা হতে উঠিল ধ্বনি
নিখিলের মাঝে তার প্রতিধ্বনি শুনি।
আমার চেতনার মাঝে জাগালো সাড়া
ওরে দুরন্ত বাসা ত্যাগি দুটো পা বাড়া।
চেয়ে থাকি অনিমেষে দেখি বিশ্বব্যাপী
ছড়ানো করুণা রাশি সাধ্য কি মাপি।
পাষান বিদারী ঝর্ণা বহিছে ধারায়
ফেননিভ সাগরের বালুকা বেলায়।
মরুর তপ্ত বিপুল বালুকা রাশি
বিলাাইছ করুণা তব, নিজ করে বসি।
যাহারে খুঁজিতে চাহি গ্রহ গ্রহান্তরে
তাহারই করুণা হেরি নদী ও প্রান্তরে।
কণা হতে কণিকা কীট কীটাণু
পথের ধূলায় মাখা অণু পরমাণু
মহাকাশ মহা বিশ্ব ভাসমান জলদে
তৃণ দপি হেরি তোমা প্রকাশিছ বরদে।
হিংসা দ্বেষ ঘৃণা প্রেম সবই করুণা
যাহা লভিয়া ধন্য জীবন ও অরুণা
ফুলের সুবাস আর পাখিদের গান.
সবই সেই প্রকাশ রূপ ধন কিম্বা মান।
চিরন্তন শাশ্বত রূপ অনির্বচনীয় প্রকাশ
সপিলাম জীবন মান তোমারই সকাশ।

# শিশু ভগবান

ওই যে রথ খানি আসিছে ধেয়ে
কে তুমি আসিছো রথে হে আগন্তুক?
সমুখে পশ্চাতে বড়ো আলোর জ্যোতি
ভাসাইছে, যাত্রা পথে ঝরে পড়ুক।
দিগ্বিদিক হতে আসিছে ছুটি অগণিত
মানুষ মাতাল হইয়া তোমারই সুবাসে
কৃষ্ণ কান্তি অঙ্গে বিশ্ব, সহস্র সূর্য জ্বলে
উষ্ণীষে,স্বর্ণ সিংহাসনে আছেন বসে।
ধরা মাঝে পড়িছে সাড়া মধু লোভে ভৃঙ্গার
যেমত ছোটে ছুটিছে তেমতি নরনারী
অমৃত কুম্ভ হতে রাজাধি রাজ বিলাইছ
মৃত্যু জেতা সঞ্জিবনী নিজ করে সরাসরি।
সহসা আখি মেলি দেখে দূরে উলঙ্গ পঙ্গু
বালক এক ধূলায় গড়ি মূর্তি তব কহে কথা
ত্যাজিয়া রথ ছুটিলে ধূলায় অঙ্গ বসন উষ্ণীষ
তারে পরায়ে বসালে রথে তুমি ধূলায় যথা।

302

# অসম প্রেম

তোমার মধুর মুরতি খানি দেখি নাই চোখে ওগো স্বপ্ন বিলাসিনী সুপ্রিয়া
অন্তরে দেখেছি, দেখেছি পাহাড়ি ঝর্ণা ধারায়, বনান্তরে ওরে ঘুম জাগানিয়া।
শুনেছি তোমার কাঁকনের ধ্বনি আমারে ডাকে দূর থেকে যেন কলস্বরা নদী
তোমার ছবিখানি নীলাভ ছায়া পটে আঁকা আছে জুড়ে আছে হৃদয়ে চক্ষু মুদি।
তুমি দেরিতে পাঠালে তোমার বেণী ধোয়া জলের সুখ মাখা লোভাতুর সুবাস
আষ্ফুটে যে বাণী ছুয়ে গেছে আমারি শ্রবনে, শ্রাবনে বৈশাখে হেমন্তে শীতের বাতাস।
মূর্ছিত ধ্বনিত সাগরের ঢেউয়ের মত ভাঙে হৃদয় তটে প্রবীণে নবীনের ভালোবাসার ঢেউ
অন্ধ ভালোবাসা কোথা থেকে পেলো ভাষা প্রাণের প্রাণাধিকাs হয়ত জানিবে না কেউ।
অস্তাচলে ঢলিছে সূর্য মধ্য গগনের তেজ তোমারই তনু মাঝে আবরিয়া কেন বাধে ক্লান্ত মন
উষর মরু মাঝে এক ফালি উদ্যান ডাকে তোরে ওরে সৃজিতে পুনরায় বন উপবন।
হে মোর রুক্ষ মরু মাঝে প্রেম দাত্রী, আহরিয়া সরসিজ ভরাও পাগলামীর মুগ্ধতায়
থাকিব যত দিন নাথাকিলেও থাকিব তোমার রাঙাবো চিরায়ত খ্যাপা ভালোবাসায়।

303

# ভয়

অন্যায় গ্রাস করেছে পৃথিবী ন্যায় করিতে ভয়
দেখ চারি দিকে তাদের যারা হয়কে করিছে নয়।
আমি ক্ষীণতর অসহায় চোখে দেখি যারা করে চুরি
বলিবার যো নেই কোন কথা বক্ষে মারিবে ছুরি ।
সত্য সুন্দর মরিয়া গিয়াছে মিথ্যা করেছে জয়
চোখ বুজে থাকে বিচার দাতা মনের ভেতরে ভয়।
প্রতিবাদ যারা করিতে পারে তারা বদ্ধ ঘরে
ভয়ে থাকে চুপ কে জানে কখন কালসিটা পড়ে মারে।
বাচিব কেমনে পলায়ে লুকায়ে নির্ভিক হতে মানা
সাহসী সাজিলে কোন দিক হতে দিতে পারে আসি হানা।

304

# দেব দূত

আমার বয়স ষোল বছর তোমার তখন বত্রিশ
তোমার সাথে হলো দেখা এলে জিনি অদ্রীশ।
চোখের মাঝে রাতের শশী হৃদয় মাঝে ঝর্ণা
কি মনোহর রূপের ছটা কুসুম কোমল বর্ণা।
দিন গুণিতে কখন পাবে আমার রাতের নিমন্ত্রণ
হঠাৎ দেখি নিষ্ঠিবনে পরভৃতের আগমন।
ঘিরল আসি চারিভিতে অমানিশার অন্ধকারে
লুন্ঠিত মোর যৌবন ধন বিভীষিকার বদ্ধঘরে।
তুমি এলে দেবতার দূত আলোর বার্তা নিয়ে
তুলে নিলে বক্ষ মাঝে ভালোবাসা দিয়ে ।
বললে তুমি, আমরাবতির তুমিই আমার দেবি
গঙ্গা বক্ষে পড়ে পঙ্কিল পবিত্র রয় জাহ্নবি।

# লাঠি

হাটিতে পারি না কষ্ট
করুণা করিল কেষ্ট
হাকিয়া বলিল যষ্টি
মারিয়া ছিলাম ঘাপ্টি
এবার হাটাবো তোরে
জানিবি এবার মোরে।
আমার কতই মহিমা
অসহায়ে দেই গরিমা।
আমি অবলম্বন যার
কাহার ধারিবে ধার ?
লাঠি আমি দেই কাটি
করো তাই লাঠালাঠি
কথায় না হলে কাজ
পুলিশ করে লাঠিচার্জ।
লাঠি হাতে চলে বাবুরা
চালায় গানের মহড়া।
লাঠির ভয়েতে ছাত্র
হয়ে যায় ভালো পাত্র।
লাঠি নই আমি ভণ্ড
আমিই তো রাজদণ্ড।
আমি খেলিবো লাঠি
বকশিশ লবো বাটি।
লাঠির জয় গাই
এবার বেড়াতে যাই।

# বিহান

ওই অসীমের আহ্বান শুনে বিহঙ্গ মেলিছে পাখা
কানে কানে আসি কয় প্রজাপতি ফুলবনে হবে দেখা।
যেথা সাজি হাতে আমার প্রিয়া পুষ্প চয়ন করে
নিষিক্ত পুষ্পে গাথিয়া মালা আমাকেই শুধু বরে।
কাপিয়া কাপিয়া ওঠে বিশ্ব পরাগের ছোয়া পেয়ে
ভৈরবী তানে পাপিয়ার দল উঠে রাগিনি গেয়ে।
রজনী পোহালো আজি হেমন্তে বধুয়া বক্ষ মাঝে
ওরে ও যামিনী এসো গো ফিরে মোর বধু মরে লাজে।

# আলোর নিভে যাওয়া

দেড় দিন ধরে আলোর জ্বর। দুই তিন পর্যন্ত জ্বর উঠছে। এই দেড় দিনের জ্বরেই মুখ চোখের চেহারা

পাল্টে গেছে। মুখ থেকে বুক সমান। চারদিন আগে অ্যাবারশন করে অসুস্থ হয়ে পড়ে, এরপর জ্বর। খুব কষ্ট পেয়েছিল। বেলঘরিয়ার কোন এক এদো গলির মধ্যে বাচ্চা নষ্ট করার একটা গোপন স্থান আছে। এক কাউন্সিলারের ছেলে নার্সিংহোমে কর্মরত এক অদক্ষ সাধারণ কর্মচারিকে ডাক্তার সাজিয়ে এই ব্যবসা চালায়। হাজার টাকা রেট।

আলোর বয়স. ঊনিষ বছর পাচ মাস। বাড়ি থেকে বেশ কিছুটা দূরে বছর পঞ্চাসের এক বিবাহিত অধ্যাপকের নিকট টিউশান নিতে যেতো। টিউশান সেরে সে মাঝে মাঝে স্পেশাল টিউশান নিতে অধ্যাপকের সঙ্গে কোথাও চলে যেত। মালা একদিন বুঝতে পারলো সে কনসিভ করেছে।

অধ্যাপকের বাড়ি থেকে বেশ দূরে তার একটি ফ্লাট কেনা ছিলো। অনার্স পেপারে ভালো নম্বর পাইয়ে দেওয়ার লোভ দেখিয়ে. দিনের পর দিন সেখানে নিয়ে আলোকে ধর্ষণ করত। অধ্যাপক আলোর অবস্থার কথা জানতে পারলো তখন পেট পরিষ্কার করার জন্য গোপন জায়গার খোজ করতে গিয়ে বেলঘরিয়ার সেই বেআইনি কেন্দ্রের সন্ধান পেলো। কেন্দ্রের দালাল আছে খদ্দের ধরার জন্য। এই কেন্দ্রেই আলোর হাত ও পা বেধে ইউট্রাসের ভেতর থেকে সাড়াসি দিয়ে টেনে ভেতরটা ক্ষতবিক্ষত করে ভ্রুন বের করে। আলো জন্ত্রনায় ঞ্জান হারিয়ে ফেলে।

তিন দিন অতিক্রান্ত হলেও জ্বর কমলো না। আলোকে হাসপাতালে ভর্তি করা হলো। সপ্তম দিন ওর জনি মুখে রক্ত পুজ নির্গত হতে দেখা গেলো।

এক দুদিন পরে সেপ্টিসেমিয়ায় আলোর মৃত্যু হলো। উনিশ বছরের তরতাজা মেয়েটি একটি লাশেপরিণত হয়ে হাসপাতালর বেডে শুয়ে রইল। মৃত্যুর পূর্বে আলো অধ্যাপকের নাম বলে যায়। খবরটা চাউর হলে আলোকে নিয়ে রসালো গল্পের চাষ হতে থাকে। শোকার্ত পরিববার আধ্যাপকের বিরুদ্ধে তার কলেজে এবং থানায় অভিযোগ জানালে। কলেজ কর্তৃপক্ষ গুণধর অধ্যাপককে সাসপেন্ড করল, পুলিসও তাকে আটক করলো। দুরাত্মা কি কখনও আপন দোষ স্বীকার করে। সে বামপন্থী শিক্ষক সংগঠনের সদস্য। এই শিক্ষক সংগঠন তার বিরুদ্ধে সাসপেনশন তুলে নেওয়া এবং থানা থেকে নিঃশর্ত মুক্তির দাবীতে ক্লাশ বয়কট সহ নানা আন্দোলন শুরু করল। খুটির জোরে " সৎ নিরপরাধ " অধ্যাপক সব অভিযোগ থেকে মুক্তি পেয়ে গেলো। ফুলের মালা দিয়ে অভ্যর্থনা জানানো হলো।

308

# ভালো খাবার

বাজারে সাজানো আছে হাজার রকম খাবার
পেটের খাবার মনের খাবার চোখের জন্যও আবার।
দেহের খাবার শরীরের খাবার হরেক খাবার দাবার
রসিক, পেটুক মানুষ যারা চেখে দেখো বার বার।
রুই, কাতলা, মটন, ইলিশ,চিতল, চিকেন যসুরে কই
বিরিয়ানি, পোলাও, রাইস, রসোগোল্লা চিড়ে দই।
এমন তর আছে কতই পেটের খাদ্য দ্রব্য
মনের খাবার বলতে আসে গল্প কথার কাব্য।
গল্প কথা ভালো লাগার ধরন গেছে পাল্টে আজ
ন্যাংটা দেহের ইতিবৃত্তি শয্যা লীলায় নেইকো লাজ।
দেহপন্য ধন্য ধন্য খাচ্ছে পাঠক গব গবিয়ে
চতুর লেখক বিপ্লবীয়ানায় দিচ্ছে সাথে রংলাগিয়ে।
বিকিনি আর প্যান্টি ব্রা এসব কাব্য সামগ্রী
নিতম্ব আর পয়ধর জঙঘা উরু কাব্য রসের পেডিগ্রী।
মনের খাবার আরও আছে সিনেমা আর সিরিয়াল
মনের খাবার বিলায় সেথা লক্ষ লক্ষ খেক শিয়াল।
চোখের খাবার আছে জানি পাহাড়ে আর সাগরে
এখন দেখছি নয়ন মজে মদ মাগীদের আসরে।
শরীর খাবার তুষ্ট রুষ্ট মেয়ে পুরুষের অন্তর্বাস
ভক্ষদ্রব্য দেদার খাচ্ছে ছাড়ছে জোরে দীর্ঘশ্বাস।
খাচ্ছে বড় ব্যবসা ফেদে পলিটিক্সের আড়ালে
শতেক রকম খাবার পাবে সঠিক হাতটি বাড়ালে।
ভালো খাবার মন্দ খাবার নেইকো কোন দ্বন্দ্ব
সব খাবারই ভালো খাবার কোথায় পাবে মন্দ!

# আমার চারু

এখন রাত দশটা
সময় হাতে অনেকটা
চিঠি লেখ্যা বাকি রাখি কেন ?
চারু সবে উনিশ
আমার হলো বাইশ
আমার কথায় মন ভরে না যেন।
ফোনে ফোনে কথা
সদাই ব্যাকুলতা
চিঠির ভাষাই মনের ভাষা মানে
লিখতে বসি চিঠি
কথা কোটি কোটি
কলম ছোটে ভাষার স্রোতের টানে।
চারুর ভালোবাসার
আমার ভালোবাসার
মূল্য দিতে আমরা দুজন জীবন দিতে রাজি
নয়ত পুরো নারী
মানুষ বলতে পারি
দুজন মিলে বিয়ে করবো এটাই মোদের বাজি।
হিজড়া লোকে বলে
নইকো ওদের দলে
ওদের আছে রক্ত মাংস চারুর আছে তাও
ওরা দলে ভারি
থোড়াই কেয়ার করি
চারুর হৃদয় তোদের মতই সেটা জেনে নাও।

# শান্তির খোঁজ

শান্তি খুঁজিতে ছুটিছে মানুষ কোথায় মিলিবে তা
গৃহকোণে বা তীর্থক্ষেত্রে, লড়াইয়েও মিলিবে না।
মন্দির মসজিদ, গীর্জা, পীঠ আর বুদ্ধের প্যাগোডায়
মেকি ধর্মের বেওসা চলিছে শান্তি খুজনা তায়।
শান্তির খোঁজে ছোটে মহাকাশে জলধির তলে ডুব
শান্তি বিলোতে রক্তচক্ষু শাসক হাকিছে চুপ।
আমাদের সাথে বহু যুগ আছে শান্তির ললিত বাণী
মানে বুঝিতে পারেনি মানুষ এই টুকু শুধু জানি
অশান্ত বিশ্বে সকলই নকল সকলই মিথ্যা ফানুস
শান্তি লভিতে সেথা ঘর বাঁধো যেথা নেই এই মানুষ।

311

# নতুন

গগন ছাইয়া আসিল কার বাণী
অখিলের মাঝে তারই ডাক শুনি!
মহা জীবনের মহা সে মন্ত্র
আজি বরিষে ভাবি স্বতন্ত্র
পরশ জাগালো ভাঙ্গিল অন্ধকার
নতুন করিয়া গড়িবে ধরা
কেমন করি তা ভাবিয়া সারা
না রবে শঙ্কা ভাঙ্গিবে বন্ধ দ্বার!
এত দিন যাহা হয়নি ভাবা
শশধর ঘিরি বসিয়া সভা
বিতরিবে প্রাণে নতুন হাসির কলা
চারি দিকে জাগি উঠিবে ভাষা
নতুন পরাণে নতুনের আশা
উড়িবে আকাশে কালের বিজয় মালা!

312

# মুগ্ধতা

মুগ্ধতা ভাসিছে বিশ্ব জুড়ে মুগ্ধতা অসীমে
মুগ্ধতা মাখা প্রিয়ার চোখে মুগ্ধতা কুসুমে।
মুগ্ধতা ছড়ানো বেদি ফলকে দেবতার দেউলে
মুগ্ধতা হেরি বিহঙ্গ ডানায় মুগ্ধতা তৃণমূলে।
মুগ্ধতা ঝরায় বিসমিল্লাসানাই আমজাদী সরদে
মুগ্ধতা ঝরায় দাদুরীর তানে অম্বরজাত নীরদে ।
মুগ্ধতা মাখা সপ্ত সিন্ধু গরজে ঢেউয়ের মোচড়ে
মুগ্ধতা বাজে বেহিসাবী প্রেম আর কলমের আঁচড়ে।
মুগ্ধতা দেখি বিশ্ব যুদ্ধে যুদ্ধ বাজদের চোখে
মুগ্ধতায় দেখি ধর্ষকেরা বক্ষ ফুলাইয়া রাখে।

313

# বোকা

সন্ধ্যা গড়িয়ে গেলো ছেলেকে পুড়িয়ে এলো
ভীম চন্দ্র ঢালি
শোকের নেই মান দোয়ারে পুলিশ ভ্যান
ছেলে ঝন্টু মালি।
দিল্লির এক নেতা বলিল গুটিয়ে হাতা
ক্ষমতা আমার চাই
ক্ষমতা হাতে এলে লাইসেন্স পাবে ছেলে
টাকার অভাব নাই।
গলায় নেতার ফটো হাতে তুলে নেয় পেটো
হাকিল রাম রাম
ছোড়ে দুদশটি বোম রবিবার হতে সোম
বাপ বেটা সারে কাম।
গুলি খাইল ছেলে লুটিয়ে পড়ে ঢলে
পলাইয়া বাচে বাপ
স্তব্ধ হলো পাড়া মর্গে পেলো ছাড়া
মিছিলে হাটিল পাপ
দিন কত গত হয় নেতায় ক্ষমতা পায়
লাইসেন্স টাকা ধোকা
কেবা বলিয়া দেবে ছেলে কি ফিরিয়া পাবে
এখন বুঝিছে বোকা।

314

# শ্রাবণী

আজি শ্রাবণ ধারায়
গীতগোবিন্দ নয়,
নয় শেষের কবিতা,
কেবলি মেঘদূতম,
আমি বিরহী যক্ষের
অনুচর ভুলেছি সবিতা।
লুকিয়ে বৃষ্টির আড়ালে
নহে ইমন , বেহাগ নহে
কেবলি মেঘমল্লার গান,
নীপকুঞ্জ তলে দাদুরির
সনে চাহি অম্বর পানে
মেজাজে ধরেছি তান।
ওই হেরো মাঠে, ওই
নদী তটে এলো চুলে
সাজিল বর্ষা রাণী,
মেখলা উড়াইয়া কবরী
দুলাইয়া ভুলায় পৃথিবী
অপাঙ ইশারা হানি।
আজি ময়ূরীর সনে
কাচলি উড়াইয়া
নাচিছে শ্রাবণ বালিকা,
মেঘের আড়ম্বরে কেতকী,
কেয়া সনে বসি
ভিজিয়া গাথিছে মালিকা।

ঘন হেরি প্রাণ বুঝি
লাজ ভুলে সব আজি
মাতিয়া উঠিল আবেগে
হিয়া পরে হিয়া রাখি
দুজনে মিলাই আখি
বক্ষ জড়াবো সবেগে।

315

# কবিতা নাকি এটা ?

আপনি মনে হয় মানুষ
আপনার অগ্রপশ্চাত্ বলে দিচ্ছে মানুষ ।
কোন প্রজাতির, সিংহল না কিষ্কিন্দা ?
আপনার কলজেটা বেবুনের মত ফানুস
পর্ণমোচী গাছের ডালে শুষ্ক কাশ্মীরি
কচ্ছের রান থেকে আসা মরুচারী।
নৃতাত্ত্বিক বলে না আপনি মঙ্গল বা আর্য
আপনি তাহলে নিগ্রো দ্রাবিড় শঙ্কর
আপনার দাড়ি ভ্রূ লালা বলে দেয়,
অস্পষ্ট দৃষ্টিতে ছলনার আলো, দাঁতে বিষ।
মায়া সভ্যতার মমি হয়ে ছিলেন , তাহলে
আমাজন মিসিসিপিতে হাত ধুয়েছিলেন
গঙ্গা দেখা হয় নি জাহ্নবী বলে।
এত কথা বলা শেষে মনে হয় আপনি নামানুষ
শিম্পাঞ্জি, হরিণ নহে তামাশার গোরু।
এলোমেলো কথায় কবিতায় বলা জিজ্ঞাসা
আপনি কে ধটী বাঁধা শয়তান না ভগবান ?

# সুপ্তির গান

সুপ্তির মাঝে এসে দাঁড়াও
করুণার হাত দুটি বাড়াও
মুক্ত করিতে মোহ ছিন্ন করিতে মায়া জাল
মলিন তপ্ত দেহ হতে তুলি
নীচতা হীনতার যত ধূলি
কুত্‌সিত পাপ দুষ্ট পঙ্কিলতার ভূমি পরে ঢাল।
শুরু হোক মুক্ত মনের খেলা
চিত্ত করুক নৃত্য সারা বেলা
পশ্চিমের আকাশ যবে ঢাকিবে গোলাপের আলো
নব চেতনায় দীনতার দান
আঘাতে আঘাতে ছত্রখান
পুব দিগন্তে ছড়াবে তার রেশ নতুন ধারণা গুলো।
স্বপ্নে সঞ্চারিত মূর্তি তব
হাতছানি দিয়ে অভিনব
হয়তোবা ডাকিবে মোরে কোন সে অমৃতর দেশে
বহুতর চেনা সেই দেশ
নাহি দুঃখ নাহি ক্লেশ
জাগিয়া তুলিবে মাথা জননী ভূমি বদ্ধ পথ শেষে।

317

# মানুষ আমানুষ

মানুষ নাকি চেনা যায় গন্ধে আর চামড়ায়
অমানুষ চেনা যাবে যখনই সে কামড়ায়।
শৃগাল কুকুর সাপ ব্যাঙ, কেউ অমানুষ নয়
মানুষ রূপেই অমানুষ দার্শনিক লোকে কয়।
বনবাসী জলবাসী পশু মীন আছে যারা
কাচা মাওস গিলে খায় আরো যেন আছে কারা।
পশু পাখি জলচর আছে যত ভুরি ভুরি
স্বভাব বশে তারা, কেউ খাদ্য করে চুরি।
মানুষ বলিয়া যারা খ্যাত হলো জগতে
সাধু সেজে ঘুরে বেড়ায় চোর তারা আদতে।
ভাত ডাল খিচুড়ি সব চুরি করে খায়
গাছ ফল পথ ঘাট পুকুরও চুরি যায় ।
বাজারে করিছে চুরি ছুরি মারি পকেটে
আপিসের বাবুরা সব চুরি করেন দাপটে ।
রোগীদের পকেট কাটি চুরি করেন ডাক্তার
আদালতের বড়ো চোর উকিল আর মোক্তার ।
রেলে চড়ে চুরি করে টিকিট পরীক্ষক
বড় বড় চুরি করে হিসাব নিরীক্ষক।
চুরি করে নেতা সাজে বড়ো নেতা হওয়া চাই
মন্ত্রী হয়ে গেলে চুরিতে আর লাগাম নাই।
জগত জুড়ে চলে চুরি করার কনটেস্ট
ভারত রত্ন হবেন যে, চুরি কর্মে ফাস্টেস্ট।
টাকা চুরি, প্রাণ চুরি, গান চুরি কত যে
মেয়ে চুরি, লেখা চুরি, মান চুরি করে সে।

বিশ্ব প্রপঞ্চ ভরা চুরি চুরি খেলারে
অমানুষ ইহারাই ভগবানের চেলা যে।
মানুষ বলিয়া জানি যাহাদের এ ধরায়
ধর্ম চুরি যাওয়ায় তারা, যাচ্ছে যে হারায়।

318

## Land of Fear

Little Gupi, a street puppy,
Fragile but not unhappy
Was the crowd following.
He went for pandle revelling
Among the hurrying feet
Fighting for retreat.
Sometimes Gupi did licking
Roadside food ends reaking.
He was likely to be stamped
Or got kicked times hundred.
Still he was stubborn to follow
Saw a bird flying above was swallow.
Stealthily he crawled in to pandle
Sprang Gupi, stood before the candle
Person handling crowd pelted stone
Screamed Gupi breaking head's bone.
The little puppy died before the deity
Man maintained goddess's sanctity.
The swallow said shedding tears,
'God's abode is a land of fear.

# মিনতি

মহামায়ার মহা অষ্টমী মহাধুমধাম
মাতৃদর্শনার্থী সাজে শহর ও গ্রাম।
সারা বাংলা সাজিয়াছে মহা তীর্থস্থান
ঘরে ঘরে দেবী দুর্গা আছেন অধিষ্ঠান।
গাছে গাছে পাতায় পাতায় সারদার হাসি
নিখিলের সাথে দেখো মিশিয়াছে আসি।
নরম প্রাণে দোলে তরঙ্গ রাশি
সুধাময়ী জননীর অনাবিল হাসি।
ধন মান রূপ বিদ্যা যাচি বংশধর
অনন্ত জীবন মাঙি, তরাও দুঃখ পারাবার।
কি আশীষ বিতরিবে মহা জননী
পুজিবে তবু মাগো দিবস রজনী।
পূজা করে সাধুজন ডাকাত তস্কর
তব কাছে চাহে দয়া রাখিতে সংসার।
ছিন্ন কন্থা জড়াইয়া, কাটে বিনিদ্র রাত
ভাঙা ঘরে কাঁদে মা মৃত পতি সাথ।
অর্থহীন লোকহীন শুধুই প্রতিক্ষা
দয়া করে কে তারিবে কেবল তিতিক্ষা।
মহা অষ্টমীতে মাত তার কিবা বর
জানিতে সাধ জাগে মিনতি আমার।

320

# তাজমহলী প্রেম

আপনার হৃদয় মাঝে এঁকেছিলে যে ছবি খান,
তারই মত করি রচিলে সৌধ সম্রাট সাজাহান।
প্রেমের বিজয় কেমন ঊর্ধ পথে হইল সফল,
তারি লাগি গড়ি দিলে বিশ্বের বিস্ময় তাজমহল।
প্রেমের না আছে ধর্ম না আছে জাতি ভেদ,
ধনীদরিদ্র নির্বিশেষ করে না কখনও ক্ষেদ।
তুমি তো সম্রাট মহান সৃষ্টিয়াছ তাজমহলী প্রেম,
তোমারে দেখিয়া ভাবি আমি যদি তুমি হতেম।
আমার প্রেমের রং তাজমহলী নয় ধূসর মরুর মত,
রাখালের প্রেম হয় ধূলার ধূলিতে যেমন বেদি শত।
তাতে কি এসে যায় সে যে সাঁঝের তারার মত চায়,
নাইবা গড়ি তূর্য ঘোষ সৌধ তাতে কিবা এসে যায়।

# মায়ের ছবি

ওরে বাছারা আমার ধন্য তোদের দারুণ মাতৃভক্তি
কবে মরিয়া হয়েছি ভূত আজ মম ছবি পেল মুক্তি ।
সেই যে জীবন কালে অনাহারে, অনাদরে বাহিরে থাকিতাম পড়ি
বধূরা, নাতি নাতনি গণ সকলে অস্পৃশ্যের মত যাইত মাড়ি।
শীত গ্রীষ্ম সমানই কাটিত ভাঙা বারান্দার কোনে একা
ভাঙ্গা থালায় শুকনো রুটি দিত কাজের মেয়ে তোমাদের হত না দেখা ।
তোমরা বড়ো বাবু অধ্যাপক ডাক্তার ব্যাঙ্কের ম্যানেজার আমার গর্ব
মলিন বস্ত্রে ঢাকা অর্ধশিক্ষিত উপেক্ষিত জননী মর্যাদা করিতে তোদের খর্ব।
নড়িতে পারি না জলতেষ্টা অনাহারে অসুখে অচেতন রহিয়া কিছু দিন
উড়িল প্রাণপাখি হইলাম সংসার মুক্ত তোমাদের ঘুচিল মাতৃ ঋণ।
আজি দেখাবারে কত বড়ো মাতৃভক্ত তোরা ফেসবুকে ছাড়িলি মোর ছবি
এইসব দিনরাত্রি কেবল ভাবি মনে তোমাদের কৃতিত্ব নাই তোমার বাবার তোলা সবি।

322

# বামুন ভজনা

বামুন এলেন গঙ্গাস্নানে
পালা তোরা যে যেখানে
ছোয়া লাগলে ঘটবে ভীষণ অমঙ্গল
বর্ণ শ্রেষ্ঠ বেদ ব্যাকরণ বেত্তা
ক্ষমতায় সমান দেব দেবতা
উপবীত আছে গলে পালিবারে ভূমণ্ডল।
যেথা তাহার গতাগতি
সে স্থান পবিত্র অতি
মুণ্ডিত মস্তকে শোভিতেছে তীর্যক শিখা
উহার মন্ত্র পুষ্প বিনা
দেব দেবী পূজা হীনা
মৃত আত্মার ভাগ্যে নরক গতি লিখা।
ব্রাহ্মণ অভিশাপ দেবে
সবংশে নির্বংশ হবে
ঘাটে বা জলে কিম্বা বাতাস অনুকূলে
যেখানে রহিবে সবে
বামুন অশূচি হবে
পূজো পাঠ ধর্ম শাস্ত্র হইবে নষ্ট সমূলে।
পুণ্য কর্ম সফল হতে
পেট পুজো বামুনেতে
গোদান ভূমি দান স্বর্ণদান অর্থ দান করে
বামুন যত খুশি হবে
দেবতা বাধিত রবে
ধর্ম অর্থ মোক্ষ যত নারীও পাবে তার বরে।

323

# পূর্ণ প্রেম

বিনতি করি তোকে শ্যাম গিরিধর
শত অপরাধ ক্ষম বিরহী রাধিকার
নলিনী দল আছে না ফোঁটে কোন ফুল
শুকায়েছে বন লতা গাহেনা অলি কুল।
শ্রীমতি কহিছে ডাকি নীর ভরা সরসীরে
যৌবন বহিয়া গেলে ত্যাজীব জীবন নীরে|
যেখানে নীলাম্বর ঢাকিলো চাঁদের হাসি
যেখানে রহিয়া রহিয়া বাজিত তব বাঁশি ।
নাহেরি নীলাম্বর না শুনি মুরলি ধ্বনি
কাঁপিছে টলমল গম্ভীর সুর ধুনি।
যমুনাতীরে খুঁজি সখি গণ সনে
ধেনু চরায় না সেথা রাখাল গোপ গনে।
শীর্ণ দেহ মম চলিতে নাহি পারি
ক্ষীন হয়েছে দৃষ্টি সুমুখে দেখিতে নারি।
চাহিনা দেখিতে কিছু আমার বধূয়া বিনে
মরিবে গোপিনী রাধা গোবিন্দহীন দিনে।
না বাধিবো বেণীখানি খোপায় না ফুল
বনমালী না ফিরিলে রহিবে এলো চুল।
যেথায় দেখিনা হরি সেথা না রহে রাই
রাধাকৃষ্ণ বিহনে প্রেমে পূর্ণতা নাই।

324

# জয় বাবা ভোলে নাথ

শত কোটি প্রণাম তোমায় বাবা ভোলানাথ
অনেক গুলো নালিশ নিয়ে এলাম কৈলাশ পথ।
তোমার ত্রিশূল ডমরু দেখে কেবল খাবি খাই
অভয় যদি দাও তবে মনের কথা কই
বাংলা দেশের মানুষ আমি বাংলা আমার ভাষা
পাহাড় পর্বত ডিঙিয়ে এলাম মনে লইয়া আশা।
বঙ্গ দেশে এসে গেছে শরত কালের গন্ধ
মা জননী যাবেন সেথায় ভাগ্য বড় মন্দ।
মর্ত লোকে মায়ের পুজোর ঢাকে পড়ল কাঠি
এই আনন্দ ঝড় জে্লতে করতে পারে মাটি ।
এসব কথা তুচ্ছ অতি আসল কথা বলি
বৌটি তোমার বাচ্চাকাচ্চা সহ যাবে চলি।
সাবধান করি বাবা তোমায় মায়ের সাথে যাও
কাগজ পত্র সঙ্গে নেবেই ওষুধ পত্রও নাও।
ডেঙ্গু হচ্ছে ঘরে ঘরে ঘুরছে সি বি আই
আধার কার্ড আর রেশন কার্ড সঙ্গে থাকা চাই ।
বিদেশিদের খুঁজে বেড়ায় দিতেই ঘাড় ধাক্কা
ওদের সামনে পড়ে গেলে থাকবেনা আর রক্ষা
শপিং মলে যাবেন যখন লক্ষ্মী সরস্বতী
ডেরেস পত্তর পরতে যেন যত্ন রাখেন অতি।
সঙ্গে নেবে স্মার্ট ফোন আনলিমিটেড কল
ভাইরাল যদি করতে পারে নামবে মানব ঢল।
বাবা তোমার ছেলে কর্তিক নায়ক নায়ক ভাব
সেলফি তুলে ফেলবে সাড়া টালিগঞ্জর লাভ ।

গনেশ দাদা পেটুক জানি খাইবে বিরিয়ানি
ভেজাল খানা খেয়ে নষ্ট করবে শেরয়ানি।
একটা অসুর মারতে মায়ের দৃশখানি হাত লাগে
ঘরে ঘরে অসুর এখন করবে কি আর রেগে।
ত্রিশূল আর খড়গ নিয়ে করবে তাদের কি
ওদের হাতে বোমা পিস্তল নাই কিছু আজ বাকি।
তোমারা নাচ প্রলয় নাচন ওরা নাচে ব্রেক
তুমি শুধু খুঁজবে ভোলা গঞ্জিকার ওই ঠেক।

325

# চিঠি

বন্ধু,

বাতাসে শিউলির গন্ধ
ঝরে বৃষ্টি মন্দ মন্দ
ঘাসের ডগায় শিশির ভেজা চিঠি
আশ্বিন এলো দেশে
শ্যামলে সবুজে মিশে
আকাশ তাকিয়ে হাসে মিটি মিটি।
বজিছে ঢাকের বাদ্যি
থামায় কার সাধ্যি
তাই চিঠি লিখিতে বসেছি তোমায়
ষষ্টিতে বোধন হবে
সেদিন শপথ নেবে
সকাল বিকাল কেবল ছুটিবে থানায়।
সপ্তমীর সকাল বেলা
আইন করিবে হেলা
আদালতে বসিবেন ধর্মাবৃতার হুজুর
অষ্টমীর অঞ্জলি দেবে
পুলিশের সমন নেবে
ছুটিবে আদালতে জামিন করাতে মঞ্জুর।
নবমীর ভুরি ভোজে
পুলিশ আসিবে খোঁজে
পারিলে পলাইয়া বাচো নয়তো ধরিবে ঘাড়
বিজয়া দশমীর দিন
বাচিবার আশা ক্ষীন

লক আপের দশা দেখে হীম হইবে হাড় ।
এই চিঠি পাবে যবে
সদা শান্ত রবে
ভুলেও মহিলাদের প্রতি দিয়ো না নজর
দূর্গা ঠাকুর এবে
শাস্তি দিবে সবে
না দিলে পুরো চাদা হাজারে হাজার।

ইতি
ভক্তিবান

# মা

মা এমন একটা শব্দ যার মধ্যে স্তূপীকৃত আছে যে অনুভুতি সৃষ্টি, যে অনুভব সৃষ্টির অপেক্ষায় আছে সব। ঠিক ওঁ শব্দের মত। ওঁ শব্দকে যদি শব্দ ব্রম্ম বলা হয় তবে মা কথাটি চৈতন্য ময় বিশ্বব্রম্মাণ্ডর আক্ষরিক প্রতীক। স্নেহ, মায়া, দয়া, ক্ষমা, সহনশীলতা ধর্ম কর্ম তেজ নির্বিকল্প সত্তা ক্রোধ প্রভৃতি ব্যক্ত অব্যক্তের সমারোহ মা শব্দের সহিত

একীভূত। মা শব্দের মধ্যে ঘনীভূত আছে পার্থিব অপার্থিব সম্পদ। মা ধনিতে পুঞ্জিভূত জগতের সকল সুর। মা মূর্তি জগতের একমাত্র ধেয় বস্তু। মা অদ্রিজা, চেতনার অনির্বচনীয় প্রতিরূপ। মা এক অদ্বিতীয় চিরন্তন শ্বাশ্বত শক্তি।

# লেখক

লেখা আমার কম্ম নয় তবুও আমার লেখা চাই
ভালো ভাষা মন্দ ভাষা সব ভাষাতেই শান্তি নাই।
যতই খাটাই বাবুর ভাষায় চাষার ভাষার অলঙ্কার
চোখরাঙাবে বেশ্যা ভাষা বুঝুন কিতা ভয়ঙ্কর।
যৌন চর্চার কিছু কথা কিছু ভাষার প্রয়োগ ধারা
তুলবে মাথায় লেখক বটে হাত তালিতে হবোসারা।
বেশি দিন নয় লেখক সেজে হাজির লোকের মাঝে
কাক যেমন পুচ্ছ লাগায় ময়ুর পক্ষী সাজে।
জটিল কতই ভাষা লিখি হরেক রকম বিষয়
গম্ভীর গম্ভীর ভাবের প্রকাশ হাতেতালি পাবনিশ্চয়।
মেয়ে পুরুষ গোপন কথা প্রকাশ করে দিলাম যেই
হাততালি আর অভিন্দন পাল্টে দিল জীবনটাই।

# প্রেম পুরণ

আপনাকে চিনিলে যবে অনন্তের অভিসারে যাত্রা
কিবা চাহিবার আছে তাহাদের কাছে নগণ্য করিযাছে যারা।
নতুন বলিয়া কিছু নেই তোমার, সকলই কালের কপোলে লিখিয়াছো
দবিহীন প্রার্থনা তব প্রেম পরমার্থ রূপে ভাসিল যেথা সব হারিয়েছো।
আজিকে সত্যের তরে যাচিয়াছ যত ভালোবাসা, অপেক্ষার অবসানে
লভিয়াছ মৃত্যু হতে মৃত্যুহীন আমর লোকের আশীস রাখ সযতনে।
তুমি যবে খুঁজিলে ভালোবাসার পরশ, পাথরে ঝর্নাধারায়
ছলনার ভাষা বুঝিতে না পারিয়া ডুবিয়াছ অতলে গিয়াছে হারায়।
উঠিয়াছো প্রাঞ্জল করি মিথ্যার স্তূপ সরিয়ে দুহাতে বহু দূর
নিখিল ভরিয়া বিপুল সম্পদ খুঁজি পেলে ধন নতুন গানের সুরে।
নেচে ওঠে নতুন ব্যঞ্জনায় পুরাতন সোহাগের খণ্ডিত আকুলতা
বুঝিলে অযাচিত প্রেয়সীর অভিনয় শুধু নয় ছিল ব্যকুলতা।

329

# শান্তি

জীবন জানিতে চাহে শান্তি কারে কয়
নিশ্চিন্ত নিরাপত্তা সব চাওয়া পাওয়া হয়।
থাকে না শঙ্কা, দূরে থাকে হারানোর ভয়
আমি অবিসংবাদী একেই তবে শান্তি কয়।
আমি সত্য, আমি সেরা, আমি হই শেষ কথা
আমাকে সকলে চায়, আমার না আছে ব্যথা।
জনম লভিয়া যবে শুষি মায়ের সুধা মাখা পয়ধর
মনেরে ডাকি বলে ভূমিতল এই তব শান্তি পারাবার।
যৌবনে লভিতে শান্তি পড়িয়াছি সাত পাকে বাঁধা।
সন্তান আসিয়া কোলে শান্তি শান্তি বলে গলা সাধা।
বেলা শেষে দেখি ফিরে শান্তি বিরাজিত কেবল মাতৃ কোলে
আর সবি মরুর মরিচিকা কিম্বা আলেয়ার আলে।
শান্তি সকলে চাহে রাজা প্রজা ধনী গরিব বদ সাধুজন
চোরের শান্তি নির্ঝঞ্ঝাট চুরি ডাকাতের শান্তি ডাকাতি
দাম্ভিক শাসক অপরের শান্তি কাড়ি শান্তি দূত রাতারাতি।
শান্তির কত রূপ কত গুণ কত নাম কত যে তার মহিমা
বলিতে বলিতে শক্তি ক্ষয় জীবন ভরে বলেও পাবে না সীমা।
মিথ্যা কথা হীন বল হিংসা দ্বেষ দম্ভ পরিহারি
খুঁজিলে শান্তির দিশা হয়ত পাইলেও পাইতে পারি।

# কুলসো

পাকিস্তানের সিন্ধু প্রদেশের সব চেয়ে বড়ো সিটি এবং রাজধানী হায়দ্রাবাদ। এই শহরের এক অভিজাত অঞ্চলে নেসা সরোদের বাড়ি । ছোটবেলার নাম কুলসো। খুবই সুন্দরী আর মিষ্টি মেয়ে। অল্পবয়সে স্থানীয় এক মক্তবে মৌলভির নিকট কোরান, হাদিস শিক্ষা শেষে প্রথাগত শিক্ষা শুরু করে ।

কুলসোর বাবার নাম আলি বোর্যা। বোর্যা হিন্দু ধর্মাবলম্বী ছিলো পরে সে মুসলমান ধর্ম গ্রহণ করে ব্রজ চতুর্বেদী থেকে আলি বোর্যা নাম গ্রহণ করে। পাকিস্তান একটা মুসলিম দেশ হওয়ায় উগ্র ধর্মবিদ্বেষি ভাব সর্বত্র বিরাজমান। তাই এখানকার যে মুষ্টিমেয় হিন্দু ধর্মাবলম্বীরা বাস করতেন তারা স্বাধীন ভাবে ধর্মাচরণ করতে পারেন না কোন দিনই। সর্বদা ধর্মস্থান অপবিত্রকরণ, লুটপাট, ধর্ষণ ভীতি তাই তারা খাচায় বন্দী মুরগির মত অবস্থায় দিন কাটে। পাকিস্তানের যে কোন সরকার তাদের নিরাপত্তায় কোন আগ্রহ দেখায় না বরং তাদের নিশ্চিহ্ন করার প্রতি প্রচ্ছন্ন সুবিধে করে দেয়। এখনকার হিন্দুরা খুব সংযতভাবে প্রায় গোপনেই হোলি উত্সব পালন করে। 1979 সালের মে মাসে ব্রজ চতুর্বেদীর পিতা মুসলমানদের হাতে খুন হয়, তার ছোট বোনকে তুলে নিয়ে যায় কিন্তু আজো পর্যন্ত তার কোন খবর পাওয়া যায় নি । ওর বড় ও ছোট ভাই ভারতে পালিয়ে যায়। ভারতে অনিশ্চিত জীবন। বাধ্য হয়েই ব্রজ মুসলমান হয়ে একটি মুসলিম মেয়েকে সাদি করে । কুলসো আলি বোর্যার প্রথম সন্তান। প্রথাগত শিক্ষা শুরু হয় সিন্ধি ভাষায়। ইংরেজি ভাষাও শিখতে থাকে কিন্তু তা খুবই দুর্বল প্রচেষ্টা। মাথা আবরণে ঢেকে অথবা বোরখা পরে স্কুলে যেতে হয় । প্রধানত ইসলামীয় শিক্ষাই ছিল পাঠ্যক্রেৃমর অন্তর্গত।

পাকিস্তানে ইসলামী ভাবধারার মূল শিক্ষা হলো অন্যধর্মকে হেয় করা। অন্য ধর্মকে ঘৃণা করা। হিন্দুরা কাফের এই বিশ্বাস প্রতিষ্ঠা করা । এই জন্য পাকিস্তানি মাত্রই উগ্র ধর্মান্ধ। এই দেশটিতে উগ্রপন্থী জঙ্গিদের বাড় বাড়ন্তের এটি একটি কারণ। স্বভাবতই কুলসোর মধ্যেও বিধর্ম হিংসা জন্ম নিচ্ছে। তখন কুলসোর বয়স তেরবছর । যে মৌলভি ওকে কোরান পড়াত সে ওকে ধর্ষণ করে।

এই কথা সে কাউকে বলতে পারেনি কারণ ইসলাম ধর্মীয় বিধান অনুযায়ী ধর্ষক অপেক্ষা ধর্ষিতাকে চরম শাস্তি প্রদান করা হয় । কুলসো সিন্দ ইউনিভার্সিটি থেকে সোসিওলজিতে মাস্টার্স কমপ্লিট করে। সিন্দ সরকারের নারি কল্যান বিভাগে উচ্চ পদে চাকরি পেয়েছে। কিছু দিনের মধ্যেই এক পাঠান যুবককে সে বিয়ে করে ।

এক বছর পর এক সরকারি অনুষ্ঠানে সিন্দ প্রদেশের এক জমিদার আবেদ সরোর পরিচ্য় হয়।

এই ভদ্রলোকের শিক্ষার মান নবম দশম। ঠাট বাট আর কথায় কথায় রসুলাল্লার নাম বেশ ইম্প্রেসিভ কুলসোর কছে। আবেদের প্রচুর সম্পদ ও সম্পত্তি। গাড়ীবাড়ি । দু দুটো বৌ বর্তমান। তাদের ঘরে ছেলে পিলেও আছে। একটা বৌ গ্রামের বাড়িতে । জমিদার সাহেব

জমিদারির কাজে গেলে এই বিবি তার খিদমদ করে। আর নিজের কাছে এক্জ্ন রেখেছে। হঠাত্ কুলসোর সাথে পরিচয় হওয়ার পর নতুন রোমাঞ্চ অনুভব করছে। কুলসো বিবিরও পাঠান স্বামী আর ভালো লাগছে না। মাঝে মাঝে আবেদ আর কুলসো মাঝে মাঝে লং ড্রাইভে যায় ভালো হোটেলে খানা পিনা করে। এক হোটেলে স্বামী স্ত্রী পরিচ্য় দিয়ে সময় কাটায়। ওদের কথায় এসব নাকি আল্লার ইচ্ছা। পাকিস্তান নামক দেশটি উগ্রপন্থার আতুড় ঘর। ঘরে ঘরে জালবিছনো। এই রোমঞ্চের খবর পেয়ে গেল ওরা। প্রচুর পরিমাণে অর্থের বিনিময়ে আবেদ সরো টেররিস্টদের ম্যানেজ করে নেয়। প্রেম ঘনীভূত হলো। একদিন কুলসো স্বামীর নিকট থেকে তালাক নিয়ে আবেদের তিন নম্বর বিবিত্ব পেয়ে গেল। কুলসোর নতুন নাম হলো নেশা সরো।

নব বধূর সংগে জমিদার সাহেবের কাঠালের আঠার মত সময় কাটছে। অন্য দুটি বৌএর বড়ই বেচারা বেচারা অবস্থা। প্রচুর পয়সাওয়ালা। কয়এক শ হেক্টর জমিতে শুধু আফিম চাষ হয়। এছাড়া গম, ভুট্টা, আখরোট, বাদাম। রাজা বাদসাদের মতই pleasure loving. বছর দুই তিনের মধ্যে দুটি ছেলের পয়দা হলো। প্রথমটার গাক্ষয়ে পাঠান পাঠান গন্ধ। সরিয়তের চোখে ধুলো নয়তো! যাহোক নেশা সরো এখন ধর্মপ্রাণ মহিলা। নামাজ, রোজা, কোরান পাঠ কোন ঘাটতি নেই। আল্লার দোয়ায় জমিদার সাহেবের বারোয়ানা সম্পত্তির মালকিন নেশা সরো ইতিমধ্যে অর্জন করে ফেলেছে। আবিদ সরো ফুর্তি যেমন বোঝে, ভালোবাসাও তেমন বোঝে। একেবারে ভারত ঈশ্বর সাহজাহান। নেশা সরোর রূপই তার প্রধান অস্ত্র।

ঘটনাচক্রে পাকিস্তানে মাদক চাষিদের নিজস্ব সশস্ত্র বাহিনী থকে। এ নিয়ে অনেক গল্প আছে। তবে এই সলজাত আয়ের বড় অংশ যায় উগ্রপন্থীদের খাতে। তবে সম্পত্তির বারোয়ানার মালকিনের এখন বাহিনী রয়েছে। এই বাহিনী তার অধীনে আসার কিছু দিন পর কাকতালিয় ভাবে কুলসোর তের বছর বয়সে যে মৌলভি ওকে ধর্ষণ

করেছিল সে খুন হয়ে যায়। আজ্কাল আবিদ সরো তার এক দুই পক্ষের প্রতি একটু sensitive হয়েছে। দুএক রাত ওদের কারো না কারো ঘরে কাটায়। এপর্যন্ত ঠিকই ছিল কিন্তু হঠাত্ প্রথম ও দ্বিতীয় পক্ষ এবং তাদের বালবাচ্চাদের নিরাপত্তা নিয়েও মাথা ঘামাচ্ছে বটে।

দিন কয়েক পর মিয়া বিবি মানে নেসা সরো আর আবিদ সরো জমিনদারি পরিদর্শনে চলেছে। একস্থানে একটা ভারি গাড়ির সাথে সংঘর্ষের ঘটনা ঘটে আর তাতে আবিদ সরোর মৃত্যু হয়। নেসা সরো আস্চর্য ভাবে অক্ষত ভাবে বেঁচে যায়।

এর কারণ জানা যায়নি। তবে নেশা সরো খূবি শোকে মুহ্যমান হয়ে গেলেও সারা রাত ধরে কার সাথে গোপনে কথা বলেছিল সে এটা রহস্য।

331

# নতুন কাব্য

প্রথম সন্ধ্যা এলো যবে
অর্ধনিমিলিত চোখে চাহি
দেখেছি কুঞ্চিত কেশদাম
স্বপনের ন্যায় মিথ্যা নাহি
পশ্চাতে ছায়া সম ঘুরিতেছে
পুষ্প ঘ্রাণ, চোখে অঞ্জন
মাখা অজানিতের হাতছানি
বিপুল আলোর আয়োজন।
পরম মমতায় যতবার ধরো
হাত খানি ভালোবাসার ছলে
বৈতলিকের তালকাটে, ভেজায়
দয়িতর হাত চোখের চোরা জে্ল।
নয়নে নয়ন রাখি সলজ্জ হাসি
রক্তিম ঠোট ওঠে ব্রীড়ায় কেপে,
অবগুণ্ঠিতা, আবির রাঙা সীমন্ত
উজ্লী ওঠে মাধুর্যময় সংলাপে।
আজি এ রজনী আসিল খবর
শুভ দৃষ্টি বিনিময়ের লগন খানি
জয় করে পরম গৌরবে নতুন
নতুন রূপে কাব্য ছন্দে দেব আনি।

# শুভ জন্মদিন

প্রথম সেপ্টেম্বর দোয়ারে আগত
জন্মদিনে মিথুন তুমি স্বাগত।
যখন ভূমিতে দিলে প্রথম পরশ
অভ্রভেদী উঠিল ধ্বনি আনন্দ হরষ ।
ফুটিল নতুন কুসুম, গাহে বিহঙ্গ দলে
ধরনী ছাইল প্রোমদ উচ্ছ্বাস কোলাহলে।
মর্ত মাতায় মানুষ স্বর্গে দেব্তা
উপহার ঝুড়ি ঝুড়ি মাখা মমতা।
জননীর তৃপ্ত হাসি যেন শশী কলা
চুমিল কপাল গলে আশীষ মালা
ধরিল স্তন মুখে তুমি খাইলে সুধা।
মিটিল দৃশ মাসের আগ্রাসী ক্ষুধা।
উদরেতে কান পেতে শুনি তব শ্বাস
বিস্ময়ে দেখি আজ আমার আকাশ ।
আগামী দিনে তুমি হবে দিবাকর
করিবে জগত আলো ঘুচাবে আঁধার।
আজি এ জন্ম দিন দ্বারে উপনীত
জাগিয়া উঠিল তব আত্ম সম্বিত ।
রবির কিরণ হয়ে আলোকে ভাসাও
জগতের দীনতা নিজ হাতেতে ঘুচাও।
দাসত্ব পরিহারি শির রাখো উঁচু
জীবন নিস্ফল হবে মন হলে নীচু ।
এই শুভ দিন আসুক শত শত বার
আঁধার কেটে আলো এসো আরবার ।

333

## বাদল সকাল

সকাল আসিল ধেয়ে
মেঘের খবর নিয়ে
গুটি গুটি পায়ে তামাশা করিল বৃষ্টি
বনময়ুরীর কেকা
বিনীত পাখির ডাকা
অঝোর ধারায় সকাল করিল মিষ্টি।
বোবা চোখের আলো
ধূসর বসন মেলো
প্রিয়ার টুটিল লাজভয় আর চোরা অভিমান
তপন লুকলো মুখ
চাতক লভিল সুখ
ধানের ক্ষেতে কিষাণে লাংলে চলে অভিযান।
স্বপ্ন চাষির চোখে
বৃষ্টি সকল লোকে
সজল চোখের মায়ায় বাদল ছুড়িছে বিরহ জাল
ঝিলের ধারে ধারে
ডাহুক কাঁদিয়া ফেরে
ঢেউ ভাঙা জে্ল সাড়ি গায় সুরে উদাস মাঝির দল।
পুঞ্জ পুঞ্জ সুধা
বাড়ালো ভূমির ক্ষুধা
হাত বাড়ায়ে রামধনু ডাকে আয়রে সবে আয়
কলসিতে পল্লী বালা
তোলে শাপলার মালা
দলবেধে সবে চকিত আননে আকিয়া বাকিয়া যায়।

334

# ঈশ্বর পরম কৃষ্ণ

আজ তোমার পদাম্বুজ
স্পর্শন দিয়েছিল ধরায়
ওগো রাজাধিরাজ।
ধন্য হল মহি ধন্য বিশ্ব চরাচর, তুমি দিলে প্রেম।
অনন্ত কাল ধরে যে বাণী
চির শাশ্বত আবহমানের সুরে আজ,
শুনালে ওগো নাথ, আমারেই
শুধু পুজো, আর কেবা আছে ভগবান!
আমি দাড়িয়েছি নিতে সৃষ্টির পাপ পুণ্যের দায়
তুমি আনিলে মন্ত্র সত্য প্রেম ক্ষমা
হরিতে মানবের ক্লেশ লংঘিতে মান অপমান।
বৃথা পড়ি মন্ত্র জপ বৃথাই কৃচ্ছ্র সাধন
সদা জপি তব নাম কীর্তন সর্বক্ষণ
যাহা যাঞ্চে মানবে দাও তুমি তাহা
অন্তহীন কামনায় ভুলিয়া পরম ধন।
চরণ পল্লব দান চাহেনা তবুও দাও
হে ঈশ্বরের ঈশ্বর বন্দি আমি পদাম্বুজ
তুমি সখা স্বামী রূপে ঘুচাও পৃথ্বীর তমশা।

335

## মায়ের গন্ধ

উষা আসে চুপিসারে কপাল চুমি যায়
যেমন করে চুমু দিত
ছোট্টবেলায় মায়।
হুড়মুড়িয়ে জেগে উঠি
মাকে দেখি না
ফুলের গন্ধ এসে বলে
আমিই যে তোর মা।
আমার ঘরের দাওয়ায় একা
কত রঙিন দিন
কাটিয়েছি দেবো ভেবে
তোমার দুধের ঋণ।
মিষ্টি হেসে সুবাস বলে
ওরে সোনার চাঁদ
মায়ের কাছে ঋণ কে বলে
সবই আশীর্বাদ।
আমার মধ্যেই মিশে থাকে
তোমার মায়ের গন্ধ
রোজ সকালে বিলিয়ে থাকে
বাতাস মৃদুমন্দ।

336

## পরগাছা

গাছ তবুও অন্য গাছে জন্ম তাই আমি পরগাছা
অন্য গাছের খাই অন্য গাছে বাস তাই পরগাছা।
বাঁচিবার স্বাধীনতা নেই , অপমান আছে গোছা গোছা
তাই পরগাছা।
মতামত নেই কিছু শুধু গালমন্দ
পরজীবী আমি গাছ নেই ভালোমন্দ
সর্বদা রাগী চোখে বলে দেব ছিঁড়ে
সত্যি ছিঁড়ে দিলে হবে নাতো বাঁচা
আমি পরগাছা।
এ যে ভীষণ অন্যায় কাজ ওগো বড় দাদা
আপনার ঘাড়ে আছি আমি হারামজাদা
এর চেয়ে ভালো হতো যদি, হতাম আগাছা
লজ্জায় মরে যাই আমি পরগাছা।
শোনো শোনো সুধীজনে শোনো এই যুক্তি
পরগাছা হওয়ার চেয়ে মৃত্যুতে মুক্তি
সন্তান বলো আর বন্ধু বলো পরগাছা হলে
তব ছিঁড়িবে কাছা
বাঁচিয়াও মরে আছি আমি পরগাছা।

337

# নিরংশু

আছে দীপ আছে তিষ্য হাজার সবই দীপ্তিহীন
ম্লান আলোর পরার্ধ উতস নির্বিশেষ দৃষ্টিপ্রতিবন্ধ গহীন।
সকলি আচ্ছাদিত অস্বচ্ছতার আড়ালে
কেবলই এক রাশি আলোছায়ার জালে।
এত দিন যা কিছু আলোকে ভাসিত আজ
আলেয়ার জরতী রূপকারী নিরুত্তাপ সাজ।
দূর হতে বহু দূর যত যাই জরিষ্ণু সব
অচেনা ধরণী তল দেখি না একদা রব
কোলাহল যেন বিদূরিত বন্যা উদক
বুঝিনু মিথ্যা মায়ার ধমনীর দুঃখ হরা পাক।
দুঃশীল মানুষের সাজানো সম্পর্ক আকৃষ্ট
করেছিল সকল ব্যঞ্জনার ভান তাই তো প্রকৃষ্ট।

338

# তবুও বর্ষাকাল

বৃষ্টি হোক আর নাইবা হোক এ বর্ষাকাল
ইলিশ পড়ুক আর নাইবা পড়ুক শূন্য সব জাল।
তবুও বর্ষাকাল।
আষাঢ় শ্রাবণ আসিল ফিরে না ফিরে মেঘের ডাক
আকাশ হতে ঝরিছে আগুন মাটি ফেটে হল ফাঁক।
তবুও বর্ষাকাল।
কদম ফুল ফুটেছে বাগানে গন্ধ ছাড়ে গাছে গাছে
তড়াগ পুকুর ভরেনি জলে কালো ঢেউ নাহি নাচে।
তবুও বর্ষাকাল।
ঝরে না বাদল ছলাত্ ছলাত্ শুকনো বাতাস বহে
কবি লিখছেন বর্ষা কবিতা ভাষার স্রোত না রহে।
তবুও বর্ষাকাল।

339

# কৃষ্ণ মায়া

প্রভু মোর কৃষ্ণ ধন কে বুঝিবে তব মন
মায়া ভার বিস্তারিছ সদা বিশ্বময়
সকল সৃষ্টি স্বীয় মায়া মিছা দেখি সকল কায়া
মা যশোদাও প্রভুর মায়া মুক্ত নয়।
পুত্র স্নেহ মাতা মাঝে শ্রীকৃষ্ণ সদা বিরাজে
সেবে গোবিন্দ বাছা ভাবিয়া
বেদ সমূহ কহে ইন্দ্র তুমিই তো সেই রাজেন্দ্র
ধন্য ধন্য তোমাকে ভজিয়া।।
উপনিষদের সকল মনে ব্রম্ম বলিয়া তোমা জানে
বিরহ সন্তপ্ত গোপী বলে কৃষ্ণ প্রাণ
সাংখ্য শাস্ত্রে পুরুষ কহে জলে স্থলে শূন্যে রহে
যোগ বলে পরমাত্মা মান।
বিমূর্ত যত সাত্বত গণ তারা সবে কহে ভগবান
ভক্তগনে সদা করে হরিনাম
সকলি গোবিন্দ মায়া জগত তাহারি ছায়া
জপি মনে হরে কৃষ্ণ রাম।।

# ঈশ্বরের ঘর

খুঁজিছি তোমারে নিত্য জলে স্থলে পাহাড়ে অরণ্যে,
দিবস নিশীথে প্রভাতে প্রদোষে রাত্রি গভীর সয়াহ্ন মধ্যাহ্নে।
মন্দিরে পূজাস্থলে, তীর্থের পথে পথে , পবিত্র স্নানের ঘাটে
কত পীঠ কতশত তপবন , ত্যাজি তমালের সারি ফসলের মাঠে ।
কোথাও হেরিনি সেই করুণার মূর্তি সকরুণ অশ্রু ধারা চোখে
মোছাইয়া দেয় সবার দুঃখের শ্রাবণ ধারা আঁখির , সকল লোকে।
ঘুচাইয়া দীনতা যত , মনের কালিমা পবিত্র ছোঁয়ায় নির্মল হাতে
প্রতিষ্ঠিবে শান্তির ভুবন দূর করি পাষণ্ড অর্বাচীন মিথ্যা দিবারাতে।
চলিয়াছি আনমনে দাড়াইনু পথপাশে দেখিলাম পথের ধূলায়
ছিন্ন বস্ত্রে ধূলায় বসি সন্তানে পিয়ায় দুগ্ধ দীনহীন দুঃস্থ মায়।
মলিন শুষ্কমুখে ঝরিতেছে সোনার হাসি স্বর্গ সুখ মাঝে
কহিল অন্তর খানি আমারে ডেকে হেথায় প্রাণের ঠাকুর সদা বিরাজে।

341

## Shelter

The dusk comes down everywhere
The birds find for nests in thoroughfare
The cattle run long for sheds
The way lying beasts move for den heads
The roadside beggars move for slam huts
The whores slip into gangrenous trots
The young couple enter furnished castles
The olds are in old age homes in bustles.
They are at the time of life 's dusks
This is the reward of life long tasks.

# পচাই

একদা বাদল প্রভাতে
পড়িতেছি বসি সোনার তরীখানি।
কে যেন ডাকিল মোরে অস্ফুটে
যেন অসীমের আহ্বান।
ভেতরে বাহিরে বাদল বাণী
থামিল। বিণাখানি নহে করপুটে।
ছুটিল মন দিবসে, আধেক শ্রাবণ
ত্যাগিনু সকল কাজ, গৃহিণী
বাহিরিল যেথা হতে আসিছে
ডাক। জুটিনু পশ্চাতে তার
হৃদয়ে পশিল তার মিউ মিউ
ডাক। দেখিনু পথের ধূলায়
খুঁজিতেছে মাকে নাকি আমাকে।
ছুটিয়া আসিল কাছে
ক্ষুদ্র অতি ছোট ছোট পায়।
পরম স্নেহে কোমল করে
তুলি লয় গৃহিণী মোর।
বক্ষে তুলি লয় রাখি আগলি
সন্তান সম পালিনু ওকে।
নিষ্ঠুরতা খুনশুটির মাঝে মাঝে
শাসন। সে সত্য, চোখের আলো
চোখের মনির মত আমাদের প্রাণ।

# তোমার জন্য

সবে সন্ধ্যা নেমেছে। সূর্য দেব সারা জীবন ধরে আমার ছোট কাকার বাড়ির পূব দিকের বাঁশ বনের মাথার উপরে দিয়ে প্রথম উঁকি মারে এবং বিকেলে কুলায় ফেরা পাখিদের সাথে আমাদের দেবদারু গাছের আড়াল দিয়ে অস্তাচলে চলে যায়। রেখে যায় দিগন্তের গায় কয়েক পোচ বেগনে রং। একটু আঁধার নামতেই দেবদারু গাছের কালো পাকা ফল খাওয়ার লোভে বাদুড় উড়ে আসে। পাখা ঝাপটায় আর ঝগড়া করে। আমাদের বাড়িটি একটা আটচালা টিনের ঘর। বাড়ির উত্তর দিকে একটি ফাঁকা জমি । সেখানে দুটো সজনে গাছ আর একটা বকুল গাছ আছে ।

এই গাছে যখন বকুল ফুল ফোটে তখন বকুল ফুলের গন্ধে সারা বাড়ি মম করতে থাকে। গাছ তলায় রাশি রাশি বকুল পড়ে । পাড়ার লোকেরা সাজি ভরে কুড়িয়ে নেয় ।

পড়ন্ত সূর্যের নরম আলোয় বিকেলটাকে সোনায় মুড়ে দিয়েছে। মা বলল, 'সৌদো, সন্ধ্যার আগে এক কলসি খাবার জল এনে রাখ মা। ' আমি কলস কাখে রাস্তার সরকারি টিউবওয়েল থেকে জল আনতে গেলাম। শৈলেন বালতিতে জল ভরছে। হা আমি ওকে শৈলেনদা বলিনা শৈলেন বলি। হোক না পাঁচ বছরের বড়ো তাতে কি। আমি একটু অপেক্ষা করার পর শৈলেন দুই হাতে দুই বালতি জল বয়ে নিয়ে যেতে যেতে আমার দিকে কুৎসিত ইঙ্গিত করল। ও আমার এখন গা সওয়া হয়ে গেছে। আমার ঘরে ফিরতে সন্ধ্যা হলো। প্রদীপ, ধূপ, ধুনো , শঙ্খ সহযোগে সন্ধ্যা দিতে দিতে বাদুড়ের ডানা ঝাপটানর শব্দ শুনতে পেলাম। মা পাশের বাড়ির শিউলি কাকিমার সাথে ভালো মানুষ নিয়ে কথা বলছিল।

হঠাত্ ভারি গলা,' সৌদামিনী।'

আমি সৌদামিনী । পদবি কি হবে এখনও আমি ঠিক করিনি। বয়স উনত্রিশ । সাত বছর আগে বিধবা হয়েছি। দাম্পত্য জীবন কেটেছে তিন বছর।

এখন আমি বাপের বাড়ি থাকি। বিচিত্র আমার জীবন। বিধবা হওয়ার পর থেকে শ্বশুর বাড়ি ছেড়ে চলে আসি। এমনি এমনি আসিনি । বৈধব্য দশা প্রাপ্তির কিছু দিন পর এক আত্মীয়ার বিয়ে। আমি বিধবা বলে কোন শুভ অনুষ্ঠানে যাওয়া বারণ । কিন্তু বাকী সব সদস্য গেছে। বাকী সদস্যরা হলো আমার শ্বশুর, শাশুড়ি, ভাসুর, জা, অবিবাহিতা এক ননদ, জায়ের দুই ছেলে মেয়ে । বাড়িতে আমি একাকী সদ্য বিধবা। গভীর রাতে ভাসুরের ডাকাডাকিতে আমার ঘুম ভেঙ্গে গেলো । আমি তড়িঘড়ি উঠে দরজা খুলে জিগ্যেস করলাম,'দাদা, আপনি একা এসেছেন, কেন?' ভাসুর বললেন,' তুমি একা একা রয়েছ তাই আমাকে ফিরে আসতে হল।' আমি ঘরের দরজা বন্ধ করে সবে শুয়ে পড়েছি । দরজায় ঠক ঠক শব্দ হলো। আমার বেশ ভয় ভয় করে । বললাম,' কে?'

ভাসুরের গলা পেলাম,' আমি, দরজাটা একটু খোল।' আমি বললাম, 'কিছু কি চাই দাদা?'

ভাসুর বলেন,' হা গো।'

স্বামীর মৃত্যুর পর আমার জন্য একটা ছোট্ট স্বল্প আলো বাতাসহীন ঘর বরাদ্দ হয়েছে। ভাসুর থাকেন পাশের বড়ো ঘরে। আমি ঘরের দরজা খুলতেই আমার ভাসুর সজোরে ঘরে প্রবেশ করে জোর করে দরজা বন্ধ করে দিলেন । ভয় পেয়ে বললাম,' এটা কি করছন, দাদা।' নিষ্ঠুর নিয়তি ।

ভাসুর আমার নিবেদন, প্রার্থনা, অনুনয় কিছুই শুনলেন না, আমাকে খুন করার ভয় দেখিয়ে আমার সর্বস্ব লুঠে নিলেন। এরকম এখন থেকে নিয়মিত হবে। মুখ খোলা চলবে না। উনি ঘর ছেড়ে গেলেন না। বললেন, 'আমি এখানেই বাকী রাত কাটাবো।তোমার পাশে। এই গভীর নিশীথ রতে অসহায় একটা মেয়ের সকল অলঙ্কার সম্পর্ক বিচারহীন এক পশু যে নিত্য ভালো মানুষের মুখোশ পরে থাকে, লুণ্ঠন করল। এই বোবা নারীর নালিশ কে

শুনবে। ভাসুর সত্যিই পাশটিতে শুয়ে পড়ে । আমি সটান উঠে দাঁড়িয়ে দরজা খুলে এই গভীর রাতে প্রানপণ ছুটতে থাকি।

তারপর থেকে মায়ের কাছে আছি। আমার মায়ের অর্থনৈতিক অবস্থা ভালো না । বাবা নেই । দুটো ছোট ভাই বোন। কাগজের ঠোঙ্গা বানানো কাজ । মাঝে মাঝে সেলাইয়ের কাজ করে । সেই যে ভাসুর দ্বারা ধর্ষিতা হয়ে পালিয়ে এসেছি। সেই থেকেই মার কাছে আমাকে রেখে দিয়েছে । আমার মায়ের দেওয়া সামান্য কিছু গয়না ফিরিয়ে আনার জন্য মা আমার শ্বশুর বাড়িতে গেলে ওরা বলে আমি ওদের গয়না চুরি করে পালিয়ে গেছি । আমি একটি অত্যন্ত দুশ্চরিত্র মেয়ে এমন তকমা আমার নামের সাথে জুড়ে দিয়ে আমার মাকে অপমান করে তাড়িয়ে দেয়। আমদের হয়ে কথা বলার কেউ নেই, অতএব পৃথিবী স্বাভাবিক ছন্দে চলতে থাকে।

আমি একটি মেয়ে। মেয়ে হয়ে আমি যে অপরাধ করেছি আমার মাকে পর্যন্ত তার মূল্য দিতে হচ্ছে । তবে আমি আবার অনেকের কাছে লোভনীয় ।আমাকে ঘিরে থাকে ঐ লোভী চোখ গুলোর কুতসিত দৃষ্টি অনেক রূপে অনেক ভনিতায় । আমি উচ্চমাধ্যমিক পাশ করেছিলাম বলে মনে পড়ে । কিন্তু আমি বৈশাখি ঝড় হতে পারিনি, পারিনি বসন্তের উড়ন্ত ফুলের সুবাস হতে । মা একদিন আমাকে জতু বাবুর কাছে নিয়ে গেলো । তিনি বড় রাজনৈতিক নেতা । খুব প্রভাবশালী । যদি আমার জন্য একটা কাজের ব্যবস্থা করে দেন । তিনি কথা দিয়েছিলেন আমাদের বাড়িতে এসে কথা বলবেন। আজ তিনি এলেন।

আমার নাম ধরে ডাকতেই আমি ওর বসার ব্যবস্থা করে মাকে ডাকলম। উনি আমাদের অবস্থায় উদ্বেগ প্রকাশ করলেন। আমাকে ওর অফিসে কাল থেকে যোগদান করতে বললেন। কাজ বুঝিয়ে দিলেন । ওনার নিজস্ব অফিস। পি এ বা ব্যক্তিগত সহকারী । সকাল আটটা থেকে বারোটা ফের বিকেল চারটে থেকে রাত নটা । মাঝে মাঝে ডিউটি পরিবর্তন হতে পারে । মূলত অফিস সামলানো কাজ । ভিজিটরদের নিয়ন্ত্রণ । কোন উপহার এলে সেগুলো সংরক্ষণ । মাইনে সাত হাজার । হাতের মুঠোয় স্বর্গ । অন্যায়ের যোগ্য জবাব দিতে পারবো। মা একটু বিশ্রাম পাবে।

ভাইবোন দুটো স্কুলে যেতে পারবে। জতু বাবু আমাদের কাছে ভগবানের মত হয়ে গেলেন । চোখে অনেক স্বপ্ন, মনে অনেক প্রত্যাশা নিয়ে পরদিন সকাল আটটায় অফিসে পৌঁছালাম। মোটা গোঁফওয়ালা এক জন হিন্দুস্থানী রক্ষী আমাকে দেখে বলল, ' আপনি সৌদামিনী মেডাম আছেন?

আইয়ে মেডাম জি।' আমাকে একটি বড়ো ঘরের সামনে টেবিল চেয়ার পাতা সোফা পাতা একটি বেশ সুসজ্জিত রুম। টেবিলের ওপরে একটি টেলিফোন রিসিভার । অফিস রুমটা দেখলে মনে হবে এটি একটি বড়ো কোম্পানির রিসেপশন রুম।

রক্ষী আমাকে ওই চেয়ারে নিয়ে বসালো । আমি এক গরীব মায়ের বিধবা ও ধর্ষিতা কন্যা । জড়তা ও এক প্রকার অপরিচিত ভীতি আমাকে গ্রাস করল।

আধ ঘণ্টা পর জতু বাবু এলেন । তার পেছনে জনা পাঁচেক লোক । পঞ্চাশ পঞ্চান্ন হবে ওর বয়স । কানের পাশের কয়েকটি চুল পাকা । বেশ উঁচু লম্বা । হাতে চার পাঁচটা হিরে আর সোনার আংটি। বাইরেটা দেখতে পাচ্ছি না । তবে গাড়ির শব্দ হয়েছিল মানে গাড়ি করেই এসেছেন। আমি জতু বাবুকে দেখে উঠে দাঁড়িয়ে বললাম, ' নমস্কার, স্যার ।'

জতু বাবু আমার দিকে এগিয়ে এসে বললেন, 'বলো, জতু দা।'

আমি ঘাড় নাড়ি বটে কিন্তু এত বড় মানুষটাকে কি করে দাদা বলি। কত উপকার আমাদের করেছেন!

জতুবাবুআমাকেবসতেবললেনআরমনদিয়েকাজকরতেবললেন।উনিপাশেরকক্ষেপ্রবেশ করলেন । পিছনে পিছনে তার অনুগামীরাও প্রবেশ করল। উনি যতক্ষণ থাকলেন ততক্ষণ অনেক লোকজন বিভিন্ন কাজে এলো আবার চলে গেলো । দুই শিফ্টে ডিউটি বেশ এনজয় করলাম ।

এলে দিন ভালোই কাটলো। চারদিকে একটা খবর ছড়িয়ে পড়লে, আমি জতু ঘোষের পি এ র চাকরি পেয়েছি। ব্যাপারটা নিয়ে চাপা গুঞ্জন শুরু হলো তবে প্রকাশ করার স্পর্ধা দেখাবার কাউকে পাওয়া গেলো না ।

সেদিন রাত আটটার পর অফিস প্রায় ফাঁকা। জতুবাবু একটা রাস্তা উদ্বোধনের কাজে গিয়েছেন। সৌদামিনী আর সিকিউরিটি শুধু অফিসে আছে। অঞ্চলের এক জন প্রমোটার একটা মুখ আঁটা খাম ওর হাতে দিয়ে বলল,' এটা সাবধানে রেখো। জতুদা এলে ওঁকে দিও।'

রাত নটা বাজার পর তিনি এলেন । প্যাকেটটা জতু বাবুকে বুঝিয়ে দিল। জতু বাবু বললেন, 'রাত হলো । তুমি বাড়ি চলে যাও। আমি যেতে উদ্যত দেখিয়ে বললেন, ' এরকম কিছু পেলে বা জরুরী প্রয়োজনে আমাকে ফোন করবে । তোমার কাছে মোবাইল ফোন আছে?' বললাম না নেই । টেবিলের ড্রয়ার খুলে একটা নতুন মোবাইল প্যাকেট শুদ্ধ আমাকে দিয়ে বললেন, ' নাও এটা এখন থেকে তুমি ব্যবহার করবে। রাত হয়েছে আমার গাড়ি তোমাকে পৌছে দিয়ে আসবে।'

এক নিতান্ত পরিচয় অবাঞ্ছিত, অর্থহীন, সাধারণের চোখে হেয় মেয়েটি যাকে যে কেউ নিজের শরীর ভোগের অধিকারী ভাবে , অনাহার অর্ধাহারই যার একমাত্র নিয়তি তার বাড়ির সামনে বড়ো গাড়ি এসে দাঁড়াবে আর সেই গাড়ি থেকে নামবে সেই মেয়েটি এ দৃশ্য কারো চোখ মেনে নেবে? এ কথা ভাবতে ভাবতে সৌদামিনী গাড়ি থেকে নামলো। হাতে নতুন মোবাইল সেটটি নিয়ে বাড়ি প্রবেশ করল।

ক্রমে আমি আমার কাজের সাথে পুরো পুরি মানিয়ে নিতে পেরেছি । জতু বাবু সহজেই জতুদা হয়ে গেছেন । আমি নিয়মিত মাইনে পাই। আমার পোশাক আশাকের বিস্তর পরিবর্তন হয়েছে। আগে ভাই বোন দুটি ভালো ভাবে খাওয়া পরা পেত না, ,ময়ের কষ্ট ক্লেষ

চোখে দেখা যেত না। আজ ওদের মুখে হাসি ফুটেছে। জতুদার অফিসে কাজ করি বলে সেই মানুষগুলোর লোলুপতা খুঁজে পাওয়া যায় না । জতুদার কাছে অগুনতি লোক আসা যাওয়া করে । সকালেই প্রায় আমাকে চেনে ।

জতুদার আয় সম্পত্তি নিয়ে অনেকেই অনেক চর্চার খোরাক খুঁজে পায়। আমার কাছে অনেক বার অনেক সন্দহজনক প্যাকেট এসেছে । কৌতূহলী মন রহস্য উদ্ঘাটনের চেষ্টা করেনি। কৃতজ্ঞতায় । অনেকটাই বিশ্বাসভাজন আমি তার ।

অনেক কাজে তিনি আমাকে এখানে ওখানে পাঠান । এরকম এক দিন আমাকে ওরকম একটি প্যাকেট হাতে দিয়ে গাড়ি করে পাঠালেন এক প্রত্যন্ত গ্রামে । বললেন,' ওখানকার তারাদাস বাউলের খুবই দুরবস্থা । এই প্যাকেটে এক লাখ টাকা আছে । এটা ওকে দিয়ে বলবে আমি পাঠিয়েছি। ভালোমত চিকিত্সা করিয়ে আবার গান বাধতে ও গান করতে । তারপর অনেকবার আমাকে এরকম প্যাকেট নিয়ে কারো মেয়ের বিয়ে, ছেলে মেয়ে ভর্তি, চিকিত্সা প্রভৃতি কাজে অর্থ সাহায্য করেছেন । খুব আত্মপ্রচার বিমুখ । এ সব কথা আমাকে প্রকাশ করা "_থেকে বিরত থাকতে বলতেন। বাইরে বজ্র কঠোরভাব কিন্তু ভিতরে এমন একটা মহত আত্ম। বছর চারেক পর পুরসভার নির্বাচন । একটি ওয়ার্ড মহিলাদের জন্য সংরক্ষিত। জতু বাবু বললেন, এই ওয়ার্ডে নির্বাচনে আমাকে লড়তে

হবে। দ্বিধা দ্বন্দ্ব কাটাতে হল। আমি জানি যার মাথায় জতুদার হাত থাকবে সেই জয়ী হবে ।

নির্বাচন শেষ হলো ।অনেক কিছুই শিখলাম । ছোট খাটো বক্তৃতা দিতে শিখলাম ।জতুদার উতসাহ আর অনুপ্রেরণা সব । যূরলরৌযযঙপুরসভার সাত নম্বর ওয়ার্ড কাউন্সিলর হিসেবে আমার নাম ঘোষিত হলো । কেমন রাজনৈতিক নেতাদের মত কথা বলতে শিখে গেছি । এত সব উতসাহ সব যে জতুদার জন্য সে কথা বার প্রকাশ করতে থাকি । পুরসভার র গ্রহণের দিন আমার জীবনের সবচেয়ে বড় বিপর্যয়ের সংবাদ এলো। উপর্যুপরি ম্যাসিভ হার্ট এটাকের ফলে যতুদার জীবন অবসান । আজীবন অকৃতদার জনদরদি প্রচার বিমুখ আমার দেবতা অনন্ত লোকে পাড়ি দিলেন। আমি আমার ঈশ্বরকে হারিয়ে আবার একা এক পৃথিবী অসহায়তার মধ্যে পড়লাম। আমি ছুটে গেলাম তার প্রাণ হীন দেহের পাশে। গোটা অঞ্চল শোকস্তব্ধ । কাঁদলাম। একটি ফুলের স্তবক মৃতদেহের ওপরে রেখে দিয়ে বললাম, 'তোমার জন্য ।'

# প্রেম আর প্রেম

'প্রেম যে কাঁঠালের আঠা' প্রেমের নাছোড়বান্দা প্রকৃতি ব্যাখ্যা করতেই বোধ হয় এই রকমের একটি বাগধারার প্রয়োজন হয়েছে। কিন্তু লেগে থাকাটা আরও পোক্ত হয় যদি ফেবিকুইক ব্যবহার করা হয়। তাহলে কথাটা সম্পাদিত করে বলতে হবে প্রেম যে ফেবিকুইকের আঠা। কিন্তু প্রেম কি সেরকমই? তাহলে শুনুন এই গল্পটা।

পারুল আমার ছোট বেলার বন্ধু। এক সঙ্গে পুতুল খেলতাম। এই সময়ের ছেলেমেয়েরা এই খেলা করে না জানলেও এখন তাদের অন্য খেলা। ইঁদুর দৌড়। শৈশবের অনেক ঘটনার সাথে ও আমার স্মৃতি লেখার সাথী।এমন কি কৈশোরের অনেক গুলো দিন ওর সঙ্গে কেটেছে। হঠাত্‍ কি হলো ও আর আমায় ডাকে না, আমার সাথে মেশে না। কখনও যদি দেখা হয় ও নীচের ঠোঁটের অর্ধেকটা ওপর পাটি দাঁতের অর্ধেক দিয়ে চেপে ধরে অদ্‌ভুত রকম সলজ্জ হাসি দিয়ে চলে যায়। আমার ওকে না দেখে ভালো লাগত না। ওর ওপর কেমন যেন একরকম অধিকার জন্মে গিয়েছিল। এটা আমার মনে হতো। কেন যে মনে হতো সেটা বলতে পারব না।

যখনকার কথা বলছি তখন ইস্কুল কলেজে যাব, হ্যান করব ত্যান করব এ রকম ব্যপার ছিল না। পান্তা হোক গরম ভাত হোক ডাল, মাছ, গুড় যা হোক দিয়ে দুই থালা মেরে দাও। ছেড়া আধ ছেড়া ইজের দেওয়া সারা বছর একটা প্যান্ট আর পুজোয় একটা নতুন প্যান্ট ও একটি জামা। নো জুতো। ব্যাস ও দিয়েই পুজো কাবার। পুজোর মধ্যে গোটা চারেক রসগোল্লা খান পাঁচেক জিলিপি আর কয়েকটা দানাদার সেরা মেনু। কয়েকটা এ জন্যই বললাম কারণ তখন পিস্‌ কথাটা চালু হয়নি। এখনকার মত কয়েক পিস্‌ নয়। ইস্কুলের তখন ভারি অভাব। একটা প্রাইমারি স্কুল ছিল দুমাইল দূরে। সেখানে আমি ভর্তি হলাম।

তিন জন মাস্টার। হেড মাস্টারমশাই ছিলেন ডাক্তার। হাতুড়ে, তখন বুঝতাম না এখন বুঝি। তিনি রোগীদের সেবা করে বারোটা নাগাদ স্কুলে এসে টেবিলের ওপর পা দুটো তুলে দিয়ে মুখটি হা করে ঘুমিয়ে পড়তেন। নাক ডাকাটা ছিল আমার কাছে পুলকের ব্যাপার। আর এক জন ছিলেন সেকেন্ড মাস্টার। তিনি এসে ছাত্র ছাত্রীদের দিয়ে মাথার সাদা চুল তুলিয়ে নিতেন। থার্ড মাস্টার চাষবাস করতেন। মাঠের কাজ সেরে সোজা স্কুলে আসতেন। তখন সিনিয়রিটি অনুসারে হেড মাস্টার, সেকেন্ড মাস্টার, থার্ডমাস্টার এরকম ডাকা হতো।

পারুল বর্ণপরিচয় ও সহজ পাঠ শেষে দ্বিতীয় ভাগ শুরু করেছিল। বামুনের মেয়ে, দত্তা প্রভৃতি বানান করে করে পড়তে শুরু করেছে এমন সময় তার স্কুলে যাওয়া বন্ধ হয়ে যায়। আমি আসলে এক জন ইনফ্যান্টাইল টেরিবল। আমার জীবনের প্রথম দিকে লক্ষ্য ছিল আমি বাস ড্রাইভারের হেল্পার হব। পরে আমার জীবনের লক্ষ্য পাল্টে ফেলেছি। আমি বাইসাইকেল মিস্ত্রি হবো আর চৌমাথার মোড়ে দোকান দেবো। যেদিন এরকম একটা স্বপ্ন দেখছি সেদিনই জানতে পারলাম পারুলের ইস্কুলযাওয়া বন্ধ। আমি সোজা ওদের বাড়ি গিয়ে ওর মাকে জিজ্ঞেস করলাম, 'মাসি, পারুল ইস্কুল যাবেনা কেন ?' আমি ভুলে গিয়েছিলাম

যে, পারুলের মাকে মাসি বললে রেগে যায় । মাসি ঝাঁটা নিয়ে আমাকে মারার জন্য তেড়ে এলো। আমি বাঁচার রাস্তা খুঁজে না পেয়ে ওর দিকে তাক করে হিশু ছুড়তে( মূত্র ত্যাগ করতে) থাকি। এ ভাবে আক্রমণ প্রতিহত করার পর পারুলের উদ্দেশ্যে চাচিয়ে বললাম, ' চিন্তা করিস না পারুল তোকে আমি দেবদাস পর্যন্ত পড়ার ব্যবস্থা করে দেব।' যার উদ্দেশ্যে এই অভয় বার্তা সে শুনতে পেল কিনা জানি না ।

এক ঘোর অমাবস্যা রাতে আমি ওদের রান্না ঘরের দাওয়ায় সন্তর্পণে পৌছে দেখি পারুল কাঠের উনুনে ভাত জ্বাল দিচ্ছে । শোয়ার ঘর থেকে ওর মা বাবা ও আরও একজনের কথা ভেসে আসছে । আমি পা টিপে টিপে রান্না ঘরের মধ্যে গিয়ে ওর মুখ চেপে ধরলাম। ও চেঁচাতে যাচ্ছিল কিন্তু লন্ঠনের আলোয় আমার মুখটি চিনতে পারল। আমি ওর মুখটি মুক্ত করে দিয়ে বললাম, ' স্কুলে যাস না কেন?' ও ভয়ে ভয়ে বলল, 'তুই পালা এখান থেকে । টের পেলে মার খাবি।' আমি বললাম, 'তুই ছাড় ত, আগে বল স্কুলে যাস না কেন?' ও বলল, ' মা বলেছে আমি সেকনা হয়ে গেছি আমার ইস্কুল বন্ধ।' আমি বলি, 'সেকনা কেমন করে হয় রে? সেকনা হলে বুঝি স্কুল যায় না। আমিও কি সেকনা হয়েছি?' পারুল বলল, 'ছেলেরা মনে হয় সেকনা হয় না, মেয়েরাই হয় ।'

আমাদের কথাবার্তা বেশি দূর এগুলো না । ওর মা এদিকে আসবে এমনটাই মনে হলো । পারুলের কথা ভেবেই আমার অভিযানের ইতি টানলাম।

অন্ধকারের মধ্যেই ভূতের মত উদয় হয়ে ঠিক

মায়ের মুখোমুখি। 'ওমা , সেকনা হওয়া কাকে বলে?' আমার এই অদ্‌ভুত প্রশ্নে মাকে বেশ বিব্রত মনে হলো । মা বিরক্তি প্রকাশ করে বলল,'এই পুটে, পড়া নেই ?' চুপ চাপ পড়তে বসলাম বটে কিন্তু । পারুলের মুখ চেপে ধরে আমার মনের মধ্যে শরীরের মধ্যে একটু কেমন কেমন ভাব হয়েছিল । পড়তে বসে সেই অনুভূতিটা আবার হচ্ছে । এর আগেও ওকে কতবার কতভাবে জড়িয়ে ধরেছি কিন্তু সে সময় কখনও এমনটা হয় নি ত! মনে মনে ভেবে নিলাম একেই তা হলে মনে হয় সেকনা হওয়া বলে।

এখন আমি বারো পারুলও বারো। দুজন দুজনকে না দেখে থাকতে পারিনা। রাতের বেলায় ও যেখানেই থাকুক আমি ঠিক হাজির হবই। কথা বার্তা হয় । আমি ওর চুল বেঁধে দেই। মাঝেমধ্যে চিঠি পত্র চালাচালি হয় । ওকে রাধা নামে একটি মেয়ে লিখে দেয় । কখনো পুকুর ঘাটে আমি ওর সঙ্গে দেখা করি। এখন সত্যি আমি ওর প্রতি নিজের অপেক্ষা বেশি যত্নশীল হয়ে পড়েছি। ওর নখ বড়ো হলে, চুল এলোমেলো হলে, শরীরে ঘাম জমা হলে আমিই সচেষ্ট হয়ে উঠি। আমার বাড়িতে ভালো মন্দ খাবার, যেমন নাম নাড়ু, মোয়া, পাটিসাপটা উতপাদিত হলে আমি না খেয়েও ওকে চালান করে দেই। পারুলও এব্যাপারে সমান তত্‌পর। আমি তালপাটালি গুড় ভালোবাসি বলে

নানান ফন্দিফিকির করে ও সেটা জোগাড় করে আনে। পাড়ার দুই কিশোর কিশোরীর মধ্যে উত্‌সারিত এই আদানপ্রদানের ব্যাখ্যা কি ভাবে করা যাবে? একি বাত্‌সল্য ভাব, না বীর রসাত্মক না মাথুর । একি মিথুনের পূর্বাবস্থা। সে যাই হোক এখন এই দুই কিশোর হৃদয় একে অপরের জন্য সব অসম্ভবকে সম্ভব করে অপার আনন্দ লাভ করে।

একদিন রথের মেলায় ওর সাথে দেখা হলো।ও বলল পাশের গায়ের এক যুবকের সাথে ওর বিয়ে স্থির হয়েছে। শীঘ্রই হবে। এ খবর আমার কাছে অন্যদের মত নয় । আমার এত খারাপ

লাগছে কেন? পরদিন স্কুল ফেরার পথে পাশের গায়ে হবু বরের বাড়ি খুঁজে বের করলাম। বেশ বড়লোক বলেই মনে হলো। সটান দাঁড়িয়ে থাকা এক জন কাকিমা গোছের মহিলার নিকটে জানালাম এই বাড়িরই ছেলের সাথে যে মেয়েটির বিবাহ স্থির হয়েছে, সেই মেয়েটি ঘুমের মধ্যে বিছানায় প্রস্রাব করে এবং রাতে চোখে দেখে না।

বিবাহ আটকানোর এই অপচেষ্টা ব্যর্থ করে একদিন পারুলের বিয়ে হয়ে গেলো। আমি কষ্ট পেলাম। কয়েকদিন ঘরের কোনে লুকিয়ে থাকলাম। কয়েক দিন পর পুরোন অভ্যেসের বশে পারুলের শ্বশুর বাড়ির আসে পাশে সন্ধের আলো আঁধারির মাঝে ঘুর ঘুর করতে থাকি। সুযোগ পেলে ঢুকে যাবো। কিন্তু সে দিনের সেই মহিলা আমাকে দেখে ফেলে চেঁচামেচি শুরু করে। ধরা পড়লে অভ্যর্থনা কি হতে পারে তা আন্দাজ করে ছুটে পালাই।

পারুলবালার মুক্তি হলো আমার হলো না।সাইকেল মিস্ত্রিও হওয়া হলো না। লেখা পড়া নামক এই যে দুঃস্বপ্ন বাবা মা ঘাড়ে চাপিয়ে দিয়েছে এই গাজোয়ারির হাত থেকে মুক্তি পাচ্ছি না। এখন দুর্ভাগ্য ক্রমে কলেজে পড়া শুরু করেছি।

পারুল এখন ক্ষীণ এক স্মৃতিরেখা। এখন আমার দুজন প্রেমিকা। পড়ালেখার খরচ সাশ্রয় করার জন্য কয়েক জনকে পড়াই তার মধ্যে একটি মেয়ে আমার প্রেমিকা আবার আর এক জন হলো ছোট বেলার স্কুলের সেই যে ডাক্তার কাম হেড মাস্টার ছিলেন তার মেয়ে। দুজনের মধ্যে কে সেরা তা বলা মুস্কিল। যাকে যখন চিঠি লিখি তাকেই বলি তুমি আমার জীবনের ধ্রুবতারা। তোমাকে ছাড়া বাঁচব না। কে সত্যি কে সেরা আমার এমন কোন

Figures of speech জানা নেই যা দিয়ে ব্যাখ্যা করবো। তবে প্রেম যে কাঁঠালের আঠা কথাটি কি সত্য?

345

# ডাক্তার বাবুর সমাজ সেবা

মাতাপিতা জন্ম দিল বেড়ার ছোট ঘরে
খাওয়া পরার নাইকো ঘটা বেঁচে থেকেও মরে।
আদরেতে আত্মহারা নাম রাখে তার মায়া
দূরে গেছে সকল কষ্ট রয় অভাবের ছায়া।
ছ বছরে ভর্তি হলো খিচুড়ি ইস্কুলে
বাবা করে ঘরামির কাজ মায়ের সাথে মিলে।
পাঁচ ক্লাশে উঠে মেয়ে পড়ছে বসে বই
ডাক্তার বাবু সমাজ বন্ধু জেনে ধন্য হই।
বেশ কিছু দিন ভুগছে জ্বরে মায়া ওদের মেয়ে
কিছুতেই ত ছাড়ে না জ্বর টোটকা পাচন খেয়ে।
ডাক্তার বাবু বড় ডাক্তার সারেন সবার রোগ
ভিজিট দিয়ে দেখাতে হয় সঙ্গে জলযোগ।
ক্ষমতা নেই দেখায় ডাক্তার প্রাণের দায়ে পড়ে
চলল দুজ্ন মেয়ে কাধে ব্যথায় না পা নড়ে।
বেহুঁশ মেয়ে না পায় ছাড়া লাইন আছে কুড়ি
ঘণ্টা দুয়েক বাদে এসে বলে সে এক বুড়ি।
মেয়ে তোমার খুবি কাহিল দেখাও তুমি আগে
কঠিন ব্যমো হলে পরে সারতে সময় লাগে।
ডাক্তার বাবু দেখে শুনে প্রেষক্রিপসন লেখে
বলেন তিনি ওষুধ দেব রক্ত রিপোর্ট দেখে।
পাঁচশ টাকা ভিজিট হাকেন মাথায় পড়ে বাজ
কেদে বলে দু শ আছে নেইকো কোন কাজ।
প্রেষক্রিপসনটা হাতে নিয়ে বলেন এখন যাও
বাকী টাকা দিয়ে তবে কাগজ খানা নাও।

মেয়ের মুখে কস্ট দেখে বাপ মার চোখে জল
মাথা কুটে মরলেও লোকের মন করে না টল।
মায়ের হাতে সাত পুরানো চুড়ি এক গাছা
বাবার স্মৃতি বেচে দিল মেয়ের প্রাণ তো বাচা।
বাকী টাকা হাতে পেয়ে কাগজ খানা দিলো
রক্ত রিপোর্ট করে আনিস যেমন কথা ছিল।
কোন ল্যাবেতে করবে রিপোর্ট সেটাও বলে দেয়
অন্য কোনো ল্যাবে রিপোর্ট সঠিক নাতো হয়।
রিপোর্ট করতে গেলে বাবু বলে তিন শ লাগে
ষাট পারসেন্ট পড়বে যে এর ডক্টর বাবুর ভাগে।
মেয়ের চেয়ে দামী ত নয় ঘর বাড়ি যাই হোক
মেয়ের কিছু হয়ে গেলে সেটাই বিষম শোক।
রিপোর্ট দেখে ওষুধ লিখে হাকেন পাচ শ টাকা
ফ্যালফ্যালিয়া চেয়ে থাকে সংসারের দুই বোকা।
ইতিমধ্যে বাড়িটুকু গেছে বাধা পড়ে
মেয়ের অসুখ কমছে না ত ক্রমেই গেল বেড়ে।
ডাক্তার বাবু দিলেন তারে হরেক রকম টেস্ট
রুগ্ন মেয়ে কোন ভাবেই পাচ্ছে নাকো রেস্ট।
একদিন তার অবস্থাটা সংকট ময় হলো
দিশাহারা হয়ে বাবা ডাক্তার খানা গেলো।
ঢুকলো সোজা চেম্বারেতে না শুনে কার মানা
দেখল সেথা রিপ্রেজেনটিভ দিচ্ছে তারে সোনা।
ক্ষেপে আগুণ ডাক্তার বাবু পড়ল জোরে গালি
পায়ে পড়ি কাদে বাপে বচাও মেয়ে খালি।
রেগে গিয়ে ডাক্তার বাবু ডাকেন সিক্যুরিটি
বিষম রাগি এক পালোয়ান ধরল এসে টুটী।
ডাক্তার বলে বের করে দে ধরবি চেপে গলে
আইন ভাঙা বেয়াদবটা হাসপাতাল যাক চলে।

হাহাকারে কাঁদে দুজন বাতাস হলো ভারি
অনেক দুরের হাসপাতালে যাব কেমন করি।
ভ্যানরিক্সা ট্রেনে বাসে হাসপাতাল পৌঁছায়
গেট বন্ধ ডাক্তারেরা বসেছে ধর্নায়।
ওদের আকূল কান্না শোনার কেহ সেথা নেই
হাতে তালি দিয়ে ডাক্তার নাচছিল ধেই ধেই।
দিন বারোটায় মরল মায়া বন্ধ গেটের বাইরে
সমাজবন্ধু টাকার সুখে গায় তাইরে নাইরে।

346

## Hope Never Dies

Don't ask for freedom of love
Don't shought for love of freedom
Everything is given in the shape of slogan.
The diseased mind and the pricked heart
Deserve no love and no freedom.
Sacrifice has powerless roots , glories
Nevertheless skip for hopes.
Strangled ambitions toddle , not
Catch the stars brilliant, swarms of
Untamed hatreds sting patience and
Kindle fire on sublimity never be
Doused. Din life vainly burrows in
Seeds of hoping truth in the sands.

# চিরন্তনী

যখন কুঁড়ি হতে ফুটলাম ফুল
আমারে বেড়িয়া জননীর
কোমল হাত, মুখে সুধা ভরা পয়ধর,
শত চুম্বনে আদরে, দোলনে
বুঝিলাম আসিয়াছি আমি মায়ের
কোলে হয়ে বিপুল ধন সাত রাজার।
চোখ মেলে দেখলাম সূর্য বিশ্বচরাচর
দেখিনা অন্য কিছু মায়ের হাসির সমান;
প্রথম যেদিন ডেকে উঠি মা বলে,
মাতৃবক্ষ মাঝে মা আমার ধরিল জড়ায়
বলিল বাছা আমার সার্থক করিলি
মম নারি জনম, রহিবি চিরদিন মম কোলে।
তখন ফাগুন এলো বসন্ত রঙিন
মধুমাস চারিভিতে ডাকিল কোকিল কুহু
রবে, শিহরণ ছড়িয়ে দেহে প্রাণে মনে,
লুটিয়া লইল চেতনা সকল সে যে অপ্সরা
আমার প্রিয়া যেন কোন অরুন্ধুতী
আমারে করিল আপন হাসি আর গানে।
ভাঙিলো মনের আগল কবিতার ছন্দে
চুমিয়া হাতে গোলাপের গন্ধ মাখা কাচল
বুলাইল চোখে মুখে বলিল, প্রাণাধিক তুমি মম ,
ঘরেতে অতিথি নতুন বধূলক্ষী বাধিল ডোরে
দুলিলাম দুজনে দোলে দুহু হাতে দুহু কর
কন্ঠ আগলি বধূ মোরে কয় তুমি মম প্রিয়তম ।

মনে ভাবি আমি কার- মাতা, বধূ নাকি প্রিয়ার?
খবর আসিল বাবার মত আমিও হয়েছি বাবা
নব জাতকের কপোল চুমি নরম হাত লাগে মুখে,
হৃদয় আমার উঠিল নেচে স্বর্গ দেখি ধরণীতে
ছন্দ গন্ধ হাসি আনন্দ দুখ বেদনা সহিলাম
জীবন যাত্রার সবটাই পথ কাটিল সুখ দুঃখে।
ফিকে হইয়াছে স্মৃতিগুলো সব ঝাপসা হয়েছে চোখ
দণ্ড হাতে চলি স্লথবেগে,গিন্নি ভোগে বাতে
খাবারের চেয়ে ওষুধ পথ্য বেশি খাই আজ,
রক্তচাপ সাথে মেহ প্রে্মহ দুই সাথী
আজ সব গেছে কেহ বলে না তুমি আমার
ছিন্ন মলিন বসন আছে ছাড়িয়া গিয়াছে লাজ।
মায়ের সে আদর তাম্বুল রাঙা মুখ কোথা
কোথায় প্রিয়ার আমার জন্য বিনিদ্র রাত জাগা
কোথা সে বধূর বক্ষ লগ্ন সলজ্জ রাঙ্গা মুখ,
সুমুখে শূন্য পশ্চাতে কেবল ধূসর ধুলোবালি
সম্বল হাতে তুলিয়া লইয়াছি শুধু ভাগবত গীতা
ভারী চশমা চোখে উঠিয়াছে ভগবানেই খুঁজি সুখ।

# আত্মা তত্ত্ব

অতীত কালে বাজশ্রবা নামে এক অন্ন দান কার্যে যশস্বী ব্যক্তি ছিলেন। তিনি বিশ্বজিত যজ্ঞ করেন এবং স্বর্গ ফল কামনায় তার যথাসর্বস্ব দান করে দেন। তার নচিকেতা নামে প্রবল ঔত্সুক্য সম্পন্ন এবং তত্ত্ব জিজ্ঞাসু অল্পবয়সী এক পুত্র ছিল। বাজশ্রবা পুত্রকে যমের হেস্ত দান করলেন। নচিকেতা যমালয়ে পৌছবর তিনদিন পরে যম প্রবাস থেকে ফিরে এসে ব্রাম্মনকে পাদ্য-অর্ঘ্য এবং বহু প্রকার পরিতোষে অভ্যর্থনা করলেন। তিনি নচিকেতাকে তিনটি বর দানে তুষ্ট করতে চাইলেন।

প্রেতলোকে মানুষ প্রবেশ করার পর মর্ত্য লোকের সহিতআর কোন পরিচয় থকেনা। নচিকেতার প্রথম বর তার সংগে যেন মর্ত্য লোকের পরিচয় বিচ্ছিন্ন না হয়ে যায় অর্থাত পিতা ও নচিকেতার পরিচ্য় অটুট থাকে। নচিকেতা ও উদ্দালকের স্নেহের সম্পর্কও অটুট থকে।

যজমানেরা অগ্নিবিদ্যার দ্বারা স্বর্গে অমরত্ব প্রাপ্ত হয়।

দ্বিতীয় বর স্বরূপ যমরাজ কর্তৃক নচিকেতাকে সেই অগ্নিবিদ্যা শিক্ষদানের অনুরোধ করা হলো।

যমরাজ নচিকেতাকে শৃষ্টবস্তুর আদিভুত অগ্নির বিষয় বললেন। নচিকেতা যথাযথ অধিগত করলো। নচিকেতার ধীশক্তি, তীক্ষ্ম বুদ্ধি ও বাকচাতুর্য দেখে যমরাজ মুগ্ধ হয়ে তাকে শিষ্যত্ব প্রাপ্তির উপযুক্ত মনে করে চতুর্থ একটা বর দিতে চাইলেন। চতুর্থ বর হিসেবে বললেন, এই অগ্নি নচিকেতার নামে প্রসিদ্ধ হবে।

মা, বাবা ও আচার্য থেকে উপদেশ লাভ করার পর যে ব্যক্তি তিনবার অগ্নি চয়ন করেন এবং যজ্ঞ, দান ও বেদাধ্যয়ন করেন সেই ব্যক্তি জন্ম -মৃত্যু অতিক্রম করেন, বিরাট স্বরূপকে অবগত হন।

মানুষ যখন মারা যায় তখন লোকে ভাবে পরলোক্গামি আত্মা আছেন, আবার কেউ ভাবে তিনি নেই। নচিকেতা সেই আত্মার অস্তিত্ব অনস্তিত্বর কথা যমরাজের নিকট সবিস্তারে জানতে চাইলে এবং বলল এটাই তৃতীয় বর। যমরাজ নচিকেতাকে পরীক্ষা করার জন্য বলেছেন সে সুখ ঐশ্বর্য পার্থিব ও অপার্থিব সকলের অধিকারী হতে পারবে কেবল মাত্র এই বর তাকে পরিত্যাগ করতে হবে। নচিকেতা যমরাজ কর্তৃক প্রদত্ত সমস্ত যুক্তি খন্ডন করে একই লক্ষে অবিচল থকে। বালকের যুক্তি বুদ্ধিতে বিস্মিত হয়ে যান। যম বলেন,

সর্বে বেদা যত পদমামন্নিত তপাংসি সর্বাণী চ যদ বদন্তি।

যদিচ্ছন্ত ব্রম্মচর্যং চরণি্ত তত্তে পদং সংগ্রে্হন ব্রবীমি

_ওমিত্যেতৎ।।

অর্থাত, বেদ সকল এক কথায় যে কাঙ্ক্ষিত বস্তুর প্রতিপাদন করে, অখিল তপস্যাদি কর্মরাশি যাকে লাভ

করতে সাহায্য করে এবং যার কামনায় লোকে ব্রম্মচর্য অবলম্বন করে, আমি সেই প্রাপ্য বস্তু বিষয়ে তোমাকে(নচিকেতাকে) উপদেশ দান করছি _ ইনি ওম,

ওঙ্কার এর প্রতীক। ইনিই ব্রম্ম বা আত্মা। ব্রম্মই শ্রেষ্ঠ অবলম্বন। ইনি পরব্রম্ম এবং অপর ব্রম্ম উভয়কেই

নির্দেশ করে। এই অবলম্বনকে যে সাধক জ্ঞাত হন তিনি ব্রম্ম লোকে মহীয়ান হন।

ব্রম্ম বা আত্মার জন্ম বা মৃত্যু বলে কিছুই নেই। এই আত্মা কারণান্তর থেকে উদ্ভুত হন নাই, এই আত্মা

থেকেও কিছু উত্পন্ন হয় নি। এই আত্মা জন্মহীন, নিত্য,

শাশ্বত এবং প্রাচীন। শরীর হত হলেও ইনি অবিনাশী।

আত্মা কাউকে হত্যা করেন না বা নিজে হত হন না।

ইনি সূক্ষ্ম হতেও সূক্ষ্মতর , বিশাল থেকেও বিশালতর।

জীবের মধ্যে চৈতন্যময় সত্তা।তিনি উপবিষ্ট কিন্তু দূরগামী, শায়িত থেকেও সর্বত্র বিচরণশীল। তিনি দেহ মাত্রই আশরীরি রূপে বিদ্যমান।বিশুদ্ধ অন্তকরণ সম্পন্ন নিষ্কাম ব্যক্তি তার দর্শন পেয়ে বিতশোক হয়। পাপাচারি, ইন্দ্রিয় লোলুপ, একাগ্র চিত্তহীন ব্যক্তি আত্মাকে লাভ করতে পারে না।

আত্মাণাং রথিন্ং বিদ্ধি শরীরং রথমেবং তু।

বুদ্ধিং তু সারথিং বিদ্ধি মন প্রেগ্রহ্মাব চ।।

349

# ভারত

হে তীর্থের তীর্থ মহাবিশ্বমান দেবতা
প্রনমি তোমারে মাত নতমস্তকে
তুষি তব জননী করজোড়ে
ক্ষমা করো করি যদি কভু অপমান ।
কত দৈব যুগ হতে পাতিয়া রয়েছ
তব করুণার আঁচল আসমুদ্র হিমাচল
দেশ প্রদেশ স্থাবর জঙ্গম ব্যপি ,
কত নব পুরাতন সভ্যতা ভেঙেছ গড়েছ।
অখণ্ড নাদধ্বনি বিশ্ব চরাচরে যবে
শুনালো সৃষ্টির বাণী তুমি নিলে বরি
তপবন মাঝে মহা ঋষির মন্ত্র রূপে,
আত্মমগ্ন ভারত জাগ্রত হল রবে।
বিশ্ব আসি তব পদতলে পড়ে
ঈপ্সিত অধ্যাত্মীয় মহাভাবনার অমৃত
করিবারে পান, লইল বাটি আমাদের ঈশ্বর ,
নিরখি তব মুখখানি মাতৃ প্রতিমা গড়ে ।
যুগ যুগ ধরি তব বক্ষ পরে বাঁধিল বাস
বিশ্ব হতে তোমারি সন্তান দলে দলে,
সৃজিল শাস্ত্র গ্রন্থ রচিল সৌধ ধীমান
কেহবা সাজিল প্রভু কেহবা হয় কৃতদাস।
তব বক্ষ চিড়িয়া প্রবাহে পুন্য তোয়া
উৎসারিত মহা পাষাণ বিদারী সিন্ধু পানে,
রাজবংশ গড়ে ওঠে রাজবংশ হয় ক্ষয়
আগামী দিনের সাক্ষ্য হয়ে পড়ি রয় তারি ছায়া।

শিল্প সংগীত আপন ছন্দ আপন প্রাণ
পায় তোমা হতে, সমৃদ্ধি লভে বিদেশি ছোঁয়ায়,
উষ্ণীষধারী বহিশত্রু যুগে যুগে দেয় হানা
তব সন্তান হাত ধরি আনে তোমা করে অপমান।
আখি ভরে জে্ল দেখি তব এই খণ্ডিত কলেবর
সারা তনু ময় ধর্ষকেরই অত্যাচারের দাগ
ক্ষম মোরে মাগো ভারতবর্ষ বিকলাঙ্গ সন্তানে
তুমি মাতা সর্বংসহা আত্মমগ্ন কল্যাণী সবাকার।

# স্বাগতার ডিগবাজি

প্রায় দশ বছর আগে বাবার সাথে স্বাগতা ম্যানিলায় এসেছিল। ওর বাবা পীযুষ বন্দ্যোপাধ্যায় ফরেন

মিনিস্ট্রিতে লিয়াজো অফিসার ছিলেন। বাবা তখন ফরেন এসাইনমেনট নিয়ে ফিলিপাইনসের ভারতীয়

এম্বাসিতে Press Attache পদে যোগদান করেন।

স্বগতার মা পরিনীতা ব্যানার্জিও ফরেন সার্ভিসে আছেন। তিনি ঢাকায় ভারতীয় দূতাবাসের ফার্স্ট সেক্রেটারি। স্বাগতা বাবামায়ের একমাত্র সন্তান। বাবা তার প্রিয় চরিত্র, যত বায়না বাবার কাছে। ছোট বেলা থেকে বাবার চোখের মনি সে। বাবা মা চাকরির স্বার্থে বিদেশেই থাকেন, কখন একসঙ্গে কখন আবার ভিন্ন দেশে। সেই জন্যই স্বাগতার জন্মটাও বিদেশে, কোপেন হেগেনে। বাবার সাথে সে ম্যানিলা চলে এসেছে।

স্বাগতার নিকট বহুদিন ধরে ফিলিপাইন্স একটা আকর্ষণীয় দেশ। দক্ষিণ পূর্ব এশিয়ার উপকূল থেকে 500 মাইল দূরে পশ্চিম প্রশান্ত মহাসাগরীয় অঞ্চলে বহু সংখ্যক দ্বীপের সমষ্টি ( Archipelago) নিয়ে গঠিত ফিলিপাইনস একটি প্রজাতান্ত্রিক রাষ্ট্র। 7100টি দ্বীপ নিয়ে গঠিত এই রাষ্ট্রের বিস্তার 115,707 বর্গমাইল। ফিলিপাইনশের রাজধানী আগে ছিল কুইজন সিটি বর্তমান রাজধানী ম্যানিলা। ভারতের মত অনেকটা জলবায়ুর গঠন সমুদ্র পরিবেস্টন সব মিলিয়ে এখানকার নিসর্গ প্রকৃতি চমত্কার। এগারোটা দ্বীপ নিয়ে মুল ভূখণ্ড গঠিত। দশটি কম বেশি জীবন্ত আগ্নেয়গিরির দেশটি স্বাগতার পছন্দের কারণ। ম্যানীলার একটি অভিজাত অঞ্চলে দূতাবাস কমপ্লেক্সে বাবা ও বাঙ্গালী পরিচারক দাসুর সঙ্গে ও থকে।

দূতাবাস কর্মীদের ছেলেমেয়েদের পড়াশুনার জন্য ভারত সরকার পরিচালিত দিল্লিবোর্ড এর এখানকার একটি স্কুল থেকে উচ্চ মাধ্যমিক শেষ করেছে। পাশাপাশি ম্যানীলার একটি বিশেষ প্রতিষ্ঠানে আগ্রহের সহিত ফিলিপিনো ভাষা শিখছে। ফিলিপিনো ভাষা এখানকার সরকারি ভাষা। যদিও ফিলিপাইনসে ইংরেজী ভাষাই শিক্ষার মাধ্যম। অবশ্য ফিলিপিনো ভাষা টাগালাগো, ইংরাজী এবং স্পানিশ ভাষার ওপর ভিত্তি করে তৈরি হয়েছে। এই তিনটি ভাষাও সরকারী ভাষা রূপে ব্যবহৃত হয়। স্বাগতার দিনগুলি বেশ আনন্দে কেটে যচ্ছে। বাবা বললেন, কলকাতা ফিরে গিয়ে যাদবপুর বিশ্ববিদ্যালয়ে ভর্তি হও। স্বাগতা বলল, ওখানে গাজাখোর আর যথেচ্ছ যৌনচারিদের বাসা। আমি এখানকার পাচটা universityর মধ্যে যে কোন একটিতে পড়ব।

এ দেশের অগ্রণী বিশ্ববিদ্যালয়গুলির মধ্যে ইউনিভার্সিটি অব দি ফিলিপাইনস, ফার ইস্টার্ন ইউনিভার্সিটি, ইউনিভার্সিটি অব স্যানটো টমাস এবং সিলিম্যান ইউনিভার্সিটি প্রসিদ্ধ। পীযুষ বাবু deplomate par advantagia ক্ষমতার সাহায্যে ইউনিভার্সিটি অব স্যানটো টমাসএ মেয়েকে তারই পছন্দের এস্টরো ফিজিক্সে ভর্তি করে দিলেন। মধ্য মেধার ছাত্রীটি জটিল

সাবজেক্ট নিয়ে ভালোই উন্নতি করে চলেছে। ফিলিপাইনস খনিজ বনজ সম্পদে সমৃদ্ধ। ধান উত্পাদনে স্বয়ংসম্পূর্ণ। এখানকার বনভূমি, সুবিন্যস্ত সমুদ্র সৈকত, অসংখ্য হারবার , বিস্তৃত ফিশিং গ্রাউন্ড সারা পৃথিবীর পর্যটকদের গন্তব্যস্থল। পর্যটন থেকে জাতীয় আয়ে বিপুল অংশ যোগ হয়। স্বাগতা প্রায়শই ম্যানিলা উপসাগর সংলগ্ন বিচে ঘুরতে যায়।

দেশের প্রায় শতকরা তিরাশি ভাগ লোক রোমান ক্যাথলিক সম্প্রদায়ের বাকী জনসংখ্যার দশ ভাগ স্থানিয় স্বাধীন চার্চ ভুক্ত। কিছু মুসলমান ও কিছু বুদ্ধ ধর্মাবলম্বী লোক বাস করে। হিন্দুধর্মাবলম্বী মানুষ এখানে নেই বলে স্বাগতার বড় অভিযোগ।

আজ ত্রিশে জুন। আজ থেকে উনিশ বছর পূর্বে কোপেন হেগেনের এক অগ্রণী হাসপাতালে স্বাগতার জন্ম হয়। আজ এই বিশেষ দিনটিতে ওর মা ম্যানিলায় এসেছেন। মাকে পেয়ে স্বাগতার বাড়তি উত্সাহ সারা বাড়িতে ছড়িয়ে পড়েছে। সংক্ষিপ্ত অনুষ্ঠান। কিন্তু তার ব্যপ্তি বিশাল। সন্ধ্যায় বাবা মায়ের সাথে একটি ভারতীয় হোটেলে ডিনার সারলো। মা মেয়েকে কাছে পেয়ে আদর আর ভালোবাসায় ভরিয়ে দিতে দিতে বললেন, তুমি আমার কাছে থাকবে মা? স্বাগতা বলে বাপির সঙ্গে থাকবে তুমি ? আমার পড়া শেষ হলে।

স্বাগতা রাত্রিবেলায় একা একা শুইয়ে আকাশ পাতাল ভাবতে থকে। একটা পুরনো ঘটনার কথা মনে পড়ে গেল আর মনে মনে অস্বস্তি বোধ করতে থকে। তখন বয়স তেরো। নাইন স্ট্যান্ডার্ড পড়ছিল। এডোলেসেনস, বয়সন্ধিক্ষন। তখন মা দিল্লিতে বাবাও দিল্লিতে। ও স্কুল বাসে করে স্কুলে যেত। রক্তিম নামে ওরই এক সহ্পাঠি একই বাসে করে স্কুলে যেত। স্বাগতার বয়স সন্ধিক্ষণের শারীরিক পরিবর্তনগুলি ঘটে গেছে। রক্তিম বেশ গায়ে

পড়া ছেলে। ওর সাথে হাতা হাতি করতে গিয়ে স্বাগতার শরীরের আপত্তিকর স্থানে হাত দিয়ে ফেলত। সেটা যে

ছেলেটি ইচ্ছে করে করে উপভোগ করতো,স্বাগত যে তা বুঝতে পারত না তেমন নয়। একদিন স্কুল ফেরার পথে

একটি জরুরি বই নেবার ভান করে স্বাগতাদের বাড়িতে এলো। বাবা মা অফিসে। পরিচারক ঘুমাচ্ছিল। মোটামুটি ফাকা বাড়িতে দুজন উঠতি বয়সী কিশোর কিশোরি আমোদের ছলে যা করেছিল তাকে বল অপ্রাপ্ত যৌনাচার। প্রথম জীবনে সমাগত যৌবনের এই ক্রীড়া আমোদের কথা আজওকেউ জানে না। কিছুদিন পরেই বাবার ম্যানিলা পোস্টিং হয়ে যায় আর সে বাবার সাথে চলে আসে।আসলে সহ শিক্ষা ও স্কুলবাসে যাতায়াত education ব্যবস্থা এর কল্যানে ছাত্রছাত্রীদের মধ্যে এই পরীনতি স্বাভবিক।

4ঠা জুলাই সকালের ফ্লাইটে মা ঢাকায় ফিরে গেলেন।

এই দিনটি ফিলিপাইনসের স্বাধীনতা দিবস। 1946 সালের এই দিনে US Congress একটি আইন বলে ফিলিপাইনসকে স্বাধীনতা দান করেছিল। আজ এখনকার সব সরকারি বেসরকারি শিক্ষাপ্রতিষ্ঠান ছুটি। সারা ম্যানিলা শহর জাতীয় পতাকা ও নানা রংএর আলোর রোসনাই দ্বারা সাজানো। এত ফুল ব্যবহার হতে আর কোন দেশের স্বাধীনতা উত্সবে দেখা যায় না। বাবার সাথে এদেশের একটা সরকারী অনুষ্ঠানে যোগ দিয়েছিল। সেখানে অনুষ্ঠানের নতুনত্ব স্বাগতাকে মুগ্ধ করেছিল। দিনকয়েক পর বাবা ফ্রাঙ্কফুর্ট গেলেন সেখানকার ভারতীয় দূতাবাসের কিছু সাইফার নোট ডিসাইফার করে সাহায্য করতে। দুদিন বাবা থাকবেন না। সিকিউরিটি পার্সনেলএর সর্ভিলেনসে থাকতে হবে। বিকেলের দিকে

শহরের উপকণ্ঠে একটা ছোট্ট পাহাড় সংলগ্ন বনাঞ্চলের আসে পাশে ঘুরল। দীর্ঘ্দিন স্পেন, জাপান, মার্কিন শাসনের প্রচুর নিদর্শন ছড়িয়ে রয়েছে সর্বত্র। স্বাগতা প্রানভরে এ সকল উপভোগ করে ।

দুদিন পর ওর বাবা ফিরে এলেন । চোখে মুখে বাবার এক প্রকারের বিদ্ধ্স্ত ভাব। বললেন, প্যাক করে নাও।

নেক্সট ফ্লাইটে কলকাতা যেতে হবে। বাবার চোখমুখ মোটেও স্বাভবিক নয় । স্বাগতার ভয় হতে লাগল । বাবার ভেজা চোখ । বলল, বাপি তোমার কী হয়েছে?

পীযুষ বাবু মেয়েকে বুকে জড়িয়ে ধরে হাউ হাউ করে কেদে ফেলেন, আমার জীবনের রোল মডেল আর নেই।

বাপি! অন্তরের কোন গভীরতা থেকে এই আর্তনাদ উঠল তা কেবল এক শোকার্ত হৃদয়ই বুঝবে । বলল, দাদানের কি হয়েছে বাপি?

পীযুষ বাবুর পিতা এক অসামান্য ব্যক্তিত্ব সম্পন্ন মানুষ। স্থিধী, জ্ঞানী ব্যক্তি । শালপ্রাংসুর মত। গতবার তার মুখে

রমা রলাঁর কথা শুনে এই মহান ব্যক্তি নতুনভাবে তার অন্তরে স্থান করে নিয়েছে। পিতার আকস্মিক মৃত্যুর

খবর তার ভেতরটা তছনছ হয়ে যায় । বাপ বেটিতএ মিলে কাদল।

সল্ট লেকের বাড়িতে যথাযোগ্য মর্যাদার সাথে পিতার পারলৌকিক কর্ম সমাপ্ত হলো । ভারাক্রান্ত হৃদয়ে মেয়ে কে বললেন, এবার গুছিয়ে নাও ফিরতে হবে । স্বাগতা বেকে বসল। বলল, বাপি, আমি যাদবপুর বিশ্ববিদ্যালয়েই পড়ব। রক্তিম এখান থেকেই MBA করছে।

351

# আশালতা

নূতনেরে করিতে ভালোবাসার সুদীর্ঘ আহ্বান
বসিয়া রয়েছি সদা গাহি তার আগমনী গান।
বাঁধিয়াছি আশা নীড় অলক্ষে দিবা-শর্বরী
চেতনারে ঢাকিয়া প্রবল বাসনার নির্ঝরি ।
দিবস কাটিল কত মাস হলো গত
বৎসর আসি বলে চলি অবিরত।
অঙ্কুরিত হলো শিশু লতা গাছ এক
আশা আর সময় এলো, কাছে এক ঝাক।
মনেতে ভাবি আমি আসিছে মম বংশধর
উপজিলা মিথ্যা স্বপ্ন ঘুরিয়া আরবার।
তবুও মরেনা আশা বারে বারে জাগে
আশার ছলনা ভুলি মন কিছু মাগে।
সূর্য তেজে যত তাপ বাড়ে জগতে
ক্ষীণ আশা ক্ষীণতর চলিতেছে হতে ।
আশালতা বাঁচি আছে ফোটেনা ফুল
ঝরি যায় নিতি নিতি শুকনো মুকুল।
না দেখি জন্মে শিশু শুষ্ক গর্ভ মাঝে
কেবলি ছলনা করে আসেনা কাজে।
অধরা না যায় ধরা মৌন আছে বসি
না শুনি উচ্ছলতার খল খল হাসি।
যে গর্ভে আসিতে চায় সেথা ভূজঙ্গ রয়
দেব্‌তার বেদী হলেও দেবতার জন্য নয়।
বিষধর ফণি কভূ চায়না প্রাণস্পন্দন থাক
বিদারী আশার আশা দেবতারা হারায় বাক।

তবুও স্বপ্ন ছোটে বিধাতার করুণা মাগি
অলক্ষ্যে অন্তর্জগত জাগিছে প্রাণের লাগি।
আশালতা রহে বাচি জল মাটি পেয়ে
শুকাবে অচিরে লতা ব্যর্থ আশা নিয়ে ।
অন্তর্যামী হাসিয়া কহিল তীক্ষ্ণ বাণী
মিথ্যা যদি মহাতেজা নিস্ফল রহিবে টানি।

# মিলির প্রেম

(একটি সত্য ঘটনা আশ্রয় করে নির্মিত)

যে কাহিনী বলব তা বর্ণনা করা সহজ কিন্তু উপস্থাপনার জন্য সাহস থাকা দরকার । প্রায় চল্লিশ বছর পূর্বের এক শ্রাবণ বৃষ্টিভেজা বিকেলের কথা। পুরনো ঢাকার নবাবপুর অঞ্চল ব্যবসায়িক, যোগাযোগের দিক দিয়ে গুরুত্বপূর্ণ। বুড়িগঙ্গার তীরে অবস্থিত বলে এখানকার সদরঘাটে নানা গন্তব্যে পণ্য ও যাত্রিবাহী জলযান ছাড়ে এবং ভেড়ে । ফলে এই স্থান বন্দরের গুরুত্ব লাভ করেছে । পুরনো ঢাকার এই অঞ্চলের বিশেষত্ব এই সে, এখানেই ঢাকার নবাবরা বাস করতেন। এখনো যে হিন্দু জন গোষ্ঠি অবশিষ্ট আছে এই অঞ্চলেই তাদের বেশির ভাগ বাস করে । রাজনৈতিক ও ধর্মীয় অসহিষ্ণুতার ফলে এই মহানগরীর ক্রম ক্ষয়িষ্ণু হিন্দু সম্প্রদায়ের লোকেরাবাস করে পুরণো ঢাকার কিছু অঞ্চলে। নবাবপুর,সূত্রাপুর, শাখারিপটি যাত্রাবাড়ি ইত্যাদি অঞ্চলে প্রচুর হিন্দু বাস করত কিন্তু সাম্প্রদায়িক দাঙ্গা এবং 1971 সালে খান সেনা আর স্বাধিনতাবিরোধিদের অত্যাচার বিপুল পরিমাণ হিন্দুভারতে চলে আসতে বাধ্য করেছে । এখানকার বলধা গার্ডেন একটি আকর্ষণীয় স্থান । এই পার্কটিতে সেঞ্চুরি ফ্লাওআর দেখার জন্য উত্সাহী লোকেরা আসে। কারন সেন্সুরিফ্লাওয়ার এক শ বছরে একবার মাত্র ফোটে তারপারে ঝরে যায় । স্বাধীনতা যুদ্ধের সময় পাকিস্তান ও পাকিস্তান পন্থীরা এই বাগানের প্রচুর ক্ষতি করেছে।

আজ শ্রাবনের বিকেলে রেশমা এসেছে বলধা গার্ডেনে। বাড়িতে ও বিশ্ববিদ্যালয়ে সকলে রেশমাকে মিলি বলে ডাকে । ঢাকা বিশ্ববিদ্যালয়ের সংবদিকতা বিভাগের ছাত্রী। খুলনায় বাড়ি। বেগম রোকেয়া হলের আবসিক । বয়স উনিশ কুড়ি। চেহারা উজ্জল শ্যামবর্ণ, মাঝারি গড়নের সাথে সুঠাম দেহ, অঙ্গকান্তিতে আসাধারণ লাবণ্য। মাথায় অজানুলম্বিত ঘন কালো চুল। স্বপ্নালু হরিণী নয়না । বৃষ্টিতে আধ্ভেজা শ্রাবনি তন্বী। কি মনে হলো বলধা গার্ডেন থেকে বেরিয়ে ফেরিঘাটে বুড়িগঙ্গার ওপারে জিঞ্জিরায় এলো। জিঞ্জিরাকে শহর বলা যাবেনা। আধা শহর , আধা গ্রাম। এখানকার বিশেষত্ব এটি নকলের রাজধানী। ডুপ্লিকেট দ্রব্য তৈরি এখানকার কুটিরশিল্প। রশিক জনেরা বলেন, ডুপ্লিকেট atomic bomb পেতে চাও জিঞ্জিরা চলে যাও। মলি জিঞ্জিরা এসেছিল তার একটা জরুরী প্রয়োজনে। ইতিমধ্যে এক পশলা বৃষ্টি হয়ে গেছে। বৃষ্টির কারনে তার ফেরার তাড়া ছিল। ফেরিঘাট বেশ জমজমাট । ব্যস্ততার জন্য ডানপায়ের গোড়ালিতে একটু চোট লাগল। বেশ কস্ট হচ্ছিল। ততক্ষণে টুপটাপ বৃষ্টি শুরু হয়েছে । বুড়িগঙ্গার জে্ল টাপুর টুপুর বৃষ্টি পড়ার শব্দ আর বুদ্বুদ ফেরি বোটের গায়ে জলের ঝাপটা, মাঝনদিতে জাহজ স্টিমারের ভেজা ভেজা গতিবিধি, তর সাথে সদ্য জ্বলে ওঠা বাতিস্তম্ভ্গুলির শিখর এক অদ্ভুত নিসর্গের অনুভূতি

এনে দিচ্ছে। ফেরিবোট তীরে ভীড়ল। জনা পচিশ যাত্রী ছিল। ফেরিবোট থেকে অবতরণ করার সময় তাদের মধ্যে ব্যস্ততার ফলে রেশমা ভারসাম্য হারিয়ে ফেলে, পায়ের গোড়ালির ব্যথা ত ছিলই ফলস্বরূপ বোট থেকে নীচে পড়ে যাওয়াটা নিশ্চিত জেনে এরকম ক্ষেত্রে

যা হয়। যাকিছু হোক আকড়ে ধরে বাচার প্রতিবর্ত ক্রিয়ার সঞ্চার হলো। রেশমার খুব নিকটবর্তী এক বছর বাইশের যুবককে আকড়ে ধরে তার গায়ের ওপর হুড়মুড় করে পড়ল। ঘটনার আকস্মিকতায় যুবকটি কিংকর্তব্যবিমূঢ় হলেও প্রকৃত অবস্থা বুঝতে পেরে মেয়েটিকে জাপটে ধরে ফেলে কোন প্রকার পতনের হাত থেকে রক্ষা করল। জীবনের যেখানে দায় সেখানে সব সংস্কারের স্থান অনভিপ্রেত। রেশমা এই অপরিচিতের কন্ঠ ছাড়ল না। এর একটা কারণ পায়ের ব্যথা বেড়ে যাওয়। যুবকটির অস্বস্তি হচ্ছে দেখে মেয়েটি নিজেই পায়ে ভর দিয়ে দাড়াতে চেষ্টা করল কিন্তু পারল না। যুবকটি ওর অবস্থা বুঝতে পেরে বলল, ওকে, আমি হেল্প করছি। বাকি যাত্রীর নেমে গেলো। যুবকটি বলল, মনে হচ্চে হেটে যেতে পারবেন না। কোথায় থাকা হয়, চলুন আমি আপনার বাড়ি পৌছে দেব। থ্যাংকস , আমাকে একটু ডাঙ্গায় যেতে হেল্প করুন প্লিজ। যশোরের একটি বর্ধনশিল গায়ের এক সচ্ছল পরিবারের ছেলে বিনায়ক। সারাদেশের মধ্যে একমাত্র উচ্চশিক্ষার প্রাণকেন্দ্র ঢাকা বিশ্ববিদ্যালয়ের অর্থনীতি বিভাগের প্রতিভাবান ছাত্র। বিনায়ক বিশ্ববিদ্যালয়ের জগন্নাথ হলের আবসিক। জিঞ্জিরাতে ও একটা ছেলেকে পড়াত। কিন্তু ফিরতি পথে একি ঝামেলা।

কথায় বলে " পথে নারী বিবর্জীত "। কিন্তু এ আবস্থায় এ নারীকে কি করে বজ্‌র্ন করবে! যথাসম্ভব সাবধানে মেয়েটিকে ধরে নিয়ে একটি চায়ের দোকানে চেয়ারে বসালো। ততক্ষণে বৃষ্টি বেশ জোরে নেমেছে। রেশমা ইতিমধ্যে বেশ ভিজে গেছে। ভেজা চুল থেকে জলের ধারা চোখে মুখে বেয়ে পড়ছে। বিনায়ক পকেট থেকে রুমাল বের করে বলল, আপনি চুল চোখমুখের জল মুছে নিন।

জোরে বৃষ্টি নামলো।

আপনি wait করবেন না।

আপনি কি করবেন?

দেখি। অনেকটা দূর। সেই varsity, রোকেয়া হল।

আমার একই জায়গা, জগন্নাথ হল। বৃষ্টি না থামলে?_

আপনি কোন ইয়ার? আমি journalism 1st year।

Economics 2nd year.

দুজনই অনেকটা আস্বস্ত হলো। যখনকার কথা বলছি তখন এই মহানগরীর কোথাও দুজন যুবক যুবতীকে

এ সময় এরকম স্থানে দেখা পাওয়া ছিল দুর্লভ ঘটনা।

তখনকার মতে নিয়ম বিরুদ্ধ। অনাচার। শরিয়ৎ বিরোধী। একটি অসুস্থ মেয়ে কার কাছ থেকে সুশ্রষা পেয়ে থাকলে কোন শরীয়ত বিরোধী কাজ আমার ন্যায় গণ্ডমূর্খর জনা কঠিন। চায়ের দোকানে ইত্যবসরে দুএক্জন ঢাকাইয়া কুট্টি জড়ো হয়েছে। ঢাকার নবাবরা তাদের সেবা কজের জন্য পশ্চিম দেশ থেকে কৃতদাস বা নফর আমদানি করতেন। কালক্রমে এরা এখানে ঢাকাই কুট্টি নামে পরিচিত। এদের নিজস্ব ভাষা ও ঢাকার বাংলা ভাষা মিশে একটা বিশেষ dialect ওরা ব্যবহার করে এ থেকে এদের সাতনত্র্য চেনা যায়। একটি মেয়ে

আর একটি ছেলেকে এখান এখানে। নানাপ্রকার বিরূপ মন্তব্য প্রকাশ করতে থাকে ওরা। বিনায়ক বলে একই যখন গন্তব্য আপত্তি নাথকলে এস্থান পরিত্যাগ করা যেতে পারে।

বিনায়ক আর মলির এই পরিচয় আকস্মিক কিন্তু তার

ফলাফল সুদূরপ্রসারী। শ্রাবন আকাশের ঘন মেঘ জাত বৃষ্টিধারায় অচেনা দুটি মনের যে নব পরিচয় স্নাত হলো ভূত ভবিষ্যতের অকথিত বার্তা হয়ে এলো তার পরিনতি বিকশিত হলো ভালোবাসার কেয়া কেতকীরূপে। ভালোবাসা যেখানে অমোঘ ধর্ম সমাজ সেখানে তুচ্ছতায় পরিকীর্ণ। দুটি নবীন হিয়া মুগ্ধতার সোপান বেয়ে পরস্পর পরস্পরের কাছাকাছি এল গড়ে উঠল

যুগ যুগান্তর শাশ্বত বাণীর মূর্ত প্রকাশ " ভালোবসি "।

তাদের ভালবাসার সাক্ষি রইল ঢাকার রাজপথ, রেসকোর্স, রমনা পার্ক, ঢাকেশ্বরী মন্দির, নিউমার্কেট সেগুনবাগিচা প্রভৃতি স্থান। দুজনের চোখে চিরায়ত স্বপনের খরস্পর্শ। মলি আর বীণায়ক বিনায়ক আর মলি। সারা বিশ্ব পৃথিবী জুড়ে কেবল এই দুটি নাম। মলি আর বিনায়ক হাতে হাত চোখে চোখ রেখে পূর্ণিমার আলোয় ভেজা রাত্রে শপথ মন্ত্র উচ্চারণ করল সারা জীবন একসাথে পথ চলবে।

মলি বলে, পথচলার গান কি?

তোমার মনের মধ্যে যে গান শুনতে পাও।

আমর বুকে কান পাত।

তোমর বুকে সাত সুরের গানে সাত রংএর ফুল ফোটে

এই তো পথচলার গান।

তূমি আমাকে কোথায় নিয়ে যাবে?

স্বপ্নের দেশে। সুরের দেশে। কল্পনার দেশে।

আমায় ধরে রাখতে পারবে।

তুমি অধরার মাঝে ধরা।

এ রকম ওদের এলোমেলো নানান কথা।

মলি বলে, সারা জীবনের মত বাধা পড়তে চাই। কবে হবে?

বিনায়ক, তোমার ধর্ম, তোমার সংস্কার?

আমার ধর্ম আমার সকল সংস্কার সে তো তুমি। তুমি

ছাড়া আমর কোনো ভিন্ন সত্তা সতন্ত্র পরিচয় নেই। শ্রাবণের বৃষ্টি ভেজা সেই সন্ধ্যায় আমার সব পরিচয় বুড়িগঙ্গার জে্ল ধুয়ে মুছে গেছে।

ঘটনার অগ্রগতির পূর্বে রেশমার জীবনের পশ্চাত্পট আলোচনা করা দরকার। বিংশ শতাব্দীর বাংলাদেশ।

সংখ্যা গুরু মুসলিম অধ্যুষিত এই দেশটির হিন্দু জনসংখ্যা বিলুপ্তির পথে। বেশির ভাগ মুসলমান জনগোষ্ঠীর মধ্যেই সাম্প্রদায়িক অসহিষ্ণুতা, অনদৌর্য ভারতবিদ্বেষ গভীরভাবে গ্রথিত। দীর্ঘ পাকিস্তানি উপনিবেশ এই বিদ্বেষএর একটা কারণ। এর পরিনতি স্বরূপ হিন্দু বিদ্বেষ চরম পর্যায়ে পৌছয় । ফলে একটি হিন্দু মেয়েকে একটি মুসলিম পুরুষ সহেজই বিয়ে করার সব রকম অধিকারী, প্রয়োজনে বলপ্রয়োগ । এ ক্ষেত্রে গোটা মুসলমান সমাজের সমর্থন ছিল।

অনেকের মতে এটি একটি পুণ্যকর্ম । উল্টো ঘটনা একটি মুসলিম মেয়ে ও এক জন হিন্দু ছেলের ক্ষেত্রে। এরকম ক্ষেত্রে মুসলিম সমাজের সহিংস প্রতিরোধ।

রেশমা ওরফে মলির জন্ম এরকমই এক অসহিষ্ণু মুসলিম সমজে। পরিবারটি আধুনিক শিক্ষার ক্ষেত্রে পা রেখেছে অনেক পূর্বেই । রেশমার বাবা সরকারী উকিল, দুই দাদা, একজন সোনালি ব্যাঙ্কে অন্য জন এক মাদ্রাসার শিক্ষক। বড় ভাই কলেজে পড়ার সময় একটি হিন্দু মেয়ের সাথে প্রেমের সম্পর্কে জড়িয়ে পড়ে । পরে তাকে বিয়ে করে । পরিবারটি হিন্দুবিদ্বেষ ও সংকীর্ণতা মুক্ত নয় । এরাও হিন্দুদের " মালাউন" বলে। এই শব্দটি এখন হিন্দু সম্প্রদায়কে হেয় করার জন্য ব্যবহৃত হয় ।

দুবছর অতিক্রান্ত মলি আর বিনয়কের ভালোবাসা। বিনায়ক পাশটাস করে এখানকার এক নামজদা কলেজে পড়ায় । গুলিস্তান সংলগ্ন অনচলে বাড়ি ভাড়া নিয়েছে । রেশমা একটি দৈনিকে স্ট্রিঙ্গার হিসেব জয়েন

করেছে। ফার্মগেট অনচলে এক মামার বাড়িতে আছে।

সে বাড়িতে যাওয়া একেবারে কমিয়েছে। বাবার তৃতীয় স্ত্রীর গর্ভজাত সন্তান। মায়েরও তৃতীয় বিয়ে এটি। মেয়ে বাড়িতে কম আসছে,এটা একটি রক্ষণশীল মুসলিম পরিবরের মাথা ব্যথার কারণ । ঢাকার অস্থায়ী বাসস্থানে খবর করে জানা গেলো মেয়ে কোন খবরের কাগজে কাজ নিয়েছে । তখন telecommunication একেবারে ভ্রূণ অবস্থায় । অগত্যা তার করা হলো , Marriage settled, come sharp. কাগজের অফিস থেকে ফিরে বয়সে ছোট এক খালা তারটা হাতে দিল।

মলি সেখানা হাতে নিয়ে পৌছে গেলো গুলিস্তান। বিনায়ক রাতের খাবার সবে খেয়ে উঠেছে । গুলিস্তান কলকাতার Esplanade এর মত। ঢাকা শহরএর প্রাণকেন্দ্র। বেশ রাত অবধি সচল থকে। ঘরের দরজায় পাগলএর মত নক । সসব্যস্ত দরজা খুললে ঝড়ের গতিতে মলি ঘরে ঢুকে টেলিগ্রাম খানি হাতে দিয়ে বলল, আমি আর ফিরবো না। আমাকে বিয়ে করে নাও এখনি ।

মলির ইচ্ছেয় রাতরাতি কতিপয় বন্ধুর সহায়তায় মলি আর বিনায়কের বিয়ে হলো হিন্দু কায়দায়। মলির সেটাই ইচ্ছা ছিল । হিন্দু নব বধূর মত সাজতে তার বহুদিনের শখ। ষোলো আনা মেটে নি বটে কিন্তু প্রতিকূল পরিস্থিতিতে যে টুকু হলো সারা জীবনের স্মৃতি সুধায় ভরা থাক । গত রাতে আমি বিনায়ক নামে একটি হিন্দু ছেলেকে বিয়ে করেছি । আমি সুখী তোমরা মেনে নিও। উল্টো তার পৌঁছায়। এর প্রতিক্রিয়া আন্দাজ করতে পারে নি । এই তার পৌছবার দুদিন পর খুলনার একটি অঞ্চলের হিন্দুসম্প্রদায়ের মধ্যে আতঙ্ক ছড়াল । ঘর জ্বালানো ও নারি নিগ্রহের ঘটনা ঘটল। পাঠক নিশ্চয়ই অনুমান করতে পারেন এই অগ্নিসংযোগ ও নারি নিগ্রহের উৎস।

বিয়ে হলো অথচ খাওয়া দাওয়া হবে না। দিন কয়েক পর বিনায়ক, মলি ও চার বন্ধু পুরনো ঢাকার মরণচাদের মিষ্টি খেতে গেলো । ঢাকার মিষ্টান্ন রশিকরা পৃথিবী বিখ্যাত মরণচাদের দৈ দ্বারা রশনা তৃপ্তি করবে এটাই স্বাভাবিক । এ একটা ওয়েডিং ফেস্ট। মরণচাঁদএর দোকান মানে মিষ্টি, মিষ্টি মানে মরণ চাঁদ ।

কিছু দিন আগে একটি মহিলা নিগ্রহের ঘটনাকে কেন্দ্র করে এই দোকানটিও লুঠ হয়েছে । সদ্য স্বাধিনতা প্রাপ্ত এই দেশটির প্রশাসনিক দক্ষতা ও পরিকাঠামোর আভাব , অবিন্যস্ত যোগাযোগ ব্যবস্থাও এধরনের ভায়োলেনস ঘটতে উতসাহ পায়। একটা শিশুর চোখ মেলেই তাকে যদি ধর্মীয় গোড়ামি, সংকীর্ণতা, জাতিবিদ্বেষ শেখান হয় সেখানে হিংসাশ্রয়ী ঘটনা ঘটবেই।

একজন অপরিচিত লোক সোজা মলির সামনে এসে মলির চিবুকটা উচু করে ধরে বলে, দরুণ, চমতকার

দেখাচ্ছে তোকে। তুই ভালো কাজ করেছিস বোন । তোর পছন্দের লোকটিকে বিয়ে করেছিস। দেশ স্বাধীন

হয়েছে । ক্রমে চিন্তা চেতনা উন্মুক্ত ও প্রসারিত হবে।

তুই দারুণ সাহসিকতার কাজ করেছিস I am proud of You.

মলি উঠে ওর বড়দা কে প্রণাম করে বিনায়ককে বলে, আমার বড় ভাই ,

আর দাদাকে বলে,ও হলো বিনায়ক আমার বর ।

বিনায়ক নমস্কার করতে গেলে তাকে বুকে জড়িয়ে ধরে শাহনাজ, মলির দাদা, বলে ধন্যবাদ ।

তুমি আমার বোনটাকে ভালো রেখো । যে পথে পা বাড়িয়েছ, অনেক ঝুকির।আমদের সমাজ মেনে নেবে

না । ভয় পবেনা। তূমি একটা অচলায়তনের মুলে আঘাত হেনেছ ।

মলিকে বলে, তোর টেলিগ্রাম পেয়ে আব্বা, আম্মা, ছোট ভাই আনোয়ার প্রচণ্ড ক্ষিপ্ত হয়ে পড়ে । আমার

প্রথমটা খুবই রাগ হয়েছিল। কিন্তু তোর ভাবি আমার চোখ খুলে দিল। বলল, নিজের দিকে তাকাও, রেশমা

যদি দোষ করে থাকে তবে তুমিও কি একই দোষ করো নি?

এর মধ্যে আনোয়ার এবং আব্বাজানের প্ররোচনায় নিরীহ হিন্দু পাড়ায় অত্যাচার চলে । এখন তোর স্বামীকে খুন করে তোকে উদ্ধার করার ছক কষছে।

আমি জানতে পেরে ফ্লাইট ধরে চলে এসেছি । আমার জীবন থাকতে তোর কোন ক্ষতি হতে দেবনা। আমি তোদের সাথে আছি ।

# বুচি বোস্টমি

বালক বয়স থেকে আমি লাজুক স্বভাবের হলেও বেশ ভাবুক ভাবুক ভাব ছিল আমার মধ্যে । ফলে পরবর্তী জীবনে আমার এক ব্যর্থ প্রেমিকা আমাকে ভাবুক বলে ডাকত । অবশ্য এর জন্য তাকে কি মাশূল দিতে হয়েছিল তা সেই কেবল জানে। সেটা এই কাহিনির উপজীব্য বিষয় নয় অতএব_। সেই ছোট্টবেলায় আমার মধ্যে দুটো বাতিক জন্ম নিয়েছিল, একটা কবি গান শোনা অন্যটি বাঙলা কীর্তন গান শোনা বিশেষ করে পলাকীর্তন, যেমন নৌকো বিলাস, মানভঞ্জন প্রভৃতি । সেকালের সেরা কবিয়ালদের মধ্যে ছিলেন বিজয় সরকার, নিশিকান্ত, রসিক সরকার প্রমুখ। এদের কবিয়ালী শুনবার জন্য সেই কিশোর বয়সে বাড়ি থেকে পালিয়ে যেতাম। কিছু টাকা পযসাও বাবার সিন্ধুক থেকে হত্সফাই দ্বারা চুরি করতে হত। এইসকল চারণ কবিদের শাস্ত্রজ্ঞান, দর্শনবোধ, দেহতেত্ত্বর ব্যাখ্যা, সঙ্গীতের মুন্সিযানা সর্বোপরি তাতক্ষনিক ছন্দনির্মাণ ক্ষমতা আমাকে যুগপত বিস্মিত এবং মুগ্ধ করে দিত। কোন কোন বার তিন চার দিন ধরে চলত কবির লড়াই । আমদের পাড়া তুতো এক দাদা আমার গুরু ছিল এসব ব্যাপারে। তার কল্যাণে আমি কবিগানের সমজদারি থেকে হুক্কা টানা লুকিয়ে লুকিয়ে তাস খেলা রপ্ত করি। রাতের বেলায় পড়ার ঘরে আলো জ্বালিয়ে রেখে বাড়িতে পিতা-মাতাকে ধোঁকা দিয়ে তাসের আসর বা কীর্তনের আসর উজ্জল করে বসতুম।

ক্রমান্বয়ে আমার বহু রকমের গুণপনা বাড়তে থাকে । কেন জানিনা আমার পাড়ার সেই গুরুর কৃপায় হয়ত

কীর্তন গানের বিশাল একজন ভক্ত হয়ে পড়লাম। যেখানেই মৃদঙ্গমে দশকুশী তালের সাথে সাথে যথা রাগে ‘বধু কি আর বলিব তোরে’ গাইতে শুনতে পেতাম কালবিলম্ব না করে ভক্ত স্রোতৃকুলের মধ্যে বসে বুঝি বা না বুঝি মাথা দুলাতম, আবিশট হয়ে পড়তাম বিশেষ করে সুর আর গায়কীর বিশিষ্টতায় । সে সময় পাড়ায় পাড়ায় কীর্তন গানের আসর বসত । ভালো ভালো কীর্তনীয়া ছিল যাদের গান পছন্দ করত লোকে। রাধারাণী , ছবি বন্দে্দাপাধ্যয, কমলা ঝরিয়া এদের গান রেডিওতে শুনতাম। আমাদের অঞ্চলে প্রধানত বৈষ্ণব সম্প্র্দায়ভুক্ত লোকেরা কীর্তনগানের মূল ও প্রধান ধারক। বৈষ্ণব দুপ্র্কারের ছিল_ ভেক্ধারি আর জাত বৈষ্ণব । বৈষ্ণব সহি্জয়ারা রাধাকৃষ্ণ প্রেমের গূঢ়

তত্ত্ব চর্চা ও আচরণ নিয়ে থাকত আর বাকিরা শ্রীকৃষ্ণ গুণগান, আচার অনুষ্ঠান পালন করত। এদের মধ্য থেকে উঠে আসত বড় বড় কীর্তনীয়া।

স্কুল পেরিয়ে সবে কলেজে ভর্তি হয়েছি তা আবার বিজ্ঞান শাখায়। বাদরের গলায় মুক্তোর মালা। ছমাইল দূরে আমার কলেজ , পায়ে হেঁটে যেতে হয় । কাঁচারাস্তা বর্ষায় যা হয় তা বুঝে নিতে হবে। বাড়ি ফিরতে রাত হয়ে

যায়। কলেজ শেষ হয়েছে ছটা হবে, বাড়ি থেকে মাইল খানেক দুরের কাশিপুর গ্রামের দত্ত বাড়িতে কীর্তনের আসর বসেছিল । দত্ত বাবুরা কলকাতা থাকেন বলে জানতুম সংস্কৃতিবান অতএব আয়োজনটাও হেভি হবে।

হঠাত্ মৃদঙ্গম করতাল হারমোনিয়ম ইত্যাদি সহযোগে নারীকণ্ঠ ভেসে এলো ' রাধার কি হৈলো অন্তরে ব্যথা '।

আমার তর সইছে না, দে ছুট। দত্ত বাবুদের উঠানে বসেছে আসর, লোকসমাগম বেশ। লোকমুখে শুনলাম

খুব বড় গাইয়ে, বোস্টমী। মনের স্ফূর্তি চেপে রাখা দায়।

ভিড় ঠেলে একেবারে মঞ্চের সামনে গিয়ে দেখি কপালে রসকলি আকা গলায় উত্তরীয় কোমর দুলিয়ে কীর্তন গাইছে বোচন দাস ওরফে বুচি। পাঠক ভাববেন আমর মত কে হরিদাস এন্তবড় গাইকাকে এমন করে

হেনস্তা করতে পারে । আমার কৈফিয়ত হলো ।

তার গান নিয়ে আমার কোন বক্তব্য নেই, তবে মহিলার পরিচয় আমি জানি। একে প্রথম দেখি আমাদের বৈঠক

খানায় আমার পিতৃদেবের সঙ্গে। বিদ্যে তখন আমার অস্টম শ্রেণী মান । সেদিন বাবার সামনে বসে একমনে

তার কথা শুনছে আর মাঝে মাঝে বাবার বক্তব্য সূত্র ধরে এটা ওটা জিজ্ঞাসা করেছে। বাবা বলছিলেন, এ পর্যন্ত চার জন চণ্ডীদাস সম্পর্কে জানা যায়, চন্ডীদাস পদকর্তা, বড়উচণ্ডীদাস, দ্বিজ চন্ডিদাস এবং শ্রীকৃষ্ণ বিজয় কাব্যের রচনাকার চণ্ডীদাস । আমি এসব বোঝার মতো বয়সের লোক নই অতএব অন্য কিছু ।

দ্বিতীয় দিন একই স্থান একই ব্যক্তির সঙ্গে। সেদিন বুঝতে পারি বাবা ওকে বিভিন্ন রাগের প্রয়োগ বুঝাচ্ছিলেন। আমি অতিশয় উত্সুক হয়ে বৈঠকখানা ঘরে উকি মারতেই গম্ভীর কণ্ঠে বললেন, , ভেতরে এসো। পালাবো! না তাতে সুবিধে হবে না।এরকম পরিস্থিতিতে পূর্বে পালিয়ে দেখেছি ফল মোটেই ভালো হয় নি। তিনি বললেন, আমার ছোট ছেলে খুব লাজুক ।

আমাকে বললেন, এ হলো রানি, আমি বোচন বলি কখনো আবার বুচি বলে ডাকি। আমাদের অভিলাষের মেয়ে, ভালো গান করে। বাস। এর পর যতবারই আমদের বাড়িতে দেখেছি আমি স্বাভবিক হয়ে গিয়েছিলাম । পিরিতি জমে গেল। ও ভালো কীর্তন গায় একথা জেনে আমার সে কি উত্তেজনা! আমাদেরবাড়িতে এখন বাবা অপেক্ষা আমার সাথে ওর কথা হয় বেশি। ও আমার চেয়ে অন্তত দশ বছরের বড়।

একদিন ফাঁকা ঘরের কোণে ও আমার মুখে চুমু খেয়ে দিল। চুমুর যে কত রকমের মানে দাড়াতে পারে তখন তা বুঝিনি। আমি ওর নাকচাবি ভেঙে দিয়েছিলাম। মনে হতেই পারে এটা বাতসল্য রস কিন্তু এখন মনে হয় ওটাতে নিশ্চয়ই মাথুর ভাব ছিল । বুচি আমাকে রাখাল ভাই বলে ডাকত। তার সাথে আমার বাত্সল্য লীলার খবর এবং আপডেট সব আমিও আমার পাড়ার গুরুকে পৌছে দিতাম।খুশি হয়ে সে আমাকে ছিলিম সাজিয় প্রথম বার হুক্কোয় টান দিতে দিয়েছিল।

"বধু এই পথে নিতি কর গতাগতি, নূপুরের ধ্বনি শুনি"

বাঁশিতে ধুন বেজে চলেছে সাথে মৃদঙ্গমে দশকুশী তাল। আমি অপলকে বুচি বোস্টমির দিকে চেয়েছিলাম। পরণে গেরুয়া রঙের সিল্ক সাড়ি, কপালে চন্দনের ফোটা, নাকে রসকলি

আকা, মাথায় ফুলের মুকুট আর গলায় রজনী গন্ধার অজানুলম্বিত মালা। চোখ ফেরানো যায় না । এই রূপ ত পূর্বে দেখিনি। কীর্তন পলা শ্রী রাধার মানভঞ্জন। শেষ হতে অর্ধেক রাত কাবার । ভাবলাম একবার দেখা করবো । লোকের দৃষ্টি এড়ানোর কৌশল রপ্ত ছিল বলেই সটান রানির সামনে গিয়ে দাড়লাম। চিনতে পারল না। এত দিন পর না চিনতে পরারই কথা। বললাম, সমীর জেঠুর ছেলে। সেই যে রাখাল ভাই। ভ্রূ কুঁচকে একটু ভেবে হাত ধরেখানিকটা নির্জন স্থানে টেনে নিয়ে পারলে বুকে জড়িয়ে ধরে আর কি। বল, জেঠু কেমন আছেন তুই কেমন আছিস? এখন তুই আমর রাখাল রাজা । মনে হচ্ছে স্কুল থেকে , কিছু খাওয়া হয়নি । ওরে সত্য, একে কিছু খেতে দে।কাকে নির্দেশ দিল। আমি আপত্তি জানিয়ে বললাম, তোমাকে লাস্ট দেখেছি তোমার বিয়ের অনুষ্ঠানে । এরমধ্যে তুমি বেশ নাম কিনেছ। তোমার বর কোথায়?

রানি শুধু ছোট্ট করে বলল, সরকার পাড়ায় বাড়ি করেছি । কাল পালা নেই, আমর আখড়াতে আসবি কিনতু। ওর বাচন ভঙ্গি আর চোখের ইশারায় বুঝতে পারলাম অনেক কথা ও বলবে ।

গভীর রাতে বাড়ি ফিরতে হয় কি করে আর কি করেই বা চুরি করে ঘরে সেদতে হয় সব পদ্ধতি আমর বা হাতের খেল। ধরা পড়লে বাবা হয়ত একটু গরম গরম কিছু বলবেন, মা বাবার দোহারকি করবেন মাত্র । তার নিজের রচনা ক্ষমতা নেই তাই বাবার অস্ত্র কাজে লগান। পর দিন বিকেল বেলায় রানির বাড়িতে প্রবেশ।

আমাকে বুচি এমন অভ্যর্থনা জানালো যেন বহু যুগ পর প্রেমিক অভিসারে এসেছে । রানি আট পৌরে সাড়ি পরিপাটি করে পরেছে, কপালে তিলক, গায়ে চন্দনের সুবাস। সূচি স্নিগ্ধ অপসরার মত মনে হচ্ছে । বেশ ছিমছাম একটা মাটির বাড়ি। এই বাড়ির একটা ঘরে আমাকে বসতে দিল। বলল, তুই আমাকে খুব ভালোবাসিস না?

বললাম, জানিনা ।

তোমার বর কোথায়?

নেই । বিয়ের এক বছরের মধ্যেই । বিষ মদ খেয়েছিল।

আমি ভেকধারণ করেছি। কীর্তন গাই।

নাম পাল্টেছ ।

হ্যারে, ভেকধারীদের সংসার জীবনের সব ত্যাগ করতে হয়।

ত এ জগতের নাম?

ঐ জেঠুর দেওয়া, বোচন মানে বুচি বোস্টমি।

তোমার সাধনসঙ্গি কেউ?

একটি মধ্যম দশকুশী রাগে ধুয়া শুনাল

"আমি সুখের লাগিয়া এঘর বাধিনু আনলে পুড়িয়া গেল

অমিয় সাগরে সিনান করিনু সকলি গরল ভেল।"

প্রথম হরিদাস বৈরাগী তারপরে বৃন্দাবন বৈরাগী ওদের সাধন ভজন এর চেয়ে শরীরের প্রতি বেশি টান।

আর কেউ নেই?

এবার নবীন মাধব, বংশীধারী।

মানে?

এবার তুই হবি আমার সাধন সঙ্গী।

ধ্যাত ইয়ার্কি করছ।

নারে এতদিন আমার চোখ খুঁজে বেড়িয়েছে তোকে।

"রূপলাগি আঁখি ঝুরে গুণে মনোহর

পতিলাগি কাদে মম প্রতি অঙ্গ মোর।"

এই পদখানি গাইল। আমি আমার সমস্ত জীবন সমাজ সংসার সংস্কার বিস্মৃত হয়ে গেলাম। মনে হলো আমি আমার জীবনের ঠিকানা পেয়েছি। বললাম, আমি রাজী।

বুচি বোস্টমির মনের মধ্যে হাজার পায়রা উড়ল, হাজার ময়ূর নৃত্য করলো।

আজকেই হবে দীক্ষা, অভিষেক। বোস্টমি মনে হল পূর্ব থেকে প্রস্তুত ছিল। আমাকে নবীন মাধব সাজাবার

কাজ স্বয়ং বৈষ্ণবী নিজ হতেই শুরু করল। নতুন বস্ত্র পরানো হল, অগরু চন্দন লেপন করা হলো, শরীরের

দ্বাদশ স্থানে তিলক রচনা করা হলো, নাকে আঁকা হলো রসকলি মাথায় চূড়া গলে বনফুলের মালা। চেহারা এবার একদম নবীন কিশোর শ্রী কৃষ্ণ।

নব্য কৃষ্ণকে নিয়ে প্রকাশ্য গোপন নানা কার্যকরণ

সম্পাদিত হলো। আমি প্রক্রিয়া গুলো বেশ উপভোগ্য

বোধ করছিলাম। বুচি মাঝে মাঝে বিদ্যাপতি, চন্ডীদাস,

নরোত্তমঠাকুর, গোবিন্দ দাসের পদ গাইছিল। তার সুললিত কন্ঠস্বর আর গায়কী আমায় কোথায় যে ভাসিয়ে নিয়ে যাচ্ছিল তা বলতে পারবো না। আমার বৈষ্ণব হওয়ার পূর্ণ পর্যায়ে কন্ঠি বদল ও যমুনায় শ্রীমতীর সহিত জলকেলি করতে হল। সব কটি ক্ষেত্রেই রাধা সেই বুচি বোস্টমি। আমার নাড়া বাধা সমাপ্ত।

শেষ পর্যায়ে বোস্টমি গাইল,

"সেই ত পরান নাথ পাইনু

যাহা লাগি মদন দহনে ঝুরি গেনু।।

বৈষ্ণবী বলল, আমার এ দেহ মন এখন থেকে তোমার, অর্থাত আমার মদন মোহনএর।

# বন্ধু

ভৈরবীতে যবে ঠুমরি শুনি তখন তুমি পাশে বসো
মধ্যাহ্নের দাবার আসরে ঘুটিতে দান কষো।
ফুটবল মাঠে গোল যদি হয় দুজন লাফিয়ে উঠি,
রাসেল মারিলে ছক্কা খাই, আনন্দে লুটোপুটি।
ঝড়বাদলের নিশীথে দুপুরে দিশাহারা যদি হই,
ভরসা জাগানো তব মুখখানি কেবল খুঁজিয়া পাই।
পীড়িত পিতারে হাসপাতালের এম্বুলেন্স আনি ডাকি,
ভর্তি করিতে কাতর নয়নে তব মুখখানিই দেখি।
মোর ছেলেটির চাকরির খবরে তোমার মুখের হাসি,
হাসি নয় এযে অপরিমেয় দৈব আনন্দ রাশি।
আমার মেয়ের বিবাহ বাসরে বাধিল বিষম গোল,
সোনাদানা টাকা না পাইয়া বরে জুড়িল হট্টগোল।
আমি অসহায় জুড়িলাম কর রক্ষা করো স্বামী
লক্ষ টাকা তুমি দিয়ে বলো সোনা আনো যত দামী।
দেখিতে গেলাম শ্রীব্রজধাম সঙ্গেতে পরিবার
লুটিয়া নিল সম্বল যত তস্করে বার বার।
আসিলাম হেথা করিতে তীর্থ এই তো দেব ভূমি ,
নিশ্চয়ই আমি দেখিনু সেথা আমার ত্রাতা তুমি।
কি বলিলে ঠিক বলা হয় বন্ধু সখা না সাথি
তোমা বিনা জানি,আমার একদা নিভিবে জীবন বাতি।
কোনো কিছু তুমি চাওনি কখন প্রতিদান ভাবি মনে
অজানা ছিল মারণ রোগ তোমারই দেহ কোণে।
বাধিয়া বাসা শাসাইয়াছে তোমা মারিতে জীবন পাখি,
বলনি সেতো এমন জীবনের নেই আর বেশি বাকি।

সেদিন গোপনে দেখিনু তব মেডিকাল রিপোর্ট পড়ি
যকৃতে তোমার হয়েছে ব্যধি বচিবার পথে দাড়ি।
ডাক্তারে আমি সুধাই গোপনে নাই বুঝি কোন পথ
যাকিছু শুনি মনে আমি করি স্থির মনোরথ।
এমন বন্ধুর জীবন বাচাতে গোপনে লিভার দানি
সন্তরপণে ফিরাইনু জীবন মৃত্যু দেবতা জিনি।।

# উবিফিয়ার কাহিনী

বিশ্বের অন্যতম প্রধান হীরে ও কোকো উত্পাদনকারী আফ্রিকার একটি ছোট দেশ ঘানা। আয়তন প্রায় বিরানব্বই হাজার বর্গ কিলোমিটার।লোকসংখ্যা মেরেকেটে বারো লক্ষ । বৃটিশ গোল্ডকোস্ট কলোনি ও বৃটিশ টোগোল্যাণ্ড নিয়ে গঠিত বর্তমান স্বাধীন দেশ ঘানা দীর্ঘ দিন বৃটিশ ঔপনিবেশিক শাসনাধীন থাকার কারণে এখানকার আর্থসামাজিক অবস্থায় ঔপনিবেশিক প্রাধান্য । এখানকার অধিবাসীরা প্রধানত দু ধরনের বৃটিশ শ্বেতাঙ্গ ও আদিবাসী কৃষ্ণাঙ্গ । আদিবাসী কৃষ্ণাঙ্গ গোষ্ঠীভুক্ত জনজাতির লোক প্রধানত আদানসি, আকুয়ামু, গা ও অন্যান্য ট্রাইবসদের নিয়ে গঠিত । এদের বসবাস প্রধানত নাইজার নদীর দুধারে। কৃষ্ণাঙ্গ জনগোষ্ঠী গরীব । এদের জীবিকা কৃষি, শিকার, শ্বেতাঙ্গদের বন্ডেড লেবার । অনেকে ভোল্টা নদীর ওপর গড়ে ওঠা বিশাল ওকোসোম্বো জলবিদ্যুত্

প্রকল্পে ঠিকা শ্রমিকের কাজ করে । শ্বেতাঙ্গরা ধনী। দেশের হীরে খনিগুলোর মালিকানা শ্বেতাঙ্গদের। শ্বেতাঙ্গরা শুধু নয় কৃষ্ণাঙ্গরা বেশির ভাগ উপজাতির ভাষা ব্যতীত ইংরেজী ভাষায় কথা বলে। রাজধানী আক্রা থেকে প্রায় নব্বই কিলোমিটার দূরে নাইজার নদীর তীরে ধা নামক একটি শহরের উপকণ্ঠে আদিবাসী অধুষ্যিত অঞ্চলে এক দরিদ্র আদানসি পরিবারে সাঁই ত্রিশ বছর আগে উবিফিয়া পিতামাতার বিয়ের দুবছর পূর্বে জন্মেছিল। এখানকার সমাজের বিশেষত্ব ছিল নেশা ও বাছবিচারহীন যৌনাচার। উবিফিয়ার ডাক নাম উবি। সাত ভাইবোনদের মধ্যে সে ই বড়ো।সে একটা সরকারী স্কুলে যায় । বাবা ওকোসোম্বো জলবিদ্যুত্ প্রকল্পে ঠিকা শ্রমিকের কাজ করে । মা ড্রাগ পেডলিঙের কাজ করে।

উবির বয়স এখন বারো বছর। দেহে যৌবনের লক্ষ্মণগুলো বিকশিত হতে শুরু করেছে । সমাগত যৌবনের প্রভাবে উবির কন্ঠস্বরের পরিবর্তন আসছে কথাবার্তা চলনবলনে এক সলজ্জ সংযতভাব। মনে অদ্‌ভুত আগোছালো অনুভূতি যা ভাষা দিয়ে বোঝাতে পারে না উবি। ফুটন্ত পুষ্পে অলির আনাগোনা সৃষ্টি রহস্যে নিহিত রয়েছে । কদিন ধরে ক্রেস্ট নামে একটা যুবক রাস্তার মোড়ে ওকে উত্যক্ত করছিল । ব্যাপারটা যতই আপত্তিকর হোক উবির অন্তরের কোন গভীরে উপভোগ্য হচ্ছিল । কাউকে বলার সাধ্য নেই। সেদিন ক্রেস্ট উবিকে ফুল উপহার দিল। দ্বাদশ বর্ষিনীর কাছে ফুলের নাম জানা আছে অর্থ জানা নেই। এর কি উত্তর আছে সেটাও দূরধিগম্য । শরীরের নতুন অতিথিদের অলক্ষ্যে তাকিয়ে দেখে সে আনমনা হয়ে যেত।

সেদিন বসন্তের এক দুপুরে মাতাল হাওয়া আফ্রিকার জঙ্গলের নাম না জানা ফুলের সুবাস বয়ে নিয়ে আসছিল ।ওদের পাড়ায় এক আদিবাসী অনুষ্ঠানে সকল স্ফূর্ত লোক জড়ো হয়েছিল, বিশেষ পদ্ধতিতে প্রস্তুত তীব্র গন্ধযুক্ত সুরা পান আর মাদলের তালে তালে উদ্দামনৃত্য, সমবেত নরনারীর চীত্কার ছিল অনুষ্ঠানের বিশেষত্ব ।বাড়ির লোকেরা সেই উত্সবে গিয়েছিল উবি একাকী বাড়িতে ছিল । সে ঘরে সজারুর মাংসের রোস্ট বানাচ্ছিল । এক মনে কাঁচা মাংস আগুনের মধ্যে ফেলে ঝলসে মাটির পাত্রে জমা করছিল। নাইজারের

বুক চীরে ভেঁপু বাজিয়ে ছুটছিল লঞ্চ স্টীমার। ঘরে কোন দ্বিতীয় ব্যক্তির উপস্থিতি অনুভব করলো। ঘরময় অনুষ্ঠানের সেই সুরার তীব্র গন্ধ ম ম করছিল। উবি ঘাড় ঘুরিয়ে দেখল বছর আঠারোর একটি যুবক তার পেছনে দাঁড়িয়ে। সেই মূর্তিমান ক্রেস্ট, ছিপছিপে গড়ন মুখ ভর্তি দাড়ি। ক্রেস্ট দুহাতে আঁকড়ে ধরে উবিকে নানা ভাবে আদরে আদরে ভরিয়ে দিতে লাগল। উবির জীবনে এ এক নতুন অভিজ্ঞতা, সে আপত্তি করল না বরং নিজের প্রতি সযত্ন অবহেলায় এই নবানন্দ উপভোগ করতে লাগল। বুকে সমুদ্রের ঢেউ আছড়ে পড়তে লাগল। তারপর বিশ্ব পৃথিবী একাকার, স্বপ্নময় ছন্নছাড়া তৃপ্তি।ক্রেস্ট তাকে অনেক স্বপ্নের গল্প শুনিয়েছিলো সেদিন।

গরীব ঘরের মেয়েদের ছোট বয়স থেকেই বর জোগাড় করার চেষ্টা শিক্ষা দেওয়া হয়। উবির আত্মসমর্পণের এরকম কারণ ব্যাখ্যা করা হতে পারে। সবটুকু তা হয়ত নয়। জীবন নতুন অনুভবের দাস। এই ঘটনার দুদিন পর ক্রেস্ট তিউনিশিয়া মামার বাড়ি চলে যায়। উবির বাবা এক দুরারোগ্য ব্যাধিতে মৃত্যু বরণ করে। জ্যেষ্ঠ সন্তান হিসেবে কিছু দায়িত্ব তাকে নিতে হয়। সে বাড়িতে বাড়িতে ছাগ দুগ্ধ বিক্রি করে বেড়াতে থাকে। এর মধ্যে

এক কৃষ্ণাঙ্গ ও এক শ্বেতাঙ্গ ধর্ষকের শিকার হয়েছে সে।

সে অসহায় নেই কোন রক্ষাকবজ। তাই নিশ্চুপ নিরাপত্তা। এনরিকো নামে এক HIV positive বহনকারী মধ্যবয়স্ক ব্যক্তির সাথে তার বিয়ের কথা হয় কিন্তু উবি জীবনকে অনেকটাই চিনেছে। এ বিয়ে হয় নি। বছর পাঁচেক পরে জীবনের পট পরিবর্তন আর একবার ঘটলো।

ছাগ দুগ্ধ বিক্রি করতে গিয়েছিল সাহেব পাড়ায়। দুপুরের একটু আগে মোরাম বিছানো পথ ধরে বাড়িতে

ফিরছিল উবি। চার্চের সামনে যেখানে কাচা রাস্তা এসে মিশেছে সেখানে দাড়িয়ে ছিল ক্রেস্ট। চেহারা দেখে বোঝা যায় এতদিন তার ভালো কাটেনি। মুখে দাড়ি গোঁফ নেই। উবির মধ্যে কোন শিহরণ অনুভূতি নেই আছে অনুযোগ। ক্রেস্ট জানালো সে উবিকে নিয়ে ঘর বাধবে, তাকে সুখি করবে। সুখ কথাটা অপরিচিত তবুও দুচোখে রঙিন স্বপ্ন চক চক করে উঠলো। কিছু দিন পর ক্রেস্টের সাথে সত্যি বিয়ে হয়ে গেলো উবির। স্বপ্ন সত্যি হলো। কিন্তু সত্যি হলো কি। শ্বশুর বাড়ির সর্বত্র দারিদ্র্যের ছাপ। দিন কয়েকের মধ্যেই বুঝতে পারলো স্বামীর যে সামান্য আয় সেটা মোটেই সোজা পথে নয় সে হীরে বা ড্রাগ চোরাচালানের সঙ্গে যুক্ত।

এ ভাবে বছর দশেক কাটলো। উবি এক ছেলে এবং দুই মেয়ের মা। ক্রেস্টের মধ্যেই পরিবর্তন ঘটেছে। সে এখন খুব কম বাড়িতে ফেরে, সংসার খরচের অর্থ দেয়না। উবির ওপর শারীরিক নির্যাতন চালায়। ইতিমধ্যে উবি শ্বশুর ও দেওর দ্বারা ধর্ষিতা হয়েছে। প্রতিবাদের উপায় নেই। জীবন্ত সমাধি। ধর্ষণ জলখাবারের মত। একদিন ক্রেস্ট এসে জানিয়ে গেলো উবিকে তার আর ভালো লাগে না, সে বুড়ি হয়ে গেছে। সে উবনি কুনজি নামে এক বালিকার সাথে ঘর বাঁধবে। তাদের ডিভোর্স হয়ে গেলো।

সামনে অলংঘনীয় পারাবার। বাচ্চাদের মায়ের তত্ত্বাবধানে রেখে উবি এক শ্বেতাঙ্গিনীর খাশ বাদী হিসেবে বহাল হলো। চব্বিশ ঘণ্টা ডিউটি, মাসে একদিন ছেলেমেয়েদের দেখতে যাওয়ার অনুমতি। উবির মনে হতে পারে এবার তার শান্তির দিন এলো। ছেলে মেয়েদের স্কুলে ভর্তি করে দিল। ম্যাডামের সর্বপ্রকার আদেশ নির্দেশ ত্রুটিহীন ভাবে নির্বাহ করায়

ম্যাডামের তারিফকুড়িয়ে ফেলেছে। ম্যাডামের খাশ বাঁদি তাই তার বেডরুমে অবাধ্ গতি। বেডরুমে লুকোনো ম্যাডামের আগ্নেয় অস্ত্রটি ইতিমধ্যে উবির নজরে পড়েছে। একদিনএক সানডে ম্যাডাম চার্চে গেলেন। ফাঁকা বাড়িতে ম্যাডামের মদ্যপ স্বামী উবিকে জোর করে ধর্ষণ করল।উবির মধ্যে প্রতিশোধের আগুন জ্বলে উঠলো দাউ দাউকরে। চুপচাপ ম্যাডামের বন্দুকটি তুলে নিল। বন্দুকটি লোডেড ছিল। ভগবান আর মানুষের মধ্যে শত্রুতা। পয়েন্ট ব্লাঙ্করেঞ্জ থেকে গুলি করে সাহেবের বুক এফোড় ওফোঁড় করে দিলো। প্রতিশোধ স্পৃহায় ক্ষীপ্ত উবি বন্দুক নিয়ে পৌছে গেলো ক্রেস্টের ঠিকানয। সেখানে গুলি করে মারলো তার প্রাক্তন স্বামীকে। প্রতিশোধের আগুন অনিয়ন্ত্রিত। কিন্তু পুলিশ এসে উবিকে গ্রেফতার করলো। তার ম্যাডামের ততপরতায় পুলিশের হাতে গ্রেফতার হলো সে। শ্বেতাঙ্গ হত্যার দায়ে উবির মৃত্যুদণ্ড ঘোষিত হয়েছে। ঘানার এক কেন্দ্রীয় কারাগারে মৃত্যুদণ্ড কার্যকর হওয়ার অপেক্ষায় উবিফিয়া। বিশ্বভূবনে তার জন্য এক ফোঁটা চোখের জল ফেলার কেউ নেই। ভগবানেরই জয় হলো।

356

# আমি ধর্ষিতা

আদিম ক্ষুধার শিকার আমি নাম মম চৈতালী,
বহিয়া চলেছি দেহখানিতে দুঃস্বপ্নের চিহ্নাবলি
সেদিন মায়ের হয়েছিল অতি নিদারুণ এক পীড়া
আমি ষোড়শী যবে ছিল মোর অলঙ্কারই ব্রীড়া।
উদিত জীবনে ভরা যৌবন রচিতেছি কত স্বপ্ন
হাসি আর গান বিছাইয়া বুকে কল্পনা হত মগ্ন।
চিল শকুনেরা উড়িত আকাশে বক্ষে মারণ ক্ষুধা
কেমনে রাখিবে রমণী লুকিয়ে আপন যৌবন সুধা।
মায়ের আমার হলো বাড়া বাড়ি ডাক্তার আনিবো ডাকি
চলিলাম ছুটে উদ্বেগ মনে কেহ নহে একাকী ।
কিছু পথ পর পড়িল দেউল জ্বলিছে দেউটি তখনো
মন্দির পথ মাঝ বরাবর ছুটেছি বেগে এখনো।
সহসা কাহারা পশ্চাত হতে আঘাত হানিল পায়
পড়িনু ভূতলে বুঝিবার আগে মুখ বাঁধিয়া লয়।
বৃথা চেষ্টা করি দাপাদাপি জন চারপাঁচ লোক
ধরিল মারিল লড়িল অনেক বাঁধিয়া ফেলিল চোখ ।
জোর করিয়া তুলিয়া লইল দেখিতে নারিনু কোথা
তিন চার জন মিলিত পশু লুঠি যৌবনভারতা ।
পীড়ন করিল হায়েনার দল হস্তপদ বাঁধিয়া
শুধু যন্ত্রণায় বিদ্ধ করিল ভাবিনু যাইব মরিয়া।
নরখাদকেরা ক্ষুধা মিটাইল ফেলি গেল ভেবে মরেছে
কাহাদের দয়ায় কে তুলি আনি বাঁচালো আমি জানিনা
হাসপাতালিরা নাকি বলিয়াছিল আমরা ইহাকে চিনিনা।
চিকিত্সা ত দূর অস্ত আমরা ইহাকে ছুব না

পুলিশ আসি না দিলে কথা আমরা ওদিকে যাবোনা।
আমি ত এ সব না জানি কিছুই অন্ধকারে ডুবি
জাগিয়া দেখি বেদনার মাঝে আঁধারে জীবন রবি।
মাতা মরিয়াছে বিনা চিকিত্সায় আমি পশুদের ভোগ্য
নরখাদকেরাই বিচরণ হেতু এই পৃথিবীর যোগ্য ।
আমি নারী তাই অধিকার নাই জলবায়ু হাওয়া সহিতে
চারিদিকে চোখে ঘৃণা সন্দেহ হানিছে মোরে দহিতে।
আমি ধর্ষিতা তাই অপরাধী জনতার দরবারে
ধর্ষকেরা হেথা নহে অপরাধী সামাজিক কারবারে।
পুলিশ আসিল শুরু করিল কতনা জিজ্ঞাসাবাদ
সে সব প্রশ্নের সহি বিড়ম্বনা নাহি শেষ অবসাদ।
ধর্ষিত হয়ে করি অপরাধ সমাজ ফেরায় মুখ
রাজনীতি জীবী মানুষ আসিল বুঝিয়া মোর দুখ।
কোথা হতে তারা পাইল খবর আসে দরদীর দল
মিটিং মিছিলে জামাইয়া দিল বাড়াইল জনবল ।
আমারই মৃত্যু উহাদের হাতে জোগাল ব্যবসা ফল
আমি ধর্ষিতা আমি না মানুষ ওরা মানুষের দল।

357

# নিমন্ত্রণ

বিশ্ব শোন ডাকিছে আমায় নানা ভাবে নানা ঢঙে,
মেঘ ডাকে দেখো আঁকিতে আমায় রঙধনু সাত রঙে।
বৃষ্টি ডেকে বলে এসো মোরা তড়াগ পুকুরে ভাসি
মধূপ কহিল কানে কানে চলো দেখিব ফুলের হাসি।
চাঁদ ডাকে মোরে চলো ফোঁটাতে নিশীথ হাসনুহেনা
রবির কিরণ বলে চলো ধরা করিব আধারহীনা।
নদী ডাকে আয় সাগর সলিল করি চুম্বন আজ
বাতাস কহে হাসি লুটিয়া আনি বর্ষারাণির লাজ।
কুসুম কহে মোরে হেরিতে নয়নে ফুল অলি কানাকানি
প্রিয়ারে আমার ডাকিল প্রথম করিবারে জানাজানি।
বিশ্বভরা এ আমন্ত্রণ করিব কেমনে হেলা
ধরার বুকেতে বসিয়াছে দেখো বিপুল আনন্দ মেলা।
সুন্দরী ধরা সাজিয়া উঠিছে একি অপরূপ রূপে
এ উত্সবে ডাকিছে সবারে বরিতে সুবাস ধূপে।
দেউটির দ্বারে দুহাত বাড়িয়ে ডাকিতেছে সুন্দর
জ্বালিয়া দাও মঙ্গল দীপ সাজিয়াছে মন্দার।
বিশ্ব জুড়িয়া ওঠে হিল্লোল ধ্বনিল নিমন্ত্রণ
কে আছিস কোথা চলে যায় ত্যাগী মনের নিয়ন্ত্রণ।
ঘরকোণে বসি আলুথালু বেশ কার প্রেয়সীর কাঁদা
ঝেড়ে ফেলে দাও দুঃখ জ্বালা আমরা নিয়মে বাঁধা।

# চেনা ঠিকানা

কোথা থেকে আসা কোথায় চলেছি ভাসি বলিবে কে
মল্লিকা কিংশুক অত্সি বলিবে কি, মেঘ শ্যাওলা বলত আমি কে?
যবে বিশ্ব প্রথম ধ্বনিত ওমকার বাণী , তখন ছিলাম আমি মিশে
মহা বিশ্ব ব্যপৃত ছায়াপথে, নীহারিকায, গ্রহ গ্রহাণুপুঞ্জে আলিশে।
ছিলাম আমি মানব দেব রক্ষ যক্ষ গন্ধর্ব পশু হয়ে জঙ্গম পর্বতে
হয়তো ছিলেম আমি মহাসাগরের অতল গভীরে আগ্নেয় গভ্র্তে।
আমি চলেছি সেথায় অজস্র ভালোবাসা ঘৃণা নিয়ে কোন কৃষ্ণগহ্বরে
কিম্বা খুজিতেছি শিলা ভাসা বজ্র হানা ঘন মেঘ অম্বরে অম্বরে।
থাকিতে পারি বারুদের গন্ধে মিশে কোথা কোন রণমত্ত দানবের দেশে
ছড়িয়ে থাকিতে পারি নব কোনো দম্পতির শয্যার খাটে ফুলের বেশে।
আমার চলার পথ হতে পারে দেশ দেশান্তরের শহরের পথের ধূলায
আমাকে হয়তো পাওয়া যাবে শ্রমিক কৃষকের ঘামের গন্ধ মাখা গায়।
মন্দির মসজিদ গির্জায় আমি কি আছি বলতে পারবে তোমরা কেউ
হয়তো চেতনায় মননে কবির কল্পনায় মিশে থাকি হয়ে সবুজ ধানের ঢেউ।
মন পড়ে থাকা আমার প্রিয়ার আলত ছুয়ে যাওয়া নরম অধর চুম্বনে
আমি আছি পথের ধারে উলঙ্গ শিশুটির মাই পুরা জীর্ণ শুকনো বদনে।
ঘুরিলাম নিখিল বিশ্ব কোথায় মিলিল না কে আমি কোথা মোর ঠিকানা
অবশেষে মিলিল আমি কে কোথায় আছি কোথা যাবো কিম্বা যাব না।

# বৃন্দা ও মাধব সংবাদ।

মাধব বনপথ ধরি কে যায় বীথিকা
দলি।
বৃন্দা কথা কহিব না। না চিনি বন
মালি।
মাধব মনে নাই কিছু, ধেনু চরাতাম
মুরলি ধ্বনি, সখীগন লযে খেলিতাম।
বৃন্দা তূমি সে নও। সে ছিল কালা মোদের
কান্ত দানঘাটি পথে লীলা রস যাদের
করিত দান। সে গোপীবল্লভ আর নাই
মাধব চাহি দেখো আমি কালিনদি তটে রাই।
সনে কত করেছি কেলি। ভুলিলে কেমনে
বৃন্দা যেমন করে তুই ভুলিলি মোরা ভুলিনু তেমনে।
মনে কি পড়ে কিলকিঞ্চিত অধিরূঢ় ভাব
নাছিল ফাঁকি।
মাধব কহ গো কোথা মোর রাই যাহার স্বভাব
মনগ্রহণুৎসুক অবশীভুত ক্রুদ্ধা। রহে ঢাকি
আনন্দ রূপ। যে মোরে ফেরাল কুঞ্জ হতে
বৃন্দা তোমার বিরহে কৃশ তনু, অনাহার সাথে
ক্রন্দন সব ই মরণ মাত্র বাকি হতে
ঘন ঘন মূর্চ্ছা যায় তোমা অদর্শন যবে থেকে
মাধব একি বারতা শুনি তব মুখে, বজ্র হাকে
মস্তক বিদারী একি মহা প্রলয় আসিল
বৃন্দা করাঘাত হানি বুকে মুহুর্মুহু মরিল
অচেতন হয় নীরদ বরন মেঘ হেরিয়া।

যবে নিশি তুই চন্দ্রাবলি ঘরে কাটাইয়া
ফিরে মিথ্যা কহিলা তখনই বুঝি মোরা
হিয়া নাহি শুনে মানা, রাই বিবেক হারা
ফিরাল তোমারে ক্রোধে অপমানে।

মাধব আমার বলিবার নাহি কথা ভাষা মনে
নাহি উচ্চারি শ্রীমতীরে করেছি একা
মম অপরাধ।

বৃন্দা মনে কি পড়ে নীপবীথি মাতাইত মুরলী
অবাধ ধ্বনি। ঘুম ভাঙাতে রাধার।
তোমার কোমল চরণ রক্ষইবারে মোরা
পয়ধর দিতাম মেলে।

মাধব ভুলি নাই কিছু লীলা মাথুর,।
যমুনা নীলাম্বর জে্ল কেলি।
কেমনে ভাঙিব মান চরণ ধরি সাধা
মুরলী বাজাইব ক্ষমিবে মোর রাধা ।।

# লেখা

ধরণীর বুকে ছড়ানো আছে লক্ষ সোনা
বাতাসে ভাসে রত্ন কত নাযায় গোনা।
জলধীর নীচে অতলে গভীরে কত সম্পদ
আকাশের গায়ে জ্বালিছে কত তীসাম্পত।
বিশ্বভূবন ভরিয়া এ ধন আছে সঞ্চিত
কালের কবলে হলে ধ্বংস হব বঞ্চিত।
কেমনে সম্পদ রইবে অটুট জানে তা মানুষ
লেখা দিয়ে রাখা যায় সব, থকে যদি হুশ।
অমর কাহিনি নিশ্চয় তোমার জানা
লিখিত বিষয় অমর করিতে নেই মানা।
লেখা আছে কত রাজ কাহিনি বিশ্বভরা
প্রেম বিরহ হাসী কান্না সুখের আত্মহার।
ফুল পাখি আর ঝড় দুর্যোগ রণ কাহিনি
সব লেখা রাখে মহফেজ্খানার রক্ষা বাহিনী।
ব্রহ্মার মুখজাত বেদ ধ্বনি রয়েছে লেখা
বিরহী যক্ষের প্রিয়ার চিঠি সেও তো লেখা।
ব্রজেন্দ্র নন্দন রাধা সাথে করে রাস লীলা
জানিনু লেখা ভাষা সে কাহিনি ঢাকিতে নারিলা।
লেখক রহিল লেখায় করিল খেলা
লেখার হইল জয়, লেখা করি জীবন জয়ের মালা।

361

# নতুন কাব্য

আজি এ নিশীথ রাতে ভাঙিল গভীর নিদ,
সহসা গরজি জীমুত আকাশে প্রকম্পিল হৃদ।
ধাইয়া আসিল শত রাক্ষস ঝরাইল বারি ধারা,
বাজাইয়া ভেরি একি উত্সব আরম্ভিল কারা।
ঐ সো সো আওয়াজ উঠিয়া উদ্বেলি বনভূমি,
খেয়ালি প্রকৃতি ফাগুনে এলো বরষা হয়ে নামি।
প্রেমের এ রজনী ভরিল সজনী কান্নার বরিষণে,
বসন্তের এই রাগিনী ঢাকিল মেঘ মল্লার গানে।
জীমুত বাহনে ঝলসিত হয়ে আলোকিত বারে বার,
ডাকিল দাদুরি থামিয়া কোকিল কাপিতেছে থরথর্।
যাহাই ঘটুক স্বর্গে মর্ত্যে মহা উল্লাস কবির,
লিখিতে পদ্য নিসর্গের নাহি প্রয়োজন রবির।
রচিত করিবে নতুন কাব্য নতুন মাত্রা ছন্দ
পাঠাবে পাঠকে ভরিয়ে এবার নতুন কাব্য গন্ধ।

362

# কৃপণ

ঐ পথ ধরে আসিল করুণা করে
ঐ পথ ধরি ফিরে যায়, ফুটিল দুধারে
কত পুষ্প থরে থরে
সবুজে সবুজে ভরা বনবীথিকায়।
রাঙা চরণ তলে
পুষ্প পড়ে দলে দলে
দেবতারে তুষিল দানিআ অঞ্জলি,
অচল দারাইআ থাকি
মুগ্ধ নয়নে দেখি
পারিনি চরণ ছুঁয়ে দিতে পুষ্প ডালি।
মনের একি রিক্ততা
নাকি দেবে মুগ্ধতা
দেখি আর ভাবি বিধাতার একি ছবি আঁকা
বৃক্ষরাজী যাহা পারে
মানুষ পারিতে নারে
কৃপণতার আবরণে আছি পড়ে ঢাকা।

363

# মিথ্যা

ঝঞ্ঝা ক্ষুব্ধ তমশাচ্ছন্ন এ রাতে
ভাবি বসে সময়ের অভিঘাতে
এ কি হল মিথ্যা ভরা দৈন্যের
ঘর বাঁধি খেলা নকল পণ্যের।
বহুদিন হয়েছে অতীত, রচি
মিথ্যা স্বপনের গৃহ , বাছি
নিয়েছি যা শুধু অভিনয়, ঢাকা
ভানে আর ভণ্ডতার কুতশা আকা।
যাহা একদিন বেছেছিলাম শুভ বলে
ভালো বসেছিলাম সুন্দরতর বলে
রেখেছিলাম রত্নখচিত আসনখানিতে
ভুল ভাঙার খেলায় তাকে পাইনু দেখিতে।
দিবা শেষে নিশীথিনীর সকরুণ অন্ধকার
যেমন ঢেকে রাখে অচেনা মুখ সবাকার
চিনিলাম নতুন করে ভ্রান্ত সেই চেনারে
দুঃসহ আক্ষেপ কষাঘাত মারিছে আমারে।
অসত্য অতিরঞ্জন হিংস্র বাচালতা গর্ব অহংকার
নির্গুণ শ্লেষ কটাক্ষ শূন্য গর্ব বর্বরতার সার
আসিছে সয়াহ্ন পেছনে শূন্য সম্মুখে শূন্য ঢাকি
জীবন সন্ধ্যায় সব দেখি আছে দুরাশার কালি মাখি।
ভুলে আছি প্রজাপতির রঙচিত্তির ডানা খানি মেলা
পুষ্প পল্লব হতে ঘ্রাণ আর আলোকের লুকোচুরি খেলা
মিথ্যের আড়ালে ঢাকা জন্ম মৃত্যুর সকল হিসাব
এখন বসে আছি এই আশা নিয়ে কবে আসিবে সে
জীবনের ধ্রুব তারা লৈবে বক্ষে তুলি আবার ভালবেসে।

364

## Entity

You Lord, the radiant
Sri Krishna destroyer of afflictions,
The lifter of sorrows
Give me shelter at your feet.
I give in to thee, I surrender all I
Possess, my malevolence, my aversion
And envy , my maddened pride inherited
By sinful heart be undone before last rit.
The agonisingly rent selfishness, my
Lord, eface them, blot out stains of narrowness
And eccentric flaws.
Purify my vicious soul like thy female
Embodiment lotus eyed Radha Rani . Oh
Omniscience incessantly are coming hundred
Allurements , craving for sensual blows.
My greed for worldly pleasure, physical
Desires, indulgence in hedonism , I sacrifice
Myself with all my bad and good , all my
Worldly and eternal possessions, all thoughts
And acts to you. Now I am yours. I stand
Alone on the baren land far away from the
Yamuna where you make all purify, mingle
everything. I stand here to hear the murali's calls.

365

# নিশীথের অঞ্জলি

এ গভীর নিশীথে আসিল দেবী নীরবে নিতে অঞ্জলি,
হেরিনু তাহার অবয়বে আছে মৃদু যে হাসির আবলী।
সুগন্ধি কুসুম আছিল চয়ন মধুপ পরশ মাখা
দিনু করপুটে চরণ দুখানি তাহাতে পড়িল ঢাকা।
গণ্ডে ঝরে অঝোরে অশ্রু আখিপল্লব হতে।
কহি করজোড়ে ভরিয়া দিয়েছো হাজার আঘাতে
হৃদয় খানি। সকলে বরিআ পাইল তব করুণা
নিষেধি মোরে সব শুভ হতে সুপ্ত রাখিলে অরুণা।
তবুও তুমি হে সত্য মূরতি গৃহীত করেছ মোর উপহার
প্রশান্তিতে ভরিল হৃদয়, করনি আমার কিছু পরিহার।
জগত্ ভরিআ মন্দ্রিত হল ইমন বেহাগের সুর
ঘুচিয়া গেল সকল জড়তা আঁধার হৈ ল দূর।
দেখি চোখ ভরে বিশ্ব জুড়ে আঁধার হয়েছে আলো
শুধু তুমি আছ নহে আর কিছু জীবন দ্যুতি জ্বালো।
অহো সুন্দর, অনিল নীলিমা ব্যপি হে মধুর আছো
নাহি তাপ শোক জাগতিক ভাব সকল ঘুচাইয়াছো।

366

# কবি তুমি

কবি তুমি, কি তোমার আছে
ছন্দ মাত্রা বন্ধ বারতা
নিসর্গের কথা
কিম্বা পৃথিবীর সর্ব বৈভব।
গ্রন্থীহীন ভালোবাসার পুরুষকার,
সযত্ন পালিত বিশ্বাস, সত্যের
জীতাত্মার প্রতিষ্ঠা, বিদ্রোহীর আহ্বান
আকণ্ঠ নিমজ্জিত অন্যায় অবিচার
বিদারণের। যুগের কাহিনীর, মশি
যোদ্ধা, বিস্মৃত প্রেম গাঁথার নব প্রতিষ্ঠাতা,
রচিআছ বীরাত্মক কাহিনী। তোমার সরণি
ধরি গরে ওঠে মানুষের সভ্যতা, ইতিহাস।
আরও কত অগুনতি তোমার দান। কে জানে
কেবা রাখে খোঁজ। আজ তুমি যদি হতে
আত্মসর্বস্ব সুসজ্জিত রমনী বৃষ্টির মত ঝরিত
পছন্দের বার্তা। তবুও তুমিত স্রষ্টা করিবে সৃষ্টি
অন্তঃসারহীন সুন্দরীকে স্বর্গের গর্ব দানিবে
তাই ত তুমি কবি, তুমি স্রষ্টা, নাহি কোন
পছন্দের তোয়াক্কা।

367

## নিশীথ দেবী

এ গভীর নিশীথে আসিল দেবী নীরবে নিতে অঞ্জলি,
হেরিনু তাহার অবয়বে আছে মৃদু যে হাসির আবলী।
সুগন্ধি কুসুম আছিল চয়ন মধুপ পরশ মাখা
দিনু করপুটে চরণ দুখানি তাহাতে পড়িল ঢাকা।
গণ্ডে ঝরে অঝোরে অশ্রু আখিপল্লব হতে।
কহি করজোড়ে ভরিয়া দিয়েছো হাজার আঘাতে
হৃদয় খানি। সকলে বরিআ পাইল তব করুণা
নিষেধি মোরে সব শুভ হতে সুপ্ত রাখিলে অরুণা।
তবুও তুমি হে সত্য মূরতি গৃহীত করেছ মোর উপহার
প্রশান্তিতে ভরিল হৃদয়, করনি আমার কিছু পরিহার।
জগত্ ভরিআ মন্দ্রিত হল ইমন বেহাগের সুর
ঘুচিয়া গেল সকল জড়তা আঁধার হৈ ল দূর।
দেখি চোখ ভরে বিশ্ব জুড়ে আঁধার হয়েছে আলো
শুধু তুমি আছ নহে আর কিছু জীবন দ্যুতি জ্বালো।
অহো সুন্দর, অনিল নীলিমা ব্যাপি হে মধুর আছো
নাহি তাপ শোক জাগতিক ভাব সকল ঘুচাইয়াছো।

www.ingramcontent.com/pod-product-compliance
Lightning Source LLC
LaVergne TN
LVHW060314051026
849517LV00004B/1105
*9798888496282*